झारखंड आंदोलन का दस्तावेज

शोषण, संघर्ष और शहादत

झारखंड आंदोलन का दस्तावेज

शोषण, संघर्ष और शहादत

अनुज कुमार सिन्हा

प्रभात प्रकाशन

प्रकाशक
प्रभात प्रकाशन प्रा. लि.
4/19 आसफ अली रोड, नई दिल्ली-110002
फोन : 011-23289777 • हेल्पलाइन नं. : 7827007777
इ-मेल : prabhatbooks@gmail.com ❖ वेब ठिकाना : www.prabhatbooks.com

संस्करण
2024

पेपरबैक मूल्य
छह सौ रुपए

मुद्रक
नरुला प्रिंटर्स, दिल्ली

JHARKHAND ANDOLAN KA DASTAVEJ
SHOSHAN, SANGHARSH AUR SHAHADAT
by Shri Anuj Kumar Sinha

Published by **PRABHAT PRAKASHAN PVT. LTD.**
4/19 Asaf Ali Road, New Delhi-110002

ISBN 978-93-5048-263-6

₹600.00

यह पुस्तक झारखंड राज्य की
लड़ाई लड़नेवाले आंदोलनकारियों
और
शहीदों को समर्पित।

भूमिका

यह दस्तावेज है। छह हिस्सों में। होनेवाले इतिहासकार, राजनीतिक समीक्षक या विश्लेषक इसको प्रामाणिक आधार बनाकर अध्ययन करेंगे। अत्यंत महत्त्वपूर्ण दस्तावेज। वह भी एक पत्रकार द्वारा तैयार। आमतौर से पत्रकारिता या पत्रकारों के बारे में यह राय रही है कि वे जल्दी में इतिहास लिखते हैं या रोज का इतिहास लिखते हैं या पत्रकारिता जल्दी में लिखा गया इतिहास है। पर इस मिथ को यह पुस्तक तोड़ेगी। छह खंडों में यह पुस्तक है। पहले खंड में आदिवासी इलाकों में हुए गोलीकांडों की चर्चा है। यह चर्चा सिर्फ सुनकर नहीं की गई। इसमें से कुछ को छोड़कर लगभग सभी जगह अनुज ने जाकर हालात देखा है। गोलीकांड के वर्षों बाद, जगह पर जाकर चीजों को परखा है। भुक्तभोगियों से मिला है। इसके बाद लिखा है। इसमें सिर्फ झारखंड में हुए गोलीकांडों का ही उल्लेख नहीं है, बल्कि झारखंड आंदोलन के पहले, जिस वृहद् झारखंड की कल्पना, झारखंड के पुराने आंदोलनकारियों के मन में थी, उन आदिवासी बहुल इलाकों में हुए गोलीकांडों का भी ब्योरा है। इसमें आजादी के पहले के गोलीकांडों का भी वृत्तांत है। आजादी के ठीक बाद के गोलीकांड के ब्योरे हैं। गोलीकांड की मूल वजह और इससे जुड़े तथ्यों का ब्योरा है। इन गोलीकांडों को पढ़ने से आदिवासी इलाकों में किस तरह के सपने पल रहे थे, संघर्ष का क्या माहौल बन रहा था, इसका मानस पता चलता है? लोगों ने अपने-अपने स्तर पर कैसे मारे गए लोगों की स्मृति सँजो रखी है? यह जानना भी बहुत कुछ कहता है। इसी तरह उन अनेक गोलीकांडों से जुड़े प्रामाणिक तथ्य हैं, जिन्हें लेकर देशव्यापी चर्चा हुई। इन गोलीकांडों से जुड़ी रेयर (दुर्लभ) तसवीरें भी इस पुस्तक में हैं। इसके पहले इन गोलीकांडों से जुड़ी इस तरह की लगभग लुप्तप्राय प्रामाणिक तसवीरें कहीं और एक साथ उपलब्ध नहीं हैं।

तीसरे खंड में भी अनेक ऐसी प्रामाणिक रपटे हैं, जो इस मिथ को भी तोड़ेंगी कि झारखंड के लिए सिर्फ आदिवासी लड़ें। बिहार, बंगाल, पंजाब, उत्तर प्रदेश से आकर यहाँ बसनेवाले अनेक लोग, झारखंड के लिए मारे गए, जिन्होंने आजाद भारत के संवैधानिक प्रावधान को माना कि जहाँ काम करते हैं, वही हमारा घर, वही हमारी धरती है और हम इस अर्थ में धरती पर हैं। रामदेव सिंह, सदानंद झा, वसंत पाठक, दुर्गा

तिवारी जैसे लोग इस श्रेणी में थे। इस खंड में ऐसे लोगों का उल्लेख है, जिन्होंने झारखंड आंदोलन में निर्णायक भूमिका निभाई। अंग्रेजी में इन्हें, अनसंग हीरोज (अचर्चित नायक) कह सकते हैं। इन लोगों ने अपने-अपने इलाकों में कैसे सूदखोरों के खिलाफ, कोल माफियाओं के खिलाफ लड़ाई लड़ी। उसकी कीमत चुकाई। ये भले गोलीकांड में नहीं मारे गए, पर बालू माफिया, कोल माफिया, राशन माफिया के खिलाफ इनकी आवाज ने कैसे फर्क डाला, यह भी इस प्रामाणिक दस्तावेज की पुस्तक के दूसरे खंड में है। चौथे खंड में झारखंड आंदोलन के दौरान महिलाओं की भूमिका का विस्तृत विवरण है। दूर-दराज के गाँवों-जंगलों में रहनेवाली महिलाओं ने कैसे झारखंड आंदोलन में अपनी भूमिका निभाई, इसका ब्योरा है।

पाँचवें खंड में स्थानीय स्तर पर अलग-अलग चले संघर्षों के नायकों की चर्चा भी है। इसमें फेतल सिंह का उल्लेख है। आजादी के ठीक बाद साठ के दशक में कैसे एक व्यक्ति ने जंगल बचाओ का आंदोलन चलाया। उस आंदोलन की अंततः परिणति गोलीकांड में हुई। और मूल मुद्दा पीछे छूट गया। संघर्ष की दिशा, पलट और मुड़ गई। इसी तरह विष्णुगढ़ आंदोलन का विवरण यह बताता है कि झारखंड आंदोलन में किस तरह के असहयोगात्मक कदम उठे। चक्रधरपुर के बहादुर उराँव ने जिस तरह अपने जुड़वाँ बेटों की शहादत दी, उसे पढ़कर मन भर आता है। इसी तरह विस्थापितों के मसीहा के रूप में चर्चित सिदू तियू के कामकाज का वर्णन है। इसी तरह इलाज के अभाव में आंदोलन से जुड़े लोगों के मरने के तथ्य भी हैं। इन खंडों से मानव मन के कई नए परत खुलते हैं। वह कौन सी बात, प्रेरणा, या ऊर्जा होती है, जो एक व्यक्ति को अपने सिद्धांत, आदर्श या मंजिल तक पहुँचने हेतु कुरबानी देने के लिए प्रेरित करती है? अपने संकल्प के लिए बलिदान देने का साहस देती है। इसके साथ में यह सवाल भी उठता है कि हर ऐसे बलिदान के बाद बदलाव तो होता है, पर जिन बातों, शब्दों या आदर्शों के लिए आप बलिदान देते हैं, संघर्ष करते हैं, निजी कुरबानी देते हैं, सत्ता मिलते ही वे सपने अधूरे क्यों रह जाते हैं? यह कहना सही होगा कि ऐसे आंदोलन-संघर्षो की आँच से सत्ता की कुरसी मिल जाती है। पर सत्ता मिलते ही आहुति देनेवालों के संकल्प-आदर्श पीछे छूट जाते हैं।

पुस्तक के छठे और अंतिम खंड में उन तथ्यों का संकलन है, जो बताते हैं कि आजादी मिलने के बाद पुलिस या प्रशासन का दर्शन कैसे नहीं बदलता। महिलाओं के साथ दुष्कर्म से लेकर अन्य तरह की यंत्रणाएँ, आंदोलनकारियों को मिलीं। क्या आंदोलन या संघर्ष को किसी सभ्य तरीके से निबटने या डील करने का कोई मानस बन या विकसित हो सकता है? ये सभी खंड महज घटनाओं का संकलन नहीं हैं, बल्कि एक भौगोलिक क्षेत्र विशेष के मानस और विचार का दस्तावेज भी हैं। इस इलाके को बेहतर

और समृद्ध करने के हर प्रयास या रणनीति तय करने के क्रम में इस मानस को समझना होगा। इस पुस्तक का दूसरा बड़ा योगदान यह होगा कि समझदारी से राजकाज करनेवाले इसकी पृष्ठभूमि से परिचित होकर बदलाव की सही नीतियों को भी प्रोत्साहित करेंगे। आगे बढ़ाएँगे।

पर जो लोग आंदोलन की पृष्ठभूमि से हैं, संघर्ष की पृष्ठभूमि से हैं, बात-बात पर झंझट, धरना, उपवास, तोड़फोड़ करते हैं, आंदोलन के मानस से हैं। उनके लिए भी यह पुस्तक एक बड़ा सवाल खड़ा करती है। अनेक समर्पित लोगों की कुरबानी के बाद , उनकी कल्पना के वारिस कौन हैं? उन्हें हम सही तो कहते हैं, पर क्या हम, जिन सपनों के लिए उन्होंने कुरबानी दी, उनके प्रति जरा सा भी सजग या प्रतिबद्ध हैं? अगर हैं, तो इस इलाके या अंचल का कायाकल्प क्यों नहीं हो रहा? इसकी राजनीति लगातार नकारात्मक धरातल पर ही क्यों चल रही है? शायद इसके पीछे एक वजह है। आज संघर्ष आसान है, तोड़फोड़ आसान है, आंदोलन आसान है। धरना-सड़क जाम सामान्य घटनाएँ हैं। कोई कार्रवाई नहीं होती। कभी भी कोई आंदोलन कर सकता है। उसका कुछ बिगड़नेवाला नहीं है। कानून-व्यवस्था मजाक बन गई है। ऐसे माहौल में इस तरह के संघर्ष से कई गुना अधिक कठिन है, सृजन करना। बल्कि दुनिया की असल चुनौती है, सृजन करना। नया समाज बनाना। अनुज ने अपनी पुस्तक में संघर्ष के जो दस्तावेज संकलित किए हैं, वे हर पन्ने पर, हर पैरा में झकझोरते हैं। पर उन लोगों ने जिन सपनों के लिए आत्माहुति दी, आज वे सपने कहाँ हैं? उन सपनों को साकार करने का रास्ता तो सृजन, ईमानदारी, काम की बेहतर संस्कृति और ठोस संकल्प की गलियों से ही गुजरता है। जब भी हम ऐसे संघर्ष को याद करें, तो खुद से जरूर पूछें कि आज हम सृजन की चुनौती को क्यों नहीं स्वीकार कर रहे हैं? आज संघर्ष-तोड़फोड़ आसान है, पर कर्मठता कठिन? यह पुस्तक समाज को कर्मठता के लिए, नए समाज के निर्माण के लिए भी प्रेरित करेगी।

अनुज, घटनाओं को तटस्थ होकर देखनेवाले पत्रकार नहीं हैं। पैशन वाले पत्रकार हैं। पत्रकारिता के मूल वसूलों के प्रति प्रतिबद्ध और वैसा ही जीवन जीनेवाले पत्रकार। ऐसे लोगों की संख्या अब घट गई है। देश-समाज में। पत्रकारों की नई पीढ़ी को इस पुस्तक से जानने का मौका मिलेगा कि कैसे सार्थक पत्रकारिता संभव है? अनुज की यह पुस्तक इसका प्रमाण है।

राँची, गांधी जयंती, 2012

—हरिवंश

अपनी बात

झारखंड राज्य बनने के तुरंत बाद ही मन में यह बात आई थी कि झारखंड आंदोलन पर एक किताब लिखूँ। झारखंड पर देश में अनेक किताबें लिखी गईं। अधिकांश में झारखंड का इतिहास, आंदोलन के दौरान की राजनीतिक गतिविधियों, आंदोलनकारी संगठनों, उनकी भूमिका का उल्लेख है। मैं इन सबसे कुछ अलग लिखना चाहता था। एक ऐसा दस्तावेज तैयार करना चाहता था जिससे वर्तमान और भावी पीढ़ी को झारखंड आंदोलन के सच/जमीनी हकीकत का तो पता चले। साथ ही जिन लोगों ने आंदोलन में संघर्ष किया, अपनी जान दी, कुरबानी दी, उन्हें इतिहास में उचित जगह मिले, उचित सम्मान मिले। उनके और उनके परिजनों के साथ न्याय हो।

लंबे समय से (28 साल से अधिक) मैं पत्रकारिता में हूँ, वह भी झारखंड में ही। यहीं जन्मा। पला-बढ़ा। पढ़ाई की। फिर जब पत्रकारिता करने का फैसला किया तो झारखंड को ही चुना। इसलिए जब से होश सँभाला, झारखंड को ही देखा-समझा। इसमें झारखंड आंदोलन भी शामिल है। झारखंड आंदोलन को बहुत करीब से देखने का अवसर मुझे मिला। राज्य बनने के पहले झारखंड आंदोलन को बौद्धिक रूप से, कहीं-कहीं उससे आगे बढ़कर भी समर्थन देता रहा। यह कहने में कोई हिचक नहीं कि अलग झारखंड राज्य और झारखंड आंदोलन का खुलकर समर्थन करता रहा। अलग झारखंड राज्य के लिए लड़नेवाले नेताओं-कार्यकर्ताओं और खास कर छात्र नेताओं से करीबी और निजी संबंध भी रहे, इसलिए झारखंड आंदोलन के दौरान कई बार खबरों के दृष्टिकोण से मुझे और मेरे अखबार (जिस अखबार से मैं जुड़ा हूँ) को इसका लाभ भी मिला। झारखंड आंदोलन के साथियों से आंदोलन की रूपरेखा पर समय-समय पर बातचीत होती थी। चिंतन भी करता था। विचार-विमर्श भी होता था। जब मौका मिलता, बेबाकी से अपनी राय भी देता था। झारखंड आंदोलन के दौरान कई बार मेरे विचार आंदोलनकारियों के विचार से मेल नहीं खाते थे। आंदोलनकारियों के किसी कदम से अगर मैं असहमत होता तो उसका विरोध करने से भी नहीं हिचकता था। जब 1987 से 1989 तक झारखंड आंदोलन पूरे फार्म में था, आजसू हिंसक आंदोलन चला रही थी, रेलवे ट्रैकों को उड़ाया जा रहा था, तब भी मैं अपने आंदोलनकारी मित्रों को यही राय देता था कि नाकेबंदी हो, पर किसी भी हाल में किसी की जान नहीं जाए। केंद्र को जो मैसेज देना हो, ट्रैक को सामान्य क्षति

पहुँचा कर दे सकते हैं, पर किसी यात्री ट्रेन को किसी प्रकार की क्षति नहीं होनी चाहिए। इसके बावजूद कुछ घटनाएँ घटीं। एक बार आंदोलन के नाम पर उपद्रव हो रहा था। मैंने उसका विरोध किया था। विरोध में रिपोर्ट छापी थी। उसका दुष्परिणाम यह हुआ कि आंदोलन में घुस गए गुंडों ने अखबार लेकर जा रही गाड़ी के ड्राइवर को बम से उड़ा दिया था। मुझे यह घटना आज भी दुखित करती है। मेरा मानना था कि ऐसी घटनाओं से आंदोलन भटक सकता है।

लंबे समय से यह देखता रहा हूँ कि झारखंड राज्य के लिए सामान्य झारखंडी ने कैसे बगैर किसी लोभ-लालच के संघर्ष किया। घर-परिवार की चिंता नहीं की, बेटियों की शादी कैसे होगी, नहीं सोचा। बच्चे कैसे और कहाँ पढ़ेंगे, इस पर विचार नहीं किया। जुनून की हालत यह होती थी कि जिन छात्रों को पढ़ाई-लिखाई के लिए स्कूल-कॉलेजों में होना चाहिए था, वे राज्य के लिए तीर-धनुष लेकर सड़कों पर उतर जाते थे। पुलिस की मार झेलते थे। जेल जाते थे। आंदोलन के दौरान आंदोलनकारी तो जुलूस-धरना-प्रदर्शन या रणनीति बनाने में जुटे होते, पर इसका दुष्परिणाम उनका परिवार झेलता था। पुलिस आंदोलनकारियों को खोजने के लिए घरों पर छापेमारी करती। नहीं मिलने पर घर में तोड़-फोड़ करती, घर जला देती, माँ-बाप या पत्नी को पीटती, गिरफ्तार कर लेती, यातनाएँ देती, जेल भेज देती, कई जगहों पर तो सामूहिक दुष्कर्म तक करती।

झारखंड आंदोलनकारियों ने इस बात को महसूस किया था कि केंद्र उन्हीं की बातों को सुनता है जो हथियार उठा लेते हैं, हिंसा करते हैं। इसके बाद आंदोलन कुछ वर्षों के लिए हिंसक भी हो गया था। आंदोलनकारियों ने यह योजना बनाई थी कि आंदोलन को देश-दुनिया में प्रचारित किया जाएगा। यह तभी हो पाता जब कोई बड़ी घटना घटे। आजसू के गठन के बाद ऐसी गतिविधियाँ बढ़ी थीं। घटना को अंजाम देने के वक्त किसी का हाथ उड़ गया तो किसी के पैर ने काम करना बंद कर दिया। पुलिस की मार ऐसी कि राज्य बनने के बाद भी पीठ पर से मार के निशान नहीं मिटे। अनेक माँ ने पुलिस फायरिंग या अन्य घटनाओं में बेटे को खोया, कई महिलाएँ युवा अवस्था में ही विधवा हो गईं। किसी तरह संघर्ष कर, मेहनत मजदूरी कर बच्चों को पाला। पुलिस फायरिंग में आंदोलन के दौरान कई बच्चों की मौत हो गई। ये स्कूली बच्चे तोड़-फोड़ नहीं करते थे। आंदोलन के दौरान जब आंदोलनकारी जुटते थे तो उत्सुकतावश ये बच्चे वहाँ पहुँच जाते थे और निशाना बन जाते थे। जब राज्य बन गया तो कुरबानी देनेवाले ऐसे लोगों या उनके परिजनों के लिए मैंने कहीं जगह नहीं देखी। जब पति की तसवीर हाथ में लिये किसी शहीद की पत्नी को देखता, तो अनेक सवाल मन में उठते। उनमें एक सवाल यह भी होता कि इसका पति तो झारखंड के लिए शहीद हो गया, पर यह महिला कैसे अपना पूरा जीवन काटेगी, कैसे अपने छोटे-छोटे बच्चों को पालेगी। मन दुखित हो जाता। सोचता रहता, कुछ करना चाहिए।

मेरे मन में झारखंड के वैसे हीरो के प्रति सम्मान रहा है, जिन्होंने झारखंड के लिए

शहादत दी या संघर्ष किया। जब यह देखता कि जिंदगी भर झारखंड के लिए संघर्ष करनेवाले ने इलाज के अभाव में तब दम तोड़ दिया, जब राज्य बन गया, तो तकलीफ होती थी। मन में सवाल उठता था कि झारखंड के अधिकांश नेताओं के पास इतने पैसे हैं कि उनके वंशज भी आराम की जिंदगी जी सकते हैं। दूसरी ओर कुछ आंदोलनकारी इलाज के अभाव में तड़प-तड़पकर मर रहे हैं। ऐसे आंदोलनकारियों या झारखंड के असली हीरो के प्रति श्रद्धा रही है, इसलिए जब भी पत्रकारिता में अवसर मिला, उन्हें कलम से याद किया, उन्हें जगह दी। सम्मान दिया। राज्य को यह बताने का प्रयास किया कि जिस झारखंड राज्य में लूट मची है, भ्रष्टाचार चरम पर है, उस राज्य के निर्माण के लिए हजारों लोगों ने अपनी जान दी। उनकी शहादत को तो याद कीजिए। उन्हें सम्मान दीजिए। उन आंदोलनकारियों को उनका हक तो दीजिए, जिन्होंने अपना पूरा जीवन झारखंड आंदोलन में गुजार दिया।

राँची में पत्रकारिता करने के बाद लगभग 15 साल मैं जमशेदपुर में संपादक रहा। पर लिखने का जुनून नहीं मरा। हर इलाका घूमा। अखबार में काम करते वक्त पूरे कोल्हान को छान मारा। चाहे वह सारंडा जंगल हो या पोड़ाहाट या फिर कोल्हान जंगल। लोगों से मिला। गाँव-जंगल में रहनेवालों से आंदोलन की कहानी सुनी। कोल्हान झारखंड आंदोलन की सच्ची कहानी कहता है। जंगल के बीच बसे गाँवों में भी आंदोलनकारियों के स्मारक इस बात को साबित करते हैं कि कोल्हान ने कितनी कुरबानी दी है।

कोल्हान से बाहर निकला जाए तो झारखंड आंदोलन में कोयलांचल की भूमिका कम नहीं रही है। माफिया और शोषकों के खिलाफ मजदूरों ने धनबाद और इसके आस-पास लंबी लड़ाई लड़ी। ये मजदूर शोषण के खिलाफ लड़ते थे और अलग राज्य के समर्थक थे। सिर्फ कोयलांचल में सौ से ज्यादा लोग आंदोलन के दौरान शहीद हुए हैं। टुंडी, विष्णुगढ़ और पीरटाँड़ के इलाके में प्रारंभ से ही महाजनों के खिलाफ आंदोलनकारियों ने शिबू सोरेन के नेतृत्व में संघर्ष किया। धनबाद, गिरिडीह, हजारीबाग के दूरदराज के इलाकों में जगह-जगह शहीदों की याद में स्मारक बने हुए हैं। यह इस बात का सबूत है कि इन जगहों पर खून बहा है। तब जाकर राज्य मिला। जब इन जगहों पर मैं गया तो वैसे लोगों से भी मुलाकात हो गई, जिन्होंने चालीस-पचास साल पहले पुलिस और महाजनों के जुल्म को देखा-सहा। झारखंड आंदोलन की सच्ची कहानी तो वे ही बताते हैं।

झारखंड बनने के पहले सारा ध्यान अलग राज्य पाने पर केंद्रित था। इसलिए उन दिनों की रिपोर्टिंग में यह बात बार-बार झलकती थी कि अलग झारखंड राज्य जरूरी है, कैसे इस क्षेत्र को और यहाँ के आदिवासियों-मूलवासियों की उपेक्षा की जा रही है, अन्याय किया जा रहा है, पुलिस अत्याचार कर रही है, पुलिस फायरिंग में लोग मारे जा रहे हैं, झारखंड की माँग उचित है। पर 15 नवंबर, 2000 को राज्य बनने के बाद रिपोर्टिंग का फोकस ही बदल गया।

झारखंड अलग राज्य सभी का एक सपना था। एक खाका तैयार था कि कैसा होगा अपना झारखंड । छोटा पर हरा-भरा और खुशहाल। इसमें उन लोगों का खास स्थान होगा जिनकी कुरबानी के बल पर राज्य मिला है। राज्य बनने के बाद अचानक जो चेहरे दिखने लगे, वे बेचैन करनेवाले थे। अधिकांश अपरिचित, जिनका झारखंड से कोई लेना-देना नहीं था। जो झारखंड के चेहरे थे, उनके भी रूप-रंग, काम करने का तरीका-सोच बदला-बदला दिखने लगा। दिल्ली और छत्तीसगढ़ के पैसेवाले यहाँ के शक्तिशाली झारखंडी नेताओं के चारो ओर चक्कर काटते नजर आते थे। अपने मन से सवाल किया कि क्या यही वह झारखंड है जिसके लिए जयपाल सिंह मुंडा, एनई होरो, शिबू सोरेन, विनोद बिहारी महतो और एके राय जैसे नेताओं ने संघर्ष किया था। मैंने मन-ही-मन उत्तर भी तलाश लिया। गलती तो मेरी थी जो मैं उन झारखंडी चेहरों को तलाश रहा था, जिन्होंने संघर्ष कर राज्य लिया था। कहाँ से मिलते वे चेहरे? समय बदल चुका था। राज्य मिल चुका था। जिसे मौका मिला, लपक लिया पद। बन गए विधायक-मंत्री। पर अपवाद को छोड़ दें तो शायद ही किसी ने राज्य के लिए कुरबानी देनेवालों को याद किया हो।

यह स्थिति देखकर मन में पीड़ा तो हुई पर उसी समय ठान लिया कि भले ही कुछ समय लगे, देश-दुनिया को यह जरूर बताऊँगा कि झारखंड राज्य के लिए किसने-किसने जान दी है। पुलिसकर्मियों ने कहाँ-कहाँ और कब-कब झारखंड के आंदोलनकारियों पर फायरिंग की, कितने लोग, कहाँ-कहाँ मारे गए, कहाँ-कहाँ जुल्म ढाहा। इसके पीछे मकसद था कि आनेवाली पीढ़ी झारखंड के लिए कुरबानी देनेवालों को जान सके, याद कर सके। इसी अभियान के तहत पहले कोल्हान और बाद में राज्य के अन्य दूर-दराज के गाँव-जंगलों में गया। अजीब अनुभव रहा। इन जंगल-गाँवों में ऐसे अनेक स्मारक मिले जिनका उल्लेख पहले कभी हुआ ही नहीं था। झारखंड आंदोलन के ये ऐसे नायक थे, जिनकी शहादत की बदौलत झारखंड राज्य बना। जिस क्षेत्र में ये शहीद हुए, सिर्फ उस क्षेत्र के ही लोग उनकी शहादत के बारे में जानते थे। झारखंड के कुछ ताकतवर मंत्रियों से जब बात होती, सुझाव भी देता कि झारखंड के लिए जिन आंदोलनकारियों ने जान दी, उनका सामूहिक स्मारक राँची या इसके आस-पास बनाया जाए। इसमें शहीदों का नाम खुदा हो। इस शहीद स्थल को पर्यटन स्थल के रूप में विकसित किया जाए। जब भी दूसरे राज्यों या दूसरे देश से कोई महत्त्वपूर्ण व्यक्ति झारखंड आए तो सरकारी कार्यक्रम में शहीद स्थल का उनका दौरा जोड़ दिया जाए। तमाम प्रयास के बावजूद किसी मंत्री-सीनियर अफसर ने इसमें गहरी रुचि नहीं दिखाई। एक-दो को छोड़ दें तो राजनीतिज्ञों का व्यवहार ऐसा था मानो वे आंदोलनकारियों को बोझ ही मानते हैं। मेरे मन में यह बात आई कि शहीद स्थल सरकार की ओर से बने या नहीं, मेरी भी जिम्मेवारी कुछ बनती है और मैं अपने स्तर से झारखंड और देश को बताऊँगा कि कैसे मिला झारखंड। यह किताब उसी अभियान का एक हिस्सा है।

30-40 साल पहले की पत्रकारिता अलग थी। वैसे भी झारखंड आंदोलन की खबरों को अखबारों में कम जगह मिलती थी। इसलिए पुलिस गोलीकांड या अन्य जुल्म की रिपोर्ट अखबारों में बहुत कम दिखती थी। राज्य के कई हिस्सों से अखबार तो निकलते थे, पर उसमें झारखंड आंदोलन की खबर कम ही छपती थी। एक-दो छोटे अखबार थे, जिन्होंने इस मामले को जिंदा रखा था। मीडिया ने भी 1970-80 के दौर में झारखंड आंदोलन की खबरों के साथ न्याय नहीं किया। यही कारण है कि राज्य का एक बड़ा हिस्सा यह जान नहीं पाया कि आंदोलन के दौरान क्या-क्या हुआ था। अभी भी हालात बहुत नहीं बदले हैं। लोगों को इस संबंध में बहुत जानकारी नहीं है।

राँची और जमशेदपुर में पत्रकारिता की पढ़ाई कर रहे छात्रों, आदिवासी युवाओं से मिलने और पढ़ाने या प्रशिक्षण देने का मौका मिला। यों ही सवाल पूछ लिया करता कि झारखंड के अमुक गोलीकांड-घटना, आदिवासी नेतृत्व के बारे में जानते हो, सुने हो। ताज्जुब होता था, क्योंकि अधिकांश युवा इससे अनभिज्ञ थे। झारखंड की राजनीति में सक्रिय कई बड़े आदिवासी नेता भी जब इसके बारे में नहीं बता पाएँ तो लगा कि कैसे ये लोग अपने इतिहास से कटते जा रहे हैं। अगर नई पीढ़ी को झारखंड आंदोलन के संघर्षपूर्ण इतिहास की जानकारी नहीं दी गई, तो बेईमानी होगी। अखबार में टिप्पणी भी लिखी—भटक रहे हैं आदिवासी युवा। जब ये युवा खरसावाँ गोलीकांड या फिर गुवा गोलीकांड के बारे में भी कुछ नहीं बता पाए तो चिंतित होना स्वाभाविक है। कई बार आवाज उठी कि झारखंड के शहीदों के आश्रितों को नौकरी-सम्मान और आंदोलनकारियों को पेंशन देने पर सरकार विचार कर रही है। पर सूची कहाँ है? जब इस काम में लगे लोगों को भी शहीदों-घटनाओं की पूरी जानकारी नहीं होगी तो कई शहीदों के साथ अन्याय होने की आशंका रहेगी। इसलिए तय किया कि अपने निजी प्रयास से अधिक-से-अधिक शहीदों-गोलीकांडों और आंदोलनकारियों की जानकारी जुटाई जाए।

मेरा प्रयास यही रहा कि घटनास्थल पर जाकर लोगों से बात कर, जो कुछ भी दस्तावेज उपलब्ध हैं, उसका अध्ययन कर विस्तृत विवरण तैयार किया जाए। इसी क्रम में प्रयास किया कि अधिक-से-अधिक तसवीर भी जमा की जाए। पर इसमें कई परेशानियाँ आईं। 35-40 साल पहले जंगलों-गाँवों में कैमरे नहीं थे। गाँव का एक आम आंदोलनकारी अपनी तसवीर खिंचवाने शहर नहीं जाता था। कई शहीदों की तसवीर मिल नहीं पाई, क्योंकि उन्होंने जीवन में कभी तसवीर खिंचवाई ही नहीं थी। पर कुछ दुर्लभ तसवीरें मिलीं भी। जब घटनास्थलों का दौरा किया तो कई स्थानों पर लोगों ने ऐसे देखा मानो चिड़ियाघर से आया कोई अजीब प्राणी हूँ। ऐसा इसलिए हुआ, क्योंकि गोलीकांड के 35-40 साल बाद अगर घटनास्थल पर कोई जाए, वहाँ के लोगों से पुरानी घटना के बारे में पूछे तो ऐसी धारणा बनेगी ही।

मन में एक दुविधा थी कि पुस्तक कहाँ से शुरू करूँ। झारखंड के लिए तो लंबा

संघर्ष चला है। आजादी के पहले भी आंदोलन चलता रहा। स्वतंत्रता आंदोलन में भी झारखंड का इतिहास समृद्ध रहा है। बाबा तिलका माझी, सिद्धू-कान्हू, बिरसा मुंडा, बुद्धु भगत की लड़ाई भले ही अंग्रेजों के खिलाफ रही हो, पर इन्होंने अन्याय के खिलाफ ही लड़ा था। देश के आजाद होने के बाद ही झारखंड आंदोलन में तेजी आई थी। इसलिए मैंने तय किया कि इस पुस्तक की शुरुआत तब से की जाए जब पहली बार अलग झारखंड राज्य की माँग की गई थी। वह वर्ष था 1912, जब संत कोलंबस कॉलेज हजारीबाग के एक छात्र ने पहली बार बैठक कर अलग झारखंड राज्य की माँग की थी। इस घटना का विस्तृत विवरण कहीं उपलब्ध नहीं है। मैंने पुस्तक में पुलिस फायरिंग की शुरुआत सिमको गोलीकांड (1939) से की है। यह तय किया कि इसमें 15 नवंबर, 2000 (झारखंड राज्य निर्माण दिवस) तक की घटनाओं को ही शामिल करूँगा।

एक सवाल उठा कि किन-किन गोलीकांड या आंदोलनकारियों की हत्या को झारखंड आंदोलन से जोड़कर देखा जाए। कुछ पर विवाद भी हो सकता है। तर्क यह दिया जा सकता है कि अमुक व्यक्ति आपसी दुश्मनी में मारा गया, अमुक व्यक्ति आपराधिक चरित्र का था। ये सब सवाल उठ सकते हैं। यह सही है कि राज्य में झारखंड आंदोलन के साथ-साथ कई आंदोलन चले। उनका सीधा संबंध भले ही झारखंड अलग राज्य के आंदोलन से न हो, पर वह तो अन्याय-शोषण के खिलाफ आंदोलन तो था ही। इस दौरान अनेक ऐसे नेताओं की हत्या हुई, जो मजदूरों की लड़ाई लड़ रहे थे। ऐसे नेता अलग झारखंड राज्य की भी लड़ाई लड़ रहे थे। इसलिए ऐसी घटनाओं को भी शामिल किया गया है। हो सकता है कि कुछ घटनाओं पर यह सवाल उठे कि यह झारखंड अलग राज्य आंदोलन से जुड़ा मामला नहीं था। भले ही पहली नजर में कुछ घटनाओं में ऐसा लग सकता है, पर अन्याय-शोषण के खिलाफ लड़ाई में अगर किसी की हत्या हुई, पुलिस ने गोली चलाई तो इसे झारखंड आंदोलन का ही हिस्सा मानते हुए इसमें शामिल किया गया है। प्रयास यह किया गया है कि 1912 के बाद और 15 नवंबर, 2000 के बीच भीड़ पर हुई सभी महत्त्वपूर्ण पुलिस फायरिंग को शामिल कर लिया जाए। मूलतः झारखंड आंदोलन के काल की घटनाओं को केंद्रित करते हुए यह दस्तावेज तैयार किया गया है। इस दौरान कई ऐसी घटनाएँ भी हुईं जिनमें पुलिस ने निर्दोष को पकड़ा या फिर दोषियों को छोड़ दिया। इसका लोगों ने विरोध किया और इसी दौरान फायरिंग हुई। ऐसी घटनाओं को भी शामिल किया गया है।

झारखंड आंदोलन के दौरान कोल्हान में पुलिस ने कुछ ऐसे लोगों पर फायरिंग की, जो आतंक मचा रहे थे (भरभरिया गोलीकांड)। इसमें बड़ी संख्या में आदिवासी मारे गए थे। कोल्हान स्वतंत्र राष्ट्र की माँग से संबंधित सभा पर भी पुलिस ने फायरिंग की थी। मैं खुद मानता हूँ कि वह माँग देशद्रोही की श्रेणी में थी और ऐसी माँग अनुचित थी। पर चूँकि इसमें कोल्हान के वैसे आदिवासी भी समझ के अभाव में जुड़ गए थे जिनका संबंध

झारखंड आंदोलन से था, इसलिए इस पुस्तक में उन घटनाओं का भी उल्लेख किया गया है।

इसमें कोई दो राय नहीं कि झारखंड आंदोलन में महिलाओं की भी बड़ी भूमिका रही है। जुलूस, धरना और प्रदर्शन में बड़ी संख्या में महिलाएँ भाग लेती थीं। अनेक ऐसे अवसर आए जब आंदोलनकारियों को गिरफ्तार करने आई पुलिस का रास्ता महिलाएँ रोकती थीं। कई जगहों पर तो महिलाओं ने घंटों पुलिस के साथ तीर-धनुष के बल पर संघर्ष किया। कई मौकों पर यातनाएँ भी सहीं। कुछ ऐसी भी महिलाएँ रहीं जिन्होंने अपना पूरा जीवन आंदोलन को दे दिया। मेरी इच्छा थी कि इस पुस्तक में उनकी विस्तार से चर्चा हो। पर लेखक की सीमा होती है। चाह कर भी मैं इस पर बहुत काम नहीं कर सका। इसके बावजूद इस पुस्तक में प्रतीकात्मक रूप से कुछ महिलाओं के योगदान का उल्लेख कर रहा हूँ। इनमें नंदी कुई, मरियम चेरोवा, मेरी ज्योत्सना, लाड़ो जोंको, अजरमनी लुगून, डांग आदि के बारे में इस पुस्तक में उल्लेख है। मेरा प्रयास रहेगा कि आनेवाले दिनों में अधिक-से-अधिक महिलाओं के झारखंड आंदोलन में योगदान को किसी-न-किसी रूप में सामने लाऊँ।

झारखंड आंदोलन काफी लंबा चला। इस दौरान गोलीकांड और आंदोलनकारियों की हत्या की अनेक घटनाएँ घटीं। दूर-दराज के गाँवों-जंगलों में भी ये हत्याएँ होती थीं। आंदोलनकारियों के सामने एकमात्र लक्ष्य था अलग राज्य पाना। इसलिए पुलिस फायरिंग या हत्याओं का बहुत रिकॉर्ड नहीं रखा जाता था। हमारा यह प्रयास रहा है कि अधिक-से-अधिक गोलीकांड और आंदोलनकारियों की हत्या की घटना को इस पुस्तक में समाहित करूँ। पर तमाम प्रयास के बावजूद जानकारी के अभाव में कुछ घटनाएँ छूट सकती हैं। इसका अर्थ यह नहीं है कि शहीदों या गोलीकांड की यह कोई अंतिम सूची है। यह निरंतर चलनेवाला प्रयास है और जैसे-जैसे गोलीकांड और घटनाओं का विवरण मिलता जाएगा, पुस्तक के नए संस्करण में उसे शामिल करने का प्रयास किया जाएगा। इन घटनाओं का जो ब्योरा लिखा गया है, हो सकता है कि वह प्रशासन की रिपोर्ट से मेल नहीं खाता हो। प्रयास यह रहा है कि घटनास्थल पर जाकर प्रत्यक्षदर्शियों या जानकारों से मिलकर सत्य के अधिक-से-अधिक करीब पहुँचा जाए। इस पुस्तक में ओड़िशा और पश्चिम बंगाल में घटी घटनाओं का भी जिक्र है। जब अलग राज्य की माँग की जा रही थी तो उसमें बिहार के अलावा मध्य प्रदेश, ओड़िशा और पश्चिम बंगाल के जिले भी शामिल थे। पर जब राज्य बना तो सिर्फ बिहार के हिस्से को काटकर। दूसरे राज्यों में भी झारखंड के लिए संघर्ष हुआ, शोषण के खिलाफ संघर्ष हुआ, इसलिए इस पुस्तक में उन घटनाओं का भी जिक्र किया गया है।

इस पुस्तक को मूलत: छह खंडों में बाँटा गया है। पहले खंड में पुलिस फायरिंग या पुलिस द्वारा मारे गए आंदोलनकारियों का जिक्र है। राज्य बनने तक पुलिस ने जहाँ-जहाँ

झारखंड आंदोलनकारियों पर गोलियाँ चलाई हैं, उनका विवरण है। गोली कहाँ चली, कब चली, कितने लोग मारे गए, गोली चलाने का कारण क्या था (कुछ सामान्य घटनाओं को मैंने छोड़ भी दिया है) इसका उल्लेख है। दूसरे खंड में उन घटनाओं को शामिल किया गया है, जहाँ आंदोलनकारी पुलिस की गोली से नहीं मरे, बल्कि महाजनों-माफिया या दबंगों ने उनकी हत्या कर दी। ऐसी घटनाओं की संख्या धनबाद के आस-पास ज्यादा रही जहाँ अन्याय और शोषण के खिलाफ मजदूरों की लड़ाई लड़नेवाले झारखंड आंदोलनकारियों को माफिया तत्त्वों ने मार डाला। तीसरे खंड में उन गैर-आदिवासी आंदोलनकारियों को शामिल किया गया है, जिनकी झारखंड आंदोलन में बहुत बड़ी भूमिका रही है, जिन्होंने आंदोलन को दिशा दी। इस खंड में महतो आंदोलनकारियों को शामिल नहीं किया गया है, क्योंकि वे तो आदिवासियों के साथ-साथ कंधा से कंधा मिलाकर संघर्ष की अगली पंक्ति में खड़ा थे। चौथा खंड महिलाओं को समर्पित है। इसमें झारखंड आंदोलन में महिलाओं की भूमिका की चर्चा है। प्रयास किया गया है कि अधिक-से-अधिक महिला आंदोलनकारियों को शामिल कर लिया जाए। इस बात को नहीं भूलना चाहिए कि महिला आंदोलनकारियों की भूमिका अलग-अलग रही है। किसी ने तीर से सामना किया तो किसी ने महिलाओं को एकजुट किया। किसी ने झारखंड आंदोलन के प्रति महिलाओं को जागरूक किया। ये सभी किसी-न-किसी रूप में झारखंड आंदोलन के हिस्से हैं।

पुस्तक के पाँचवें खंड में कुछ उन आंदोलनकारियों को भी शामिल किया गया है जिनकी मौत पुलिस या माफिया की गोली से नहीं हुई, बल्कि जिन्होंने इलाज के अभाव में दम तोड़ा, जिनकी स्वाभाविक या दुर्घटना में मौत हो गई, पर उनका आंदोलन में काफी योगदान था। इसमें उन आंदोलनकारियों को भी शामिल किया गया है, जिन्होंने आंदोलन में बहुत कुछ खोया है। कुछ वैसे आंदोलनकारियों को भी शामिल किया गया है, जो अभी जीवित हैं, पर जिन्होंने आंदोलन में हर प्रकार की भूमिका अदा की। कुछ ऐसे आंदोलनकारियों का भी जिक्र किया गया है, जिससे पता चलता है कि आंदोलन के दौरान कैसी-कैसी घटनाएँ घटती थीं। लोगों में कितना जज्बा था। परिणाम की परवाह किए बगैर कैसे युवा किसी घटना को अंजाम देने के लिए तैयार रहते थे। इसके अलावा अखबारों में आंदोलन, आंदोलनकारियों से संबंधित अपने कुछ लेखों को भी मैंने इस खंड में शामिल किया है। छठे खंड में पुलिस जुल्म का जिक्र है। कैसे झारखंड आंदोलनकारियों के घरों को जलाया गया, लूटा गया, लोगों को पीटा गया, महिलाओं के साथ सामूहिक दुष्कर्म किया गया।

झारखंड के लिए हजारों आंदोलनकारियों ने लड़ाई लड़ी। जेल गए। जगह के अभाव में उन आंदोलनकारियों के बारे में विस्तृत रूप से चर्चा इस पुस्तक में नहीं कर सका। मैं यह मानता हूँ कि उन आंदोलनकारियों का जिक्र किए बगैर यह पुस्तक अधूरी रहेगी, पर यह संख्या इतनी ज्यादा है कि सभी के बारे में इस पुस्तक में ब्योरा देना संभव नहीं है।

राज्य बनाने में जयपाल सिंह मुंडा, शिबू सोरेन, विनोद बिहारी महतो, एके राय, एनई होरो, बागुन सुंब्रुई, बीपी केशरी, शैलेंद्र महतो, अर्जुन मुंडा, सूरज मंडल, कृष्णा मार्डी, स्टीफन मरांडी, साइमन मरांडी, टेकलाल महतो, हेमलाल मुर्मू, मथुरा महतो, चंपई सोरेन, ज्ञानरंजन, शिवा महतो, अर्जुन राम, प्रभाकर तिर्की, सूरज सिंह बेसरा, भुवनेश्वर महतो, बहादुर उराँव, सुदेश महतो, सुधीर महतो, दुलाल भुइयाँ, डॉ. देवशरण भगत, ललित महतो, प्रो. शाहिद हसन, संजय बसु मल्लिक, मुमताज खान, खालिद अहमद, दुर्गा सोरेन, अबु तालिब अंसारी, इंदर सिंह नामधारी, समरेश सिंह, कमल किशोर भगत, विनोद भगत, रामदास सोरेन, सुनील महतो, विद्युत वरण महतो, लोबिन हेंब्रम, मोहन कर्मकार, सुखदेव हेंब्रम, डॉक्टर टुडू, मोरा मुंडा, शेख बदरुद्दीन, हरिशंकर महतो, राजेंद्र मेहता, रमेश हांसदा, आनंद गिद्ध, प्रवीण प्रभाकर, प्रवीण उराँव, चट्टान सिंह, बबलू मुर्मू, भाई हालेन कुजूर, बाबूलाल मुर्मू, कान्हू सामंत, केसी मार्डी, बुधनाथ सोय, दीपक बिरुआ, धान सिंह मुंडारी, विनोद पांडेय, शैलेंद्र भट्टाचार्य, कन्हाई लाल महाली, शेखर चंद हेंब्रम, भीम सोरेन, चारू मार्डी, शेख शिराउद्दीन, शंकर चंद हेंब्रम, ठाकुर मुर्मू, जयराम टुडू, विमल कच्छप, निर्मल भट्टाचार्य, दामू वानरा, आस्तिक महतो, जेवियर डायस और हजारों अन्य नेताओं-कार्यकर्ताओं का अमूल्य योगदान रहा है। हो सकता है कि कई आंदोलनकारियों का नाम इसमें छूट गया होगा। उनसे मैं क्षमा माँग ले रहा हूँ, क्योंकि जगह, जानकारी या स्मरण के अभाव में उनके नाम का उल्लेख नहीं कर पाया। बड़ी विनम्रता के साथ यह स्वीकार कर रहा हूँ कि इस पुस्तक में चाह कर भी सभी आंदोलनकारियों के बारे में विस्तृत विवरण नहीं दे सका। कभी अवसर आया तो जरूर इस काम को भी पूरा करूँगा। जयपाल सिंह मुंडा, शिबू सोरेन, विनोद बिहारी महतो, एनई होरो, एके राय के बारे में अलग से कोई अध्याय नहीं दे रहा हूँ। इसका कारण है कि ये तो झारखंड आंदोलन के स्तंभ रहे हैं। पूरा आंदोलन तो इन्हीं नेताओं की अगुवाई में चला है। इसलिए हर घटना में कहीं-न-कहीं इनमें से किसी का उल्लेख तो है ही।

इस पुस्तक में एक बड़ी कमी रह जाती, अगर इसमें डॉ. रामदयाल मुंडा को याद नहीं किया जाता। डॉ. मुंडा झारखंड आंदोलन के अग्रणी नेता थे। उनकी असामयिक मौत हो गई। मौत के चंद दिनों पहले उनसे मुलाकात हुई थी। बातचीत हुई थी। उस पर आधारित रिपोर्ट अखबार में छपी थी। इस पुस्तक में उस रिपोर्ट को भी जगह दे रहा हूँ। डॉ. मुंडा के निधन के दूसरे दिन भी उन्हें श्रद्धांजलि देते हुए एक और मेरी रिपोर्ट प्रभात खबर में छपी थी। इन दोनों रिपोर्ट का जिक्र इस पुस्तक में है। इसे डॉ. मुंडा के प्रति मेरी श्रद्धांजलि समझिए।

मैं आभारी हूँ प्रभात खबर के प्रधान संपादक हरिवंश का, जिन्होंने झारखंड विषय पर काम करने और इस पुस्तक को लिखने के लिए हमेशा प्रोत्साहित किया, दिशा-निर्देश दिया। मेरे आग्रह को स्वीकार करते हुए उन्होंने भूमिका लिखी और मेरे कार्य को सराहा।

इससे मेरा मनोबल और बढ़ा। मैं आभारी हूँ विनय भूषण का, जिनके साथ बैठकर मैंने इस किताब को एक स्वरूप दिया, हर दिन उनसे विचार-विमर्श किया, कमियों को दूर किया, उन्होंने मेरा उत्साह बढ़ाया। मैं आभारी हूँ शैलेंद्र महतो का जिनके सहयोग से पुरानी घटनाओं की जानकारी मिली, कई दस्तावेज मिले। मैं आभारी हूँ भुवनेश्वर महतो, बहादुर उराँव और उन आंदोलनकारियों का, जिन्होंने झारखंड के दूर-दराज के इलाकों में जाने में मेरा सहयोग किया। मैं आभारी हूँ प्रभाकर तिर्की, डॉ. देवशरण भगत का, जिन्होंने मेरा सहयोग किया। मैं आभारी हूँ अपने सहयोगी अनुराग कश्यप (धनबाद) का, जिन्होंने अपनी पूरी टीम के साथ दस्तावेज तलाशने में बहुत ही आत्मीयता से सहयोग किया। मेरे सहयोगी विजय पाठक, सुशील भारती और रंजीत प्रसाद सिंह और उनकी टीम से काफी सहयोग मिला। मेरे इस काम में शीन अनवर, प्रमोद, धरिश्चंद, अनिरुद्ध महतो, दिलीप पोद्दार, राधेश, दिलीप कुमार, प्रियरंजन, राजेंद्र मिश्र, सलालुद्दीन, विनय, अजय कुमार, चुन्नू कांत, मुन्ना, राकेश कुमार वर्मा, दीपक सवाल, नारायण मंडल, दीपेश कुमार, सतीश, जीतेंद्र, तौफिक, अमित, ओम प्रकाश, आनंद, प्रदीप कुमार, दिलीप दीपक, दीपक पांडेय, उमेश श्रीवास्तव, शेख कलिंग, कामदेव, श्रीकांत गिरि, नारायण मंडल, सुधीर सिन्हा, संजय रवानी, वेंकटेश शर्मा और लता ने काफी सहयोग किया। पुस्तक को स्वरूप देने में मनीष जायसवाल, राकेश कुमार और प्रकाश का काफी सहयोग रहा। यह काम मैं शायद नहीं कर पाता अगर घर के कामों में ही उलझा होता। मेरे माता-पिता, मेरी पत्नी अंजू और पुत्री अदिति, पुत्र आदित्य ने मुझसे कभी अपने लिए समय नहीं माँगा, कभी शिकायत नहीं की, इसलिए मैं पारिवारिक जिम्मेवारियों से मुक्त होकर इस बड़े काम के लिए समय निकाल सका। 75 साल की उम्र पार करने के बावजूद मेरे पिता श्री सुरेंद्र प्रसाद सिन्हा आज भी अखबारों और पत्रिकाओं का गहन अध्ययन करते हैं और महत्त्वपूर्ण लेखों-रिपोर्ट्‍र्स का संग्रह करते हैं। उनका यह संग्रह इस पुस्तक को बनाने में मेरे बहुत काम आया। 28 साल पहले जब मैंने पत्रकारिता में जाने की इच्छा जताई थी, तो मेरे पिता ने मेरा साथ दिया, मनोबल बढ़ाया। अगर उनका विरोध होता तो शायद मैं पत्रकारिता में नहीं आ पाता और यह काम नहीं कर पाता। अंत में मैं उन सभी का आभार व्यक्त करता हूँ जिन्होंने मेरे इस कार्य में प्रत्यक्ष या अप्रत्यक्ष रूप से सहयोग किया है।

राँची

—अनुज कुमार सिन्हा

अनुक्रम

खंड-1

पुलिस फायरिंग

खंड-2

माफिया-महाजन के शिकार

खंड-3
गैर-आदिवासियों की भूमिका

खंड-4
महिलाओं की महत्त्वपूर्ण भूमिका

खंड-5
जज्बा-जोखिम और नतीजा

खंड-6

पुलिस जुल्म

बहुत पुराना है संघर्ष का इतिहास

आंदोलन के स्तंभ— शिबू सोरेन, निर्मल महतो, सूरज मंडल और शैलेंद्र महतो

झारखंड अलग राज्य की माँग सबसे पहले किसने, कब और कहाँ उठाई, इस विषय पर लंबे समय से विवाद रहा है। इसका स्पष्ट उत्तर आज तक नहीं मिला है। एक बड़ा वर्ग मानता है कि पहली बार अलग झारखंड राज्य की माँग 1912 में की गई थी। पर, इस माँग के बहुत पहले से यहाँ के आदिवासियों ने शोषण के खिलाफ आवाज उठाना, संघर्ष करना शुरू कर दिया था। 12 अगस्त, 1765 को शाह आलम द्वितीय ने बंगाल, बिहार, ओड़िशा की दीवानी अंग्रेजों को दी थी। उन दिनों ये तीनों एक ही राज्य थे। इसलिए छोटानागपुर-संताल परगना में भी अंग्रेजों की शासन व्यवस्था लागू हो गई। इसलिए ऐसा मान लिया गया कि छोटानागपुर के राजा और जमींदार भी अंग्रेज सरकार को ही टैक्स देंगे। इस क्षेत्र की स्थिति बंगाल और बिहार के राजाओं और जमींदारों से अलग थी। छोटानागपुर के राजा और जमींदार स्वतंत्र शासक थे और उन पर जब भी मुगलों का आक्रमण हुआ, उन्होंने थोड़ा-बहुत टैक्स देना स्वीकार कर लिया था। पर कभी भी मुगल इस क्षेत्र पर पूर्ण रूप से अपना आधिपत्य नहीं स्थापित कर सके। जब अंग्रेजों का राज आया तो उन्होंने यहाँ के राजाओं या जमींदारों पर टैक्स वसूली के लिए दबाव बनाया। यहाँ के लोगों पर भारी टैक्स लाद दिया गया। इसके वे अभ्यस्त नहीं थे, इसलिए आदिवासियों ने विरोध शुरू कर दिया। राजाओं के लिए भी

यहाँ के लोगों से जबरन टैक्स वसूलना आसान नहीं था। इसलिए जब भी अंग्रेज राजाओं-जमींदारों पर टैक्स के लिए दबाव बनाते, वे छोटानागपुर की पहाड़ियों में शरण ले लेते थे। अंग्रेजों के लिए उनसे टैक्स वसूलना आसान नहीं होता था। पर अंग्रेजों का दबाव लगातार बढ़ता गया। जो टैक्स नहीं देता, उनके ऊपर जुल्म ढाहा जाता। उनकी जमीन ले ली जाती, कई प्रकार का प्रतिबंध लगा दिया जाता। इससे यहाँ के लोगों में उस शासन व्यवस्था के प्रति नफरत-आक्रोश फैलता गया। इस तरह विद्रोह के लिए माहौल बनता गया।

अंग्रेजी शासन व्यवस्था लागू होने के दो साल के भीतर ही इस क्षेत्र में विद्रोह हो गया। 1767 में धालभूम के राजा जगन्नाथ ने अंग्रेज शासक फर्ग्यूसन और उसकी सेना के खिलाफ विद्रोह कर दिया। यह लड़ाई 1777 तक चली। इसी दौरान चुआड़ विद्रोह (1769-1805) भी शुरू हो गया। 1770 में कैप्टन कैमेक के खिलाफ चेरो सरदारों ने विद्रोह किया, जिसे चेरो विद्रोह के नाम से याद किया जाता है। चेरो ने 1810 में दूसरी बार विद्रोह का बिगुल फूँका था। इस बीच भोगता विद्रोह (1770-71) और घटवाल विद्रोह (1772-73) भी हुआ। 1793 में तिलका माझी की अगुवाई में संतालों ने अंग्रेजों के खिलाफ विद्रोह कर दिया। आदिवासियों के समक्ष सबसे बड़ी समस्या जमीन और लगान की थी। उनका मानना था कि जंगल को साफ कर उन्होंने जमीन तैयार की है, इसलिए जमीन पर उनका हक है। इसमें अंग्रेजों को दखल देने का कोई अधिकार नहीं है। इन्हीं सब मुद्दों को लेकर मानभूम के भूमिजों ने 1798 में विद्रोह कर दिया। 1819-20 में रुदु कोंता के नेतृत्व में मुंडाओं ने और 1831-32 में सिंगराय-बिंदराय मानकी और बुद्धु भगत के नेतृत्व में कोल विद्रोह हुआ। अत्याचार और शोषण के खिलाफ यहाँ के लोगों ने हार नहीं मानी। जब भी उन्हें दबाने का प्रयास किया गया, उसी तेवर के साथ जवाब दिया। 1834 में गंगा नारायण की अगुवाई में भूमिज विद्रोह और 1855 में सिद्धू-कान्हू, चाँद-भैरव के नेतृत्व में संताल विद्रोह हुआ।

इस बीच 1854 में ही छोटानागपुर कमिश्नरी का गठन हो चुका था। रिकेट की रिपोर्ट के बाद साउथ-वेस्ट फंट्रियर एजेंसी को खत्म कर पूरे छोटानागपुर को बंगाल के लेफ्टिनेंट गवर्नर के अधीन कर दिया गया था। सामान्य दीवानी और राजस्व अदालत खोली गई। कमिश्नर की नियुक्ति हुई, जिनके अधीन लोहरदगा, हजारीबाग, मानभूम, सिंहभूम, सरगुजा, जशपुर, कोरिया, चांग-बकर, उदयपुर, गांगपुर और बोनाइ करद राज्य थे। इसी वर्ष संताल परगना में मोरगो माझी और वीर सिंह माझी ने बाहरी लोगों के खिलाफ आंदोलन शुरू किया।

दुर्लभ तसवीर—शिबू सोरेन और विनोद बिहारी महतो

छोटानागपुर, बांकुड़ा, पुरुलिया और मेदिनीपुर से संताल दामिन-ई-कोह में बस गए थे। बाद में वहाँ महाजन भी पहुँच गए। फिर शुरू हुआ शोषण का दौर। इससे संताल परेशान हो गए। पारसनाथ पहाड़ी के पास रहनेवाला मोरगो माझी नामक एक संताल राजा ने संतालों के लिए एक अलग राज्य घोषित करने का प्रयास किया था, पर वह असफल रहा। 1854 में वीर सिंह माझी ने यह घोषणा कर दी कि उसे चमत्कारिक शक्ति मिली है, जिसके बल पर वह दिकुओं-शोषकों का नाश कर सकता है। उसने बाहरी लोगों के घरों को तहस-नहस किया। यह सब शोषकों के खिलाफ आदिवासियों की स्वाभाविक प्रतिक्रिया थी।

1857 के प्रथम स्वतंत्रता संग्राम में झारखंड भी पीछे नहीं रहा। ठाकुर विश्वनाथ शाहदेव, पांडेय गणपत राय, टिकैत उमरांव सिंह, शेख भिखारी, नादिर अली, जयमंगल सिंह और नीलांबर-पीतांबर ने अंग्रेजों के खिलाफ अभियान छेड़ दिया। चाईबासा-चक्रधरपुर में पोड़ाहाट के राजा अर्जन सिंह बगावत कर चुके थे। खरसावाँ के ठाकुर, जग्गू दीवान, दबरू मानकी, खरी तांती उनका साथ दे रहे थे। 1866-67 में संतालों ने मयूरभंज की वामनघाटी परगना में विद्रोह कर दिया। इसका मुख्य कारण संताल पीड़ों के चार सरदारों की गिरफ्तारी था। इन लोगों ने रसद देने से इनकार कर दिया था। इन चारों को हाथी पर बाँधकर बारीपदा लाया गया था। संतालों ने इस घटना की प्रतिक्रिया में राजा के सिपाहियों को बहलदा से बाहर कर दिया था। गुस्से में संतालों ने कई माह तक लूटपाट की। पूरे आंदोलन की अगुवाई भुंदा भूमिज, कार्तिक कोल, टोलका संताल, चकरा कोल और भगवान दास ने की। इस आंदोलन का असर दिखा और राजा को निलंबित कर दिया गया। बामनघाटी का प्रशासनिक भार सिंहभूम के उपायुक्त डॉ. हेयस को दे दिया गया। संताल सरदारों को पुलिस अधिकार के प्रयोग की अनुमति मिली। इससे उनकी खोई प्रतिष्ठा वापस मिली।

1880 में तेलंगा खड़िया ने विद्रोह की आग को जिंदा रखा। 1859 से सरदारी

लड़ाई शुरू हुई, जो 1895 तक चली। फिर बारी आई बिरसा मुंडा की, जिन्होंने 1895 से 1900 तक अंग्रेजों के खिलाफ निर्णायक लड़ाई लड़ी। यह एक निर्णायक लड़ाई थी। बिरसा मुंडा का कार्यक्षेत्र खूँटी, तमाड़ से लेकर बंदगाँव तक था। इस बीच सरदारों और जतरा टाना भगत की अगुवाई में टाना भगतों ने अंग्रेजों को चैन से नहीं रहने दिया।

देश भर में स्वतंत्रता का आंदोलन चल रहा था। शोषण से पीड़ित इस क्षेत्र के लोगों के मन में यह बात उठी कि जब तक आदिवासियों के लिए अलग राज्य नहीं होगा, उनका भला नहीं हो सकता। इस बीच बंगाल का बँटवारा हो चुका था और बिहार अलग राज्य बन चुका था। बँटवारा में ओड़िशा को बिहार का ही हिस्सा माना गया था। इसलिए पहली बार झारखंड अलग राज्य की माँग उठी। पहली बार झारखंड अलग राज्य की माँग कब उठी, इसका कोई दस्तावेज उपलब्ध नहीं है। पर ऐसा माना जाता है कि 1911-12 में हजारीबाग के संत कोलंबस कॉलेज में एक बैठक हुई थी, जिसमें अलग झारखंड राज्य की बात कही गई थी। ढाका में छात्रों की एक बैठक हुई थी। इस बैठक में भाग लेने के बाद चाईबासा का एक अनाथ युवक जे. बारथोलमन संत कोलंबस कॉलेज लौट आया था। उसने ढाका छात्र यूनियन की शाखा के रूप में क्रिश्चियन स्टुडेंट यूनियन की स्थापना की थी। इसका उद्देश्य ईसाई आदिवासी और गैर आदिवासियों, पिछड़ों की आर्थिक मदद करना था। 1915 में बीए पास करने के बाद बारथोलमन का कॉलेज से संपर्क कट गया। वह संत पॉल स्कूल राँची में शिक्षक बन गया और उसे छात्र यूनियन से अलग होना पड़ा। आदिवासियों का यह मानना था कि बगैर संगठित हुए आंदोलन नहीं चलाया जा सकता। इसलिए उसी छात्र यूनियन का नाम बदल कर छोटानागपुर उन्नति समाज कर दिया गया। 1928 में छोटानागपुर उन्नति समाज ने ही अलग झारखंड राज्य के लिए साइमन कमीशन को ज्ञापन सौंपा था। टेबले उराँव, जुएल लकड़ा, बंदी उराँव, पाल दयाल, अलफोंस कुजूर, इलियास टोप्पनो और वीर सिंह मुंडा इसके प्रमुख नेता थे।

छोटानागपुर उन्नति समाज ने धीरे-धीरे संगठित होकर आदिवासी हितों के लिए काम करना शुरू किया। टकराव का रास्ता इसने नहीं अपनाया। आदिवासियों की सामाजिक, आर्थिक और सामाजिक स्थिति में सुधार लाना और छोटानागपुर क्षेत्र का विकास के लिए प्रयास करना ही इसका लक्ष्य था। इस बीच इस क्षेत्र में मिशनरी का प्रवेश हो चुका था। इसका असर शिक्षा पर दिखने लगा था। मिशनरी ने शिक्षा के क्षेत्र में काम कर छात्रों को जगाना शुरू कर दिया था। शिक्षित होने के कारण उन दिनों झारखंड आंदोलन का नेतृत्व ईसाई आदिवासी ही करते थे। इस बीच उन्नति समाज में विभाजन

एके राय

हो गया था और टेबले उराँव व पाल दयाल ने किसान सभा का गठन कर लिया था।

1935 के प्रांतीय स्वायत्तता अधिनियम के अनुसार 1937 में बिहार विधानसभा के लिए चुनाव हुए। बिहार में कांग्रेसी मंत्रिमंडल का गठन हुआ, पर इस मंत्रिमंडल में छोटानागपुर से किसी भी कांग्रेसी नेता को शामिल नहीं किया गया। इससे छोटानागपुर के लोगों को लगा कि उसकी उपेक्षा की जा रही है। इसके बाद 30-31 मई 1938 को राँची में उन्नति समाज, कैथोलिक सभा और किसान सभा की एक बैठक हुई जिसमें अखिल भारतीय आदिवासी महासभा का गठन किया गया। इस महासभा का उद्देश्य छोटानागपुर और संताल परगना को मिलाकर अलग झारखंड राज्य का गठन करना था। थियोडोर सुरीन इस महासभा के अध्यक्ष और पाल दयाल सचिव चुने गए।

जब छोटानागपुर को बिहार से अलग कर राज्य बनाने की माँग हो रही थी, तत्कालीन गवर्नर सर एमजी हैलेट ने 1938 में इसे अविचारणीय कह कर इस माँग को ही खारिज कर दिया था। सेंटीनल ने 6 अगस्त, 1938 में इसका उल्लेख किया है। गवर्नर हैलेट की टिप्पणी से आंदोलनकारी हतोत्साहित नहीं हुए और उन्होंने आंदोलन को आगे बढ़ाने का फैसला किया। इस दौरान अखिल भारतीय आदिवासी महासभा को किसी चमत्कारिक नेता की कमी खल रही थी। 1939 में यह कमी भी पूरी हो गई। उन दिनों जयपाल सिंह ब्रिटेन से भारत लौट चुके थे और बीकानेर राज्य के मंत्री थे। पटना जाने के क्रम में वे राँची में रुके थे। यहीं पर आदिवासी महासभा के नेताओं ने उनसे मुलाकात की और बैठक में आमंत्रित किया। यह बैठक राँची के हिंदपीढ़ी में हुई, जिसकी अध्यक्षता जयपाल सिंह ने की। उसी दौरान जयपाल सिंह ने आदिवासी महासभा को वचन दिया कि वे इस क्षेत्र में लौटेंगे और यहाँ के लोगों के साथ मिलकर आंदोलन करेंगे। उन्होंने अपना वचन निभाया भी। 20 जनवरी, 1939 को राँची में अखिल भारतीय आदिवासी महासभा की विशाल रैली आयोजित की गई। इसी सभा में जयपाल सिंह को

आदिवासी महासभा का अध्यक्ष चुन लिया गया।

छोटानागपुर में कांग्रेस के प्रति लोगों का विश्वास कम हो रहा था। इससे शीर्ष नेतृत्व चिंतित था। इस बीच सुभाषचंद्र बोस भी जमशेदपुर आए, पर उन्होंने भी छोटानागपुर-संताल परगना अलग राज्य की माँग को ठुकरा दिया। 1940 के रामगढ़ अधिवेशन में जयपाल सिंह ने सुभाषचंद्र बोस से मुलाकात की और अलग झारखंड राज्य की चर्चा की। सुभाष बाबू ने सुझाव दिया कि अभी ऐसी माँग करने से देश को आजाद करने के आंदोलन पर असर पड़ेगा। इसलिए अभी जयपाल सिंह को शांत रहना चाहिए। सुभाष बाबू की सलाह पर जयपाल सिंह ने रामगढ़ अधिवेशन में झारखंड राज्य की चर्चा नहीं की। कांग्रेस ने 1940 के रामगढ़ अधिवेशन में मुख्य द्वार का नाम बिरसा मुंडा के नाम पर रखकर इस क्षेत्र में अपनी जमीन को मजबूत करने का प्रयास किया। इस बीच जयपाल सिंह आदिवासियों के सबसे बड़े नेता के रूप में सामने आ चुके थे। 31 दिसंबर, 1949 और 01 जनवरी, 1950 को जमशेदपुर के करनडीह मैदान में आदिवासी महासभा का सम्मेलन हुआ, जिसमें तय हुआ कि अब राजनीतिक पार्टी की जरूरत है। इसलिए आदिवासी महासभा का नाम बदल कर इसे झारखंड पार्टी कर दिया गया। इस प्रकार झारखंड पार्टी का जन्म हुआ। जब 1952 में पहली बार बिहार विधानसभा का चुनाव हुआ तो झारखंड पार्टी सबसे बड़े विपक्षी दल के रूप में सामने आई। यह जयपाल सिंह का ही करिश्मा था।

झारखंड पार्टी की छोटानागपुर-संताल परगना में तूती बोल रही थी। पहले चुनाव में 32 सीट जीतकर इस पार्टी ने अपनी ताकत का एहसास करा दिया था। इससे यहाँ के लोगों में विश्वास जागा था कि अब झारखंड राज्य बन जाएगा। अभी तक अलग झारखंड राज्य की माँग पर आम धारणा यह थी कि सिर्फ आदिवासी ही अलग राज्य की माँग कर रहे हैं। पर उन दिनों गैर-आदिवासियों ने भी एकजुट होकर झारखंड राज्य के आंदोलन को तेज किया था। हजारीबाग के सांसद और स्वतंत्रता सेनानी बाबू रामनारायण सिंह अलग राज्य के पक्ष में थे और संसद में भी अपनी बात कह चुके थे। झारखंड राज्य की माँग को तेज करने के लिए उन दिनों छोटानागपुर संयुक्त संघ का गठन किया गया था। इसमें खुदी राम महतो, प्रो. जेसी हेवर्ड, नागेश्वर प्रसाद, रामनारायण खलखो, गोपाल दास मुंजाल, लाल अंबिका नाथ शाहदेव, सरयू भगत, लाल फणींद्र नाथ शाहदेव, केशरमल अग्रवाल, विंदेश्वरी प्रसाद गुप्त, पुष्कर सामंत, झमन सिंह, सत्यदेव साहू, देवकीनंदन प्रसाद और एसके राय को शामिल किया गया था। डॉ. राजेंद्र प्रसाद जब 7 मार्च, 1953 को राँची आए तो छोटानागपुर संयुक्त संघ की ओर से उन्हें ज्ञापन सौंपकर

अलग राज्य समेत कई अन्य माँगें रखी थीं। डॉ. राजेंद्र प्रसाद ने प्रतिनिधिमंडल से बात तो की पर उनकी माँगों को अस्वीकार कर दिया था।

22 अप्रैल, 1954 को राज्य पुनर्गठन आयोग की टीम बिहार विधानसभा में थी। उस दौरान छोटानागपुर और संताल परगना के विधायकों ने राज्य पुनर्गठन आयोग को एक स्मार पत्र सौंपकर अलग राज्य की माँग की थी। इस स्मार पत्र पर हस्ताक्षर करनेवाले थे-सिदू हेंब्रम (कोल्हान), सुशील कुमार बागे (कोलेबीरा), हरमन लकड़ा (बेड़ो) शुभनाथ देवगम (मनोहरपुर), सुखदेव माझी (चक्रधरपुर), लुकस मुंडा (खूँटी), जीतू किस्कू (महेशपुर), जुनस सुरीन (बसिया), विलियम हेंब्रम (शिकारीपाड़ा), कैलाश प्रसाद (जुगसलाई-पोटका एक), जेठा किस्कू (राजमहल दामिन), सुपई मुरमू (रामगढ़), शत्रुघन बेसरा (जामताड़ा), रामचरण किस्कू (पाकुड़ दामिन), हरिपद सिंह (जुगसलाई-पोटका दो), बाबूलाल टुडू (गोड्डा दामिन), देवी सोरेन (दुमका), जगन्नाथ महतो कुरमी (सोनाहातू), पाल दयाल (राँची), मदन बेसरा (मसलिया), घानी राम संताल (घाटशिला, बहरागोड़ा दो), उजिंद्र लाल हो (खरसावाँ), देवचरण माझी (चैनपुर), बलिया भगत (सिसई), मुकुंद राम तांती (घाटशिला-बहरागोड़ा एक), सुकरू उराँव (गुमला), अंकुरा हो (जामदा), अलफ्रेड उराँव (सिमडेगा), चुनका हेंब्रम (पोड़ैयाहाट-जरमुंडी), भैयाराम मुंडा (तमाड़), सुरेंद्र नाथ बिरूआ (मंझारी) और इग्नेस कुजूर (लोहरदगा)। इन विधायकों के अलावा एमएलसी गोकुल महारा और सांसद जयपाल सिंह ने भी स्मार पत्र पर हस्ताक्षर किया था।

इसके बाद राज्य पुनर्गठन आयोग की टीम 2 फरवरी, 1955 को राँची आई। इस टीम में हृदय नाथ कुंजरू और केएम पणिकर थे। आयोग के अध्यक्ष सैयद फजल अली नहीं आए थे। इस टीम ने खूँटी, चक्रधरपुर, चाईबासा, सरायकेला, जमशेदपुर, पुरुलिया और धनबाद का भी दौरा किया। फिर यह टीम 5 फरवरी को राँची आ गई। राँची में इस टीम को फिर से स्मार पत्र सौंपा गया। इस दौरान जयपाल सिंह को राँची में रहना था, ताकि वे राज्य पुनर्गठन आयोग के समक्ष अलग राज्य के पक्ष में तर्क दे सकें। इसी बीच कांग्रेस के नेताओं ने चाल चली। बिहार के तत्कालीन मुख्यमंत्री श्रीकृष्ण सिंह, केबी सहाय और विनोदानंद झा ने जयपाल सिंह को संदेश भेजवाया कि प्रधानमंत्री जवाहरलाल नेहरू ने उन्हें दिल्ली बुलाया है। जयपाल सिंह दिल्ली चले गए। वहाँ उन्हें पता चला कि प्रधानमंत्री की ओर से ऐसा बुलावा नहीं आया था। इस बीच राज्य पुनर्गठन आयोग की टीम जयपाल सिंह को खोज रही थी, पर वे दिल्ली में थे। उनकी अनुपस्थिति में जब सुशील कुमार बागे, थियोडोर बोदरा और जगन्नाथ महतो कुरमी ने आयोग से बात

करना चाहा तो आयोग ने यह कह कर इनकार कर दिया कि उन्हें सिर्फ जयपाल सिंह से बात करनी है। इसके बाद वह टीम लौट गई। इसमें कोई दो राय नहीं कि अगर उस दिन जयपाल सिंह राँची में होते, आयोग की टीम से उनकी बात हो जाती, तो झारखंड बहुत पहले अलग राज्य बन गया होता।

कांग्रेस जयपाल सिंह की ताकत को समझती थी। इसलिए 1963 में प्रधानमंत्री जवाहरलाल नेहरू ने जयपाल सिंह को प्रस्ताव भेजा कि झारखंड पार्टी का कांग्रेस में विलय कर दिया जाए। इससे अलग राज्य का रास्ता खुल जाएगा। जयपाल सिंह को यह प्रस्ताव रास आ गया। वे कांग्रेस की चाल को समझ नहीं सके। 20 जून, 1963 को राँची में विशाल सभा का आयोजन किया गया। इसी सभा में झारखंड पार्टी का उन्होंने कांग्रेस में विलय करने की घोषणा कर दी गई। इस कार्यक्रम को कितना महत्त्व दिया गया था, इसका अंदाजा इसी बात से लगाया जा सकता है कि इसमें बिहार के तत्कालीन मुख्यमंत्री विनोदानंद झा, ओड़िशा के मुख्यमंत्री बीजू पटनायक और बंगाल की ओर से प्रफुल्ल चंद सेन व अतुल्य घोष ने भाग लिया था। इसके बाद जयपाल सिंह को बिहार कैबिनेट में शामिल कर लिया गया था।

यह विलय अलग झारखंड राज्य की लड़ाई लड़नेवालों के लिए बहुत बड़ा झटका था। एक बड़े वर्ग का मानना था कि जयपाल सिंह ने झारखंड आंदोलन को कांग्रेस के हाथों बेच दिया है। खुद जयपाल सिंह ने 13 मार्च, 1970 को (विलय के सात साल बाद) राँची के बहुबाजार की सभा में यह स्वीकार किया था कि झारखंड पार्टी का कांग्रेस में विलय उनके जीवन की सबसे बड़ी भूल थी।

विलय से आंदोलन पर बुरा असर जरूर पड़ा था, पर झारखंड पार्टी में कई ऐसे नेता थे जिन्होंने पार्टी का कांग्रेस में विलय का विरोध किया था। इनमें एनई होरो और बागुन सुंब्रुई जैसे नेता थे। एनई होरो, बागुन सुंब्रुई ने कुछ अन्य झारखंडी नेताओं के साथ यह तय किया था कि किसी भी हाल में झारखंड आंदोलन को जिंदा रखा जाएगा। झारखंड पार्टी के नेताओं ने (जो विलय के खिलाफ थे) ओड़िशा के सुंदरगढ़ जिले के बीरमित्रपुर में 27 सितंबर से 29 सितंबर, 1963 तक पार्टी का महाधिवेशन बुलाया। इसमें पूरे झारखंड क्षेत्र (छोटानागपुर-संताल परगना के अलावा ओड़िशा, मध्य प्रदेश और पश्चिम बंगाल के कुछ जिले) के प्रतिनिधियों ने भाग लिया। इन लोगों ने पार्टी का पुनर्गठन किया जिसमें लाल हरिनाथ शाहदेव को इसका अध्यक्ष चुना गया। इस बीच 1967 में बिहार विधानसभा का चुनाव भी हो गया।

28 दिसंबर, 1967 को अखिल भारतीय झारखंड पार्टी का गठन किया गया।

एन ई होरो

बागुन सुंब्रुई इसके अध्यक्ष और एनई होरो इसके महासचिव बनाए गए। बागुन कोल्हान में एक सशक्त नेता के रूप में उभरे। दिकुओं के खिलाफ उन्होंने जोरदार अभियान चलाया। इस बीच हुल झारखंड का गठन हुआ। ललित कुजूर ने राँची में 9 जून, 1967 को बिरसा सेवा दल का गठन किया। यह आक्रामक संगठन था। इसके अध्यक्ष ललित कुजूर (इंजीनियर) थे। बिरसा सेवा दल अपनी ताकत दिखाना चाहता था। अगले साल चीरी और चैनपुर गोलीकांड में बिरसा सेवा दल ने अपना तेवर दिखाया।

इस बीच 1971 का चुनाव आ गया। अब तक साथ-साथ चल रहे बागुन सुंब्रुई और एनई होरो अलग हो गए। एनई होरो खूँटी से सांसद बने और 12 मार्च, 1973 को उन्होंने अपने समर्थकों के साथ अलग झारखंड राज्य के लिए दिल्ली में विशाल प्रदर्शन किया। तत्कालीन प्रधानमंत्री श्रीमती इंदिरा गांधी को ज्ञापन भी सौंपा। दो साल बाद 16 अप्रैल 1975 को एनई होरो की अगुवाई में दिल्ली में झारखंड समर्थकों ने फिर प्रदर्शन किया। ये प्रदर्शनकारी जब संसद की ओर जा रहे थे तो उन्हें बीच में ही गिरफ्तार कर लिया गया। कई घंटे तक इन लोगों को थाने में रखा गया। इस तरह झारखंड राज्य की माँग दिल्ली में गूँजने लगी थी।

अलग झारखंड राज्य की लड़ाई लड़नेवाले यह समझ रहे थे कि जब तक उनके पास एक सशक्त संगठन-दल नहीं होगा, लड़ाई आसान नहीं होगी। शोषण-अत्याचार, ठेकेदारी प्रथा, महाजनी प्रथा के खिलाफ अलग-अलग इलाकों में अलग-अलग संगठन आंदोलन चला रहे थे। इनमें से एक थे एके राय। युवा इंजीनियर थे। जब देखा कि मजदूरों का शोषण हो रहा है तो उन्होंने नौकरी से त्यागपत्र दे दिया और आंदोलन में कूद पड़े। वे 1965 से ही मार्क्सवादी कम्युनिस्ट पार्टी के बैनर तले मजदूरों के शोषण के खिलाफ कोयलांचल में आंदोलन चला रहे थे। उधर विनोद बिहारी महतो भी मार्क्सवादी कम्युनिस्ट पार्टी से जुड़े थे। पर जब उन्हें लगा कि माकपा अलग राज्य की लड़ाई में उनके साथ नहीं है तो उन्होंने पार्टी छोड़ दी। उन्होंने 6 अप्रैल, 1969 को तोपचांची प्रखंड के सिंहडीह में शिवाजी समाज नामक सामाजिक संगठन का गठन किया था। इसका कार्यक्षेत्र धनबाद के अलावा हजारीबाग, बोकारो और गिरिडीह तक था। तब तक शिबू सोरेन का उदय हो चुका था। पिता की हत्या के बाद शिबू सोरेन गोला से बाहर निकल

चुके थे और उन्होंने महाजनों के खिलाफ संघर्ष भी शुरू कर दिया था। शिबू सोरेन युवा थे और संताल समाज को जागरूक करने, समाज की बुराइयों को दूर करने, लोगों को शिक्षित करने के लिए सोनोत संताल समाज का गठन किया था। इसी दौरान उन्होंने महाजनों की जमीन पर धान काटो अभियान भी शुरू कर दिया था।

एके राय, विनोद बिहारी महतो और शिबू सोरेन तीनों अपने-अपने इलाके में अलग-अलग बैनर के तले आंदोलन चला रहे थे। इसी बीच शिबू सोरेन का संपर्क जैना मोड़ में विनोद बिहारी महतो से हुआ। फिर तय हुआ कि धनबाद में एके राय के साथ वे दोनों बैठेंगे और आगे की रणनीति तय करेंगे। 4 फरवरी, 1972 का दिन था। शिबू सोरेन, विनोद बिहारी महतो और कामरेड एके राय तीनों विनोद बाबू के घर पर एक साथ बैठें। इसी बैठक में सोनोत संताल समाज और शिवाजी समाज का विलय कर झारखंड मुक्ति मोरचा नामक नया संगठन बनाने का निर्णय लिया गया। लगभग एक साल पहले बँगलादेश आजाद हुआ था और उसमें बँगलादेश मुक्ति वाहिनी की महत्त्वपूर्ण भूमिका रही थी। इसलिए उसी तर्ज पर झारखंड मुक्ति मोरचा का नाम रखा गया। विनोद बिहारी महतो को अध्यक्ष और शिबू सोरेन को महासचिव बनाया गया। एके राय भी साथ में थे।

ऐसे तो कोयलांचल में 1967 के आस-पास से ही वामपंथियों ने कोयला मजदूरों को एकजुट करने का काम शुरू कर दिया था। कोयला मजदूर सूदखोरों से परेशान थे। ये सूदखोर चार सौ से छह सौ प्रतिशत तक सालाना ब्याज वसूलते थे। ब्याज वसूलने के लिए सूदखोरों के लठैत बस्तियों में या फिर पेमेंट काउंटर पर तैनात रहते थे। जो भी मजदूर इनकी जाल में एक बार फँसता, वह निकल नहीं पाता था। 1967 के पहले अब्दुल बारी और साधन गुप्ता ने मजदूरों को एकजुट करने का प्रयास किया था, पर सूदखोर, माफिया और गुंडों के आगे ये टिक नहीं सके। अब्दुल बारी की तो हत्या हो गई थी पर साधन गुप्ता को झूठे मुकदमे में फँसा दिया गया था। उन्हें आजीवन कारावास की सजा मिली थी।

1967 के बाद स्थिति बदलने लगी। कामरेड एके राय नौकरी छोड़कर मजदूरों के साथ आ चुके थे। वे बिहार कोलियरी कामगार यूनियन का नेतृत्व करते थे। उन्होंने कोयलांचल में मजदूरों को एकजुट करना शुरू किया। कोयला खदानों में मजदूरों का शोषण होता था, माफिया हावी थे, कोई मजदूर अपनी बात नहीं कह सकता था, कोल कंपनियाँ मजदूरों को उनका हक नहीं देती थी। विस्थापितों की बात कोई सुनता नहीं था। ऐसे मौके पर एके राय ने मज़दूरों की लड़ाई लड़ी। अलग झारखंड राज्य के लिए

लाल और हरा झंडा को एकजुट किया। जब मजदूरों ने अपना हक माँगना शुरू किया, सूदखोरों के खिलाफ संघर्ष का रास्ता अपनाया, विरोध करना शुरू किया तो माफिया और शोषक वर्ग ने हत्या का सहारा लिया। पुलिस ने माफिया और शोषकों का साथ दिया। यही कारण है कि कोयलांचल में अनेक मजदूर नेताओं की हत्या कर दी गई। उधर धनबाद-बोकारो इलाके में कई उद्योगों की स्थापना हुई थी। बोकारो स्टील प्लांट, पंचेत डैम, मैथन डैम, सिंदरी खाद कारखाना की स्थापना के बाद बड़ी संख्या में लोग विस्थापित हुए थे। मामला मुआवजा पर फँसा हुआ था। विस्थापितों की यह लड़ाई विनोद बाबू ने लड़ी।

एके राय और विनोद बाबू के साथ आने के बाद तो शिबू सोरेन ने महाजनों के खिलाफ सीधा मोरचा खोल दिया। धनबाद, हजारीबाग और गिरिडीह जिले में शिबू सोरेन ने महाजनों के खिलाफ लोगों को खड़ा किया। सामूहिक खेती, सामूहिक पशुपालन और रात्रि पाठशाला के जरिए रचनात्मक काम शुरू किया। असली लड़ाई तो तब हुई जब उन्होंने धान काटो अभियान शुरू किया। महाजनों ने धोखे से लोगों की जमीन पर कब्जा कर लिया था और उसी जमीन पर उन्हीं आदिवासियों से खेती करवा रहे थे। शिबू सोरेन ने टुंडी, पलमा, तोपचांची, बगोदर, डुमरी, बेरमो, पीरटाँड में हजारों आदिवासियों की सभा बुलाई। लोग 30-40 किलोमीटर दूर से पैदल चलकर आते थे। इन सभाओं में नारा दिया गया-जोतनेवाला धान काटेगा, बनिए की जमीन क्यों रहेगी? अफसर की जमीन क्यों रहेगी? सूदखोरों को मार भगाओ, आदिवासियों की जमीन वापस करो।

इन नारों और सभाओं का जोरदार असर हुआ। अक्तूबर में जब धान पक चुका था, डुमरी, कतरास, टुंडी, रामगढ़, गोला, पेटरवार, निरसा, गोविंदपुर, बेलियाटांड, नवाडीह, बोकारो, बाघमारा, चास, तोपचांची, चंदनकियारी में शिबू सोरेन के निर्देश पर आदिवासी महिलाएँ खेतों में उतर गईं। उन्होंने धान काटना शुरू कर दिया। आदिवासी पुरुष खेतों के बाहर तीर-धनुष लेकर पहरा देते थे। नगाड़ा बजाकर उत्साह बढ़ाते। किसी महाजन की हिम्मत नहीं होती थी कि वह विरोध करे। कुछ जगहों पर महाजनों ने पुलिस को बुलाया। इसी दौरान पुलिस-महाजनों के साथ आंदोलनकारियों का संघर्ष हुआ। इसमें कई लोग मारे भी गए। ऐसी अनेक घटनाएँ घटीं। शिबू सोरेन और विनोद बाबू के खिलाफ थानों में मामले भी दर्ज किए गए। शिबू सोरेन पारसनाथ की पहाड़ी की ओर कूच कर गए और वहीं से आंदोलन चलाने लगे। 25 जून, 1975 को जब देश में आपातकाल की घोषणा की गई उसके बाद देश भर में गिरफ्तारियाँ हुईं। उसी दौरान विनोद बिहारी महतो को भी गिरफ्तार किया गया और जेल भेज दिया गया। इस बीच

धनकटनी अभियान के दौरान शिबू सोरेन पर अनेक मामले लाद दिए गए थे। पुलिस को उनकी तलाश थी। गिरफ्तारी से बचने के लिए श्री सोरेन पारसनाथ की पहाड़ी पर चले गए और जंगल से ही आंदोलन का संचालन करने लगे। पुलिस उनको पकड़ने में असफल रही। उन दिनों कांग्रेस का राज था और कांग्रेस में बहुत कम ही लोग थे जो अलग झारखंड राज्य का समर्थन करते थे। ज्ञानरंजन उनमें से एक थे जिनका संबंध सीधा शिबू सोरेन से था। जंगल से आंदोलन चलाने में शिबू सोरेन को काफी परेशानी हो रही थी। उस दौरान ज्ञानरंजन और धनबाद के तत्कालीन उपायुक्त केबी सक्सेना के सहयोग से बोकारो एयरपोर्ट पर शिबू सोरेन ने समर्पण किया। उन्हें जेल भेज दिया गया। दो महीने बाद श्री सोरेन को रिहा कर दिया गया। विनोद बिहारी महतो नहीं चाहते थे कि शिबू सोरेन समर्पण करें। दोनों के बीच मतभेद हो गए।

आपातकाल के बाद जब 1977 में लोकसभा का चुनाव हुआ तो इंदिरा गांधी को सत्ता से बाहर जाना पड़ा। पहली बार देश में गैर-कांग्रेसी सरकार (जनता पार्टी) बनी। मोरारजी देसाई देश के प्रधानमंत्री बने। 2 जुलाई, 1977 को झारखंड पार्टी के प्रमुख एनई होरो ने मोरारजी देसाई से मुलाकात की थी। इस दौरान रोचक घटना घटी थी। मुलाकात के दौरान प्रधानमंत्री ने एनई होरो से कहा था कि वे सभी लोगों को खुश कर देंगे, जिससे कोई भी अलग झारखंड राज्य की माँग नहीं करेगा। जब एनई होरो ने यह पूछा कि यह काम आप कैसे करेंगे, प्रधानमंत्री का जवाब था—उस क्षेत्र को अधिक-से-अधिक पैसा देंगे। श्री होरो ने उसी दौरान कहा था कि अभी तक कितना पैसा क्षेत्र को दे दिया गया है, कोई हिसाब नहीं है, पर कुछ नहीं बदला। जब मोरारजी देसाई ने यह कहा कि वे बिहार सरकार को साफ-साफ कहेंगे कि अगर उसने छोटानागपुर की उपेक्षा की तो वह उसे खो देंगे। इतना सुनने के बाद एनई होरो ने जवाब दिया था-यह निर्णय वैसा ही है जैसा बाघ को बकरी की रक्षा की जिम्मेवारी सौंपना। एनई होरो का प्रधानमंत्री को दिया गया यह जवाब यह बताता है कि झारखंड के नेताओं का भरोसा बिहार सरकार पर से कितना उठ चुका था।

विधानसभा का चुनाव हुआ तो शिबू सोरेन ने टुंडी से चुनाव लड़ा। विनोद बाबू ने शक्तिनाथ महतो को उनके खिलाफ खड़ा कर दिया। इस प्रकार झारखंडी मतों का बँटवारा हो गया। न तो शिबू सोरेन जीत सके और न ही शक्तिनाथ महतो। सत्यनारायण दुधानी ने जनता पार्टी के टिकट पर चुनाव जीता। 1978 में पुनः शिबू सोरेन और विनोद बिहारी महतो एक हो गए। यह घटना 25 फरवरी, 1978 की है। दोनों को एक कराने में सीताराम शास्त्री का काफी योगदान रहा।

प्रारंभ में शिबू सोरेन और विनोद बाबू का यह आंदोलन धनबाद, हजारीबाग और गिरिडीह तक ही सीमित था। 1978 में शिबू सोरेन संताल परगना की ओर गए और वहाँ भी आदिवासियों की भूमि को महाजनों, साहुकारों के चंगुल से मुक्त कराया। शिबू सोरेन और विनोद बिहारी महतो ने महसूस किया कि अलग झारखंड राज्य की लड़ाई तभी सफल होगी जब पूरे झारखंड में उनका संगठन मजबूत होगा। उन दिनों संताल परगना में शिबू सोरेन, गिरिडीह-धनबाद में विनोद बिहारी महतो, हजारीबाग में टेकलाल महतो आंदोलन की अगुवाई कर रहे थे। सिंहभूम में बागुन सुंब्रुई और देवेंद्र माझी एनई होरो वाली झारखंड पार्टी के काम को आगे बढ़ा रहे थे, लेकिन 1977 के चुनाव में जनता पार्टी से समर्थन लेने के कारण कई नेता बागुन सुंब्रुई से अलग हो गए थे। इस बीच 1978 में एनई होरो कोल्हान गए। वहाँ उन्होंने 15 अगस्त से सीधी कार्रवाई की घोषणा कर दी। कोल्हान में जंगल आंदोलन शुरू हो गया। देवेंद्र माझी, शैलेंद्र महतो, मछुआ गागराई, सूला पूर्ति, लाल सिंह मुंडा, भुवनेश्वर महतो, बहादुर उराँव जंगल आंदोलन में कूद पड़े। उसी दौरान साल की जगह सागवान के पौधे लगाने जाने लगे। इसका विरोध होने लगा। नर्सरी को नष्ट कर दिया गया, बड़े पैमाने पर पेड़ों की कटाई शुरू हो गई। यह आंदोलन पोड़ाहाट से सारंडा तक फैल गया। आंदोलनकारियों के उग्र तेवर को देखते हुए बिहार सरकार ने पूरे कोल्हान में भारी संख्या में पुलिस बल को तैनात कर दिया। सीआरपीएफ की तैनाती की गई। आंदोलनकारी पुलिस को गाँव में आने-जाने से रोकने के लिए जगह-जगह पेड़ काटकर रोड जाम कर देते थे। पुलिस इसे हटाती थी। इसी दौरान पुलिस और आंदोलनकारी आमने-सामने हो जाते थे।

6 नवंबर, 1978 को पुलिस ने ईचाहातू में फायरिंग की, जिसमें महेश्वर जामुदा मारे गए। इसके बाद तो गोलीकांड का सिलसिला शुरू हो गया। सेरेंगदा में पुलिस ने तीन लोगों को मार दिया। कोल्हान में पुलिस फायरिंग-जुल्म आम बात हो गई थी। वहाँ के आंदोलनकारी आर-पार की लड़ाई के मूड में थे। वे पुलिस बल का मुकाबला भी करते थे। इस बीच 8 सितंबर, 1980 को गुवा में गोलीकांड हुआ। पुलिस ने अस्पताल परिसर में एक लाइन में खड़ाकर आदिवासियों को गोलियों से भून दिया। देश भर में इसकी चर्चा हुई। इस घटना ने कोल्हान में झारखंड आंदोलन को और तेज कर दिया। इसी के बाद सिंहभूम में झारखंड मुक्ति मोरचा मजबूत हुआ।

उधर शिबू सोरेन संताल परगना को अपना कार्यक्षेत्र बना चुके थे। 1980 का लोकसभा चुनाव उन्होंने दुमका से जीता और झारखंड मुक्ति मोरचा (जेएमएम) के पहले सांसद बने। इस बीच विनोद बाबू से उनका विवाद हो गया। वे अलग हो गए।

एके राय ने भी साथ छोड़ दिया। 1984 में शिबू सोरेन ने विनोद बाबू की जगह निर्मल महतो को जेएमएम का केंद्रीय अध्यक्ष बनाया और खुद महासचिव के पद पर बने रहे। नए अध्यक्ष निर्मल महतो ने महसूस किया कि सिर्फ जेएमएम के बल पर झारखंड राज्य पाना मुश्किल होगा। इसके लिए उग्र आंदोलन की जरूरत पड़ सकती है। इसलिए बेहतर होगा कि झारखंड मुक्ति मोरचा का एक छात्र संगठन बने। 1986 में 22 जून को जमशेदपुर में ऑल असम छात्र यूनियन (आसू) के तर्ज पर ऑल झारखंड स्टुडेंट यूनियन (आजसू) का गठन किया गया। इसके अध्यक्ष प्रभाकर तिर्की और महासचिव सूर्य सिंह बेसरा बनाए गए। कम समय में ही आजसू ने अपना काम दिखाना शुरू कर दिया। निर्मल महतो चाहते थे कि आजसू के नेता-कार्यकर्ता असम, बोडो और गोरखालैंड के आंदोलनकारियों की तरह छापामार युद्ध का प्रशिक्षण लें। इसलिए उन्होंने आजसू के नेताओं को असम और गोरखालैंड भी भेजा था।

इसी बीच 8 अगस्त, 1987 को निर्मल महतो की हत्या हो गई। उस समय वे जेएमएम के केंद्रीय अध्यक्ष थे। एक आपात बैठक में शिबू सोरेन को अध्यक्ष और शैलेंद्र महतो को महासचिव चुना गया। निर्मल महतो की हत्या के बाद झारखंड में तूफान खड़ा हो गया। उनके अंतिम संस्कार में लाखों लोगों ने भाग लिया। पहली बार आजसू ने अपनी ताकत का परिचय दिया। पूरे राज्य में अभूतपूर्व बंदी और हिंसा का असर दिखा। इस घटना के बाद झारखंड आंदोलन ने जो गति पकड़ी, उसने केंद्र को वार्त्ता के लिए मजबूर कर दिया। इस बीच यह महसूस किया गया कि झारखंड राज्य के लिए जो भी दल-संगठन संघर्ष कर रहे हैं, उन्हें एक मंच पर आ जाना चाहिए। रामगढ़ में सितंबर 1987 में एक सम्मेलन का आयोजन किया गया जिसमें 53 संगठनों को मिलाकर झारखंड समन्वय समिति का गठन किया गया। बीपी केशरी को इसका संयोजक बनाया गया।

1988 में इस आंदोलन को और बल तब मिला, जब पहली बार आगरा के महाधिवेशन में भारतीय जनता पार्टी ने अलग वनांचल राज्य का समर्थन कर दिया। वनांचल के पक्ष में इंदर सिंह नामधारी ने पुरजोर तर्क रखा था। मुरली मनोहर जोशी ने भी मजबूती से उनका साथ दिया। भाजपा ने 23 नवंबर, 1988 को राँची में वनाचंल राज्य के लिए एक बड़ी सभा कर यह संकेत दिया कि वह अलग राज्य की पक्षधर है। इससे पहले भाजपा के इंदर सिंह नामधारी, समरेश सिंह निजी स्तर पर अलग राज्य का समर्थन करते थे।

इधर आजसू लगातार ताकतवर होती जा रही थी। आजसू के बंदी के आह्वान का

असर दिखता था। 20-21 मई, 1988 को जब तत्कालीन प्रधानमंत्री राजीव गांधी जगन्नाथपुर (सिंहभूम) आए थे तो आजसू ने विरोध में झारखंड बंद बुलाया था। इसका असर राजीव गांधी की सभा पर पड़ा था। 1989 से आजसू का आंदोलन उग्र हो गया था। आगजनी, हिंसा, तोड़-फोड़ और रेल पटरियों को उड़ाने की घटना इतनी तेज हो गई कि गृहमंत्री बूटा सिंह ने आजसू को वार्त्ता के लिए 15-16 मई, 1989 को दिल्ली बुलाया। सूरज सिंह बेसरा, प्रभाकर तिर्की, देवशरण भगत, हरिशंकर महतो और आनंद गिद्ध ने गृहमंत्री के साथ हुई वार्त्ता में भाग लिया। चार दिनों के बाद बूटा सिंह राँची आए और फिर यह बयान दे दिया कि अलग झारखंड का सवाल ही नहीं उठता है। इससे साफ हो गया था कि केंद्र ने एक चाल खेलकर झारखंड आंदोलन को तोड़ने और अलग दिशा देने के लिए आजसू के नेताओं से वार्त्ता की थी। इस बीच बीएस लाली की अध्यक्षता में केंद्र ने झारखंड मसले पर एक कमेटी का गठन किया। इस कमेटी ने झारखंड के पक्ष में अपनी अनुशंसा की। इस बीच केंद्र और राज्य सरकार के साथ वार्त्ता का दौर चलता रहा। बिहार के तत्कालीन मुख्यमंत्री सत्येंद्र नारायण सिंह ने तो अखबार में विज्ञापन देकर आंदोलनकारियों को वार्त्ता के लिए आमंत्रित किया। आजसू पर लगातार हिंसक और उग्र आंदोलन का आरोप लगता रहा। पर इसी आजसू का कुछ बदला चेहरा 1990 में देखने को मिला। आजसू के कार्यकर्ताओं ने झारखंड एकता पदयात्रा निकाली। 15 दिनों में 600 किलोमीटर की पदयात्रा की। गाँव-गाँव को आंदोलन से जोड़ने का काम किया था। 14 अप्रैल, 1990 को पदयात्रा का समापन राँची में हुआ था।

आंदोलन के दौरान सिंहभूम में कई बड़ी घटनाएँ घटी थीं। 1986 में निर्मल महतो के अलावा शैलेंद्र महतो, विद्युत महतो, रतिलाल महतो, मंशाराम हाँसदा, सुनील महतो और इंद्रजीत महतो पर सीसीए लगाया गया था। रति लाल महतो और मंशाराम महतो पकड़े गए थे। एक साल जेल में रहना पड़ा था। जब ये नेता नहीं पकड़े जा रहे थे तो इन नेताओं को तड़ी पार (जिला से निकाला) घोषित किया गया था। नाकेबंदी के दौरान छोटागम्हरिया में विद्युत महतो, सुनील महतो, रतिलाल महतो, शरद महतो, इंद्रजीत महतो, घनो मुर्मू ने पुलिस के साथ लगभद डेढ़ घंटे तक मुठभेड़ की थी। इसके कुछ समय बाद पुलिस ने सुनील महतो को गिरफ्तार कर लिया था। पुलिस सुनील महतो का इनकाउंटर करना चाहती थी, पर खरकई पुल (जमशेदपुर) पर वे जीप से कूद कर भाग गए थे और बैजनाथ महतो के आवास पर रह कर इलाज कराया था। राज्य बनने के बाद सुनील महतो सांसद बने। घाटशिला के पास नक्सलियों ने सुनील महतो की हत्या कर दी थी। आंदोलन के दौरान रामदास सोरेन के खिलाफ अनेक मामले दर्ज किए गए थे।

सबसे आक्रामक नेता वे माने जाते थे। उनके खिलाफ देशद्रोह तक का मामला दर्ज किया गया था। झारखंड टाइगर के नाम से प्रसिद्ध चंपई सोरेन एक बार पुलिस के कब्जे में आ गए थे, पर पुलिस को चकमा देकर पुनः भाग गए थे।

इस बीच झारखंड मुक्ति मोरचा का आंदोलन तेज हो गया था। झारखंड की आवाज राज्य में गूँज रही थी। इसका फायदा 1989 और 1991 के लोकसभा चुनाव में जेएमएम को मिला। 1991 में तो जेएमएम के छह सांसद चुने गए। आंदोलन के दौरान कई ऐसे मौके आए जब जेएमएम को कांग्रेस के पाले में जाना पड़ा। कांग्रेस के कई नेताओं से शिबू सोरेन के काफी नजदीकी संबंध रहे। इनमें से एक थे ज्ञानरंजन। खुद ज्ञानरंजन अलग राज्य के समर्थक थे। उन्होंने 31 जुलाई, 1991 को झारखंड अलग राज्य के लिए राँची के मोरहाबादी मैदान में उस समय बड़ी सभा की थी, जब कोई बड़ा कांग्रेसी नेता अलग राज्य की माँग करने से हिचकता था। अलग झारखंड के मुद्दे पर 1989 में जब हिंसा हो रही थी तब आजसू को तत्कालीन गृह मंत्री बूटा सिंह ने वार्त्ता के लिए दिल्ली बुलाया था। गृहमंत्री ने 2 दिसंबर, 1991 को लोकसभा में घोषणा कर दी कि केंद्र झारखंड अलग राज्य के गठन के विरोध में नहीं है, पर उसकी मजबूरी भी है। जब तक बिहार, ओड़िशा, पश्चिम बंगाल और मध्य प्रदेश की सरकार अनुशंसा नहीं करती है, झारखंड राज्य का गठन नहीं किया जा सकता। सबसे ज्यादा हंगामा तब हुआ जब 8 सितंबर 1992 को तत्कालीन गृह मंत्री शंकर राव चव्हाण ने पुणे में कह दिया कि विकास परिषद् से झारखंड समस्या का हल नहीं निकलनेवाला। इसके लिए अलग राज्य या फिर केंद्र शासित राज्य चाहिए। गृहमंत्री के इस बयान से हंगामा हो गया। गृहमंत्री के बयान के बाद धीरे-धीरे कांग्रेस का मन डोलने लगा। इन बयानों से झारखंड अलग राज्य का रास्ता धीरे-धीरे साफ दिखने लगा। विलियम लुगून और जोसेफ लुगून की भूमिका भी कम नहीं रही। 1995 के आस-पास की घटना है। जोसेफ जंगल बचाने के अभियान में लगे हुए थे। पुलिस-जंगल माफिया ने मिलकर विलियम को जेल भेज दिया था। जैसे ही उन्हें जेल से रिहा किया गया, घर आते वक्त एसडीओ बँगले (सिमडेगा) के पास उनकी हत्या कर दी गई। उसके कुछ दिन पहले हीबानो-जलडेगा के बीच देवी नदी के पास झारखंड हुल क्रांति दल के शंभू महतो पर जानलेवा हमला किया गया था। गोली उनकी छाती में लगी थी, पर वे बच गए थे। विलियम लुगून ने अपने क्षेत्र में लंबी लड़ाई लड़ी थी। पहले फौज में थे, वहाँ से रिटायर होने के बाद अलग झारखंड राज्य की लड़ाई में कूद पड़े थे। कई बार जेल गए। जलडेगा के प्रमुख भी थे। क्षेत्र में पूरी पकड़ थी।

उनके बुलावे पर कर्पूरी ठाकुर जलडेगा गए थे। बाद में एक साजिश के तहत विलियम लुगून भी निशाना बने।

झारखंड आंदोलन में कोल्हान महत्त्वपूर्ण भूमिका अदा कर रहा था। जेएमएम की ओर से जमशेदपुर में चंपई सोरेन, रामदास सोरेन, अर्जुन मुंडा, विद्युत महतो, सुनील महतो, मोहन कर्मकार ने मोरचा सँभाला था। टेल्को में पेट्रोल पंप पर हमला करने के आरोप में रामदास सोरेन और अर्जुन मुंडा को गिरफ्तार कर जेल भेज दिया गया था। दोनों तीन दिनों तक जेल में थे, यही अर्जुन मुंडा राज्य बनने के बाद झारखंड के मुख्यमंत्री बने।

झारखंड आंदोलन के दौरान झारखंड मुक्ति मोरचा, झारखंड पार्टी के अलावा कई अन्य संगठनों ने भी काम किया। इसमें प्रो. शाहिद हसन और राजकुमार साहू के नेतृत्व में सदान विकास परिषद् ने मूलवासियों को आंदोलन से जोड़ा। इसी बीच झारखंड मजदूर किसान पार्टी अचानक ताकतवर संगठन के रूप में सामने आई। 14 सितंबर, 1992 को राँची के मोरहाबादी मैदान में झमकिस की बड़ी रैली हुई, जिसे असम स्टेट डिमांड कमेटी के अध्यक्ष होली राम तेरंग ने संबोधित किया था। महेंद्र सिंह (आईपीएफ), हीरा गोप, पूरण महतो, गुणी उराँव, जतरू उराँव, खुदी राम मुंडा ने भी ऐतिहासिक रैली को संबोधित किया था।

प्रधानमंत्री पीवी नरसिंहराव ने झारखंड मुक्ति मोरचा की लोक संसद में भाग लेने

के लिए स्वतंत्रता दिवस के ठीक एक दिन बाद यानी 16 अगस्त, 1994 को कांग्रेस के सीनियर नेता राजेश पायलट को राँची भेजा। पायलट ने राँची के मोरहाबादी मैदान में घोषणा की कि प्रधानमंत्री झारखंड के मसले को सुलझाना चाहते हैं। लालू प्रसाद अगर एक माह के भीतर परिषद् का गठन नहीं करते हैं तो केंद्र अपने अधिकार का प्रयोग कर परिषद् का गठन कर देगी। कांग्रेस की ओर से एक बड़ी पहल थी। इसके कुछ माह पहले ही झारखंड मुक्ति मोरचा ने राव की सरकार को बचाया था। इस घटना के तीन साल बाद 6 अगस्त, 1995 को झारखंड क्षेत्र स्वशासी परिषद् का गठन किया गया और शिबू सोरेन इसके अध्यक्ष बनाए गए। 9 अगस्त, 1995 को शिबू सोरेन ने जैक के अध्यक्ष पद की शपथ ले ली। अलग राज्य के निर्माण की दिशा में यह पहला कदम था। 1999 में 20 दिसंबर को दिल्ली की सड़कों पर झारखंड अलग राज्य की माँग को लेकर झारखंड मुक्ति मोरचा ने जुलूस निकाला और प्रधानमंत्री अटल बिहारी वाजपेयी को ज्ञापन सौंपा। वाजपेयी ने अलग राज्य का आश्वासन दिया। जो लालू प्रसाद कहा करते थे कि झारखंड उनकी लाश पर बनेगा, अलग राज्य बना तो स्थिति असम जैसी होगी, वही लालू प्रसाद ने झारखंड बनने का रास्ता भी बनाया। राजनीतिक मजबूरी ऐसी बनी कि 25 अप्रैल, 2000 को अलग राज्य संबंधी विधेयक बिहार विधानसभा से पारित कर दिया गया। तब मुख्यमंत्री राबड़ी देवी थीं। यह अप्रत्याशित निर्णय था। केंद्र में एनडीए की सरकार थी। अटल बिहारी वाजपेयी प्रधानमंत्री थे। अपने झारखंड दौरे पर वे अलग राज्य देने का वादा कर चुके थे। यह विधेयक लोकसभा और राज्यसभा में आसानी से पारित हो गया। इस प्रकार झारखंड का सपना पूरा हुआ।

लोकसभा से झारखंड विधेयक पारित होने के वक्त शिबू सोरेन एनडीए के साथ थे। उन्हें भरोसा था कि झारखंड का पहला मुख्यमंत्री उन्हें ही बनाया जाएगा, पर भाजपा तैयार नहीं थी। शिबू सोरेन ने राँची में बड़ी सभा कर ताकत का भी प्रदर्शन किया, पर इसका कोई असर नहीं पड़ा। शिबू सोरेन एनडीए से बाहर हो गए। बिरसा जयंती (15 नवंबर, 2000) रात 12 बजे भारतीय जनता पार्टी के नेता बाबूलाल मरांडी ने राज्य के पहले मुख्यमंत्री के रूप में शपथ ली।

□

खंड-1

पुलिस फायरिंग

जब भारत आजाद नहीं हुआ था, उसी समय से अलग झारखंड राज्य की माँग होने लगी थी। छोटानागपुर-संताल परगना क्षेत्र के लोग स्वयं को असहज महसूस करते थे। कभी बिहार-बंगाल और ओड़िशा एक राज्य हुआ करते थे। पर बंगाल के बँटवारे के बाद बिहार का जन्म हुआ। फिर ओड़िशा राज्य बना। इसलिए जब झारखंड राज्य की माँग उठी तो इसमें बिहार, बंगाल और ओड़िशा के कई जिलों को शामिल किया गया था। जब भी आदिवासियों और यहाँ के लोगों ने जुल्म के खिलाफ आवाज उठाई, उनकी जुबान बंद करने का प्रयास किया गया। यह काम सत्ता (कहीं-कहीं राज घराने) के निर्देश पर पुलिस ने किया। झारखंड आंदोलन में पुलिस फायरिंग की अनेक घटनाएँ घटीं। इस खंड में पुलिस फायरिंग की शुरुआत सिमको गोलीकांड से ही की गई है। आजादी के बाद तो पुलिस फायरिंग की घटनाओं में तेजी आई। आजादी के बाद सबसे पहले खरसावाँ में पुलिस ने हजारों लोगों को मार डाला। फिर ओडिशा के ही रायरंगपुर, गुंडरिया में फायरिंग की। इन गोलीकांडों का इसमें उल्लेख है। इस बीच मिहिजाम, चीरी और चैनपुर में पुलिस गोलीकांड हुए। गिरिडीह के इलाके में पुलिस ने महाजनों के खिलाफ संघर्ष कर रहे ग्रामीणों पर गोलियाँ दागीं। 1978 में कोल्हान में जब जंगल आंदोलन शुरू हुआ तो इस आंदोलन को दबाने के लिए पुलिस फायरिंग की कई घटनाएँ हुईं। इनमें गुवा गोलीकांड, तिरूलडीह गोलीकांड, सेरेंगदा गोलीकांड, जायदा गोलीकांड प्रमुख हैं। पुलिस ने सेना के पूर्व जवान और विस्थापितों के नेता गंगाराम कालुंडिया, पूर्व सैनिक बीदरनाग को भी कोल्हान में मार डाला। 1985 में बाँझी में पूर्व सांसद फादर एंथोनी मुर्मू समेत 15 आदिवासियों को पुलिस ने मार डाला। इन सभी घटनाओं का इसमें विवरण है। धनबाद-बोकारो के कोल इलाके में भी पुलिस ने फायरिंग कर कई लोगों को मार डाला। इसमे करगली गोलीकांड प्रमुख है। प्रत्यक्षदर्शियों के हवाले से घटना को सही जानकारी देने का प्रयास किया गया है।

सिमको गोलीकांड : 25 अप्रैल, 1939

40 आदिवासियों की हत्या

सिमको में सन् 1939 के गोलीकांड में हुए शहीदों की याद में बना स्मारक

द्वितीय महायुद्ध के ठीक पहले ओड़िशा के सिमको में आदिवासियों की सभा पर पुलिस ने फायरिंग कर दी थी, जिसमें 40 आदिवासी मारे गए थे। यह घटना 25 अप्रैल, 1939 की है। हालाँकि उन दिनों देश आजाद नहीं हुआ था, पर 1937 में प्रांतीय असेंबली के चुनाव के बाद ओड़िशा में कांग्रेस का शासन था। सत्ता पर ब्रिटिश सरकार का कब्जा था और प्रांतों में गवर्नर हुआ करते थे। राजनीतिक बागडोर कांग्रेस के हाथों में थी। उन दिनों वहाँ के मुख्यमंत्री हरे कृष्ण मेहताब थे।

इस बात पर विवाद रहा है कि इस गोलीकांड को स्वतंत्रता आंदोलन से जोड़ा जाए या किसान आंदोलन से या फिर झारखंड आंदोलन से। आदिवासी इस गोलीकांड को झारखंड आंदोलन का हिस्सा मानते हैं, क्योंकि आदिवासी महासभा ने आदिवासियों को जुल्म के खिलाफ लड़ने के लिए तैयार किया था। ये आदिवासी अकाल के कारण टैक्स माफ करने की अपील करने के लिए जमा हुए थे। आदिवासी महासभा का तेजी से प्रचार हो चुका था और आदिवासी समाज इससे जुड़ चुका था। देश भर में उन दिनों जरूर स्वतंत्रता आंदोलन चल रहा था, पर झारखंड से सटे इस इलाके के आदिवासी जबरन टैक्स वसूली से परेशान थे।

बिहार के बँटवारे के बाद ओड़िशा राज्य का गठन हुआ था। इसी के बाद इंद्र विलास मुखर्जी के नेतृत्व में भूमि बंदोबस्ती का कार्यक्रम संपन्न हुआ था। नई बंदोबस्ती के बाद मालगुजारी (टैक्स) को कई गुना बढ़ा दिया गया था। आदिवासियों को खूँटकट्टी के जो अधिकार दिए गए थे, उसे भी समाप्त कर दिया गया था। दरअसल यह पूरा इलाका पहले बिहार के अधीन था और आदिवासी बहुल क्षेत्र होने के कारण यहाँ छोटानागपुर टेनेंसी ऐक्ट लागू था। लेकिन बिहार से अलग होने का हवाला देते हुए उस क्षेत्र के आदिवासियों को सीएनटी ऐक्ट से मिलनेवाले लाभ से वंचित कर दिया गया था।

सिमको क्षेत्र झारखंड-ओड़िशा की सीमा पर स्थित है। गांगपुर स्टेट के तहत यह क्षेत्र आता था। रानी जानकी राजपाट सँभाल रही थी। संन्यासी नायडू उनके राज सचिव और एडी क्रिश्चियन दीवान थे। जब आदिवासियों पर अचानक टैक्स (लगान) बढ़ा दिया गया, तो आदिवासियों ने निर्मल मुंडा के नेतृत्व में विरोध करने का मन बनाया। उन दिनों अकाल भी पड़ा था। किसान (आदिवासी) चाहते थे कि छोटानागपुर टेनेंसी ऐक्ट के तहत उन्हें जो अधिकार मिल रहे थे, उसे पुनः बहाल किया जाए, खूँटकट्टी का अधिकार भी बहाल किया जाए, बढ़ा हुआ टैक्स वापस किया जाए। इन्हीं माँगों को लेकर 36 मौजा के आदिवासी एकजुट हो रहे थे। इन लोगों ने वायसरॉय तक अपना विरोध दर्ज कराया था, जिससे गांगपुर राजघराना काफी नाराज था।

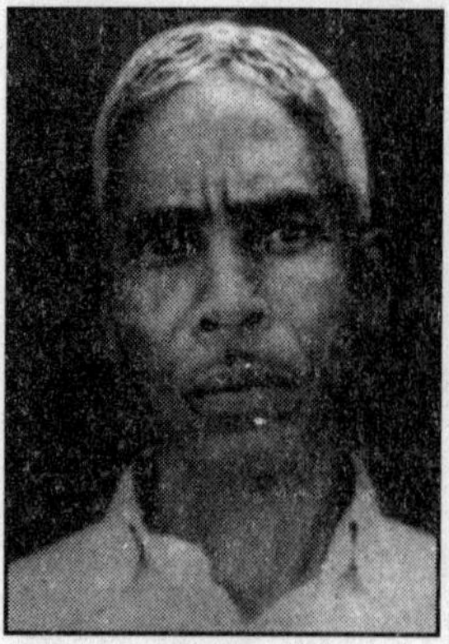

निर्मल मुंडा

विरोध के लिए एक टीम निर्मल मुंडा की अगुवाई में बनाई गई थी। इस टीम में कई प्रमुख आदिवासी नेता शामिल थे। इन लोगों ने वायसरॉय को साफ-साफ कह दिया था कि अगर उनकी माँगों को नहीं माना गया, तो स्थिति गंभीर हो सकती है। इसी बीच आदिवासियों को खबर भेज दी गई कि उन्होंने वायसरॉय के समक्ष जो माँग रखी है, उसे गांगपुर स्टेट ने मान लिया है और इसकी घोषणा के लिए स्वयं रानी आनेवाली हैं।

25 अप्रैल, 1939 का दिन था। सिमको में 36 मौजा के लोग ढोल-नगाड़ा लेकर निर्मल मुंडा के घर के सामने जमा हो चुके थे। आदिवासी उत्साहित थे, क्योंकि उनकी माँगों को मान लेने की घोषणा होनेवाली थी। इसी बीच स्थिति अचानक बदल गई। वहाँ पर पुलिस पहुँच गई और उसने पूरे गाँव को घेर लिया। वहाँ पर पोलिटिकल एजेंट ज्योफटन विफो आए और निर्मल मुंडा को खोजने लगे। वे निर्मल मुंडा के घर में घुसने का प्रयास करने लगे। इसी बीच उनका सिर निर्मल मुंडा के दरवाजे से टकरा गया, उन्हें

चोट लगी और टोपी गिर गई। इससे विफो गुस्से से लाल हो गए और उन्होंने तुरंत फायरिंग का आदेश दे दिया। वहाँ लगातार फायरिंग होती रही। आधिकारिक तौर पर तो 40 आदिवासियों के मारे जाने की पुष्टि की गई पर वास्तविक संख्या इससे बहुत ज्यादा थी। इस बात का खुलासा नहीं हो सका कि गुस्से के कारण उन्होंने फायरिंग का आदेश दिया या फिर यह फायरिंग पूर्व नियोजित थी।

फायरिंग के बाद शवों को वाहनों में लाद कर पहले वीरमित्रपुर के चूना भट्ठा में डालने का प्रयास किया गया, लेकिन वहाँ प्रबंधन ने जब इसकी इजाजत नहीं दी तो बाभनमारा में गाड़ दिया गया। जहाँ गोलीकांड हुआ था, वहाँ स्मारक बनाया गया है। हर साल शहीदों को याद किया जाता है। सिमको गोलीकांड के बाद निर्मल मुंडा को गिरफ्तार कर जेल भेज दिया गया था। अदालत ने राजद्रोह के आरोप में उन्हें आजीवन कारावास की सजा सुनाई थी। 1945 में उन्हें मामले से बरी करते हुए रिहा कर दिया गया। देश जब आजाद हुआ तो 1957 से 1961 तक वे ओड़िशा विधानसभा के सदस्य रहे। वे झारखंड पार्टी से विधायक चुने गए थे। 2 जनवरी, 1973 को उनकी मृत्यु हो गई। उन्होंने अपने जीवनकाल में डायरी लिखी थी, उसमें कई महत्त्वपूर्ण बातों का उल्लेख है। इसी डायरी में उन्होंने लिखा है कि जब कई गुना लगान बढ़ा दिया गया था तो अघरिया समुदाय के नेता सैंता पटेल ने विरोध करने का साहस किया था। उसे राज्य से निकालने का आदेश दिया गया था। 12 साल तक वे घर में घुस नहीं पाए थे। उन्होंने अपनी डायरी में इस बात का खुलासा किया था कि जो भी पत्र वायसरॉय को लिखा जाता था, उसे डाक से ही गायब कर राजघराना के पास पहुँचा दिया जाता था। इसलिए कई बार राँची आकर उन पत्रों को वायसरॉय के पास भेजा जाता था।

आदिवासियों की ओर से खुद जयपाल सिंह मोरचा सँभाले हुए थे। एक रोचक घटना का डायरी में जिक्र है। गांगपुर की रानी वायसरॉय से मिलने गई थी। जिस समय रानी को समय दिया गया था, वायसरॉय ने मिलने के लिए वही समय जयपाल सिंह को दिया था। रानी जयपाल सिंह को पहचानती नहीं थी। वायसरॉय से बात करते समय रानी ने उन्हें बताया था कि जब तक जयपाल सिंह को जेल नहीं भेजा जाता, गांगपुर में आंदोलन समाप्त नहीं हो सकता। उन्हें पता नहीं था कि उसी जगह जयपाल सिंह बैठे हुए हैं। रानी के बोलने के बाद वायसरॉय ने उन्हें कहा था–सामने बैठे हैं जयपाल सिंह, अगर पकड़ने की ताकत है तो पकड़ लीजिए। इसके बाद रानी को लज्जित होना पड़ा था।

डायरी में इस बात का जिक्र है कि कैसे रानी ने जयपाल सिंह की पत्नी को पैसा भेजकर यह आग्रह किया था कि वे अपने पति (जयपाल सिंह) को आंदोलन से अलग रखें। उनका यह प्रयास बेकार गया था और जयपाल सिंह ने आदिवासियों का साथ छोड़ने से इनकार कर दिया था। इतना बड़ा गोलीकांड अब तक इतिहास में दर्ज नहीं हो

सका। निर्मल मुंडा की बहू एस डांग ने स्वेच्छा से 1994-95 में डेढ़ एकड़ जमीन स्मारक बनाने के लिए दान में दी थी। हर साल 25 अप्रैल को सिमको में हजारों लोग जुटते हैं और अपने नायक को याद करते हैं।

मारे गए लोगों की सूची

1. मानिया मुंडा (तिड़कोटोली), 2. हरूण मुंडा (सिमको), 3. निर्मल मुंडा (तिड़कोटोली), 4. फुलमनी मुंडाइन (तिड़कोटोली), 5. अबीराम मुंडा (भालुलता), 6. नथनियल मुंडा, 7. मार्टिन मुंडा, 8. ख्रिस्तोचित मुंडा (खैरबहार), 9. जोहन मुंडा, 10. बुधन मुंडा, 11. मनमसीह (बरटोली), 12. धनमसीह खड़िया (पटरापुर), 13. फनुएल खड़िया, 14. खुयूं खड़िया (विलाई गढ़), 15. घुरान उराँव (कदोबहार), 16. ओहदार उराँव, 17. बोदरो (डोडीबहार), 18. बलकू, 19. भुतु (डुकाटोली), 20. जदू (बगियाकंदी), 21. ख्रीस्त विश्वास , 22. धनमसीह, 23. मनसिद्ध, 24. दाऊद 25. फ्रांसिस खड़िया, 26. वाना खड़िया (झुरमूल), 27. ख्रीस्त अरेन (बानो, सिमडेगा), 28. ख्रीस्त धाम मुंडा, 29. पौलूस उराँव, 30. राठी मुंडा, 31. सुखराम मुंडा, 32. भकड़ा मुंडा (घोघोर), 33. डहरू मुंडा, 34. दाऊद मुंडा (गोपुर), 35. झारू खड़िया, 36. मतलू खड़िया (विलाईगढ़), 37. घुरान उराँव (डाडीबहार), 38. मनमसीह मुंडा, 39. निकोदिम (मछुआटोली), 40. मुना खड़िया (विलाईगढ़)।

□

खरसावाँ गोलीकांड : 1 जनवरी, 1948

एक और जालियाँवाला बाग कांड

कोई सपने में नहीं सोच सकता है कि आजाद भारत में भी जालियाँवाला बाग जैसी घटना घट सकती है, पर ऐसा हुआ। आजादी के साढ़े चार माह बाद ही 1 जनवरी, 1948 को जब पूरा देश नए साल के जश्न में डूबा था, खरसावाँ हाट में 50 हजार आदिवासियों की भीड़ पर ओड़िशा मिलिटरी पुलिस ने स्टेनगन से अंधाधुंध फायरिंग की थी। जब फायरिंग रुकी तो पूरे हाट मैदान में आंदोलनकारियों के शव बिखरे थे। आजाद भारत का यह पहला सबसे बड़ा गोलीकांड था। यह अभी तक रहस्य ही बना हुआ है कि इस गोलीकांड में कितने लोग मारे गए थे। घटना के तुरंत बाद ओड़िशा सरकार ने सिर्फ 35 आदिवासियों के मारे जाने की पुष्टि की थी। आदिवासी नेता कहते रहे हैं कि 1000 आदिवासी मारे गए, पर पीके देव की पुस्तक में दो हजार से ज्यादा आदिवासियों के मारे जाने का जिक्र है। जमशेदपुर शहर से लगभग 65 किलोमीटर दूर खरसावाँ में यह गोलीकांड हुआ था।

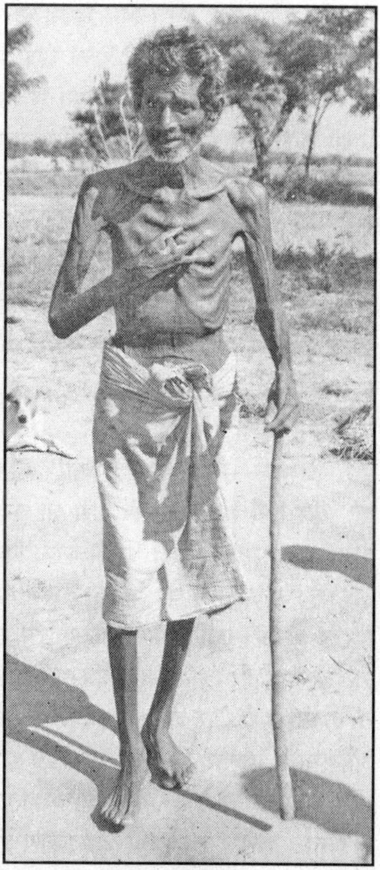

साधु चरण बिरूआ : जिन्हें गोली लगी थी

इस गोलीकांड के बहुत दस्तावेज उपलब्ध नहीं हैं। पर जिन लोगों को गोलियाँ

लगी थीं, गोलीकांड के 55 साल बाद उनमें से कुछ जीवित थे। उनसे बातें कीं। इनमें एक थे साधु चरण बिरूआ और दूसरे थे दशरथ माझी। इन दोनों ने 1 जनवरी, 1948 को खरसावाँ की उस सभा में भाग लिया था, जिसमें फायरिंग हुई थी। इन दोनों को वहीं पर गोलियाँ भी लगी थीं, पर किस्मत ने इनका साथ दिया था और ये बच गए थे। इन दोनों ने घटना के दिन का जो विवरण सुनाया था, वह रोंगटे खड़ा करनेवाला था। खुद साधु चरण बिरूआ को कई गोलियाँ लगी थीं। इस दर्द में उन्हें तो पता भी नहीं चला था कि एक गोली उनकी बाँह में भी लगी है। बड़ी रोचक घटना है। गोली लगने के 54 साल बाद जब उनकी बाँह में दर्द हुआ, गोली धीरे-धीरे बाहर आने लगी, तब उस गोली को निकाला गया।

खरसावाँ गोलीकांड के 55 साल बाद मैं निकला था उस गोलीकांड के घायलों को खोजने, उनसे बात करने और घटना के बारे में ज्यादा-से-ज्यादा जानने। इसी क्रम में पश्चिम सिंहभूम के मंझारी थाना क्षेत्र के पोखरिया पहुँच गया था। वही साधु चरण बिरूआ रहते थे। एक ऐसे व्यक्ति से मिला, जिसकी छाती की एक-एक हड्डी को गिना जा सकता था। अपने खेत में पुआल जलाकर उसमें छोटी-छोटी मछली को पका रहे थे। इतना लंबा समय गुजर जाने के बाद भी उन्हें पूरी घटना याद थी। बताया कि कैसे चारो ओर से अचानक गोलियाँ चली थीं। लेटकर उन्होंने अपनी जान बचाई थी। इसी सभा में दशरथ माझी भी थे। उनकी अंतड़ी को छेदते हुए गोली निकल गई थी। सरायकेला के भुरकुली निवासी दशरथ माझी उन दिनों जमशेदपुर में मजदूरी करते थे। जब उन्हें पता चला कि जयपाल सिंह मुंडा भी खरसावाँ की सभा में आनेवाले हैं तो दशरथ माझी ने तय कर लिया कि वे भी सभा में भाग लेने खरसावाँ जाएँगे। गए भी, जहाँ उन्हें गोली लगी।

अधिक-से-अधिक जानकारी हासिल करने के लिए इन दोनों घायलों से बात की, खरसावाँ राजघराना के पास भी कुछ दस्तावेजों को देखा, उनकी बात को सुना, कुछ अन्य दस्तावेजों का भी अध्ययन किया। इसके बाद घटना की पूरी तसवीर सामने आ गई। गोलीकांड का प्रमुख कारण था खरसावाँ के ओड़िशा राज्य में विलय का विरोध करना। आदिवासी (झारखंड में रहनेवाले कुछ अन्य समूह भी) नहीं चाहते थे कि खरसावाँ रियासत का ओड़िशा में विलय हो। वे झारखंड (तब का बिहार) में ही रहना चाहते थे। पर केंद्र के दबाव में सरायकेला के साथ-साथ खरसावाँ रियासत का ओड़िशा में विलय करने का समझौता हो चुका था। 1 जनवरी, 1948 से यह समझौता लागू होना था, उसी दिन सत्ता का हस्तांतरण होना था। झारखंडी नेता जयपाल सिंह मुंडा ने इसका विरोध करते हुए आदिवासियों से खरसावाँ पहुँचने और विलय के विरोध करने का आह्वान किया था। उन्हीं के आह्वान पर लगभग 50 हजार आदिवासी खरसावाँ में जमा हुए थे। इस सभा में भाग लेने के लिए जमशेदपुर, राँची, सिमडेगा, खूँटी,

खरसावाँ का शहीद स्थल, जहाँ पर 1948 में ओड़िशा पुलिस ने फायरिंग की थी

तमाड़, चाईबासा और दूरदराज के इलाकों से आदिवासी अपने पारंपरिक हथियारों के साथ खरसाँवा पहुँच चुके थे। उस दिन साप्ताहिक हाट भी था। इस सभा में भाग लेने के लिए आदिवासी कितने उत्साहित थे, इसका पता इसी बात से चलता है कि दो-तीन दिन पहले से ही आंदोलनकारी खाने का सामान पीठ पर बाँधकर अपने-अपने गाँव से पैदल ही निकल चुके थे। महिलाएँ और बुजुर्ग भी पहुँचे थे। जहाँ ट्रेन की सुविधा थी, वहाँ के लोग ट्रेन से भी आए थे। सभा में आए लोगों को विलय प्रक्रिया की पूरी जानकारी नहीं थी। उन्हें सिर्फ इतना मालूम था कि जयपाल बाबू ने खरसावाँ पहुँचने के लिए कहा है, इसलिए वहाँ जाना ही है। उस समय जयपाल सिंह मुंडा ही पूरे राज्य में आदिवासियों के सबसे मजबूत-प्रखर नेता थे। लोग उन्हें देखने के लिए उत्साहित थे। जब उन्हें यह जानकारी मिली कि जयपाल सिंह भी आनेवाले हैं तो बड़ी संख्या में लोग सिर्फ उन्हें देखने के लिए आ गए थे।

ओड़िशा सरकार चौकस थी। वह किसी भी सूरत में सभा नहीं होने देना चाहती थी। ओड़िशा मिलिटरी पुलिस के जवान पूरे खरसावाँ में फैल चुके थे। खरसावाँ को पुलिस छावनी में बदल दिया गया था। विलय के विरोध के लिए आदिवासी तो जमा हो चुके थे, पर लोगों की निगाहें जयपाल सिंह को खोज रही थी। किसी कारणवश जयपाल सिंह मुंडा वहाँ नहीं पहुँच सके थे। इसलिए वहाँ कोई ऐसा बड़ा नेता नहीं था जिसकी बात हर कोई माने। इसके बावजूद कुछ नेता सामने आए। राजमहल तक गए और राजा को ज्ञापन सौंपा, जिसमें खरसावाँ स्टेट्स को ओड़िशा में शामिल नहीं करने की माँग की गई थी। राजा ने आदिवासियों की बात को उस दिन ध्यान से सुना था और अपनी मजबूरी भी बता दी थी। उन्होंने कहा था कि उनके हाथ में कुछ नहीं है। सारा कुछ अब ओड़िशा सरकार को करना है, क्योंकि विलय की प्रक्रिया पूरी हो चुकी थी। अब खरसावाँ स्टेट्स ओड़िशा सरकार के अधीन था। आदिवासी इस बात को समझ चुके थे। बगैर हो हंगामा किए वे राजमहल से लौट आए।

आंदोलनकारी फिर हाट में जमा हो चुके थे। उन्होंने सभा की, अपनी बातें रखीं। कुछ आंदोलनकारी आक्रोशित जरूर थे। भीड़ भी काफी बढ़ चुकी थी। जयपाल सिंह के नहीं आने से लोगों का धैर्य जवाब दे रहा था। उन्हें नियंत्रित करनेवाला कोई नहीं था। पुलिस ने पहले से ही क्षेत्र को कब्जे में ले रखा था। भीड़ आगे बढ़ना चाह रही थी और पुलिस उन्हें रोक रही थी। इसी बीच ओड़िशा मिलिटरी पुलिस की ओर से अचानक फायरिंग शुरू कर दी गई। किसी को सँभलने का मौका नहीं मिला। आदिवासियों के पास पारंपरिक हथियार थे, लेकिन उन्हें चलाने का मौका नहीं मिला। वैसे भी जिस गति से स्टेनगन से पुलिस फायरिंग कर रही थी, उसका जवाब आदिवासियों के पास नहीं था। लोग गिरते जा रहे थे। फायरिंग शुरू होते ही बचने के लिए कुछ लोग जमीन पर लेट गए। जो लेट गए, उनमें से अधिकांश बच गए। कुछ लोगों ने पेड़ की आड़ में अपनी जान बचाई। जब पुलिस ने फायरिंग रोकी तो वहाँ चारो ओर शव बिखरे पड़े थे। घटनास्थल के पास एक कुआँ था। ओड़िशा पुलिस के जवानों ने लाशों को कुएँ में डालना शुरू कर दिया। शव से जब कुआँ भर गया तो ट्रकों पर लाद कर शवों को जंगलों में ले जाया गया, कुछ को ऐसे ही फेंक दिया गया, कुछ को ज़मीन में गाड़ दिया गया। पुलिस ने कुछ शवों को जला भी दिया, ताकि मृतकों की सही संख्या का पता नहीं चल सके। सबसे खराब स्थिति घायलों की थी। जाड़े का मौसम था। कुछ घायल रात भर ठंड में उसी स्थान पर कराहते रहे। पानी माँगते रहे। भूखे-प्यासे वे तड़पते रहे। उस दिन उन्हें इलाज के लिए भी नहीं भेजा गया। बिहार सरकार ने ओड़िशा सरकार को प्रस्ताव भेजा कि वह घायलों के इलाज के लिए चिकित्सकों का दल भेजना चाहता है, पर किसी ने उस पर विचार नहीं किया। चाईबासा और जमशेदपुर से चिकित्सक वहाँ गए और उन्होंने घायलों का इलाज किया।

पुलिस की एक गोली दशरथ माझी को लगी थी। आपबीती सुनाते हुए दशरथ माझी ने बताया था कि कैसे वे एक पेड़ के नीचे लाश की तरह पड़े रहे। देखते रहे कि कैसे पुलिस लाशों को उठा-उठाकर ले जा रही है। हिम्मत नहीं थी कि वहाँ से किसी तरह भाग निकले। गोली अंतड़ी में लगी थी। चलना संभव नहीं था। बाद में उन्हें घसीटते हुए खरसावाँ थाना लाया गया, जहाँ से इलाज के लिए सरायकेला भेजा गया। जब सरायकेला में पूरा इलाज नहीं हो सका तो उन्हें कटक भेज दिया गया। तीन माह तक उनका इलाज कटक में हुआ। ठीक होने के बाद वे अपने घर लौटे। इस शहीद स्थल पर साधु चरण बिरूआ भी तब तक आते रहे, जब तक शरीर ने उनका साथ दिया। गोली लगने की कहानी भी वे सुनाते हैं। बताते हैं कि गोलीकांड के दिन भारी भीड़ थी। लोगों को गिनना मुश्किल था। लोग आगे बढ़ते जा रहे थे। कहाँ जाना है, उन्हें पता नहीं था। लोग आगे बढ़ रहे थे, वे भी उनके साथ बढ़ते जा रहे थे। अचानक ओड़िशा पुलिस ने

फायरिंग शुरू कर दी थी। बगल में एक आम का पेड़ देखा। दौड़कर किसी तरह आम के पेड़ के पीछे लेटकर जान बचाई थी। सात जवानों को उन्होंने मशीनगन से फायरिंग करते देखा था। जब तक वे लेटे रहे, उन्हें एक भी गोली नहीं लगी। आस-पास कई लोग लेटे पड़े थे, बताना मुश्किल था कि कौन मरा है कौन जिंदा है। जब फायरिंग रुकी तो साधु अपनी उस थैली को लेने के लिए आगे बढ़े जिसमें उनका पैसा था। जैसे ही वे थैली उठाने के लिए झुके, मशीनगन से फिर फायरिंग होने लगी। तड़ातड़ गोलियाँ चल रही थीं। इसी समय उन्हें गोली लगी। जब फायरिंग रुकी तो वे भागे। ट्रेन पकड़े, सीनी गए और वहाँ से जमशेदपुर गए। जमशेदपुर में इलाज करवाया। गोली लगने से विकलांग होने के कारण वे जिंदगी भर कोई काम भी नहीं कर सके। गोली लगने के बाद वे गाँव आए।

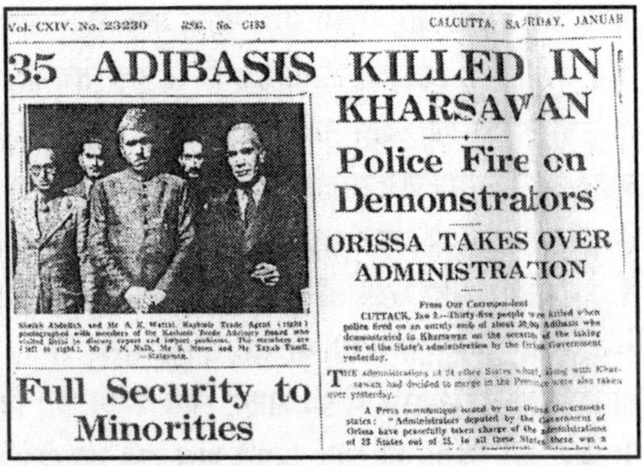

Vol. CXIV. No. 23230 CALCUTTA, SATURDAY, JANUARY

35 ADIBASIS KILLED IN KHARSAVAN

Police Fire on Demonstrators

ORISSA TAKES OVER ADMINISTRATION

Full Security to Minorities

अंग्रेजी दैनिक स्टेट्समैन का 3 जनवरी, 1948 का अंक

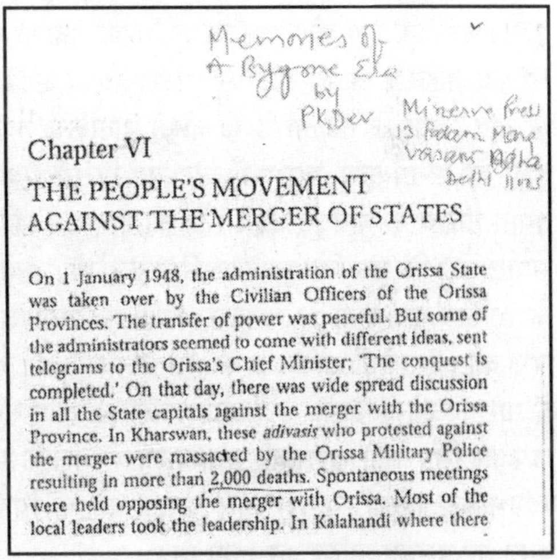

Memories of A Bygone Era by PKDev Minerva Press

Chapter VI

THE PEOPLE'S MOVEMENT AGAINST THE MERGER OF STATES

On 1 January 1948, the administration of the Orissa State was taken over by the Civilian Officers of the Orissa Provinces. The transfer of power was peaceful. But some of the administrators seemed to come with different ideas, sent telegrams to the Orissa's Chief Minister; 'The conquest is completed.' On that day, there was wide spread discussion in all the State capitals against the merger with the Orissa Province. In Kharswan, these *adivasis* who protested against the merger were massacred by the Orissa Military Police resulting in more than 2,000 deaths. Spontaneous meetings were held opposing the merger with Orissa. Most of the local leaders took the leadership. In Kalahandi where there

पीके देव की पुस्तक का अंश
जिसमें 2000 लोगों के मारे जाने का जिक्र है

लगभग आठ साल बाद शादी की। शादी के पहले संयुक्त परिवार था। भाई लोग उनकी देखभाल करते थे। बाद में सारा भार पत्नी ने उठा लिया। उनकी पत्नी सूत्री बिरूआ ने ही घर-द्वार, बाल-बच्चों को सँभाला। साधु की कहानी यहीं खत्म नहीं होती। एक और कहानी वे सुनाते हैं जिस पर जल्दी कोई विश्वास नहीं करता। कोई कैसे विश्वास करेगा कि उनके शरीर में 54 साल तक गोली फँसी रही। उन्हें इसका पता तब चला जब वे बुजुर्ग हो गए। 1 जनवरी, 1948 को जब खरसावाँ में पुलिस फायरिंग हुई थी, उसमें एक गोली उनकी हथेली में लगी थी। गोली उनकी अंगुली को उड़ाते हुए निकल गई थी। दाहिना हाथ उनका उसी समय से बेकार हो गया। दर्द इतना हुआ कि उन्हें यह पता नहीं

चला कि उनकी बांह में भी एक गोली लगी है। उम्र होने के कारण जब शरीर दुबला हो गया, मांस कम हो गया, सिर्फ हड्डी रह गई, तब बाँह में सूजन के साथ दर्द हुआ। पहले तो उन्होंने इस पर ध्यान नहीं दिया, यूँ ही उसे छोड़ दिया। धीरे-धीरे गोली अपने आप बाहर आने लगी। जब गोली का अधिकांश भाग मांस से बाहर आ गया तब उन्हें ताज्जुब हुआ। पहले तो वे घबरा गए कि हड्डी से क्या निकल रहा है। फिर अपने बेटे के साथ वे जमशेदपुर शहर आए। चिकित्सक के पास गए और गोली निकाली गई। 1 जनवरी, 1948 को जो गोली लगी थी वह उनके शरीर से 13 अगस्त, 2002 को निकाली गई। यानी बिरूआ के शरीर में 54 साल, सात महीने, 12 दिन तक गोली फँसी रही। ऑपरेशन के बाद उस गोली को साधु अपने पास रखे हुए थे।

आजादी के बाद देश का यह पहला बड़ा गोलीकांड था। पूरे देश में इस पर बवाल हुआ। उन दिनों देश की राजनीति पर बिहारी नेताओं की पकड़ मजबूत थी। बिहारी नेता भी नहीं चाहते थे कि खरसावाँ स्टेट्स का विलय ओड़िशा राज्य में हो। इसलिए गोलीकांड के बाद बिहार के नेताओं ने भी तीखी प्रतिक्रिया व्यक्त की। इस घटना का असर यह हुआ कि सरायकेला-खरसावाँ स्टेट का विलय रोक दिया गया। बाद में ओड़िशा के तमाम विरोध के बावजूद दोनों स्टेट को बिहार में शामिल कर दिया गया। बार-बार यह सवाल उठा कि उस दिन जयपाल सिंह कहाँ थे? क्यों नहीं खरसावाँ गए थे? इस घटना के 10 दिन बाद यानी 11 जनवरी, 1948 को जयपाल सिंह मुंडा ने चाईबासा में विशाल सभा की और लोगों को घटना की पूरी जानकारी दी। जयपाल सिंह ने खरसावाँ गोलीकांड में मारे गए लोगों के परिजनों और घायलों के लिए राहत कोष भी उसी दिन बनाया था। जयपाल सिंह ने तो खरसावाँ-सरायकेला के अलावा सरगुजा, जशपुर, उदयपुर, कोरिया, चांगभाकर, बोनाई, गांगपुर और बामड़ा को भी बिहार या निष्पक्ष सरकार में शामिल करने का प्रस्ताव पारित कर दिया था।

शहीदों की संख्या के बारे में बहुत कम दस्तावेज देश भर में उपलब्ध हैं। इनमें से एक है पूर्व सांसद और महाराजा पीके देव की पुस्तक 'मेमायर ऑफ ए बाइगोन एरा'। इस पुस्तक में इस बात का उल्लेख है कि खरसावाँ का ओड़िशा में विलय करनेवाले आदिवासियों पर ओड़िशा मिलिटरी पुलिस ने फायरिंग की थी, जिसमें 2000 से ज्यादा लोग मारे गए थे। (देखें चैप्टर 6, द पीपुल्स मूवमेंट अगेंस्ट द मर्जर ऑफ स्टेट्स, पेज 123)। पीके देव की पुस्तक और प्रत्यक्षदर्शियों के बयान में समानता झलकती है। ओड़िशा की तत्कालीन सरकार ने पुलिस फायरिंग में सिर्फ 35 आदिवासियों के मारे जाने की पुष्टि की थी। कोलकाता से प्रकाशित अंग्रेजी दैनिक द स्टेट्समैन ने घटना (1.1.1948) के तीसरे दिन यानी 3 जनवरी, 1948 के अंक में छापा था-35 आदिवासिज किल्ड इन खरसावाँ। इसी रिपोर्ट में कहा गया है कि खरसावाँ का ओड़िशा में विलय

दशरथ माझी : जिन्हें गोली लगी थी

का विरोध कर रहे 30 हजार आदिवासियों (वास्तविक भीड़ इससे ज्यादा थी) की भीड़ पर पुलिस ने फायरिंग की थी। इस गोलीकांड की जाँच के लिए ट्रिब्यूनल का गठन किया गया था, पर उसकी रिपोर्ट कहाँ गई, किसी को पता नहीं।

गोलीकांड के पीछे की कहानी भी कम रोचक नहीं है। देश की आजादी के बाद देसी रियासतों का विलय हो रहा था। हैदराबाद के निजाम को लेकर परेशानी थी, जिसे तत्कालीन गृहमंत्री सरदार वल्लभ भाई पटेल ने सख्ती से निबटा दिया था। देसी रियासतों को तीन ग्रुपों में बाँटा गया था। ये थे—ए, बी और सी। ए श्रेणी में बड़ी रियासतें थीं। बी में मध्यम और सी में छोटी रियासतों को रखा गया था। खरसावाँ स्टेट्स छोटा था, इसलिए इसे सी श्रेणी में रखा गया था। सरायकेला और खरसावाँ दोनों स्टेट्स में ओड़ियाभाषियों की संख्या अधिक थी, इसी आधार पर यह निर्णय लिया गया कि इन दोनों स्टेट्स का बिहार के बजाय ओड़िशा राज्य में विलय कर दिया जाए।

कश्मीर में उन दिनों हंगामा हो रहा था। इसलिए ऐसा निर्देश था कि जो रियासत सीधी तरह बात नहीं मानें, उनके साथ सख्ती से पेश आया जाए। 20 नवंबर, 1947 को वीपी मेनन के आवास पर नई दिल्ली में एक बैठक हुई थी। इसमें ओड़िशा के तत्कालीन प्रीमियर हरे किशन मेहताब और संबलपुर के तत्कालीन क्षेत्रीय आयुक्त भी शामिल थे। इस बैठक के निष्कर्ष से मेनन को अवगत कराया गया था। बैठक में तय हुआ था कि विलय में हो रही परेशानियों से कैसे निबटा जाए। इसका उल्लेख श्री मेनन ने अपनी पुस्तक 'द ओड़िशा ऐंड द छत्तीसगढ़ स्टेट्स' में किया है।

खरसावाँ गोलीकांड का सीधा संबंध इस रियासत को ओड़िशा में विलय को लेकर था। उन दिनों विलय के सवाल पर पूरे ओड़िशा में माहौल गरम था। स्थिति

बिगड़ती जा रही थी। इसका असर अन्य राज्यों पर पड़ने की आशंका व्यक्त की जा रही थी। सरदार पटेल और मेनन दोनों चिंतित थे। यह तय हुआ था कि विलय की प्रक्रिया ओड़िशा में ही हो। पहले कटक की बैठक में सिर्फ मेनन को जाना था पर बाद में यह तय हुआ कि सरदार पटेल खुद इसमें भाग लेंगे। कड़े फैसले के लिए सरदार पटेल को जाना जाता था। उनके भाग लेने का अर्थ था कि किसी भी कीमत पर विलय की प्रक्रिया शांतिपूर्ण तरीके से हो। 13 और 14 दिसंबर, 1947 की बैठक में सरदार पटेल ने कहा था कि मेरे सुझाव को पारिवारिक सुझाव मानिए। फिर भी अगर आप न मानें तो स्थिति बिगड़ने पर आप जब दिल्ली जाएँगे तब तक काफी विलंब हो चुका होगा। सरदार के इस कथन के बाद सभी राजाओं ने विलय का फैसला कर लिया था। कटक की बैठक में बिहार प्रांत के प्रतिनिधियों के भी भाग लेने की इच्छा व्यक्त की गई थी, क्योंकि इस विलय में बिहार का हिस्सा जा रहा था।

मेनन ने अपनी पुस्तक द ओड़िशा ऐंड छत्तीसगढ़ स्टेट्स में विलय के बारे में खरसावाँ राजा की भूमिका के बारे में लिखा है—खरसावाँ राजा ने बैठक में कहा था कि उनका स्टेट बिहार के सिंहभूम जिले से घिरा हुआ है और आदिवासियों की यह इच्छा है कि उनका विलय उनके ही प्रांत में होना चाहिए। राजा की बात सुनने के बाद मेनन ने कहा था कि पहले विलय की प्रक्रिया पूरी कर लीजिए। फिर लोगों से बात कर यह तय किया जाएगा कि वे ओड़िशा में रहना चाहते हैं या बिहार में। मेनन ही विलय प्रक्रिया के प्रभारी थे। कटक की बैठक में खरसावाँ के राजा ने खरसावाँ का बिहार में विलय करने की आदिवासियों की माँग को उठाया था। उन्होंने आदिवासियों की माँग को तर्क के साथ रखा भी था। खरसावाँ स्टेट्स की ओर से राजा रामचंदर सिंहदेव ने हस्ताक्षर किया था। उनके साथ युवराज प्रदीप चंद्र सिंहदेव भी थे।

विलय प्रक्रिया के अनुसार, 1 जनवरी, 1948 को सत्ता सौंपनी थी। इस बीच विलय के विरोध में आंदोलन शुरू हो चुका था। उन दिनों झारखंड क्षेत्र के बड़े नेता थे जयपाल सिंह मुंडा। उन्होंने खरसावाँ के ओड़िशा में विलय का विरोध किया था। वे दूरदर्शी थे। जानते थे कि अगर बिहार में विलय होता है तो एक न एक दिन झारखंड राज्य के बनने पर खरसावाँ झारखंड का हिस्सा बन जाएगा। अगर ऐसा नहीं हुआ और अगर खरसावाँ का ओड़िशा में विलय हो गया तो उसे फिर से झारखंड में शामिल करना असंभव होगा। हुआ भी यही। 15 नवंबर, 2000 को जब बिहार से कट कर झारखंड राज्य का निर्माण किया गया तो उसमें सरायकेला-खरसावाँ तो शामिल रहा। पर ओड़िशा, बंगाल और मध्य प्रदेश का वह इलाका शामिल नहीं रहा, जिसके झारखंड में शामिल करने की माँग चल रही थी। सरायकेला-खरसावाँ का भी वही हाल होता, जो हाल मयूरभंज, क्योंझर, संबलपुर और सुंदरगढ़ जिलों का हुआ। इन जिलों के आदिवासियों

ने भी झारखंड राज्य के लिए काफी संघर्ष किया था, ओड़िशा में ही गुंडुरिया, रायरंगपुर में फायरिंग की गई, सैकड़ों लोग मारे गए, पर जब झारखंड राज्य बना तो उसमें इस क्षेत्र को हटा दिया गया था। इसका लाभ ओड़िशा के उन आदिवासियों को नहीं मिला, जिन्होंने झारखंड के लिए लड़ाई लड़ी थी।

डॉ. राजेंद्र प्रसाद कांग्रेस के अध्यक्ष थे, जो बिहार के थे। श्री कृष्ण सिंह भी काफी प्रभावशाली-ताकतवर नेता थे। इन नेताओं का भी समर्थन जयपाल सिंह मुंडा को था। बिहार से सीधे जुड़े ये नेता आदिवासियों की माँगों से सहमत थे। इसके पीछे इन दोनों नेताओं की सोच अलग थी। वह किसी भी कीमत पर सरायकेला-खरसावाँ का बिहार में विलय कराना चाहते थे। उसे छोड़ना नहीं चाहते थे। जयपाल सिंह मुंडा एक कदम आगे सोच रहे थे। वे झारखंड राज्य निर्माण (भविष्य में होनेवाले) तक की बातों को ध्यान में रखे हुए थे। यही सब सोचकर जयपाल सिंह मुंडा ने 1 जनवरी, 1948 को होनेवाले सत्ता हस्तांतरण का पूरी ताकत के साथ विरोध करने का फैसला किया था। इसी विरोध सभा में हजारों आदिवासियों को अपनी कुरबानी देनी पड़ी थी।

गोलीकांड के बाद राजघराना परेशान रहा। बार-बार घराने पर यह आरोप लगता रहा कि यह गोलीकांड राजपरिवार के इशारे पर हुआ था। यह जानने के लिए राजपरिवार से भी जाकर मिला। राजपरिवार ने अपना दर्द सुनाया था। कहा था कि जब विलय की प्रक्रिया हो गई थी, राजा ने दबाव में हस्ताक्षर कर दिया था, उसके बाद उनके हाथ में कुछ नहीं था। वे राजा या युवराज नहीं रह गए थे। अगर थे तो सिर्फ नाम के। कोई अधिकार नहीं था। बिलकुल सामान्य नागरिक की तरह। धीरे-धीरे लोग सच्चाई को जान गए।

गोलीकांड के बाद खरसावाँ हाट में शहीद स्मारक बनाया गया। वहाँ हर साल एक जनवरी को बड़ी संख्या में लोग आते हैं। झारखंड की राजनीति का एक बड़ा केंद्र भी है खरसावाँ का शहीद स्थल। अर्जुन मुंडा ने खरसावाँ में शहीद स्थल का जीर्णोद्धार कराया। मुंडा इसी क्षेत्र का प्रतिनिधित्व करते हुए झारखंड के मुख्यमंत्री के पद तक पहुँचे। इस शहीद स्थल का राजनीतिक महत्त्व भी है। जब अलग झारखंड राज्य के लिए आंदोलन चल रहा था तो आजसू के महासचिव सूर्य सिंह बेसरा ने एक अप्रत्याशित एवं ऐतिहासिक कदम उठाया था। वे घाटशिला से विधायक चुने गए थे। विधानसभा में उन्होंने कहा था कि झारखंड राज्य के लिए विधायक अपने पद से इस्तीफा दे दें। अपनी बात को सच साबित करते हुए बेसरा एक जनवरी को खरसावाँ गए, शहीदों को नमन करते हुए, उन्हें साक्षी मानते हुए विधायक के पद से इस्तीफा दिया और अपने सारे प्रमाणपत्र (वह भी मूल प्रति) को जला दिया। झारखंड राज्य के लिए बेसरा की यह एक बड़ी कुरबानी रही।

गोलीकांड हुए एक युग बीत गया। कई कमेटियाँ बनीं, जाँच हुई, पर रिपोर्ट सामने नहीं आई। जालियाँवाला बाग कांड के विलेन जनरल डायर को तो दुनिया जान गई, पर खरसावाँ गोलीकांड का असली डायर कौन था, इस रहस्य पर से आज तक परदा नहीं उठ सका।

□

मिहिजाम गोलीकांड : 1 जनवरी, 1949

विस्थापितों पर गोली

मिहिजाम में विस्थापितों पर 1 जनवरी, 1949 को बंगाल पुलिस ने फायरिंग की थी, जिसमें पाँच आदिवासी मारे गए थे। जिन दिनों यह गोलीकांड हुआ, उन दिनों मिहिजाम बंगाल का हिस्सा हुआ करता था। बाद में इसे बिहार में शामिल किया गया था। अब यही मिहिजाम संताल परगना के जामताड़ा का हिस्सा है। उन दिनों वहाँ मिहिजाम लोको बिल्डिंग वर्क्स का काम चल रहा था। इससे 15-16 बस्तियाँ प्रभावित हो रही थीं। इन बस्तियों में 99 फीसदी आबादी आदिवासियों की थी। आदिवासी यह माँग कर रहे थे कि विस्थापित करने के पहले उन्हें बसाया जाए, उन्हें कहीं जमीन दी जाए, घर दिया जाए। सरकार से बार-बार आग्रह करने के बावजूद आदिवासियों की माँगों को नजरअंदाज कर दिया गया था। इससे आदिवासियों में गुस्सा था।

इस बीच दो बस्तियों (दुर्गाडीह बस्ती) को प्रशासन ने जबरन हटा दिया। वहाँ रहनेवाले लोगों को कुछ पैसे देकर वहाँ से विस्थापित कर दिया गया। यह राशि बहुत ही कम थी, जिससे वे आदिवासी दूसरी जगह पर जमीन भी नहीं खरीद सकते थे। उन्हें कहा गया कि जो पैसा मिला है, काफी है और उसी पैसा से जहाँ मन करे, जमीन खरीदें। जो आदिवासी जमीन खाली नहीं कर रहे थे, उनकी जमीन पर छोटे-छोटे बाँध (मेड़) बना दिए गए और धान की पकी फसल को नष्ट करने के लिए खेतों में पानी भर दिया गया। वहाँ पुलिस की मौजूदगी में जबरन काम भी शुरू कर दिया गया। इसका वहाँ के आदिवासियों ने विरोध किया था। स्थिति इतनी बिगड़ गई थी कि तत्कालीन मुख्यमंत्री बीसी राय को उस क्षेत्र का दौरा करना पड़ा था।

आदिवासियों के विरोध को देखते हुए प्रशासन ने पूरी व्यवस्था की थी। इसके लिए पर्याप्त संख्या में पुलिस बल और हथियार का इंतजाम कर दिया गया था। 1 जनवरी, 1949 को साढ़े सात बजे पुलिस के लगभग 300 जवानों और कुछ सिपाहियों को वहाँ लाया गया। उसके पहले एक गाड़ी में भरकर लाठियाँ लाई गई थीं। बस्ती के पूरब में अनीय नदी के किनारे कुआँ के साथ-साथ सड़क का निर्माण काम चल रहा

था। वहाँ पर 20-25 पुलिसकर्मियों को तैनात किया गया। पहले बताया गया था कि जब तक कोई फैसला नहीं होता, कोई काम शुरू नहीं होगा। पर जैसे ही पुलिस वहाँ आई, अचानक काम शुरू कर दिया गया। सैकड़ों मजदूरों को मिट्टी कटाई में लगा दिया गया। संतालों ने जब इसका विरोध किया और काम रोकना चाहा तो आँसू गैस के गोले छोड़े गए। जब गैस से एक व्यक्ति बेहोश होकर गिर पड़ा तो उसे गोली मार दी गई। इसके बाद वहाँ अफरा-तफरी मच गई। पुलिस ने विस्थापितों की भीड़ पर फायरिंग शुरू कर दी। इस फायरिंग में पाँच लोग मारे गए। उनके नाम हैं—1. जिसरी मरांडी, 2. बाबूलाल। 3. विरजे मरांडी, 4. मुनसू मुरमू, 5. मरांग मुरमू।

गोलीकांड के बाद दो जनवरी को तड़के तीन-चार बजे भारी संख्या में पुलिस ने बस्ती को घेर लिया। इन बस्तियों में से 25 लोगों को गिरफ्तार कर लिया। इनमें बच्चे भी शामिल थे। फिर घरों से आदिवासियों के पारंपरिक हथियारों को निकाला गया। इन हथियारों में तीर-धनुष, टाँगी, फरसा आदि थे। पुलिस की योजना थी कि इन हथियारों के बल पर वह साबित करेगी कि दिन में जो संघर्ष हुआ था, उसमें आदिवासियों की ओर से इन्हीं हथियारों का इस्तेमाल किया गया था। पुलिस के भय से गाँवों के युवक जंगल की ओर भाग गए। बाद में घटना की जानकारी देते हुए मिहिजाम के फोगड़ा मरांडी ने आदिवासी महासभा के महासचिव को पत्र लिखकर पुलिस जुल्म की कहानी बताई थी।

अब समय बदल चुका है। मिहिजाम बदल चुका है। पर मिहिजाम के लोगों को भी पता नहीं है कि जिस सम्मान-अधिकार के साथ आज वहाँ आदिवासी रह रहे हैं, उसकी बुनियाद रखने के लिए पाँच आदिवासियों ने शहादत दी थी।

□

गुंडुरिया गोलीकांड, 1949

गोली से कुचला आंदोलन को

सुनाराम माझी

आजादी के बाद जब देसी रियासतों के विलय का अभियान चल रहा था, तो ओड़िशा के कई हिस्सों में इसका जोरदार विरोध हुआ। विलय का विरोध ओड़िशा के उन इलाकों में ज्यादा हुआ जहाँ आदिवासियों की संख्या अधिक थी। 1 जनवरी, 1948 को खरसावाँ में ओड़िशा पुलिस ने फायरिंग की थी। इस फायरिंग में हजारों लोग मारे गए थे। इस गोलीकांड का पूरे देश में विरोध हुआ था। इसका नतीजा यह निकला कि सरायकेला-खरसावाँ स्टेट्स को ओड़िशा में शामिल करने का निर्णय बदलना पड़ा। बाद में इन दोनों स्टेट्स का बिहार में विलय कर दिया गया।

मयूरभंज स्टेट के ओड़िशा में विलय का भी विरोध किया जा रहा था। यह आदिवासी बहुल इलाका था। यह वह इलाका था जहाँ के आदिवासी अलग झारखंड राज्य की माँग कर रहे थे। जयपाल सिंह की अगुवाई वाली आदिवासी महासभा मयूरभंज में भी सक्रिय थी। सरायकेला-खरसावाँ के विलय पर निर्णय बदलने से मयूरभंज के आदिवासियों में आशा की किरण जागी थी। वहाँ के आदिवासियों का मानना था कि मयूरभंज स्टेट्स का ओड़िशा में विलय करने से बेहतर है उसे स्वतंत्र रखना, ताकि जब झारखंड का गठन हो तो इसमें स्वतंत्र मयूरभंज का विलय आसान होगा।

ओड़िशा सरकार किसी भी हाल में मयूरभंज को छोड़ना नहीं चाहती थी। इसलिए उसने बल प्रयोग कर आंदोलन को कुचलने की साजिश रची। विलय का विरोध करनेवाले आदिवासियों पर रायरंगपुर, गुंडुरिया, कुलडीहा, गितिलता समेत कई जगहों पर ओड़िशा मिलिटरी पुलिस ने फायरिंग की थी। पुलिस फायरिंग की इन घटनाओं में मारे गए लोगों की असली संख्या का पता आज तक नहीं लग सका। सिर्फ इतना कहा जा सकता है कि

हजारों आदिवासी इन पुलिस फायरिंग में मारे गए। पीके देव की पुस्तक 'मेमायर्स ऑफ बाइगोन एरा' में सिर्फ इतना उल्लेख है कि मयूरभंज के बंगड़ीपोशी के पास तीन जगहों पर पुलिस ने फायरिंग की, जिसमें 300 से ज्यादा लोग मारे गए। गुंडुरिया का नाम सबसे ज्यादा चर्चित रहा है। 6 फरवरी, 1949 को यहाँ ओड़िशा पुलिस ने फायरिंग की थी। इसमें सैकड़ों लोगों के मारे जाने की बात होती रही है।

सरायकेला और खरसावाँ की तरह ही मयूरभंज स्टेट भी था। देश की आजादी के बाद यह स्वतंत्र यूनिट बन गया था। इसके बाद मयूरभंज राज्य विधानसभा का गठन कर लिया गया था। इस राज्य का प्रधानमंत्री शरत चंद्र दास को बनाया गया था। वे प्रजामंडल पार्टी के नेता थे। बाद में इसे मयूरभंज स्टेट कांग्रेस के रूप में जाना जाने लगा। सरदार पटेल को जब यह खबर मिली तो उन्होंने 14 दिसंबर, 1947 को ओड़िशा की देसी रियासतों के शासकों को कटक बुलाया। इसी बीच मयूरभंज के राजा ने अपना पूरा अधिकार कैबिनेट को दे दिया और स्वयं को विलय से संबंधित बैठक से अलग रखा। ओड़िशा के अन्य स्टेट्स के बारे में तो 14 दिसंबर को निर्णय हो गया, पर मयूरभंज के बारे में कोई निर्णय नहीं हो सका। जब मामला बिगड़ने लगा तो 16 अक्तूबर, 1948 को महाराजा प्रताप चंद्र भंजदेव और शरत चंद्र दास दिल्ली गए और विलय समझौता पर हस्ताक्षर कर दिया। इसका आदिवासियों ने विरोध किया।

मयूरभंज में आदिवासियों के नेता थे सुनाराम माझी। उन्होंने आदिवासियों को एकजुट किया और मयूरभंज स्टेट का ओड़िशा की जगह बिहार में विलय का आंदोलन शुरू कर दिया। पहले सुनाराम मयूरभंज को स्वतंत्र रखना चाहते थे। पर वे समझ गए कि स्वतंत्र रहना आसान नहीं होगा। समय की माँग के अनुसार, वे पहले बिहार के साथ जाना चाहते थे, ताकि जब बिहार के बड़े हिस्से को काटकर झारखंड अलग राज्य बने तो स्वतः झारखंड में चले जाएँगे। मयूरभंज के आदिवासी सुनाराम माझी के इस तर्क से सहमत थे। इस बीच वीपी मेनन ने घोषणा कर दी थी कि 2 जनवरी, 1949 को मयूरभंज का ओड़िशा में विलय कर दिया जाएगा।

सरकार का यह प्रस्ताव आदिवासियों को मान्य नहीं था। सुनाराम माझी और रामचंद्र माझी ने बामनघाटी और पंचपीर के 15 हजार आदिवासियों को एकजुट करना शुरू कर दिया। जयपाल सिंह ने सुनाराम और रामचंद्र माझी को खुला सहयोग दिया और मयूरभंज स्टेट का बिहार में विलय करने के लिए हो रहे आंदोलन को आगे बढ़ाने के लिए प्रेरित किया। वीपी मेनन की ओर से विलय की अंतिम घोषणा करने के बाद आदिवासी नेता सुनाराम और रामचंद्र माझी ने बामनघाटी सब डिवीजन को स्वतंत्र करार देते हुए रायरंगपुर में इसका हेडक्वार्टर बनाने की घोषणा कर दी। पारंपरिक हथियार तीर-धनुष से लैस आदिवासियों ने कई ग्रुप में बँटकर पेड़ों को काटकर रोड को जाम कर

दिया, ताकि पुलिस आ–जा नहीं सके। रायरंगपुर जानेवाले सभी रास्तों की सुरक्षा के लिए आदिवासी तैनात थे। यह आंदोलन फैलता गया और हजारों आदिवासियों ने बारीपदा शहर में प्रदर्शन किया। नारे भी लगाए कि मयूरभंज स्टेट का ओड़िशा में नहीं, बिहार में विलय करना होगा। इस प्रदर्शन के बाद बारीपदा शहर में भय का माहौल बन गया।

उस समय मयूरभंज के कलेक्टर वीएस मैथ्यूज थे। उन्होंने ओड़िशा पुलिस की सहायता ली और आंदोलन को कुचलने के प्रयास शुरू कर दिए। मैथ्यूज ने कुलडीहा, गुंडुरिया, रायरंगपुर और गितिलता में पुलिस फायरिंग का आदेश दिया। पुलिस ने स्टेनगन और राइफल्स से आदिवासियों पर अंधाधुंध फायरिंग की, जिसमें हजारों आदिवासी मारे गए। मारे गए आदिवासियों का कोई हिसाब नहीं रखा गया। शवों को गायब कर दिया गया, ताकि मृतकों की संख्या को कम दिखाया जा सके। इस घटना के बाद आदिवासियों पर जुल्म ढाहा जाने लगा। उन पर टैक्स लाद दिया गया। आदिवासी जंगलों में भाग गए। उनपर केस लादकर उन्हें गिरफ्तार किया जाने लगा।

मयूरभंज स्टेट्स का ओड़िशा में विलय हुए कुछ ही दिन हुए थे, इसलिए केंद्र ने हस्तक्षेप किया। महताब को रायरंगपुर का दौरा करना पड़ा। उन्होंने आदिवासी नेताओं से बात की और चिंता व्यक्त की, ताकि मामला शांत हो जाए। आदिवासियों के खिलाफ दर्ज मामलों को वापस लेकर मामले को ठंडा किया गया।

मयूरभंज में कई जगहों पर शहीदों की याद में स्मारक बनाए गए हैं। यह अलग बात है कि जब झारखंड राज्य का निर्माण हुआ तो उसमें मध्य प्रदेश, पश्चिम बंगाल और ओड़िशा की एक इंच भी जमीन नहीं आई। सिर्फ बिहार का बँटवारा कर झारखंड राज्य बना। पर ओड़िशा, मध्य प्रदेश और पश्चिम बंगाल के उन सैकड़ों शहीदों को झारखंड आज भी याद करता है जिनकी शहादत के बल पर ही झारखंड राज्य का गठन हुआ। झारखंड राज्य के गठन होने के बाद झारखंड मुक्ति मोरचा के नेता शिबू सोरेन ने खुद रायरंगपुर और गुंडुरिया जाकर शहीदों को श्रद्धांजलि दी थी।

□

चीरी गोलीकांड : 2 जून, 1968

जमीन पर कब्जा माँगा तो मिली गोली

गोलीकांड में शहीदों की संख्या : छह

1. सामुएल तिर्की, 2. खुईता उराँव, 3.जोहन कुजूर, 4. खदीया उराँव, 5. एतवा उराँव, 6. जूरा उराँव।

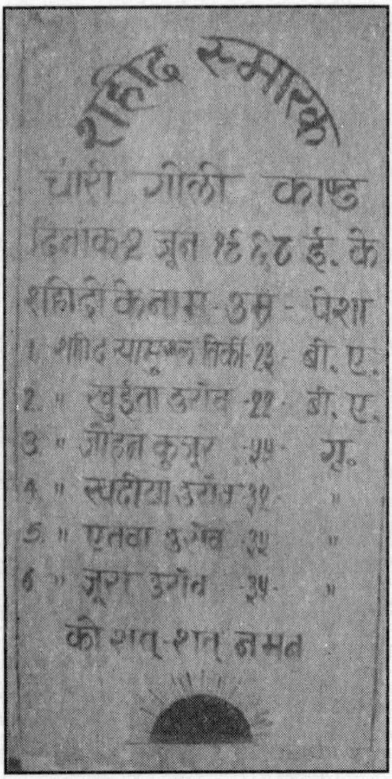

चीरी में बनाया गया शहीद स्मारक

राँची-लोहरदगा मार्ग पर बसा है चीरी गाँव। आदिवासी बहुल इसी गाँव में 2 जून, 1968 को आदिवासियों की एक सभा पर पुलिस ने फायरिंग की थी, जिसमें छह आदिवासी मारे गए थे। ये थे—सामुएल तिर्की, खुईता उराँव, जोहन कुजूर, खदीया उराँव, एतवाँ उराँव और जूरा उराँव।

जमीन को महाजन के कब्जे से छुड़ाने के लिए जब आदिवासियों की भीड़ आगे बढ़ रही थी तो यह पुलिस फायरिंग हुई थी। आदिवासियों की जमीन को हड़पने का धंधा उन दिनों भी था, जिसका विरोध किया जाता था। ऐसा ही एक मामला भोला साहू से जुड़ा हुआ था। भोला साहू स्थानीय महाजन था। उस पर आरोप था कि उसने आदिवासियों की जमीन पर कब्जा कर लिया है। उस गोलीकांड के प्रत्यक्षदर्शी माठा उराँव ने घटना के बारे में विस्तार से चर्चा की थी। जीमा गाँव के भोला साहू को कड़ाक निवासी लुदू उराँव ने चीरी चौक पर तीन डिसमिल जमीन दान में दी थी। वर्ष 1966-67 में चीरी चौक में कोई दुकान नहीं थी। ग्रामीणों को

चीरी गोलीकांड का गवाह : माठा उराँव

रोजमर्रा का सामान खरीदने के लिए पैदल कुडू आना पड़ता था। इसी परेशानी को देखते हुए लुदू उराँव ने दुकान खोलने के लिए भोला साहू को जमीन दी थी। भोला साहू ने उस जमीन पर किराना दुकान खोली और उसी जमीन पर अपना मकान भी बना लिया। वर्ष 1967 आते-आते भोला साहू का लोभ बढ़ता गया। वह दान में मिली तीन डिसमिल जमीन के साथ-साथ आस-पास की जमीन भी हथियाने लगा। आदिवासियों को ठगते हुए लगभग एक एकड़ जमीन पर भोला साहू ने कब्जा कर लिया। उसने ब्याज पर पैसे देने का धंधा शुरू कर दिया। ब्याज की दर काफी थी। जिसने भी कर्ज लिया, फँस गया। कर्ज के बदले में वह आदिवासियों की जमीन लेने लगा, फसल तक कटवाने लगा। इससे ग्रामीणों में उसके प्रति गुस्सा था पर कोई बोल नहीं पाता था।

वर्ष 1967 में बिरसा सेवा दल का गठन किया गया। बिरसा सेवा दल उग्र तेवर वाला संगठन था। इससे आदिवासियों को एक ताकत मिली। अलग राज्य के लिए आंदोलन चल ही रहा था। झारखंड पार्टी के कांग्रेस में विलय होने के कारण आंदोलन से जुड़े लोगों का कोई सशक्त संगठन तैयार नहीं हो सका था। बिरसा सेवा दल को विकल्प के रूप में देखने लगे थे। इस बात को बिरसा सेवा दल के लोग भी जानते थे कि अगर संगठन नहीं भटका तो भविष्य में बिरसा सेवा दल ही झारखंडी समाज की अगुवाई करेगा।

अपनी पहचान बनाने के लिए बिरसा सेवा दल ने कुछ समय के लिए ही सही, पर तेज और असरदार आंदोलन किया था। बिरसा सेवा दल आक्रामक संगठन था, जो बल प्रयोग करने में हिचकता नहीं था। उन दिनों ऐसी धारणा थी कि सिर्फ आदिवासी ही अलग झारखंड राज्य चाहते हैं, आंदोलन करते हैं, अन्य लोग अलग राज्य के खिलाफ हैं। इसी सिद्धांत के तहत बिरसा सेवा दल का जब गठन हुआ तो यही तय हुआ कि सिर्फ आदिवासी ही बिरसा सेवा दल का सदस्य हो सकता है। ऐसा हुआ भी।

जब चीरी के लोगों को लगा कि भोला साहू आदिवासियों की जमीन को हड़प रहा है और वे लोग कुछ कर नहीं पा रहे हैं तो आदिवासी भोला साहू के खिलाफ अदालत भी गए। स्थानीय आदिवासी भी बिरसा सेवा दल में शामिल हो चुके थे। जिनकी जमीन पर भोला साहू ने कब्जा कर रखा था, उन लोगों ने जमीन वापसी में बिरसा सेवा दल से सहयोग माँगा। बिरसा सेवा दल ने भोला साहू से आदिवासियों की जमीन वापस लेने का

अभियान प्रारंभ किया। 1968 जनवरी माह में बिरसा सेवा दल के अगुवा नेता लालू उराँव एवं कॉलेज के छात्र चीरी चौक पहुँचे। पंचायती हुई पर भोला साहू जमीन वापस करने को तैयार नहीं हुआ। उसने अपने साम्राज्य का और विस्तार करना चाहा। मई 1968 में भोला साहू ने नए मकान एवं कुआँ खुदाई का काम भी शुरू कर दिया। इसकी भनक बिरसा सेवा दल को लगी। 2 जून, 1968 को बिरसा सेवा दल ने दर्जन भर गाँव के रैयतों (इनमें वे भी शामिल थे जिनकी जमीन पर कब्जा किया गया था) की पंचायत चीरी मैदान में बुलाई गई। 2 जून, 1968 को सुबह छह बजे पंचायती प्रारंभ हुई। भोला साहू पंचायती में नहीं पहुँचा। 10 बजे पंचायत में पहुँचे सभी लोग भोला साहू के मकान के पास पहुँचे एवं निर्माणाधीन मकान में तोड़-फोड़ प्रारंभ कर दी। इसकी सूचना पुलिस को दी गई।

भोला साहू का पुलिस के साथ बेहतर संबंध था, जिसका फायदा भी उसे पहले से मिल रहा था। भोला साहू के दिमाग में यह बात चल रही थी कि पुलिस की मौजूदगी से आंदोलनकरियों का मनोबल गिरेगा और वे पीछे हट जाएँगे। पर आंदोलनकारी झुकनेवाले नहीं थे। भोला साहू के घर के सामने पुआल रखा हुआ था। इसी बीच भीड़ में से किसी ने वहाँ आग लगाने की बात कह दी। यह सुनते ही वहाँ बिरसा सेवा दल से जुड़े लोगों ने पुआल में आग लगा दी। इससे कुछ देर के लिए वहाँ दहशत फैल गई। इसी बीच कुछ युवक पुलिस की मौजूदगी के बावजूद भोला साहू के घर की ओर बढ़े। पुलिस भोला साहू के बचाव में ही खड़ी थी। ग्रामीण आक्रोशित तो थे ही, उन्होंने भोला साहू के मकान के एक कोने में भी आग लगा दी। आग लगने के बाद भोला साहू का पुत्र मदन साहू घर के छप्पर पर चढ़कर हवाई फायरिंग करने लगा।

पुलिस तो पास में ही थी। पुलिस के साथ आक्रोशित ग्रामीणों की भिड़ंत हो गई। मौके पर मौजूद दंडाधिकारी ने पुलिस जवानों को फायरिंग का आदेश दे दिया। पुलिस की फायरिंग में छह लोग मारे गए। इनमें तीन कॉलेज छात्र सामुएल तिर्की (गुड्डी बाघी), खुईता उराँव (कड़ाक) एवं खदीया उराँव (कड़ाक) थे। तीन किसान जूरा उराँव (चीरी बड़काटोली), जोहन कुजूर (कड़ाक) एवं एतवा उराँव (चीरी) भी मारे गए। चीरी गोलीकांड के समय डीसी थे रामेश्वर नाथ। उन्होंने यह कह कर पुलिस फायरिंग को जायज ठहराने का प्रयास किया कि अगर पुलिस फायरिंग नहीं करती तो आदिवासी भोला साहू और उसके घर में रह रहे आठ लोगों को मार देते। फायरिंग के बाद पूरे राज्य में इसकी प्रतिक्रिया हुई। तत्कालीन मुख्यमंत्री भोला प्रसाद शास्त्री को 7 जून को राँची आकर जाँच आयोग की घोषणा करनी पड़ी। इस आयोग की रिपोर्ट का फिर कोई अता-पता नहीं चला। □

परमेश्वर माझी : 1971

जान देकर पत्नी की इज्जत बचाई

कोयलांचल के मजदूर एक ओर माफिया-ठेकेदारों और खदान मालिकों से लड़ रहे थे, उनके जुल्म का शिकार हो रहे थे, दूसरी ओर उन्हें पुलिस जुल्म का सामना भी करना पड़ रहा था। विनोद बिहारी महतो और एके राय ने मजदूरों को एकजुट किया था और उन्हें शोषण के खिलाफ लड़ने के लिए तैयार किया था।

इसी बीच 1971 में धनबाद में एक घटना घट गई। यह घटना पूर्वी बरवा के खड़िकाबाद गाँव में घटी थी। एक गरीब आदिवासी परमेश्वर माझी मजदूरी कर अपने परिवार का भरण-पोषण करता था। एक दिन वह मजदूरी की तलाश में गाँव से बाहर गया था। दोपहर का समय था। घर में उसकी पत्नी अकेली थी। वह जवान थी। वहाँ से होमगार्ड के चार जवान गुजर रहे थे। उनकी नजर परमेश्वर की युवा पत्नी पर पड़ी। सभी जवान उसकी झोंपड़ी में घुस गए और उस महिला के साथ दुष्कर्म करने का प्रयास करने लगे। उसने अपने बचाव का पूरा प्रयास किया। इस बीच किस्मत ने उस महिला का साथ दिया।

परमेश्वर को कहीं मजदूरी का काम उस दिन नहीं मिला था और वह उसी समय घर लौट रहा था। घर में जैसे ही वह पहुँचा, उसने अपनी पत्नी की चीख सुनी। अंदर जाने पर उसने देखा कि चार जवान उसकी पत्नी के साथ दुष्कर्म की कोशिश कर रहे हैं। पत्नी को बचाने के लिए वह अकेले चारो जवानों से टकरा गया। इस बीच शोर भी होने लगा। होमगार्ड के जवान ने परमेश्वर पर फायरिंग कर दी। परमेश्वर माझी उसी जगह पत्नी की इज्जत बचाते वक्त मारा गया। गोली चलाने के बाद होमगार्ड के जवान भाग गए। इस घटना की जानकारी पूरे गाँव में फैल गई। विनोद बिहारी महतो कचहरी में थे। उन्हें भी जानकारी मिली। उन्होंने लाश को पोस्टमार्टम के बाद गाँव तक पहुँचाने और अंतिम संस्कार की व्यवस्था कराई। इस घटना का विनोद बाबू के जीवन पर गहरा असर पड़ा और उन्होंने तय कर लिया कि सिर्फ सामाजिक संगठन के बल पर अत्याचारियों से नहीं लड़ा जा सकता है। इसके लिए सशक्त राजनीतिक संगठन चाहिए। इसके बाद ही

उन्होंने एके राय और शिबू सोरेन के साथ मिलकर झारखंड मुक्ति मोरचा का गठन किया।

जिस जगह परमेश्वर माझी की हत्या हुई थी, वहाँ से गुजरनेवाली सड़क का नाम परमेश्वर माझी रोड रखा गया।

□

पलमा फायरिंग : 23 मार्च, 1972

गुरुजी के अड्डे को बनाया निशाना

शहीद

अमूल्य सेन, रतिलाल मुर्मू, सागर सोरेन और बलि मियाँ।

पलमा टुंडी प्रखंड का वह ऐतिहासिक स्थान है, जहाँ से शिबू सोरेन ने महाजनों और सूदखोरों के खिलाफ अपना आंदोलन शुरू किया था। शिबू सोरेन ने गिरिडीह के पूर्वांचल और धनबाद जिला के पश्चिमोत्तर इलाके में लोगों को गोलबंद करना शुरू किया था। पलमा एक ऐसा गाँव है जो धनबाद और गिरिडीह दोनों जिले का हिस्सा है। इस गाँव का कुछ भाग गिरिडीह जिला के पीरटाँड प्रखंड में पड़ता है। इसका कुछ इलाका धनबाद के टुंडी में पड़ता है। शिबू सोरेन ने पलमा में ही अपना आश्रम खोला था।

पलमा : चार शहीदों की याद

23 मार्च, 1972 का वह दिन लोग नहीं भूल पाते जब अमूल्य सेन, रतिलाल मुर्मू, सागर सोरेन और बलि मियाँ को पुलिस ने मार डाला था। शिबू सोरेन ने जब महाजनी और सूदखोरी के खिलाफ अभियान चलाया था तो ये सभी उनके साथ थे। इस घटना के गवाह हैं सुखलाल तुरी। उन दिनों सुखलाल तुरी शिबू सोरेन के साथ रहते थे। गाँव में उस समय महाजनों के खिलाफ बैठकों का दौर चला करता था। शिबू सोरेन लोगों को ऐसे तत्त्वों के खिलाफ

पलमा में स्थित चार शहीदों की शहीद वेदी

मजबूती से लड़ने के लिए गोलबंद करते थे। 23 मार्च को भी गाँव में बैठक थी। पुलिस को सूचना न हो जाए, इसलिए गुप्त स्थानों पर बैठक आयोजित की गई थी। पर किसी प्रकार पुलिस को भनक मिल गई। आंदोलनकारियों की संख्या तीन-चार सौ के करीब थी। उस दिन की बैठक में शिबू सोरेन वहाँ नहीं थे। खबर मिलते ही पुलिस आई। पुलिसकर्मियों की संख्या आठ-दस थी। पुलिस को देखते ही आंदोलनकारी इधर-उधर होने लगे। पुलिस ने फायरिंग की। आंदोलनकारियों ने भी कुछ तीर चलाए। पर पुलिस की फायरिंग के आगे वे कुछ नहीं कर सके। आंदोलनकारियों को जिधर मौका मिला, वे भाग गए और छिप गए। इसी बीच पुलिस ने उनका पीछा किया। गाँव के अलग-अलग क्षेत्रों में जहाँ भी पुलिस ने आंदोलनकारियों को देखा, गोली चला दी। कुल चार लोगों की जान चली गई। पुलिस के जाने के बाद चारों के शव को पलमा गाँव लाया गया। इनके शव को एक जगह रखा गया। वहीं पर बाद में शहीद वेदी का निर्माण किया गया। प्रत्येक वर्ष 23 मार्च को वहाँ मेला लगता है। मेला का आयोजन ग्रामीण लोग ही करते हैं। शहीद सागर के नाम पर एक मैदान विकसित किया गया है। उनकी याद में अभी भी वहाँ प्रत्येक वर्ष खेलकूद प्रतियोगिता का आयोजन किया जाता है।

□

करगली गोलीकांड : 3 मार्च, 1973

मजदूरों पर गोलियों की बारिश

शहीद : कुल 17

1. वासुदेव नायक, 2. रोशन रजवार, 3. गौतम महतो, 4. छोटन नायक, 5. सावित्री देवी के पति, 6. प्रह्लाद (छात्र), अन्य 11 लोग।

बेरमो से दो किलोमीटर की दूरी पर है करगली। इस जगह 3 मार्च, 1973 को पुलिस ने प्रदर्शन कर रहे मजदूरों-ग्रामीणों की भीड़ पर 44 राउंड फायरिंग की थी, जिसमें 17 मजदूरों की मौत हो गई थी। ये मजदूर-ग्रामीण अंगवाली माइंस को राष्ट्रीयकरण से बाहर रखने के खिलाफ घेराव-प्रदर्शन कर रहे थे।

करगली गेस्ट हाउस जहाँ 1973 में पुलिस फायरिंग हुई थी

1972 में दीवाली की रात साढ़े बारह बजे राष्ट्रपति ने कोयला उद्योग में नन-कोकिंग कोल के राष्ट्रीयकरण का अध्यादेश जारी किया था। अध्यादेश के जारी होने के आधा घंटा के भीतर कस्टोडियन (राष्ट्रपति के प्रतिनिधि) कोयलांचल के सभी प्रोजेक्ट (कोल माइंस) में पहुँच गए थे। उस वक्त ढोरी एरिया की प्योर ढोरी खदान में भी कस्टोडियन पहुँचे। यह प्राइवेट खदान थी। राष्ट्रीयकरण के वक्त भारत की प्रधानमंत्री श्रीमती इंदिरा गांधी और कोयला मंत्री जेजे कुमार जयमंगलम थे। राष्ट्रीयकरण के बाद लगभग सभी प्रोजेक्ट में कस्टोडियन रातोरात पहुँच गए। वहाँ कोलियरी में जो भी संपत्ति उन्हें नजर आई, उसे सीज कर लिया गया। दूसरे दिन सुबह जब माइंस में हाजिरी बाबू (ठेकेदार का हाजिरी बाबू) हाजिरी बनाने आए तो कस्टोडियन ने हाजिरी खाता को

प्रत्यक्षदर्शी : शिव मंदिर के पूजारी नान्हू तिवारी

सीज कर लिया और कह दिया कि जिन लोगों के भी नाम हाजिरी खाता में हैं, वे सभी सरकारी कर्मचारी-मजदूर हो गए हैं।

राष्ट्रीकरण से पहले प्योरी ढोरी का एक ही हिस्सा था अंगवाली व पिछरी माइंस। कस्टोडियन ने प्योरी ढोरी का हाजिरी खाता सीज करते हुए सभी मजदूरों को सरकारी किए जाने की घोषणा कर दी। लेकिन अंगवाली माइंस के संबंध में जानकारी नहीं रहने के कारण इसके राष्ट्रीयकरण की घोषणा उस समय नहीं की जा सकी। लोगों ने कस्टोडियन को जानकारी भी दी कि एक पार्ट प्योर ढोरी का अधिग्रहण हो गया, लेकिन दूसरे पार्ट अंगवाली माइंस का अधिग्रहण नहीं हुआ है। कस्टोडियन ने तब अंगवाली माइंस पहुँचकर वहाँ भी हाजिरी खाता को सीज कर लिया। फिर उसे भी सरकारी करने की घोषणा कर दी। इसी बीच बेरमो के ही कुछ नेताओं ने कस्टोडियन को करगली रेस्ट हाउस में प्रबंधन की उपस्थिति में अंगवाली माइंस के संबंध में गलत जानकारी देते हुए उन्हें दिगभ्रमित कर दिया। कस्टोडियन ने अपना निर्णय बदल दिया और अंगवाली माइंस को राष्ट्रीयकरण से बाहर रखने की घोषणा कर दी।

जब कस्टोडियन ने अंगवाली माइंस को राष्ट्रीयकरण से बाहर रखने की घोषणा कर दी तो पुनः यह खदान निजी खान मालिक के अधीन आ गई तथा बेरमो के ही सीडी सिंह व केपी सिंह ने राष्ट्रीयकरण के एक-दो माह बाद इस माइंस को चलाने के लिए ले लिया। माइंस चालू करने से पहले दोनों अंगवाली पहुँचकर विधि-विधान पूर्वक माइंस स्थल पर पूजा-अर्चना की तैयारी करने लगे। इसकी जानकारी जब अंगवाली के ग्रामीणों व खदान में काम कर रहे मजदूरों को हुई तो लोगों ने खदान पहुँचकर पूजा की थाली व प्रसाद को फेंककर अपने गुस्से का इजहार किया। इसके बाद गाँव में ही एक आपात बैठक हुई, जिसमें पाँच हजार ग्रामीणों ने बढ़-चढ़कर हिस्सा लिया। ग्रामीणों व अंगवाली खदान में काम करनेवाले मजदूरों ने सर्वसम्मति से निर्णय लिया कि इस खदान का राष्ट्रीयकरण नहीं करने के खिलाफ कस्टोडियन और बोकारो-करगली प्रबंधन का घेराव किया जाएगा।

बैठक में लिये गए निर्णय के तहत अंगवाली गाँव के पाँच से सात हजार लोगों ने कस्टोडियन व करगली प्रबंधन द्वारा लिये गए निर्णय के खिलाफ करगली मार्च किया।

इसका नेतृत्व अंगवाली गाँव के जानकी मिश्र, मो. एकरामुद्दीन, बानेश्वर मिश्र, दामोदर भगत, इंटक नेता कन्हैया सिंह सहित कई लोगों ने किया था। भीड़ ने करगली महाप्रबंधक कार्यालय पहुँचकर प्रबंधन के खिलाफ नारे लगाए। इसके बाद प्रबंधन ने ग्रामीणों की ओर से जानकी मिश्र को करगली रेस्ट हाउस में वार्त्ता के लिए बुलाया। धोखे से पुलिस ने श्री मिश्र को गिरफ्तार कर लिया तथा जीप में बैठाकर बेरमो थाना ले जाने लगी। इसकी जानकारी जब करगली गेस्ट हाउस के बाहर खड़े ग्रामीणों को हुई तो उन्होंने प्रबंधन की इस कार्रवाई का विरोध करते हुए हो-हंगामा शुरू किया।

पुलिस ने लाठी चार्ज कर दिया। गेट पर खड़ी तेतरी कामीन नामक एक महिला की गोद में मासूम बच्चा था, पुलिस की लाठी से वह खून से लथपथ हो गया। इसके बाद ही ग्रामीण उत्तेजित हो गए और पुलिस पर पत्थर फेंकना शुरू कर दिया। अब तक मामला बिगड़ चुका था। ग्रामीणों की ओर से पथराव शुरू होते ही फोर्स व इंस्पेक्टर ने ग्रामीणों पर अंधाधुंध फायरिंग शुरू कर दी। अंगवाली गाँव के ग्रामीण, करगली गेट में चना-बादाम और खोमचा बेचनेवाले कई लोगों को गोली लगी। रामबिलास उच्च विद्यालय के कई छात्रों और रास्ते से गुजर रहे लोगों को भी नहीं छोड़ा गया। उन्हें भी गोली मारी गई। पुलिस कितनी अनियंत्रित थी, इसका अंदाजा इसी बात से लगाया जा सकता है कि सातवीं कक्षा के एक छात्र प्रहलाद को भी उसने गोली मार दी। वह स्कूल से घर लौट रहा था। पुलिस से बचने के लिए जब दो मजदूर झाड़ी में छिप गए, वहाँ से उन्हें निकाल कर गोली मार दी गई। मारे गए मजदूरों के शव को उनके परिवारवालों को सौंपा भी नहीं गया। पुलिस ने अपनी मौजूदगी में दाह संस्कार करा दिया, ताकि हंगामा नहीं हो। पूर्वाह्न 11 बजे से दोपहर एक बजे तक गोली चलती रही। चारो ओर अफरा-तफरी मच गई। इस पुलिस फायरिंग में अंगवाली निवासी वासुदेव नायक, रोशन रजवार, गौतम महतो, छोटन नायक, कसमार निवासी सावित्री देवी के पति, रामबिलास उच्च विद्यालय के एक छात्र प्रह्लाद सहित 17 लोगों की मौत हो गई। हालाँकि प्रशासन ने सिर्फ सात लोगों के मरने की आधिकारिक पुष्टि की। घटना के बाद आनन-फानन में मो. एकरामुद्दीन कुरपनिया

प्रत्यक्षदर्शी : कड़ेदिन साव

भागे तथा वहाँ इंटक नेता रामाधार सिंह उर्फ मालिक बाबू को फायरिंग की जानकारी दी। उन्होंने प्रबंधन और प्रशासन से वार्त्ता कर फायरिंग रुकवाई।

जब गोली चल रही थी, उस दौरान बिहार के औरंगाबाद स्थित तमसी गाँव के रहनेवाले करगली शिव मंदिर के पुजारी नान्हू तिवारी वहाँ मौजूद थे। 95 साल के पुजारी के अनुसार, पुलिस द्वारा चलाई गई एक गोली मंदिर में भी लगी थी। करगली में 50-60 वर्षों से बनारस के मिर्जापुर निवासी कड़ेदिन साव चना-सत्तू व भूँजा बेचते हैं। उस दिन भी वे घटनास्थल पर मौजूद थे। उनके अनुसार, जब फायरिंग शुरू हुई तो उन्होंने तुरंत दुकान बंद कर बगल के एक क्वार्टर में छिपकर अपनी जान बचाई थी। वे उस दृश्य को आज भी याद करते हैं जब एक स्कूली छात्र प्रहलाद की खोपड़ी को पुलिस ने उड़ा दिया था। पुलिस अंधाधुंध गोली चला रही थी जो करगली रेलवे फाटक से सटे एक पीपल के पेड़ पर भी लगी थी।

गोलीकांड के समय गिरिडीह के सांसद चपलेंदू भट्टाचार्य (कांग्रेस), बेरमो के विधायक बिंदेश्वरी दुबे (कांग्रेस), गिरिडीह के एसपी आरआर प्रसाद, बेरमो के थाना प्रभारी चंदमोहन प्रसाद और बोकारो-करगली के महाप्रबंधक एन चंद्रा थे। करगली एरिया उस समय एनसीडीसी (नेशनल कोल डेवलपमेंट कॉरपोरेशन) के अधीन था। 1973 में राष्ट्रीयकरण के बाद एनसीसीडी कोल माइंस अथॉरिटी (सीएमए) बन गया। सीएमए ही बाद में सीसीएल बन गया।

इस घटना के बाद पुलिस ने जानकी मिश्र को अभियुक्त बनाया। उन पर 80 के दशक तक केस चला। बाद में गिरिडीह कोर्ट से वे बरी किए गए। मुकदमा के दौरान बिंदेश्वरी दुबे व कन्हैया सिंह ने ही उनकी जमानत ली थी। इस घटना का असर दिखा। अंगवाली और पिछरी कोलियरी का भी राष्ट्रीयकरण किया गया। लगभग एक हजार लोगों को सरकारी नौकरी मिली। इंटक नेता बिंदेश्वरी दुबे तो करगली के जीएम एन चंद्रा पर इतना बरसे कि उनको दिल का दौरा पड़ गया और उनकी मृत्यु हो गई।

□

सिजुआ गोलीकांड : 15 नवंबर, 1973

विरोध करने की सजा मौत

कोयला खदानों के राष्ट्रीयकरण के बाद कोयलांचल में मजदूरों पर फायरिंग की अनेक घटनाएँ घटीं। ऐसी ही एक घटना घटी थी 15 नवंबर, 1973 को सिजुआ में। बीसीसीएल के सुरक्षाकर्मियों ने गजलीटाँड और अंगारपथरा खदान के मजदूरों पर 60 राउंड फायरिंग की थी, जिसमें एक महिला समेत छह मजदूरों की मौत हो गई थी। आठ अन्य मजदूर घायल भी हुए थे। लोकसभा में सरकार ने स्वीकार किया था कि छह मजदूरों की मौत हुई है।

जब कोयला खदानों का राष्ट्रीयकरण नहीं हुआ था, तब निजी कोयला खदानों में मालिकों ने गुंडों और लठैतों को पाल रखा था, जो मजदूरों की जुबान बंद करते थे। जब खदानों का राष्ट्रीयकरण हो गया तो पैरवी और मिलीभगत से ये गुंडे-लठैत बीसीसीएल में घुस गए। बीसीसीएल ने उन दिनों ऐसा महसूस किया था कि कंपनी चलाने के लिए ऐसे दबंगों का रहना हितकर होगा। इसमें कोई दो राय नहीं है कि एके राय के आगमन के बाद पूरे कोयलांचल में मजदूरों का उत्साह बढ़ा था, उनका मनोबल बढ़ा था। उनकी यूनियन भी ताकतवर हो चुकी थी। मजदूर जाग चुके थे और शोषण के खिलाफ वे मुखर थे। पूरे क्षेत्र में लाल झंडा लहराता था। यह सुरक्षाकर्मी और दूसरी यूनियन के नेताओं को मंजूर नहीं था।

15 नवंबर के गोलीकांड की शुरुआत दो सप्ताह पहले ही हो चुकी थी। गजलीटाँड में जिन जगहों पर लाल झंडा लहरा रहा था, उसे गुंडों और लठैतों ने जला दिया था। उस जगह उन्होंने तिरंगा फहरा दिया था। ऐसा जानबूझकर किया गया था, ताकि तिरंगा को उतारने की हिम्मत कोई नहीं करेगा। अगर किसी ने उतारने का प्रयास किया तो देशद्रोह जैसे मामले से उसे जोड़ दिया जाएगा। जिस समय लाल झंडे को जलाया जा रहा था, बीसीसीएल के सुरक्षाकर्मियों ने किसी को रोका नहीं था। वे दर्शक बनकर देख रहे थे। लेकिन जब मजदूरों ने तिरंगा की जगह फिर से लाल झंडा फहराने का प्रयास किया, सुरक्षाकर्मियों ने उन्हें ऐसा करने से रोक दिया। इससे मजदूर नाराज हो गए और उन्होंने

खदान में काम बंद कर दिया। 13 नवंबर को इस मामले की श्रमायुक्त के कार्यालय में सुनवाई थी। लेकिन बीसीसीएल प्रबंधन की ओर से इस पर ध्यान नहीं दिया जा रहा था। बाद में बीसीसीएल ने इसमें उपस्थित होने से इनकार कर दिया। यूनियन के कार्यकर्ताओं ने बीसीसीएल प्रबंधन से जब बात करनी चाही तो खदान में ही लठैतों ने उन पर हमला कर दिया।

इसी हमले के विरोध में शिकायत करने के लिए मजदूर सिजुआ ग्रुप ऑफिस गए। मजदूरों को ऑफिस के बाहर ही रोक दिया गया। जब मजदूरों ने ऑफिस में घुसने का प्रयास किया तो सुरक्षाकर्मियों ने उन पर गोलियाँ चला दीं। इस घटना में छह मजदूरों की मौत हो गई। मजदूरों का कहना था कि मारे जानेवालों की संख्या और ज्यादा थी। यह कोई पहला मामला नहीं था। इससे कुछ दिन पहले ही गजलीटाँड कोलियरी में, बिहार कोलियरी कामगार यूनियन के एक मजदूर कार्यकर्ता रामेश्वर सिंह पर गुंडों और लठैतों ने हमला कर उन्हें गंभीर रूप से घायल कर दिया था। वे मजदूरों की समस्या पर बात करने के लिए वहाँ गए थे। मजदूरों पर पुलिस फायरिंग और छह मजदूरों की मौत के विरोध में 21 नवंबर को धनबाद अंचल की तमाम खदानों में हड़ताल रही। इस हड़ताल में एक लाख से ज्यादा मजदूरों ने भाग लिया।

पूरे कोयलांचल में लठैतों और गुंडों ने आतंक मचा रखा था। सिजुआ गोलीकांड के कुछ दिनों पहले 6 नवंबर, 1973 को केसरगढ़ा खदान में मजदूरों पर गोली चलाई गई थी, जिसमें अर्जुन रवानी नामक मजदूर की आँख में गोली लगी थी। ये मजदूर सूदखोरों के खिलाफ आवाज उठा रहे थे। इस घटना के विरोध में भी पूरे क्षेत्र में हड़ताल रही थी। इस हड़ताल के दौरान मजदूरों के जुलूस पर लठैतों और गुंडों ने फिर फायरिंग कर दी थी। एक गोली लालदेव नामक मजदूर के सीने में लगी, जिससे उसकी मौत हो गई। वह बोकारो-झरिया खदान में मालकट्टा का काम करता था। घटना के बाद उत्तेजित मजदूरों ने पुलिस पर दबाव बनाया। हमलावरों के घरों की तलाशी ली गई जहाँ से बड़ी मात्रा में हथियार बरामद किए गए।

□

कुड़को गोलीकांड : अप्रैल, 1974

महाजन के खिलाफ जंग

गोलीकांड में शहीद

1. धाँसू राय, 2. सोनारा टुड्डू, 3. गोपाल महतो।

कुड़को कांड देश भर में चर्चित हुआ था। यह वही कांड है जिसमें झारखंड मुक्ति मोरचा के प्रमुख शिबू सोरेन को भी अभियुक्त बनाया गया था। झारखंड राज्य बनने के बाद भी यह मामला चलता रहा। बाद में गिरिडीह की अदालत ने शिबू सोरेन को इस मामले से बरी कर दिया था। अप्रैल 1974 में कुड़को में आंदोलनकारियों ने पहले तीन महाजनों की हत्या कर दी थी। दूसरे दिन जब पुलिस शव लेने आई थी तो पुलिस और आंदोलनकारियों के बीच संघर्ष हुआ था, जिसमें तीन आंदोलनकारी मारे गए थे। 15 अप्रैल, 1975 को बहादुर सिंह ने जो एफआईआर दर्ज कराया था, उसमें शिबू सोरेन को भी अभियुक्त बनाया गया था।

कुड़को में शहीदों की याद में बनाया गया स्मारक

कुड़को गिरिडीह जिले के पीरटाँड इलाके में पड़ता है। आंदोलन के दौरान शिबू सोरेन इसी इलाके में रह कर रणनीति बनाते थे। उन्होंने विनोद बिहारी महतो के साथ मिलकर लोगों को जागरूक करने, उन्हें शिक्षित करने और महाजनों के खिलाफ अभियान चला रखा था। इसका असर चारों ओर दिख रहा था। एक समय था जब महाजन

अत्याचार करते थे, डर से कोई बोलता नहीं था। पर इन आंदोलनों का यह असर हुआ था कि लोगों के अंदर विरोध करने की ताकत आ गई थी और उन्होंने खुलकर विरोध करना शुरू कर दिया था। पर सच यह है कि पुलिस हमेशा महाजनों का साथ देती थी। जब भी मौका मिलता, आंदोलनकारियों पर पुलिस गोली चला देती थी। ऐसी ही एक घटना घटी थी कुड़को में, जिसमें पुलिस की गोली से तीन लोगों की मौत हुई थी।

कुड़को गाँव पलमा के पास ही है। पलमा में ही शिबू सोरेन का आश्रम था। कुड़को के आस-पास के गाँवों में उन दिनों महाजनों का बहुत आतंक था। 15 अप्रैल, 1974 की घटना है। गाँव के लोगों ने सूदखोरों और महाजनों के खिलाफ बैठक की। इसी बैठक में तय रणनीति बनाई गई कि सूदखोरों से कैसे निबटना है। गाँव के लोगों का मानना था कि चूडो सिंह, खिरोधर राय, बुधन राय उनका शोषण करते हैं, बकरी को मार देते हैं। इसके बाद लोगों ने तय कर लिया कि इन महाजनों को सबक सिखाएँगे। गाँव के लोगों ने तीर-धनुष के बल पर महाजनों के घरों को घेर लिया और चूडो सिंह, खिरोधर राय और बुधन राय की पीट-पीटकर हत्या कर दी। आंदोलनकारी बड़ी संख्या में थे। इसलिए महाजनों के समर्थक भी कुछ नहीं कर सके। उस समय रामेश्वर राम वहाँ के मुखिया थे। उन्होंने पुलिस को खबर दी कि आंदोलनकारियों ने तीन लोगों की हत्या कर दी है। इसके बाद पुलिस गाँव पहुँची।

गाँव के लोगों को जैसे ही खबर मिली कि पुलिस आई है, वे एक जगह जमा होने लगे। लोग पुलिस से नाराज पहले से थे। लोगों का कहना था कि पुलिस गरीबों की नहीं सुनती है और महाजनों से मिली हुई है। इसके बाद वहाँ लोगों ने पुलिस को घेरना शुरू किया। पुलिस पर तीर भी चलाए गए। पुलिस के साथ बीडीओ भी आए थे। उन्हें भी चोट लगी। पुलिस को लगा कि अब वह घिर जाएगी और कुड़को से भाग कर जान बचाना मुश्किल होगा। इसके बाद पुलिस की ओर से फायरिंग शुरू हो गई। इसी फायरिंग में धाँसू राय, सोनारा टुडू और गोपाल महतो तीनों मारे गए। महाजनों की ओर से बहादुर सिंह ने एफआईआर दर्ज कराते हुए इसमें शिबू सोरेन समेत आठ लोगों को अभियुक्त बनाया था। 1978 में इस मामले में शिबू सोरेन के खिलाफ चार्ज शीट दायर की गई थी। 1986 में आठ लोगों को मामले से बरी कर दिया गया था। 15 जून, 2010 को गिरिडीह की अतिरिक्त जिला न्यायाधीश की अदालत ने शिबू सोरेन को सबूत के अभाव में इस हत्याकांड से बरी कर दिया था। शहीदों की याद में पहले झारखंड मुक्ति मोरचा हर साल यहाँ मेले का आयोजन करता था। कुछ सालों से यह बंद है। फिर भी ग्रामीण अपने स्तर से शहीद मेला का आयोजन करते हैं।

□

विष्णुगढ़ गोलीकांड : 23 अप्रैल, 1974

टेकलाल के समर्थकों को किया शहीद

शहीद

1. साधु महतो, 2. शनिचर महतो, 3. सइनाथ महतो।

हीरखोइया जंगल में साधु महतो, शनिचर महतो और सइनाथ महतो का स्मारक

हजारीबाग से लगभग 30 किलोमीटर दूर है विष्णुगढ़। 1974 के आस-पास इस इलाके में महाजनों-सूदखोरों का बहुत आतंक था। इससे वहाँ के लोगों में आक्रोश था। झारखंड मुक्ति मोरचा के गठन के बाद इस पूरे इलाके में झारखंड की लड़ाई का नेतृत्व टेकलाल महतो किया करते थे। वे कॉलेज के दिनों से ही अन्याय के खिलाफ आवाज उठाते थे। उनका पैतृक गाँव भी विष्णुगढ़ में ही था। पढ़ाई पूरी करने के बाद टेकलाल बाबू पूरे तौर पर झारखंड आंदोलन में कूद पड़े। उन्होंने शिबू सोरेन, विनोद बिहारी महतो को बुलाकर विष्णुगढ़ में विशाल सभा कराई थी। इससे गाँव के लोग उत्साहित थे और शोषण के खिलाफ लड़ने के लिए तैयार बैठे थे।

विष्णुगढ़ के आस-पास के गाँवों में कई महाजन-सूदखोर फैले हुए थे। इनमें वासुदेव तिवारी, देवेंद्र तिवारी, कैला मियाँ, जहूर मियाँ और अमृत महतो प्रमुख थे। इन लोगों का उस क्षेत्र में आतंक था। लोग उनके नाम से काँपते थे। पर शिबू सोरेन ने महाजनों के खिलाफ जो मोरचा सँभाला था, उसका प्रभाव विष्णुगढ़ तक पहुँच चुका था। झारखंड मुक्ति मोरचा ने तय किया था कि वह महाजनों के आतंक को खत्म करेगा।

शहीद साधु महतो की पत्नी

महाजनों को सबक सिखाने के लिए 23 अप्रैल, 1974 को आंदोलनकारियों ने गाल्होबार के वासुदेव तिवारी एवं जहूर मियाँ के घर के सामने जन अदालत लगाई। ये दोनों सूदखोर थे। इस जन अदालत में हजारों लोगों ने भाग लिया। आंदोलनकारियों ने वासुदेव तिवारी को जन अदालत में ही मौत की सजा दे दी। जहूर मियाँ की उसी जन अदालत में जमकर पिटाई की गई। बाद में जहूर मियाँ की भी मौत हो गई थी। उस समय चुल्हन सिंह वहाँ पुलिस जमादार थे। जैसे ही उन्हें जन अदालत की खबर मिली, वे चानो गाँव स्थित टेकलाल महतो के घर पहुँचे।

तब तक प्रशासन को सूचना मिल चुकी थी। उसने सीआरपीएफ को घटनास्थल की ओर रवाना कर दिया था, ताकि आंदोलनकारियों से निबटा जा सके। आंदोलनकारी किसी दूसरे सूदखोर के घर पर धावा बोलने के लिए जा रहे थे। वे पारंपरिक हथियार से लैस थे। सीआरपीएफ के जवान उसी ओर जा रहे थे जिस ओर आंदोलनकारी थे। हीरखोइया जंगल के पास पुलिस और आंदोलनकारी आमने सामने हो गए। पुलिस की गाड़ी देखकर आंदोलनकारियों ने तीर चला दिया, जिससे सीआरपीएफ का एक जवान घायल हो गया। हीरखोइया मोड़ के पास ही पुलिस और आंदोलनकारियों में संघर्ष शुरू हो गया। सीआरपीएफ ने फायरिंग शुरू कर दी। इस फायरिंग में खरकी पंचायत के झामुमो अध्यक्ष साधु महतो, सचिव सइनाथ महतो और कोषाध्यक्ष शनिचर महतो शहीद हो गए। इन तीनों की उम्र उस समय 39 से 45 साल के बीच थी। तीनों किसान थे और इस घटना से पूर्व भी झारखंड आंदोलन में भाग लिया था।

पुलिस ने सैकड़ों लोगों के खिलाफ मुकदमा दर्ज किया। झामुमो से जुड़े 16 लोगों को गिरफ्तार किया गया। गिरफ्तार लोगों में टेकलाल महतो, जीवाधन महतो, केशु महतो, विजय महतो, नीलकंठ महतो, रामधनी मंडल, बनवारी सूड़ी, लाखो महतो, नुनुचेद महतो, कुजलाल महतो, डेगलाल महतो, नारायण महतो, दशरथ महतो, शिवा महतो और पोखन तेली शामिल थे। इन लोगों को जेल भेज दिया गया। इन लोगों पर हत्या और देशद्रोह का मुकदमा दर्ज किया गया था। इन लोगों पर समानांतर सरकार चलाने का आरोप लगाया गया था। इसी मामले में हजारीबाग के जिला एवं सत्र न्यायालय ने टेकलाल महतो को आजीवन कारावास की सजा सुनाई थी। 1985 में हाईकोर्ट ने उन्हें बरी कर दिया था। □

जायदा गोलीकांड : 30.4.1978

अनशनकारी विस्थापितों पर फायरिंग

शहीद

1. लोरा माझी, 2. भालू माझी, 3. बुधु महतो, 4. एक अन्य।

सिंहभूम में सुवर्णरेखा परियोजना के तहत चांडिल डैम का निर्माण होना था। इसके लिए जमीन अधिग्रहण की प्रक्रिया चल रही थी। चांडिल के आस-पास के 30 गाँवों के 75 हजार से ज्यादा लोगों को विस्थापित किया जा रहा था। लोग अपनी जमीन छोड़ना नहीं चाह रहे थे। पीढ़ियों से वे वहाँ रहते आए थे। वैसे भी उन्हें अपनी जमीन का पूरा मुआवजा भी नहीं मिल रहा था, इसलिए लोग विरोध कर रहे थे। वे अपनी बात राज्य सरकार तक पहुँचाना चाहते थे।

घनश्याम महतो : जिन्हें पकड़ने के लिए पुलिस घटनास्थल पर आई थी

26 मार्च, 1978 के दिन से ही मामला गरम होने लगा था। इस दिन चांडिल, नीमडीह और ईचागढ़ तीनों प्रखंड के लगभग एक लाख लोग चांडिल प्रखंड कार्यालय पहुँचे थे। फारवर्ड ब्लॉक ने सुवणरिखा परियोजना में लोगों को उजाड़ने के विरोध में रैली का आयोजन किया था। चांडिल से चदलेंगी तक की चार किलोमीटर की लंबी रैली में पारंपरिक हथियारों से लैस होकर लोग आए थे। ऐतिहासिक रैली थी। महिलाओं की संख्या भी कम नहीं थी। यह रैली बाद में एक सभा में बदल गई। इसी सभा में यह तय हुआ कि 23 अप्रैल से किसान-रैयत सुवणरिखा परियोजना के विरोध में आमरण अनशन करेंगे। उनकी सात प्रमुख माँगें थीं। ग्रामीण जानते थे कि एक बार जब उन्होंने गाँव खाली कर दिया, डैम बन गया, तो फिर सरकार उनकी बात को नहीं सुनेगी। इसलिए

गाँव के लोग आमने-सामने बात करना चाहते थे।

23 अप्रैल (1978) का दिन भी आ ही गया। गाँववाले जायदा में अनशन करना चाहते थे। यह जगह राँची-जमशेदपुर के बीच में एनएच-33 पर है। जायदा में एक प्राचीन शिवमंदिर है। बगल से सुवर्णरिखा नदी बहती है। इस मंदिर में लोगों की बड़ी आस्था है। ऐसी धारणा है कि महाभारत काल में जब पांडव वनवास काट रहे थे तो घूमते-घूमते इस क्षेत्र में आए थे। अर्जुन ने भगवान् शिव की पूजा करने के लिए खुद शिवलिंग की स्थापना की थी।

जायदा में अनशन करने का एक बड़ा कारण भी यही था। ग्रामीण ऐसा मान रहे थे कि सुवर्णरिखा में स्नान कर मंदिर में पूजा-अर्चना कर जब वे अनशन करेंगे तो भगवान् शिव जरूर उनकी तकलीफ को सुनेंगे, उनकी माँग पूरी होगी। पीडब्ल्यूडी डाकबँगला के पास ही अनशन करने का फैसला लिया गया। आंदोलन में भाग लेने के लिए ग्रामीणों में उत्साह था। वे सवेरे से ही जायदा में जमा हो रहे थे। सुवर्णरिखा नदी में नहाकर भगवान् शिव के सामने सिर झुकाकर अनशन शुरू कर दिया। पहले तो प्रशासन ने कोई ध्यान ही नहीं दिया। उसे लगा कि एक-दो दिन लोग अनशन करेंगे, फिर थककर खत्म कर देंगे। पर हुआ ऐसा नहीं। अनशन-स्थल पर धीरे-धीरे भारी भीड़ जमा होने लगी। आस-पास के गाँवों से लोग वहाँ आकर अनशन का समर्थन करने लगे। महिलाएँ और बच्चों ने भी वहाँ आना शुरू कर दिया। उत्सव जैसा माहौल बनता गया। लोगों का उत्साह देखते बनता था। बाद में प्रशासन ने महसूस किया कि अब इस अनशन को खत्म कराना चाहिए, वरना यह बड़ा रूप ले लेगा।

28 अप्रैल को प्रशासन ने रणनीति के तहत लोगों को रोकना शुरू किया। बाहर से आनेवाले लोगों को अनशन स्थल पर नहीं जाने दिया। पुलिस के इस रवैए का आंदोलनकारियों ने विरोध भी किया। ऐसी खबर फैल गई कि उपायुक्त (झारखंड में जिलाधिकारी को उपायुक्त कहा जाता है) वहाँ आनेवाले हैं। वे शायद आंदोलनकारियों से बात करेंगे। चांडिल या फिर अनशन स्थल जायदा सिंहभूम जिला में आता था, जिसका मुख्यालय वहाँ से बहुत दूर चाईबासा था। उपायुक्त और पुलिस अधीक्षक आए भी, पर वे अनशन स्थल के बजाय चांडिल डाकबँगला में बैठे रहे। रात भर उपायुक्त चांडिल में ही रहे। दूसरे दिन वे जायदा के पीडब्ल्यूडी के डाकबँगला में पहुँच गए। यहाँ से अनशन स्थल सौ मीटर की दूरी पर था।

अनशन स्थल पर अभी तक आंदोलनकारी टिके हुए थे। फारवर्ड ब्लॉक के दमदार नेता घनश्याम महतो पूरे आंदोलन की अगुवाई कर रहे थे। वे विधायक भी थे। उपायुक्त ने अनशन स्थल पर संदेश भेजवाया कि वे घनश्याम महतो से मिलना चाहते हैं, चले आइए। विधायक ने अपने सहयोगियों से विचार-विमर्श किया कि जाना चाहिए या नहीं। अंततः यह तय हुआ कि घनश्याम महतो उपायुक्त से मिलने डाकबँगला नहीं जाएँगे। अगर उपायुक्त बात ही करना चाहते हैं तो अनशन स्थल पर आकर सभी के सामने बात करें।

आंदोलनकारियों की माँग के बाद भी उपायुक्त अनशन स्थल पर नहीं गए। वहाँ

5 killed: police opens fire in Singhbhum village

Bomb blasts at Patna, Arrah, Muzaffarpur

इंडियन नेशन 2.5.1978 का अंक

एक कार्यपालक दंडाधिकारी थे केपी सिंह। उपायुक्त ने केपी सिंह को कहा कि वे जाएँ और घनश्याम महतो से बात करें, बुला कर लाएँ। केपी सिंह के साथ पुलिसकर्मी भी थे। महतो को यह आशंका हुई कि उन्हें गिरफ्तार करने के लिए पुलिस आ रही है। चारो ओर घने जंगल थे। घनश्याम महतो जंगल में घुस गए। कोई उन्हें खोज नहीं सका।

इस बीच दो बजे के आस-पास लगभग दो सौ लाठीधारी और 40 हथियारबंद (राइफलधारी) पुलिसकर्मी अनशन स्थल पर पहुँच गए। इन लोगों ने वहाँ धावा बोल दिया। अनशन के लिए लगाए गए टेंट को उखाड़ फेंका। जो भी आंदोलनकारी पकड़ाया, उन्हें जीप में लाद दिया गया। जिसने भी विरोध किया, उसे पीटा गया। वहाँ पर 80 साल के विमलेंदु दास गुप्ता भी थे, जिन्होंने महात्मा गांधी के साथ नमक सत्याग्रह में भाग लिया था। पुलिस ने उन्हें भी नहीं छोड़ा। खींचकर उन्हें ट्रक में फेंक दिया। गिरफ्तार सभी आंदोलनकारियों को तुरंत सरायकेला उपकारा भेज दिया गया। पुलिस की कार्रवाई और आंदोलनकारियों की गिरफ्तारी की जोरदार प्रतिक्रिया हुई। 30 अप्रैल को आस-पास के गाँव से लोग अनशन स्थल पर जमा हो गए। 11 बजते-बजते वहाँ आठ हजार से ज्यादा लोग जमा हो चुके थे। छह सौ से ज्यादा महिलाएँ थीं। बच्चे भी अच्छी संख्या में थे। ग्रामीणों ने तय किया कि अगर पहले के जत्थे को पुलिस ने गिरफ्तार कर लिया है तो नया जत्था अनशन करेगा। पुराना वाला टेंट पुलिस ने उखाड़ दिया था, इसलिए अनशन शुरू करने के लिए दूसरा टेंट लगाना था। लोगों ने तय किया कि जंगल से बाँस-बल्ली लाकर टेंट लगाएँगे। जैसे ही जंगल से बाँस-बल्ली लाकर उसे गाड़ा जाने लगा, कार्यपालक दंडाधिकारी केपी सिंह फिर पहुँच गए। उन्होंने घनश्याम महतो से कहा कि वे यहाँ अनशन पर नहीं बैठ सकते। उसी तेवर में विधायक घनश्याम महतो ने कहा कि हम लोग हर हाल में बैठेंगे। एक दिन पहले हुई गिरफ्तारी से वे भी नाराज थे।

जंगल से लाए गए बाँस को गाड़कर उस पर टेंट बाँधने (सिर्फ छत के रूप में) का काम शुरू हो गया था कि दंडाधिकारी केपी सिंह ने वहाँ आँसूगैस के गोले छोड़ने का आदेश दे दिया। आँसूगैस के असर से कुछ लोग इधर-उधर भागे। जैसे ही आँसूगैस का असर कम हुआ, दो युवक फिर बाँस पर चढ़कर टेंट बाँधने लगे। इसी बीच पुलिस ने एक-एक कर दोनों युवकों पर गोली चला दी। दोनों युवक वहीं पर गिर पड़े और दम तोड़ दिया। इसके बाद पुलिस भीड़ की ओर घुम गई और भीड़ पर लगातार फायरिंग करती रही। लोग जंगल-पहाड़ी की ओर भागे। पुलिसकर्मियों ने फिर भी उनका पीछा

किया। कुछ पर फिर गोलियाँ दागीं, कुछ को राइफल के कुंदे से पीट कर घायल कर दिया। इस पुलिस फायरिंग में चार लोग शहीद हो गए। ये थे लोरा माझी (गाँव केशर घरिया), भालू माझी (गाँव ओरिया), बुधु महतो (गाँव रूआनी)। एक अन्य व्यक्ति की भी मौत हुई जिसकी पहचान नहीं हो सकी। पुलिस फायरिंग या पुलिस पिटाई में जो लोग घायल हुए, वे थे-अमोल गोप (पिता नंदू गोप, देयापुर गाँव, नीमडीह), बाबूलाल कुम्हार (पिता राधा कुम्हार, गाँव भालूकोचा, चांडिल), जगन्नाथ माझी (गाँव केशरगरहरिया, चांडिल), श्रीकंद कुमार (गाँव सोबराबाड़ी, पुरुलिया)।

पुलिस फायरिंग के बाद भी विस्थापितों पर जुर्म होता रहा। फायरिंग के बाद पूरे राज्य में हंगामा हुआ। मुख्यमंत्री के आदेश पर एक टीम घटनास्थल पर गई। इस टीम में गोवर्धन नायक, कादे माझी, ब्रानजो हाँसदा, देवीलाल मार्टी सोय (सभी विधायक) थे। इन लोगों ने आस-पास के गाँवों का भी दौरा किया और जानना चाहा कि आखिर समस्या क्या थी? गाँववालों की माँग क्या थी? चौंकानेवाले तथ्य सामने आए।

पहला यह था कि गाँववालों (विस्थापितों) की माँग ऐसी नहीं थी, जो मानने योग्य नहीं हो। ग्रामीण चाहते थे कि उन्हें अधिग्रहण की जानेवाली जमीन का मुआवजा पाँच हजार रुपए प्रति एकड़ (कट्ठा नहीं) की दर से मिले। इसी से अंदाजा लगाया जा सकता है कि विस्थापितों को इससे कितनी कम राशि दी जा रही थी। विस्थापित चाहते थे कि विस्थापन के बाद उन्हें अलग-अलग जगह नहीं, बल्कि किसी एक जगह बसाया जाए। इसके अलावा जब डैम का निर्माण कार्य शुरू किया जाए तो इसमें स्थानीय लोगों को रोजगार दिया जाए। इसके साथ ही वहाँ काम करने पर उचित मजदूरी मिले। विस्थापितों ने माँग रखी थी कि छोटे-छोटे काम का ठेका स्थानीय लोगों को दिया जाए। विस्थापितों को आस-पास में लगाई जानेवाली या पहले से काम कर रही कंपनियों में रोजगार के अवसर दिए जाएँ। विस्थापितों की माँग थी कि प्रोजेक्ट का ब्रांच ऑफिस चांडिल में ही हो। इसके अलावा प्रोजेक्ट के भ्रष्ट अफसरों को निलंबित करने की भी माँग की गई थी।

अगर देखा जाए तो इसमें कोई भी माँग ऐसी नहीं थी जिसे माँगने पर प्रशासन इतना उत्तेजित हो जाए और फायरिंग कर दे। उन दिनों धनंजय महतो बिहार विधान परिषद् के सदस्य थे। उन्होंने इस मामले को उठाया भी था। जब विस्थापितों की माँग नहीं मानी गई, तब मामला बिगड़ने लगा। नाराज विस्थापितों ने साफ-साफ कह दिया कि सुवर्णरेखा परियोजना को ही रद्द कर दिया जाए, डैम नहीं बनने देंगे। साथ ही किसी भी कीमत पर जमीन नहीं देंगे। ग्रामीणों ने कई और स्थानीय माँग रख दी, जिसमें सड़क निर्माण से लेकर स्टेशन के निर्माण तक की माँग शामिल थी।

बदली परिस्थिति में मामला बिगड़ गया और विस्थापितों को अनशन करना पड़ा। इसी दौरान पुलिस फायरिंग भी हो गई। जब लगा कि मामला शांत होने लगा है, तब एक और घटना घट गई। इस बात का खुलासा भी नहीं होता अगर मुख्यमंत्री के आदेश पर विधायकों की एक टीम वहाँ नहीं गई होती। ग्रामीणों ने जाँच दल को बताया था कि

फायरिंग के दो दिन बाद यानी 2 मई को पुलिस ने पीट-पीटकर एक और व्यक्ति को मार डाला था। इस बात की चर्चा कहीं नहीं होती। उन दिनों सरायकेला में आरएन सिंह नाम के एक पुलिस अधिकारी थे। 2 मई, 1978 को वे घोरालीघ गाँव गए। बिना कारण बताए वाचमैन शिवलाल माझी, रासबिहारी महतो, बुधेश्वर समीज, बुधु भूमिज, जगरून महतो, शशिधर महतो, गौरीपद महतो, शत्रुघन महतो और घासी राम महतो को अचानक पीटने लगे। इन लोगों का कोई दोष नहीं था। इसी दौरान चांडिल थाना क्षेत्र के भालूकोचा गाँव के राधा कुमार को पुलिस ने छाती और गले पर राइफल की नोंक से प्रहार किया। वह इस वार को सह नहीं सका और उसकी मौत हो गई। बाद में यह प्रचारित कराया गया कि वे टीबी के मरीज थे और टीबी के कारण ही उनकी मौत हुई।

गोलीकांड के बाद पूरे क्षेत्र में आरएन सिंह ने आतंक मचाए रखा। जिसे देखते, उसे पीटते। पुलिस फायरिंग के बाद लोग इधर-उधर भागे हुए थे, इसलिए एकजुट होकर किसी ने विरोध नहीं किया। पुलिस अधिकारी आरएन सिंह ने गाँववालों पर जम कर आतंक मचाया। बाद में विधायकों की टीम को उसी अधिकारी ने कहा कि सब गाँववालों को पीट-पीटकर ठीक कर दिया गया है। अब कोई समस्या नहीं है।

जाँच टीम में शामिल विधायकों को कई गाँवों में जाने की सुविधा नहीं दी गई। जिस जीप से वे जानेवाले थे, उस जीप में पेट्रोल नहीं भरा गया था। उन्हें बताया गया कि आगे नहीं जा सकते हैं, क्योंकि जीप में पेट्रोल नहीं है। ऐसा इसलिए किया गया ताकि गाँववालों से इस टीम को दूर रखा जा सके और सच सामने नहीं आ सके। (विधायकों की जाँच रिपोर्ट में ही इसका जिक्र है)। जायदा में कुछ दंडाधिकारी अपने हाथ में पट्टी लगाए हुए थे। कह रहे थे कि विस्थापितों की तीर से वे घायल हुए हैं। पर जाँच टीम को उनके बयान पर भरोसा नहीं हुआ। टीम के सदस्य जानते थे कि जानबूझकर इन अधिकारियों ने अपने बचाव के लिए पट्टी बाँध ली है। एक दंडाधिकारी ने कह दिया कि विस्थापितों ने उनके दो दाँत को तोड़ दिया है, जबकि उनके सभी दाँत सही सलामत थे।

सभी जाँच के बाद जाँच समिति ने यह राय दी थी कि अगर प्रशासन ने सतर्कता बरती होती तो वहाँ फायरिंग की कोई जरूरत नहीं थी। इससे बचा जा सकता था। जिस दंडाधिकारी केपी सिंह ने पुलिस फायरिंग का आदेश दिया था, उनका अतीत भी दागदार रहा था। पुलिस फायरिंग का वह पहले भी आदेश देते रहे हैं। खिरमा, मुज्जापुर में उन्होंने पहले भी भीड़ पर पुलिस फायरिंग का आदेश दिया था। इस तरह झारखंड आंदोलन के दौरान पुलिस-दंडाधिकारी अनियंत्रित होकर आंदोलनकारियों पर जमकर जुल्म ढाहा था। जायदा की घटना तो एक उदाहरण है।

□

जयतारा गोलीकांड : 1 नवंबर, 1978

लड़ते हुए हो गए शहीद

शहीद

1. लीलू बाउरी, 2. हीरू बाउरी, 3.पटल बाउरी।

चास के पास स्थित है जयतारा। यह वह इलाका है जहाँ महाजनों का बड़ा आतंक था। महाजनों के चंगुल में लोग फँस जाते थे। उन दिनों विनोद बिहारी महतो, शिबू सोरेन और एके राय की अगुवाई में झारखंड अलग राज्य की लड़ाई लड़ी जा रही थी। उसी आंदोलन का एक हिस्सा था महाजनी प्रथा के खिलाफ संघर्ष।

जयतारा के लीलू बाउरी, हीरू बाउरी और पटल बाउरी उत्साही नेता थे और महाजन प्रथा के खिलाफ उनके मन में आक्रोश था। इन तीनों ने तय कर लिया था कि हर हाल में इस क्षेत्र से महाजनी प्रथा को समाप्त करेंगे। उन्होंने लोगों को एकजुट भी किया था। जहाँ कहीं भी महाजनों के आतंक-जुल्म की खबर मिलती, ये तीनों वहाँ पहुँच जाते और महाजनों के खिलाफ खड़ा हो जाते। ग्रामीणों के मन में इनके प्रति विश्वास बढ़ने लगा था।

तीनों की सक्रियता के कारण महाजनों के काम पर असर दिखने लगा था। वे नाराज थे। पैसा तो उनका पास था ही। पुलिस महाजनों के इशारे पर काम करती थी, इसका उन्होंने लाभ उठाया। लीलू, हीरू और पटल को किसी-न-किसी मामले में पुलिस ने फँसाना शुरू किया। इन लोगों को अपराधी घोषित करने के लिए पुलिस-महाजन ने पूरी तैयारी कर ली थी। क्षेत्र में किसी प्रकार की आपराधिक घटना होती तो इन तीनों को अभियुक्त बना दिया जाता। इसके पीछे मंशा यही थी कि इससे घबरा कर तीनों या तो महाजनों के खिलाफ लोहा लेना बंद कर दें या फिर इन्हें जेल भेजकर उस लड़ाई को खत्म कर देंगे।

1 नवंबर, 1978 की अमावस की रात को तीनों को पकड़ने के लिए पुलिस ने इनके घरों की घेराबंदी कर दी। जैसे ही लीलू, हीरू और पटल को यह जानकारी मिली,

वे पुलिस का सामना करने के लिए सामने आ गए। उनके साथ ग्रामीण भी थे। दोनों पक्षों में जमकर टकराव हुआ। पुलिस पहले से ही मौका खोज रही थी। इसी बीच जब पुलिस ने तीनों को सामने देखा तो उसे मौका मिल गया। पुलिस ने फायरिंग कर दी। मौके पर ही तीनों शहीद हो गए। ग्रामीणों ने भी पुलिस पर पथराव किया और परंपरागत हथियार से हमला भी। इसमें कुछ पुलिस वाले भी जख्मी हुए।

इस घटना के बाद तीनों का परिवार पूरी तरह से बिखर गया। पटल बाउरी का एक मात्र बेटा अजीत बाउरी विकलांग है। हीरू बाउरी के तीन पुत्रों में एक खेतू बाउरी की मौत हो चुकी है, बाकी दोनों पुत्र अनंत व भिखू खेतीबारी कर जीवनयापन कर रहे हैं। इसी प्रकार लीलू बाउरी के दो पुत्र में छोटा विजय बाउरी बेरोजगार है। बड़े बेटे को माँ की जगह बीसीसीएल में नौकरी मिली है। हर साल एक नवंबर को झारखंड मुक्ति मोरचा के कार्यकर्ता जयतारा में जमा होते हैं और शहादत दिवस मनाते हैं।

□

ईचाहातू फायरिंग : 6 नवंबर, 1978

जंगल आंदोलन की पहली शहादत

शहीद

महेश्वर जामुदा।

ईचाहातू में महेश्वर जामुदा का स्मारक

पश्चिम सिंहभूम के गोइलकेरा प्रखंड में है ईचाहातू गाँव। बिलकुल घने जंगलों के बीच बसे इस गाँव में महेश्वर जामुदा का स्मारक है। एक बड़ा सा पत्थर गाड़ा गया है, जिसमें अलग झारखंड राज्य के लिए दी गई उनकी शहादत का जिक्र है। यह वह स्थान है जहाँ जंगल आंदोलन के दौरान 6 नवंबर, 1978 को पुलिस ने फायरिंग की थी। इसमें महेश्वर जामुदा शहीद हो गए थे। इस गोलीकांड का महत्त्व इसलिए है, क्योंकि उन दिनों जंगल आंदोलन पूरे तेवर में था और इस आंदोलन के पहले शहीद (कोल्हान में) थे महेश्वर जामुदा। झारखंड पार्टी के नेता एनई होरो के आह्वान पर 15 अगस्त, 1978 से सीधी कार्रवाई का यह आंदोलन शुरू ही हुआ था।

गोलीकांड के 25 साल बाद मई 2003 में मैं महेश्वर जामुदा का गाँव पहुँचा। घर पर मुलाकात हुई उनकी पत्नी लदगू से। लगभग 55-60 की उम्र थी पर देखने में 70-80 साल से कम की नहीं लगती थी। खपरैल का कच्चा मकान था। पास कुछ छोटे-छोटे बच्चे खेल रहे थे। मैंने हिंदी में उनसे सवाल किया। वह हिंदी समझती नहीं थी। उस पूरे इलाके में 'हो' भाषा में लोग बात करते हैं। हो भाषा न तो मैं समझता था, न ही बोल पाता था। मेरे साथ थे भुवनेश्वर महतो, जिन्हें हो भाषा की

महेश्वर जामुदा की पत्नी लगदू

अच्छी जानकारी थी। उन्होंने मेरे सवाल का हो भाषा में अनुवाद किया था। इसका जवाब लदगू ने हो भाषा में ही दिया था। भुवनेश्वर महतो की जुबान से मेरे सवाल को सुनते ही लदगू बहुत जोर से हँसी थी और कहा था कि यह किसको पकड़ कर ले आए हो, जो 25 साल पहले की कहानी जानना चाहता है। इतनी पुरानी बात। फिर वह गंभीर हो गई थी। हो भाषा में ही उसने कहा था–25 सिरमयते जाइंओ को सांसद, विदायक ओंडो सरकारी मारांग सायोब लेकन हो को नेलते काको हुजुअलेना ची आईं गोया कनई ची जीडः कनई। आयाँ होनबुड़ी को आसुलो तनः कोची कागे। (हिंदी अनुवाद : 25 साल में कोई सांसद, विधायक या सरकारी अधिकारी यह देखने नहीं आया कि हम जिंदा हैं या मर गए। हमारा बाल–बच्चा पोसा रहा है या नहीं।) फिर उन्होंने कहा था कि बड़ी मुश्किल से उन्होंने अपने बच्चों को पाला है। जिस समय पति शहीद हुए थे, उस समय छोटा बेटा गोद में था। अब तो तीनों बेटे रामराई जामुदा, बुधराम जामुदा और गोपाल की शादी हो चुकी है। तीनों के बच्चे भी हैं, जो वहाँ खेल रहे थे। दो बेटियों की शादी भी हो चुकी है। लदगू ने संघर्ष की कहानी बताई थी कि पति के शहीद होने के बाद किसी ने उसकी सहायता नहीं की थी। थोड़ी जमीन थी, उसे गिरवी रख कर काम चलाया था। करता भी क्या? जंगलों में कंद–मूल तोड़कर, लकड़ी बेच कर बच्चों को पाला था। अब वह चैन से रहती है। उसे इस बात का दुःख जरूर था कि पति की शहादत के बाद कोई बड़ा नेता उनसे मिलने या उनका दर्द जानने नहीं आया था। लदगू को इस बात का भी गम है कि उन्होंने बच्चों को किसी प्रकार खाना खिलाकर पाल तो लिया, पर किसी को पढ़ा नहीं सकी। यह दर्द है जंगल आंदोलन के पहले शहीद की विधवा का।

ईचाहातू गोलीकांड का विशेष महत्त्व इसलिए है, क्योंकि जंगल आंदोलन का यह पहला गोलीकांड था। पुलिस फायरिंग भले ही 6 नवंबर को हुई थी, पर इसकी पृष्ठभूमि अगस्त 1978 में ही तैयार हो गई थी। गोइलकेरा में साप्ताहिक हाट लगता था। इसमें सामान बेचने पर चुंगी का प्रावधान कर दिया गया था। इसका ग्रामीणों ने विरोध किया था। एक ठेकेदार ने 10 हजार में सरकार से चुंगी वसूलने का अधिकार लिया था। 3 नवंबर, 1978 को सब्जी बेचने आई एक आदिवासी महिला ने जब चुंगी देने से इनकार कर दिया तो वहाँ कार्यवाहक एसडीओ आरडी ओझा ने लोगों की एक बैठक बुला ली। वह बताने लगे कि जनता को चुंगी का भुगतान हर हाल में करना होगा, यही सरकार का नियम है। वहाँ उपस्थित लोगों ने चुंगी देने से साफ–साफ इनकार कर दिया। इसके बाद

एसडीओ गुस्से में आ गए और उन्होंने खुद कुछ लोगों पर लाठी चला दी। वहाँ पुलिस भी मौजूद थी, जिसने लोगों को पीटना शुरू कर दिया। कई लोग घायल हो गए थे। इसमें महिलाएँ भी थीं। अरेसा और सेरेंगदा के मुखिया समेत 14 लोगों को गिरफ्तार किया गया था। एसडीओ और पुलिस के लाठीचार्ज में सलोमे पूर्ति (30 साल), बेरना पूर्ति (27 साल) और एस छेखा (78 साल) भी घायल हो गई थी। पुलिस जब सलोमे पूर्ति को पीट रही थी, उस समय उसकी गोद में उसका बच्चा जोसेफ पूर्ति भी था। पुलिस को इस मासूम पर भी दया नहीं आई। इस घटना के कारण स्थानीय लोगों में पुलिस के प्रति नाराजगी थी। इसका असर आस-पास के गाँवों पर भी पड़ा था। उधर, साल की जगह सागवान का पौधा लगाने के निर्णय का भी विरोध चल रहा था। बिहार वन विकास निगम की नीति के विरोध में ईचाहातू के मुंडा ने स्थानीय आदिवासियों की एक बैठक बुलाई थी। बैठक (सभा) में इसी पर चर्चा होनी थी। इसका उद्देश्य था कि आस-पास के ग्रामीण इस मुद्दे पर एकजुट हो जाएँ और साल की जगह किसी भी हाल में सागवान का पौधा नहीं लगने दें।

यह बैठक संतरा जंगल से तीन किलोमीटर दूर खेत में बुलाई गई थी। इसी बैठक में भाग लेने के लिए सुबह से ही लोग आने लगे थे। महेश्वर जामुदा भी पास के गाँव के थे। वे भी पहुँच गए। महेश्वर जंगल आंदोलन या झारखंड आंदोलन के कोई बड़े नेता नहीं थे। एक बेहद सीधे-साधे ग्रामीण थे। आम झारखंडी की तरह उनका भी सपना था कि अलग झारखंड राज्य बने। जब उन्हें खबर मिली कि साल के पेड़ों को काटा जा रहा है और उसकी जगह सागवान का पेड़ लगाया जा रहा है तो वे भी नाराज हुए। फिर जब मुंडा का बुलावा आया तो वे पहुँच गए। वे कोल्हान वन क्षेत्र के नुंगड़ी के पास जुगदी गाँव में ही रहते थे। बहुत दूर नहीं था उनका गाँव। थोड़ी जमीन थी जिस पर खेती कर वे अपने परिवार को पालते थे। पत्नी लदगू, तीन बेटे रामराई जामुदा, बुधराम जामुदा, गोपाल और दो बेटियों के साथ वे सुख-चैन से रहते थे।

आदिवासी इसलिए नाराज थे, क्योंकि उनके पवित्र पेड़ साल को काटा जा रहा था। साल से आदिवासियों का गहरा रिश्ता है। साल के पेड़ की पूजा की जाती है। आदिवासी समाज में साल का स्थान सागवान नहीं ले सकता। इसलिए विरोध में बैठक बुलाई गई थी। पुलिस को इस बैठक की जानकारी मिल चुकी थी। तीन नवंबर को गोइलकेरा हाट में जो घटना घटी थी, उसमें कई ग्रामीणों के खिलाफ पुलिस ने मामला दर्ज किया था। पुलिस उन्हें गिरफ्तार करने के लिए छापामारी भी कर रही थी। इन्हीं सब बातों पर चर्चा करने के लिए ईचाहातू में एक सभा बुलाई गई थी। 6 नवंबर की सभा की सफलता के लिए जंगल आंदोलन के नेता लगे हुए थे। गाँव-गाँव में यह संदेश फैल चुका था। यह खबर भेज दी गई थी कि किसी भी हाल में सागवान का पेड़ नहीं लगाने देंगे। जहाँ भी वन विभाग प्रयास करेगा, नर्सरी को तहस-नहस कर दिया जाएगा, जंगलों को काट दिया जाएगा।

गोइलकेरा के बीडीओ खुद आदिवासी थे। वे और थाना प्रभारी दोनों 5 नवंबर की रात ईचाहातू में ही थे, ताकि उन्हें पल-पल की जानकारी मिलती रहे। 6 नवंबर, 1978 का दिन आ चुका था। सभा होनी थी। आस-पास के इलाके से ग्रामीण पारंपरिक हथियार (तीर-धनुष) लेकर ईचाहातू में जमा होने लगे थे। लगभग 11 बज रहे थे। गोइलकेरा के बीडीओ, सीओ और थाना प्रभारी सभा स्थल के पास पहुँच गए थे। उनके साथ भारी संख्या में पुलिस थी। डांगो मारला ईचाहातू के मुंडा थे। सरकारी अधिकारियों ने डांगो मारला को धमकी देते हुए कहा था कि धारा 144 को लागू कर दिया गया है। आप सभा नहीं कर सकते। अगर जिद कीजिएगा तो कर्फ्यू लगा दिया जाएगा। प्रशासन की इस धमकी से मुंडा सकते में थे। जिस समय सरकारी अधिकारी धमकी दे रहे थे, वहाँ शांति थी। कोई हंगामा नहीं हो रहा था। लेकिन जीप से बड़ी संख्या में पुलिस के उतरते ही लोग इधर-उधर छिटकने लगे। माहौल गरमाने लगा। पुलिसकर्मियों को आशंका थी कि गाँव के लोग कहीं तीर-धनुष से हमला न कर दें। बीडीओ और थाना प्रभारी की मुंडा से बातचीत होने के बाद यह घोषणा कर दी गई कि बैठक नहीं होगी। लोग जाने लगे। बीडीओ -थाना प्रभारी भी चले गए। लोग धीरे-धीरे अपने-अपने घर की ओर जा रहे थे। इसी बीच बीडीओ और थाना प्रभारी पूरे दल-बल के साथ वहाँ लौट गए। उनके साथ वन विभाग के कुछ अधिकारी भी थे। आते ही पुलिसकर्मियों ने भीड़ को छँट जाने को कहा। इसके पहले कि सभी लोग वहाँ से हट पाते, पुलिस ने फायरिंग शुरू कर दी। न कोई चेतावनी, न लाठी चार्ज या आँसू गैस के गोले, सीधे फायरिंग।

एक गोली लगी महेश्वर जामुदा को। वहीं पर वे शहीद हो गए। पुलिस फायरिंग करती रही। कासीजोवा के अंतु मारला और बेरा मारला को भी गोली लगी और वे भी गंभीर रूप से घायल हो गए। लेकिन उनकी जान बच गई। कोई समझ नहीं पाया कि आखिर पुलिस ने गोली क्यों चलाई। फायरिंग में मारे गए महेश्वर जामुदा के शव को लेकर पुलिस चाईबासा चली गई। अपने साथ वह बेहोश अंतु मारला को भी ले गई थी। रास्ते में जो भी दिखाई पड़ा, उसे पुलिस ने गिरफ्तार कर लिया था। कुल नौ लोग गिरफ्तार किए गए थे।

महेश्वर जामुदा के शहीद होने की खबर चौकीदार ने उनकी पत्नी को दी। पूरे परिवार पर दु:खों का पहाड़ टूट पड़ा था। घर में कोई कमानेवाला नहीं था। बच्चे छोटे थे। लेकिन उनकी पत्नी ने हिम्मत नहीं हारी। जो भी थोड़ी जमीन थी, उस पर खुद खेती की, पत्ता बेचा और अपने बच्चों को पाल कर बड़ा किया, बेटियों की शादियाँ की। ग्रामीणों ने तय किया कि शहादत वाले स्थल पर शहीद महेश्वर जामुदा का स्मारक बनाया जाएगा। बना भी। आज भी वह स्मारक उस गोलीकांड के इतिहास के रूप में खड़ा है। □

सेरेंगदा गोलीकांड : 25 नवंबर, 1978

बच गए थे शैलेंद्र महतो

शहीद

1. सोमनाथ लोमगा, 2. दुखिया लोमगा, 3. लुपा बुढ़।

पश्चिम सिंहभूम जिला के गोइलकेरा प्रखंड मुख्यालय से 27 किलोमीटर दूर बसा है सेरेंगदा गाँव। चारों ओर से साल के पेड़ों से घिरा यह गाँव कोयल नदी के तट पर बसा है। गाँव के बगल में ही एक पहाड़ी है। इस पहाड़ी पर बिहार वन विकास निगम साल की जगह सागवान का

सेरेंगदा : तीनों शहीद की याद में बना स्मारक

सोमनाथ लोमगा की विधवा दयामनी

पौधा लगा रहा था। भौगोलिक रूप से सेरेंगदा झारखंड आंदोलनकारियों के लिए सबसे सुरक्षित स्थान माना जाता था। पुलिस वहाँ जाना नहीं चाहती थी। सेरेंगदा के आस-पास के गाँवों में ही झारखंड के आंदोलनकारी अपनी रणनीति बनाते थे। गाँववालों का पूरा साथ आंदोलनकारियों को मिलता था। घने

ट्रक ड्राइवर चंद्रशेखर त्रिपाठी

जंगलों के बीच में होने और पक्की सड़क नहीं होने के कारण इन गाँवों में पुलिस कभी-कभार ही जा पाती थी। इसी क्रम में पुलिस 25 नवंबर, 1978 को सेरेंगदा पहुँची थी। पुलिस बहुत दिनों से जिस आंदोलनकारी शैलेंद्र महतो को खोज रही थी, वह सेरेंगदा के एक झोंपड़ीनुमा होटल में दिख गए थे। पुलिस ने उन्हें गिरफ्तार कर लिया था। गाँव के लोगों ने पुलिस को घेर कर शैलेंद्र महतो को पुलिस के कब्जे से छुड़ा लिया था। इसी क्रम में पुलिस ने फायरिंग की थी, जिसमें तीन ग्रामीण मारे गए थे। 25 नवंबर, 1978 की घटना है। दिन शनिवार था। शनिवार को ही सेरेंगदा में साप्ताहिक हाट लगता था। आस-पास के गाँवों के लोग रोजमर्रा की चीजें खरीदने सेरेंगदा ही जाते थे। 19 दिन पहले ही गोइलकेरा प्रखंड के ईचाहातू में पुलिस ने फायरिंग की थी, इसलिए पुलिस चौकस रहती थी। पुलिस को खबर थी कि कुछ आंदोलनकारी इसी क्षेत्र में घूम रहे हैं। हो सकता है कि साप्ताहिक हाट में कोई दिखे। यह सोचकर गोइलकेरा के अंचल पदाधिकारी सुलेमान सोरेंग, थाना प्रभारी रमाशंकर सिंह कुछ पुलिसकर्मियों के साथ एक ट्रक (नंबर बीआरएस-3640) से सेरेंगदा आए थे। पास में ही एक मिडिल स्कूल था। पाँच कमरों वाले स्कूल के बरामदे पर अंचल अधिकारी (सीओ) और पुलिसकर्मी बैठकर हाट पर नजर रख रहे थे। पुलिस की निगाहें किसी को तलाश रही थीं।

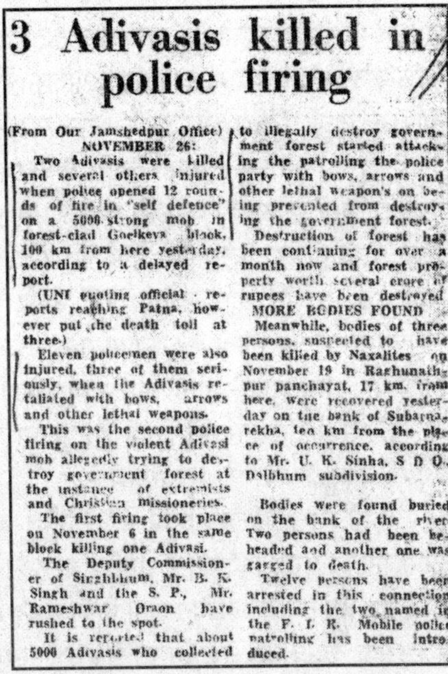

3 Adivasis killed in police firing

(From Our Jamshedpur Office)
NOVEMBER 26:

Two Adivasis were killed and several others injured when police opened 12 rounds of fire in "self defence" on a 5000 strong mob in forest-clad Goelkeya block, 100 km from here yesterday, according to a delayed report.

(UNI quoting official reports reaching Patna, however put the death toll at three.)

Eleven policemen were also injured, three of them seriously, when the Adivasis retaliated with bows, arrows and other lethal weapons.

This was the second police firing on the violent Adivasi mob allegedly trying to destroy government forest at the instance of extremists and Christian missioneries.

The first firing took place on November 6 in the same block killing one Adivasi.

The Deputy Commissioner of Singhbhum, Mr. B. K. Singh and the S. P., Mr. Rameshwar Oraon have rushed to the spot.

It is reported that about 5000 Adivasis who collected to illegally destroy government forest started attacking the patrolling the police party with bows, arrows and other lethal weapon's on being prevented from destroying the government forest.

Destruction of forest has been continuing for over a month now and forest property worth several crore of rupees have been destroyed

MORE BODIES FOUND

Meanwhile, bodies of three persons, suspected to have been killed by Naxalites on November 19 in Raghunathpur panchayat, 17 km. from here, were recovered yesterday on the bank of Subarnarekha, ten km from the place of occurrence, according to Mr. U. K. Sinha, S D O., Dalbhum subdivision.

Bodies were found buried on the bank of the river. Two persons had been beheaded and another one was gagged to death.

Twelve persons have been arrested in this connection including the two named in the F. I. R. Mobile police patrolling has been introduced.

इंडियन नेशन 27 नवंबर, 1978 का अंक

एक माह पहले अक्तूबर में उस क्षेत्र में कई छोटी-छोटी घटनाएँ घटी थीं। ग्रामीणों ने तय किया था कि किसी भी हाल में साल की जगह सागवान का पेड़ नहीं लगने देंगे। नर्सरी को उजाड़ देंगे। उसके बाद कई स्थानों पर सागवान के पौधों को उखाड़ भी दिया था। कई बड़े पेड़ों को काटा गया था। उसके बाद से ही गोइलकेरा-सेरेंगदा मार्ग पर पुलिस बल की सक्रियता बढ़ गई थी। पुलिस देवेंद्र माझी, मछुआ गागराई, शैलेंद्र महतो को खोजने में लगी थी। ये लोग ही गाँव-गाँव घूमकर जंगल आंदोलन के बारे में ग्रामीणों को जानकारी दिया करते थे। गोइलकेरा में एक अक्तूबर और 8 अक्तूबर को

सैकड़ों पेड़ काटकर रास्ता जाम कर दिया गया था। पुलिस को सूचना थी कि यह सब एक युवा आंदोलनकारी शैलेंद्र महतो के इशारे पर हो रहा है, इसलिए पुलिस किसी कीमत पर शैलेंद्र महतो को पकड़ना चाहती थी। यह बात शैलेंद्र महतो भी जानते थे कि पुलिस उनकी तलाश में है। लेकिन पुलिस सेरेंगदा हाट पहुँच गई है, यह उन्हें पता नहीं था। उन दिनों सेरेंगदा और इसके आस-पास का गाँव ही उनका ठिकाना था।

शैलेंद्र महतो पुलिस की तैयारी से अनजान थे। हाट में वे पहुँच चुके थे और अपने कुछ साथियों के साथ एक छोटे से होटल में चाय पी रहे थे। तब तक पुलिस को खबर मिल चुकी थी कि शैलेंद्र पास में ही हैं। पुलिस होटल में पहुँची और उन्हें साथ चलने को कहा। सीओ और थाना प्रभारी दोनों शैलेंद्र महतो को पहचानते थे ही। स्कूल भवन पहुँचने पर शैलेंद्र महतो को बताया गया कि उन्हें गिरफ्तार किया गया है। हाट में काफी भीड़ थी। लोग अपने-अपने काम में जुटे थे। किसी का ध्यान नहीं गया कि शैलेंद्र महतो को पुलिस ने गिरफ्तार कर लिया है। पुलिस भी हड़बड़ी में नहीं दिख रही थी। वे सब स्कूल भवन के बरामदे पर जमा थे।

इसी बीच पुलिसकर्मियों ने कुछ तेज आवाज सुनी। पुलिसकर्मी जब कुछ मीटर आगे गए तो देखा कि हाट में ग्रामीण डाकुआ बोअस लोमंगा कुछ घोषणा कर रहा था। डाकुआ गाँव का वह व्यक्ति होता है जो डुगडुगी बजाकर तेज आवाज में कोई संदेश देता है। इसके बदले उसे पैसे मिलते हैं। उस समय लोमंगा यह बता रहा था कि यहाँ धारा 144 लागू कर दी गई है, इसलिए कोई सभा नहीं हो सकती। यह प्रचार करने के लिए उसे गाँव के चौकीदार ने पैसे दिए थे। इस घोषणा के साथ डाकुआ दूसरी घोषणा भी कर रहा था कि दूसरे दिन यानी 26 नवंबर को जोटा गाँव में एक सभा होनेवाली है, जिसे सांसद बागुन सुंब्रुई, रत्नाकर नायक संबोधित करनेवाले हैं।

पुलिसकर्मियों ने डाकुआ लोमंगा को पकड़ लिया और दारोगा के पास ले गए। वहीं पर पुलिसकर्मियों ने डाकुआ को यह कहकर लाठी से पीट दिया कि जब धारा 144 लागू है तो तुम क्यों डुगडुगी बजाकर घोषणा कर रहे हो। इसके बाद पुलिसकर्मियों ने उसे छोड़ दिया। लोमंगा दौड़ता हुआ हाट चला गया और ग्रामीणों को बताया कि पुलिस ने उसे पीटा है।

डाकुआ की पिटाई की खबर से ग्रामीण उत्तेजित हो गए। इसी बीच किसी ने ग्रामीणों को यह खबर भी दे दी कि पुलिस ने शैलेंद्र महतो को भी गिरफ्तार कर लिया है और स्कूल भवन में बंद कर रखा है। फिर क्या था? लोग उत्तेजित हो गए। ढाई बजे के आस-पास देखते-ही-देखते हजारों लोग स्कूल के पास जमा हो गए। पुलिस को उन्होंने घेर लिया। उनके पास तीर-धनुष, टाँगी, फरसा और पारंपरिक हथियार थे। इस भीड़ में महिलाएँ भी थीं। इनमें कातिंगकेल गाँव की दो बहनें राहिल डाँग और अजरमनी लुगून

भी थीं। ग्रामीणों को धमकाने के लिए जब पुलिस ने शैलेंद्र महतो के सामने राइफल तान दी तो इन दोनों बहनों ने गजब की फुरती दिखाई। अचानक पुलिसकर्मियों पर पत्थर फेंका। फिर उनके सामने कूद पड़ीं। जब तक पुलिसकर्मी सँभलते, दोनों बहनों ने राइफल की नोंक को ऊपर कर दिया। यह काम इतनी तेजी से हुआ कि पुलिस कुछ समझ नहीं सकी। भीड़ में पहले से धक्का-मुक्की चल रही थी। मौके का फायदा उठाकर शैलेंद्र महतो पुलिस की चंगुल से निकल कर भीड़ में घुस गए, फिर वहाँ से फरार हो गए।

शैलेंद्र महतो, जिन्हें छुड़ाने के लिए ग्रामीणों ने पुलिस बल पर अटैक किया था

अब लोगों का गुस्सा चरम पर था। इसी बीच किसी ने यह खबर दी कि चौकीदार सुदर्शन टोटी ने ही पुलिस को बुलाया है। यह सुनते ही गाँववालों ने सुदर्शन को घसीटा और उस पर टाँगी से हमला कर अधमरा कर दिया। सीओ (दंडाधिकारी भी थे) ने पुलिस फायरिंग का आदेश दे दिया। सिपाही विश्वनाथ ठाकुर ने चार राउंड फायरिंग की। ग्रामीणों ने पुलिस पर हमला कर फायरिंग करनेवाले सिपाही को घायल कर दिया। स्थिति खराब हो चुकी थी। इस बीच पुलिस को लानेवाला ट्रक ड्राइवर चंद्रशेखर त्रिपाठी गाँववालों के हत्थे चढ़ गया। लोगों ने उसे भी पीट-पीटकर घायल कर दिया। उसे पहले ही गाँव के लोगों ने स्कूल में ही बंधक बना रखा था, ताकि पुलिस भाग नहीं सके। वह स्थानीय युवक था। वह किसी तरह दरवाजा तोड़कर बाहर निकला और ट्रक पर सवार होना चाहा तो ग्रामीणों की नजर उस पर पड़ गई। फिर क्या था, गाँववाले उस पर टूट पड़े। गाँववाले हावी हो चुके थे। इस बीच पुलिस ने कड़ा रुख अपना लिया था। डेविड तिर्की और हरवंश पांडेय नामक सिपाही ने ग्रामीणों पर तीन-तीन गोलियाँ दागीं। पुलिस चारो ओर गोली दाग रही थी। ग्रामीण अब पीछे हटने लगे थे। भीड़ छँटने लगी थी। जब पुलिस फायरिंग रुकी तो वहाँ तीन शव पड़े थे। सेरेंगदा के सोमनाथ लोमगा, तेंदा गाँव के दुखिया लोमगा के अलावा लुपा बुढ़ का शव वहाँ पड़ा था। वे तीनों शहीद हो चुके थे। 70 साल के एक बुजुर्ग माघी मुंडा जो टमाटर खरीदकर आ रहे थे, को भी पुलिस ने गोली मारकर घायल कर दिया था। इस गोलीकांड में मारे गए सोमनाथ लोमगा की शादी दयामनी लोमगा के साथ छह माह पहले ही हुई थी। छह

माह में ही वह विधवा हो गई।

पुलिसकर्मी जल्द-से-जल्द उस इलाके को खाली करना चाहते थे। ग्रामीणों को पता था कि वे ट्रक से ही लौटेंगे, इसलिए ट्रक के पास ग्रामीण पारंपरिक हथियार लेकर पहुँच चुके थे। पुलिस इस बात को जानती थी कि अगर ट्रक को फूँक दिया गया तो वे सभी मारे जाएँगे। भागने का साधन नहीं मिलेगा। ग्रामीण सेरेंगदा-गोइलकेरा सड़क पर तुरंत जमा भी हो गए थे। पेड़ काटकर रोड को जाम करने का प्रयास भी किया। पुलिसवाले जब लौटने लगे तो उन पर ग्रामीणों ने हमला भी किया, लेकिन दुबारा फायरिंग करते हुए सीओ और पुलिसकर्मी वहाँ से निकलकर सुरक्षित स्थान पर पहुँच गए।

सेरेंगदा गोलीकांड के बाद शैलेंद्र महतो (गाँव सेताहाका, थाना चक्रधरपुर), थोमस भुइयाँ (कांतिगकेल), बोआस मुंडा (सेरेंगदा), मागे लोमगा (सेरेंगदा), मोगो मुंडा (तमसाई), युकुब मुंडा (सेरेंगदा), गोलाई मुंडा (तेंदा), गोयरा मुंडा (रायम), लेश बरजो (हटुटुआ), कुशल बरजो (रायम), बिरसा मुंडा (तेंदा), जोजो मनुएल (कातिगकेल), बड़ा थोमस (कांतिगकेल) अभिराम होनहागा, छोटो सोमा लोमगा (सेरेंगदा), धाराडू लोमगा (सेरेंगदा), लुपा बुढ़ (टोमडेल), सोमनाथ लोमगा (सेरेंगदा), दुखिया होनहागा (तेंदा) के खिलाफ (कांड संख्या 06178, दिनांक 25.11.78 को धारा 148, 149, 188, 307, 324, 337, 225, 379, 511, 332, 323) मुकदमा दर्ज किया गया था।

इस गोलीकांड के बाद पूरे क्षेत्र में तलाशी ली गई थी। शैलेंद्र महतो पुलिस की पकड़ से बाहर हो चुके थे। पुलिस फिर उन्हें सात माह तक नहीं पकड़ सकी थी। 26 जून, 1979 को जब वे चाईबासा बस-स्टैंड में जमशेदपुर जाने के लिए खड़ा थे, सादे ड्रेस में आई पुलिस ने उन्हें गिरफ्तार कर लिया था। शैलेंद्र महतो अग्रिम जमानत के लिए जमशेदपुर होते हुए राँची जानेवाले थे। गिरफ्तारी के बाद पुलिस उन्हें चाईबासा सदर थाना लाई। वहाँ एसपी रामेश्वर उराँव आए थे। रामेश्वर उराँव ने पूछताछ करने के बाद शैलेंद्र महतो को चाईबासा कारा भेज दिया था। इस पूरे प्रकरण में रामेश्वर उराँव नें शैलेंद्र महतो का अप्रत्यक्ष रूप से साथ दिया और पुलिस को मारपीट का कोई मौका नहीं दिया। एनई होरो द्वारा सीधी कार्रवाई की घोषणा के बाद शैलेंद्र महतो और उनकी टीम ने चाईबासा डीसी कार्यालय का घेराव किया था। इस दौरान डीसी वीके सिंह को मुख्य द्वार से अपने कार्यालय में घुसने नहीं दिया था। उसके बाद से ही उनके खिलाफ वारंट जारी किया गया था। इसी वारंट के सिलसिले में उन्हें सेरेंगदा से गिरफ्तार किया गया था। बाद में यही शैलेंद्र महतो झारखंड मुक्ति मोरचा के महासचिव बने। फिर दो बार जमशेदपुर से सांसद बने। हर साल 26 नवंबर को सेरेंगदा में शहीदों की याद में लोग जुटते हैं और उन्हें श्रद्धांजलि अर्पित करते हैं।

इस घटना के बाद भी पुलिस का जुल्म कम नहीं हुआ। जब मौका मिलता, पुलिस ग्रामीणों को पकड़ती, पीटती, फायरिंग तक करती। पुलिस हर हाल में आंदोलन को दबाना चाहती थी। इसी क्रम में ईचाहातू, सेरेंगदा के अलावा कई अन्य गोली कांड हुए। सिर्फ कोल्हान ही नहीं, पूर्वी सिंहभूम में भी पुलिस ने जन आंदोलन को दबाने में कोई कसर नहीं छोड़ी थी। जब सिंहभूम में पुलिस का जुल्म-आतंक बहुत बढ़ गया था तो दिल्ली से पीयूसीएल की एक टीम सच्चाई जानने के लिए सिंहभूम के दौरे पर आई थी। इस टीम में दिल्ली विश्वविद्यालय के दलीप एस स्वामी, सीनियर पत्रकार सुमन दुबे, जेएनयू के शोध छात्र जार्ज मैथ्यू, आईआईटी दिल्ली के प्रवक्ता अंजन घोष, किरोड़ीमल कॉलेज दिल्ली के प्रवक्ता अरविंद घोष और सुप्रीम कोर्ट के अधिवक्ता अशोक कुमार पंडा थे। इस टीम ने ईचाहातू, सेरेंगदा के अलावा उन क्षेत्रों का भी दौरा किया, लोगों से मुलाकात की जहाँ पुलिस जुल्म हो रहे थे। उन दिनों कम मजदूरी के विरोध में सीपीआई की ओर से बहरागोड़ा के आस-पास आंदोलन चलाया जा रहा था। जब पीयूसीएल की टीम बहरागोड़ा गई, वहाँ पर टीम के सदस्यों पर हमला किया गया। पीयूसीएल के सदस्यों को पुलिस और जमींदार के गुंडों ने लाठियों और राइफल के बट से पीटा। यह घटना घटी थी 7 मार्च, 1979 को। इस हमले को लेकर पूरे देश में हंगामा हुआ। लोकनायक जयप्रकाश नारायण से जब यह टीम मिली और शिकायत की तो उन्होंने पुलिस के रवैए की आलोचना की थी। यह घटना यह बताने के लिए काफी है कि आंदोलन के दौरान पुलिस किस प्रकार आवाज को बंद करना चाहती थी। पीयूसीएल ने सिंहभूम में दमन नामक एक रिपोर्ट भी जारी की थी जो पुलिस जुल्म की कहानी कहती थी।

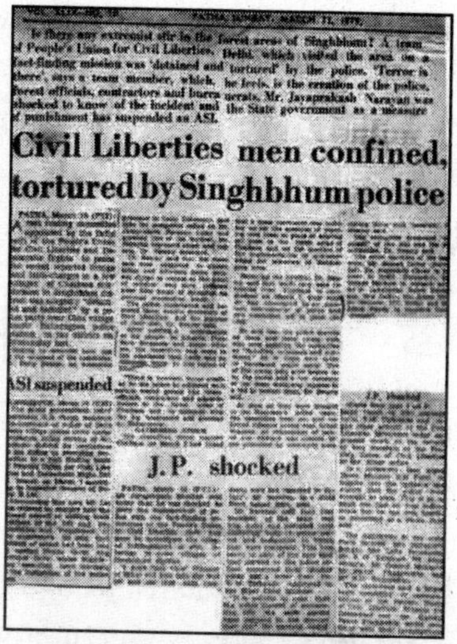
Is there any extremist stir in the forest areas of Singhbhum? A team of People's Union for Civil Liberties, Delhi, which visited the area on a fact-finding mission was 'detained and tortured' by the police. 'Terror is there', says a team member, which, he feels, is the creation of the police, forest officials, contractors and bureaucrats. Mr. Jayaprakash Narayan was shocked to know of the incident and the State government as a measure of punishment has suspended an ASI.

Civil Liberties men confined, tortured by Singhbhum police

ASI suspended

J.P. shocked

इंडियन नेशन 11 मार्च, 1979 का अंक

□

गुवा गोलीकांड : 8 सितंबर, 1980

अस्पताल से निकाल कर भूना

शहीदों की सूची

1. ईश्वर सरदार (कैरोम), 2. रामो लागूरी (चुरगी), 3. चांदो लागूरी (चुरगी), 4. रेंगो सुरीन (कुंबिया), 5. बागी देवगम (जोजोगुट्टु), 6. जीतू सुरीन (जोजोगुट्टु), 7. चैतन्य चांपिया (बाइहातू), 8. चूड़ी हांसदा (हतनाबुरू), 9. जूरा पूर्ति (बुंडू), 10. गोंडा होनहागा (कोलायबुरू), 11. चांबे राधे (बड़ा पोंगम)।

गुवा का शहीद स्थल

इतिहास में ऐसी घटना शायद ही कहीं दर्ज हो, जब इलाज करा रहे घायल आंदोलनकारियों को अस्पताल परिसर में ही लाइन से खड़ाकर पुलिस ने गोलियों से भून दिया हो। पर ऐसी घटना घटी झारखंड के पश्चिमी सिंहभूम के गुवा में। 8 सितंबर, 1980 की घटना थी। पहले गुवा हाट में पुलिस ने आंदोलनकारियों पर फायरिंग की। इस पुलिस फायरिंग में जो आदिवासी घायल हुए, वे इलाज कराने गुवा अस्पताल पहुँचे थे। आठ आदिवासियों को बिहार मिलिटरी पुलिस (बीएमपी) के जवानों ने पेड़ के सामने एक लाइन में खड़ा कर गोलियों से भून दिया था। इस घटना के कुछ घंटे पहले गुवा में ही पुलिस और आंदोलनकारियों के बीच संघर्ष हुआ था, जिसमें बीएमपी के चार जवान और तीन आंदोलनकारी मारे गए थे। इस संबंध में गुवा थाना में मामला दर्ज

गुवा अस्पताल, जहाँ खड़ा कर आठ आदिवासियों को गोलियों से भून दिया गया था

कराया गया था। केस नंबर 9, दिनांक 8.9.1980। आईपीसी की धारा 147/148/149/302/307/332/336/114/324/379/188। इस गोलीकांड में सुखदेव हेंब्रम भी मारे जाते, पर अस्पताल परिसर में जब पुलिस फायरिंग कर रही थी, वे दीवार फाँद कर भाग गए और एक चिकित्सक के घर छिप गए थे।

यह एक बड़ा गोलीकांड था जिसने झारखंड आंदोलन की दिशा ही बदल दी थी। इसलिए मैंने सोचा कि गोलीकांड के 25 साल पूरा होने पर गुवा और सारंडा में जंगलों के बीच स्थित उन गाँवों में जाया जाए, जिन गाँवों के लोग मारे गए थे। इसके पीछे शहीदों के परिजनों को खोज निकालना भी था। काम आसान नहीं था। यह सब तभी संभव था जब उस क्षेत्र के चप्पे-चप्पे की जानकारी रखनेवाले साथ हों। इसलिए भुवनेश्वर महतो और बहादुर उराँव को साथ लिया। 25 साल पहले गोलीकांड के वक्त ये दोनों प्रत्यक्षदर्शी भी थे। प्रयास यही था कि इन दोनों को उन-उन जगहों पर ले जाया जाए और उनकी जुबानी ही 25 साल पहले की घटना को सुना जाए। भुवनेश्वर महतो

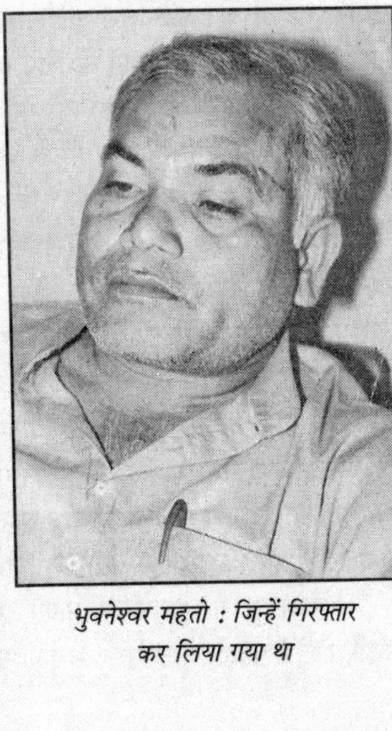

भुवनेश्वर महतो : जिन्हें गिरफ्तार कर लिया गया था

को घटना के दिन ही गोली चलाने के पहले गिरफ्तार कर लिया गया था, पर बहादुर उराँव को लोगों ने पुलिस के कब्जे से छुड़ा लिया था। जमशेदपुर से चाईबासा, हाटगम्हरिया, जगन्नाथपुर, नोवामुंडी होते हुए गुवा पहुँचा। गोलीकांड के बाद पहली बार बहादुर बाबू मेरे साथ गुवा जा रहे थे। ठीक 25 साल बाद। बहुत कुछ बदल गया था। उस जगह दोनों गए जहाँ पुलिस ने फायरिंग की थी। एरोड्राम भी गए, स्कूल भी दिखाया, स्टेशन भी गए। पुरानी घटनाएँ ताजा हो गईं। दोनों ने पूरी घटना को इस तरह बताया जैसे कल की घटना हो। वह भी बारीकी से।

गोलीकांड के 25 साल बाद घटनास्थल पर बहादुर उराँव-भुवनेश्वर महतो

गुवा उस सिंहभूम का हिस्सा है जहाँ 1978 से जंगल आंदोलन चल रहा था। अलग राज्य के पक्ष में सभा-प्रदर्शन हो रहे थे। प्रशासन इस आंदोलन को हर हाल में दबाना चाहता था। जैसे-जैसे आंदोलन तेज हो रहा था, पुलिस का दबाव भी बढ़ता जा रहा था। आंदोलन को दबाने के लिए ईचाहातू और सेरेंगदा में पुलिस फायरिंग हो चुकी थी। इन घटनाओं में चार लोग मारे गए थे, पर ग्रामीणों का उत्साह-जोश कम नहीं हुआ था। नेताओं की एक आवाज पर वे जमा हो जाते थे। उनकी अपनी मजबूरी भी थी। अलग झारखंड राज्य की माँग के साथ ही कई ऐसी समस्याएँ थीं, जिसका उनके जीवन पर सीधा असर पड़ रहा था। उनके लिए जीवन-मरण का सवाल था। आयरन ओर के खनन के बाद उनसे गुजरनेवाला लाल पानी किसानों के खेतों को खराब कर रहा था। गुवा माइंस में स्थानीय लोगों को रोजगार देने में प्रबंधन टालमटोल किया करता था। आस-पास के इलाकों में पुलिस अत्याचार भी बढ़ गया था। जंगल आंदोलन के दौरान गुवा पुलिस थाना क्षेत्र में 35 और गोइलकेरा थाना क्षेत्र में 159 आंदोलनकारियों को गिरफ्तार किया गया था। इससे भी लोगों में गुस्सा था। इलाके के नेताओं ने तय किया कि गुवा में 8 सितंबर को एक बड़ी सभा-प्रदर्शन कर अपनी ताकत का एहसास कराया जाए। इस सभा को सफल करने के लिए तैयारी भी की गई थी।

चक्रधरपुर के भुवनेश्वर महतो, सूलापूर्ति, सुखदेव हेंब्रम, बहादुर उराँव, देवेंद्र माझी, शैलेंद्र महतो, मोरा मुंडा, मछुआ गागराई, लाल सिंह मुंडा आदि नेता इस सभा को

सफल करने के लिए गाँव-गाँव का दौरा कर रहे थे। प्रशासन ने भी अपनी रणनीति बनाई थी। एलआरडीसी फ्रांसिस डीन को दंडाधिकारी के तौर पर गुवा में तैनात कर दिया गया था। उनकी सहायता के लिए नोवामुंडी के अंचल अधिकारी ए डेमटा, किरीबुरू के एसडीपीओ बी तिर्की को भेजा गया था।

गुवा में उस समय दंडाधिकारी के रूप में तैनात जिला कल्याण पदाधिकारी एल कुजूर ने सीनियर अधिकारियों को सूचना भेज दी कि आंदोलनकारियों ने गुप्त बैठक कर प्रदर्शन के दौरान गुवा थाना और रेंज ऑफिसर पर हमला करने की साजिश रची है। इसके लिए चाईबासा, चक्रधरपुर, सोनुआ, गोइलकेरा और मनोहरपुर से भी लोग शामिल होनेवाले हैं। इसी को आधार बनाकर पुलिस ने पहले से ही सारी व्यवस्था कर ली थी। प्रशासन चाईबासा, चक्रधरपुर, सोनुवा, गोइलकेरा और मनोहरपुर की ओर से आनेवाली ट्रेनों पर नजर रख रहा था। बसों पर भी निगरानी थी। इसके बावजूद पुलिस को चकमा देते हुए आंदोलनकारी पैदल ही एक दिन पहले सभा में शामिल होने के लिए अपने पारंपरिक हथियार के साथ निकल चुके थे। लोगों का उत्साह इतना था कि वे 40-50 किलोमीटर दूर से जंगल में पैदल चल कर आए थे। ऐसे लोगों को रोकना पुलिस के वश के बाहर की बात थी। भुवनेश्वर महतो और बहादुर उराँव चक्रधरपुर से आ रहे आंदोलनकारियों के साथ थे। नेताओं ने तय किया था कि सभी प्रदर्शनकारियों को गुवा एरोड्राम में जमा होना था। (छोटी जगह होने के बावजूद गुवा में एक हवाई अड्डा था)। ढाई बज रहे थे। पारंपरिक हथियारों और नगाड़ा के साथ सभी वहाँ जमा हो चुके थे। आंदोलनकारी नारेबाजी भी कर रहे थे। जैसे ही जुलूस गुवा एरोड्राम से बाहर निकला, पुलिस ने उसे आगे बढ़ने से रोकने का प्रयास किया। इस बीच जुलूस पास स्थित एक ओड़िया स्कूल तक पहुँच चुका था। प्रशासन के लोग ज्ञापन वहीं पर लेना चाहते थे। आंदोलनकारियों ने इसका विरोध नहीं किया। उसी जगह पर आंदोलनकारियों की ओर से अधिकारियों को एक

WHAT HAPPENED IN GUA ?

While cases of police atrocities have ceased to become a news for their daily recurrences certain aspects of the Gua firing which killed twelve adibasis, officially, should upset every right thinking man in the country. I felt this after going there for investigation.

Gua is a small mining town of IISCO employing hardly 1800 workmen surrounded by hills where at the aerodrome on 8-9-80 adibasis assembled to demonstrate and submit memorandum to the local police and the forester. The Bihar Military Police prevented the adibasis from coming up to the road which is at higher level, standing as the wall, communicating to them the news of sudden promulgation of 144 Cr.p.c. which was not even in the knowledge of the local panchayat. The discussion that followed it was settled that the memorandum would be submitted to the magistrate there itself and the adibasis would be allowed to move to the market hardly 1 km. away to disperse. This was done and no incident took place though the road from the aerodrome to the market place passes by the side of the Thana and the Forest office. After a short meeting at the market the adibasis started dispersing. Only after that suddenly and absolutely uncalled for the B. M. P. accompanying the adibasis surged forward, arrested their leaders and dragged them out from the gathering which lead to the clash. On this spot 59 rounds were fired, and the place is so contested that it is unbelievable that only three adibasis would be killed on the spot.

But what is most dastardly happened afterwards. In the IISCO hospital half a km. away some of the injured policmen were brought for treatment and shortly after some injured adibasis. But as soon as the first batch of 9 adibasis were brought in the hospital they were surrounded within the hospital, assaulted and then shot dead. As per the official version 9 rounds were shot killing 9 adibasis within the hospital. It took place at 5 p. m., one hour after the first firing in the market and in presence of all hospital staff who being panicked took shelter in the operation room. The dead body remained there till darkness and the blood upto the next day. That was why Gua was closed for two days for the outsiders and not even an adibasi Minister who was sent to the spot accompanying the Chief Secretary was allowed to enter Gua. In Bihar adibasis are kept as ministers but not believed.

In India all sorts of barbarity have taken place and are taking place every day but killing people in the hospital who had come with injury for treatment is something unheard of and revolting even to those who consider adibasis not as human being and so could be beaten up and killed on every pretext. Even in war hospital and the Rede ross are not violated.

Apart from journalists and political persons I would request the Indian Medical Association to probe into the matter immediately and take up the issue so that the hospital is not turned into a slaughterhouse.

Hope you would publish this letter with comments.

Thanking you. with regards.

A. K. ROY MEMBER OF PARLIAMENT

तत्कालीन सांसद एके राय द्वारा बाँटा गया परचा

ज्ञापन दिया गया, जिसमें कई माँगें थीं—1978 से गिरफ्तार निर्दोष लोगों को रिहा किया जाए, इस्को कंपनी द्वारा ली गई जमीन का सही मुआवजा दिया जाए, स्थानीय बेरोजगारों को माइंस में नौकरी दी जाए, झारखंड अलग राज्य बनाया जाए।

ज्ञापन देने के बाद आंदोलनकारी गुवा हाट की ओर बढ़ गए, जो वहाँ से लगभग एक किलोमीटर दूर है। प्रदर्शनकारियों के तेवर को देखते हुए पुलिस ने रोकने की हिम्मत नहीं की। बड़े नेताओं में वहाँ भुवनेश्वर महतो, बहादुर उराँव, सुखदेव हेंब्रम ही थे। किसी कारणवश देवेंद्र माझी, शैलेंद्र महतो नहीं आ सके थे। जुलूस धीरे-धीरे अब गुवा हाट पहुँच चुका था। पीछे-पीछे पुलिस भी वहाँ आ चुकी थी पर सभा स्थल से 50 मीटर दूर थी। सभा स्थल पर एक छोटा सा मंच बनाया गया था। दुकानें भी कम थीं। सुखदेव हेंब्रम, सिद्धू जामुदा, ललित हेंब्रम भी पहुँच चुके थे। भाषण शुरू हुआ और बहुत अच्छी सभा हो रही थी। कोई उत्तेजना नहीं थी। बैशाखू गोप स्थानीय नेता थे। उन्होंने जरूर आक्रामक भाषण दिया था। अधिकांश नेता भाषण दे चुके थे। सभा को खत्म होने में कुछ समय ही बाकी था कि पुलिस ने भुवनेश्वर महतो को पहले पकड़ लिया और जीप में बैठाने लगी। उन दिनों भुवनेश्वर महतो कालेज के छात्र थे। उनके साथ बैशाखू गोप को भी पुलिस ने गिरफ्तार कर लिया। एक ओर से भुवनेश्वर महतो को पुलिस खींच रही थी, दूसरी ओर से आंदोलनकारी उन्हें छुड़ाना चाह रहे थे। पुलिस और आंदोलनकारियों के बीच धक्कम-मुक्की वहीं से शुरू हो गई। अंततः पुलिस ने भुवनेश्वर महतो को गिरफ्तार कर जीप में बैठा लिया। उस समय माइक पर बहादुर उराँव भाषण दे रहे थे। सूला पूर्ति और सुखदेव हेंब्रम भी मौजूद थे।

भुवनेश्वर की गिरफ्तारी के बाद पुलिसकर्मी मंच पर पहुँच गए और घोषणा करने लगे कि धारा 144 लागू है, सभा नहीं की जा सकती। नेता समर्पण कर दें, वरना गिरफ्तार कर लिया जाएगा। जिस जगह पर सभा हो रही थी, वहाँ जाने और निकलने का एक ही रास्ता था। पुलिस निकलने के रास्ते को जाम कर चुकी थी। बहादुर उराँव पुलिस की मंशा को समझ गए थे। उन्हें आभास हो गया था कि पुलिस फायरिंग भी कर सकती है, इसलिए वे सभा में मौजूद लोगों को सभा खत्म करने के लिए समझा रहे थे। इसके बावजूद कुछ लोग अति उत्साह में सभा को चालू रखने पर अड़ गए थे। वहाँ बीएमपी के जवान तैनात थे। अब पुलिस बहादुर उराँव को गिरफ्तार करने के लिए पास पहुँच चुकी थी। बहादुर उराँव ने माइक से कह दिया कि आंदोलनकारी अगर कहेंगे, तभी वे गिरफ्तार होंगे, वरना नहीं। इसी क्रम में उन्होंने तेज आवाज में माइक पर वहाँ मौजूद भीड़ से पूछा कि क्या वे आत्मसमर्पण कर दें, भीड़ ने कहा—नहीं। इसके बाद मामला गरम हो गया। भीड़ अनियंत्रित हो चुकी थी। पुलिस और भीड़ आमने-सामने हो गई थी। इतना करीब कि बीएमपी की राइफल आंदोलनकारियों

सलाई में भी गुवा के शहीदों का बना है स्मारक

के शरीर से सटने लगी थी। आंदोलनकारी भी तीर-धनुष और कुल्हाड़ी, फरसा से लैस थे। इसी धक्का-मुक्की के बीच बीएमपी के जवानों ने आँसू गैस के गोले दागे। पुलिस की इस कार्रवाई से प्रदर्शनकारी आक्रामक हो गए और बीएमपी के जवानों से उलझ पड़े। इसी बीच किसी जवान ने फायरिंग कर दी। अफरातफरी मच गई। जिसे जहाँ जगह मिली, छिपा और वहीं से तीर से हमला करने लगा।

कुछ आंदोलनकारी बीएमपी जवान के बिलकुल पास थे। उन्होंने बीएमपी के जवानों पर कुल्हाड़ी से हमला कर दिया। पुलिस फायरिंग कर रही थी और आंदोलनकारी तीर की वर्षा। पुलिस फायरिंग में तीन आंदोलनकारियों की सभा स्थल पर ही मौत हो गई। बीएमपी के जवानों पर आंदोलनकारियों ने तीर से हमला किया। कुछ जवानों के चेहरे को आंदोलनकारियों ने फरसा से काट दिया। आँखों को क्षतिग्रस्त कर दिया। दो सिपाही व एक जमादार वहीं पर मारे गए। जमादार जोगेंदर ठाकुर तीर के हमले में घायल हो गए थे। उन्हें इलाज के लिए जमशेदपुर भेजा जा रहा था, पर चाईबासा में ही उन्होंने दम तोड़ दिया। गुवा हाट में हुए संघर्ष के दौरान बीएमपी के जवानों के शरीर का कोई हिस्सा बगैर तीर के नहीं था। तीर की वर्षा होते देख बाकी जवान भागने लगे। वहाँ पर पुलिस ने पहली बार तीस चक्र गोलियाँ चलाईं। फिर 20 चक्र फायरिंग की गई। दो जवान तो भागते वक्त गली में मारे गए। संघर्ष जब रुका तो छह शव पड़े थे। तीन आंदोलनकारियों के और तीन बीएमपी के जवानों के शव थे। दो जवानों की राइफल गायब थी। इसी भागदौड़ के बीच पुलिस भुवनेश्वर महतो और बैशाखू गोप को लेकर गुवा थाना पहुँच चुकी थी।

पुलिस फायरिंग में बड़ी संख्या में आंदोलनकारी घायल हुए थे। इन घायलों को इलाज के लिए गुवा अस्पताल ले जाया गया। ईश्वर सरदार नामक आंदोलनकारी बाकी घायलों को लेकर गुवा अस्पताल गया था। ईश्वर सरदार वास्तव में बहादुर था। खतरा जानने के बावजूद वह घायलों को लेकर अस्पताल गया। वह घायल साथियों का इलाज करा ही रहा था कि वहाँ पुलिस के और जवान पहुँच गए। इन जवानों को जामदा से बुलाया गया था। स्टेशन से अस्पताल तक ये जवान फायरिंग करते पहुँचे थे। चारों ओर दहशत का माहौल था। पूरा इलाका बंद पड़ा था।

इन जवानों ने अस्पताल में इलाज करा रहे प्रदर्शनकारियों और उनके साथियों से कहा था कि पहले तीर बाहर रखो, तब इलाज होगा। लोग भयभीत थे। इलाज कराने अस्पताल गए आठ आंदोलनकारियों को पुलिस ने पकड़ा। इसी बीच बीएमपी के कुछ और जवान वहाँ पहुँच गए। इनमें से एक जवान ने कहा कि इन्हीं लोगों ने उनके भाई को मारा है, मारो इन्हें। इसी के बाद बीएमपी के जवान राइफल के कुंदे से पीटने लगे। पुलिस काफी गुस्से में थी और बदला लेना चाहती थी। उसने आठ आदिवासियों को अस्पताल से बाहर निकाल कर उसी परिसर में दीवार के सामने खड़ा कर दिया, फिर सभी पर गोलियों की बौछार कर दी। सभी ने वहीं पर दम तोड़ दिया। बेहरा बलमुचू नामक एक व्यक्ति उस दिन अस्पताल में भरती था। उसने जोजोगुट्टु के ग्रामीणों को बताया था कि पुलिस ने लाइन में खड़ा कर कैसे आठ घायलों को गोली मारी थी। गुवा हाट और अस्पताल में पुलिस फायरिंग में जो लोग शहीद हुए, वे हैं-ईश्वर सरदार (कैरोम), रामो लागूरी (चुरगी), चांदो लागूरी (चुरगी), रेंगो सुरीन (कुंबिया), बागी देवगम (जोजोगुट्टु), जीतू सुरीन (जोजोगुट्टु), चैतन्य चांपिया (बाइहातू), चूड़ी हाँसदा (हतनाबुरू), जूरा पूर्ति (बुंडू) और गोंडा होनहागा (कोलायबुरू)।

गोलीकांड तो हो गया, लेकिन इसके बाद आतंक का नया दौर चला। पुलिस इतने गुस्से में थी कि वह गिरफ्तार भुवनेश्वर महतो और बैशाखू गोप का इनकाउंटर करना चाहती थी। भुवनेश्वर महतो उस घटना को याद कर सिहर उठे थे। पूरी घटना बताई थी। जब मारे गए जवानों और आदिवासियों के शव को लेकर अलग-अलग वाहनों में पुलिसकर्मी चाईबासा लौट रहे थे तो रास्ते में बीएमपी के जवानों की गाड़ी आ रही थी। एक गाड़ी में वे (भुवनेश्वर महतो) और बैशाखू गोप थे। बीएमपी के जवानों ने रास्ते में गाड़ी को रुकवाया और पूछा कि कहाँ हैं पकड़े गए लोग (पुलिस बैशाखू और भुवनेश्वर को खोज रही थी)। जिस गाड़ी में उन लोगों को ले जाया जा रहा था, उस गाड़ी का चालक चाईबासा का आदिवासी युवक था। उसने बीएमपी की परवाह किए बगैर गाड़ी आगे बढ़ा दी और आगे निकल गया। बाद में उस चालक ने उन्हें (भुवनेश्वर महतो को) बताया था कि अगर उसने गाड़ी नहीं बढ़ाई होती तो शायद दोनों का काउंटर कर दिया

जाता। गिरफ्तार आंदोलनकारियों को कई जगहों पर समर्थन मिला था, जिससे उन लोगों की जान बची थी। रामेश्वर उराँव (जो बाद में लोहरदगा से सांसद बने) उस समय सिंहभूम के एसपी थे। वे पलामू (झारखंड) के निवासी थे। उन्होंने भी तरीके से दोनों गिरफ्तार युवकों को बचाया था। जब पुलिसकर्मी बगावत पर उतर चुके थे और वे भुवनेश्वर को मारने के लिए आगे बढ़ ही रहे थे। सामने आ गए थे एसपी रामेश्वर उराँव। उन्होंने पुलिस का गुस्सा शांत करने के लिए भुवनेश्वर महतो को एक थप्पड़ मारा और गालियाँ दी थीं। ऐसा उन्होंने जानबूझकर किया था, ताकि पुलिसकर्मियों का गुस्सा शांत हो जाए और भुवनेश्वर महतो की जान बच जाए। एसपी रामेश्वर उराँव ने उत्तेजित सिपाहियों को चेतावनी देते हुए कहा था कि अगर होश खो दोगे, उसे (भुवनेश्वर महतो को) मार दोगो, तो कानून नहीं छोड़ेगा। फाँसी होगी, फाँसी। इससे पुलिसकर्मियों का ध्यान भुवनेश्वर से भटक गया था। नौकरी से रिटायर होने के बाद जब रामेश्वर उराँव लोहरदगा से सांसद बने तो टेलीफोन पर बातचीत में इस सच को स्वीकारा था कि उन्होंने आंदोलनकारियों की मदद की थी। वे नहीं चाहते थे कि झारखंडियों पर अत्याचार हो। रामेश्वर उराँव ने यह भी कहा था कि घटना के एक दिन पहले वे गुवा गए थे। वहाँ उन्होंने पुलिसकर्मियों को संयम बरतने के लिए कहा था। यह भी बताया था कि यहाँ की जमीन आदिवासियों की जमीन है जिसे अंग्रेजों ने लूट ली थी। अब वे जंगल साफ कर जमीन तैयार कर रहे हैं, इसलिए पुलिस भीड़भाड़ से दूर ही रहे। पुलिसकर्मियों को इतना संकेत देकर वे चाईबासा लौट आए थे।

रास्ते में तो भुवनेश्वर बच गए थे। पर चाईबासा में पुलिसकर्मी उन्हें खोज रहे थे। चाईबासा थाना हाजत में जब उन्हें बंद किया गया था तो थाना प्रभारी से बीएमपी के जवानों ने हाजत की चाबी माँगी थी, लेकिन थाना प्रभारी ने यह कहते हुए चाबी नहीं दी कि अगर इन दोनों को कुछ हो गया तो कौन फँसेगा। थाना प्रभारी भी स्थानीय आदिवासी थे। बाद में भुवनेश्वर महतो और बैशाखू गोप को जेल भेज दिया गया था। इस तरह दोनों की जान बची थी। भुवनेश्वर महतो ने भी इस बात को स्वीकारा था कि अगर रामेश्वर उराँव की जगह कोई और एसपी होता, तो शायद उन्हें जिंदा नहीं छोड़ता।

जिस तरीके से रामेश्वर उराँव ने आंदोलनकारियों का सहयोग किया था, उसका संकेत साफ था। सरकार को यह एहसास हो रहा था कि झारखंड के आंदोलनकारियों के प्रति पुलिस अधीक्षक रामेश्वर उराँव का रुख नरम है। इसलिए उन्हें बदलने का निर्णय लिया गया। रणधीर वर्मा तेज-तर्रार आईपीएस अधिकारी माने जाते थे। उन्हें सिंहभूम का नया एसपी बनाया गया। बाद में रणधीर वर्मा धनबाद में डकैतों से लोहा लेते हुए शहीद हो गए। सिर्फ एसपी ही नहीं बदले, एसडीओ तक को बदल दिया गया। विजय

कपूर को नया एसडीओ बनाया गया। दोनों ने आंदोलनकारियों को पकड़ने और लूटी गई राइफल को बरामद करने का अभियान चलाया। इस दौरान चाईबासा, चक्रधरपुर, सोनुआ, गोइलकेरा, मनोहरपुर के लगभग 1100 लोगों को पुलिस ने गिरफ्तार कर हजारीबाग जेल भेज दिया। उन दिनों आस-पास के गाँवों में पुलिस पहुँचती और जो युवक पकड़ा जाता, उसकी जमकर पिटाई होती। पुलिस जुल्म से तंग आकर गाँववालों ने लूटी गई राइफल को गाँव के बाहर फेंक दिया।

भुवनेश्वर और बैशाखू को तो पुलिस पकड़ कर चाईबासा ले गई, पर बहादुर उराँव को पुलिस नहीं पकड़ सकी थी। वे स्थानीय आंदोलनकारियों के साथ भाग निकले। पहाड़, नदी पार करते हुए रात में वे जोजोगुट्टु गाँव पहुँचे। लखी राम सुंडी ने उन्हें अपने घर में रात में रहने के लिए शरण दी। सुबह-सुबह लालू सोरेन समेत तीन युवकों ने बहादुर उराँव को पहाड़ होते हुए जोड़ा पहुँचाया था। तीस रुपए भी भाड़े के लिए दिए थे। साथ में मकई भी दिया था। वहाँ से बहादुर बाबू सुरक्षित स्थान की ओर भाग गए।

गुवा गोलीकांड के बाद बिहार सरकार ने एक हास्यास्पद निर्णय लिया था। उसने अधिसूचना जारी कर राज्य में तीर-धनुष पर प्रतिबंध लगा दिया। इस अधिसूचना के तहत अगर किसी को (आदिवासी को भी) तीर-धनुष चाहिए तो उसे उपायुक्त, अनुमंडल पदाधिकारी या उनके द्वारा अधिकृत किसी पदाधिकारी से लाइसेंस लेना जरूरी कर दिया गया था। सरकार द्वारा जारी इस अधिसूचना के अनुसार, किसी को तीर-धनुष लेने के लिए वैसा ही लाइसेंस लेना होता जैसा लाइसेंस पिस्तौल या बंदूक-राइफल्स के लिए चाहिए। सरकार ने तीर-धनुष को हथियार के रूप में मानकर उस पर प्रतिबंध लगाया था। बिहार के तत्कालीन मुख्यमंत्री डॉ. जगन्नाथ मिश्र के इस निर्णय का जोरदार विरोध हुआ था। आदिवासी समाज में तीर-धनुष का सांस्कृतिक और सामाजिक महत्त्व रहा है। आदिवासी समाज का बड़ा वर्ग जंगलों-गाँवों में रहता है। जंगली जानवरों या दुश्मनों से लड़ने के लिए भी वह तीर-धनुष का इस्तेमाल करता है। सिद्धू-कान्हू, बाबा तिलका माझी, बिरसा मुंडा या अन्य आदिवासी स्वतंत्रता सेनानियों ने अंग्रेजों के खिलाफ जो लड़ाई लड़ी थी, उसमें तीर-धनुष का ही इस्तेमाल किया था। पर अंग्रेजों ने भी तीर-धनुष पर प्रतिबंध नहीं लगाया था। जो काम अंग्रेजों ने नहीं किया, वह काम बिहार की सरकार ने कर दिखाया था। जब देश भर के आदिवासियों की ओर से विरोध के स्वर उठे थे तो मुख्यमंत्री ने यह कह कर बचाव किया था कि यह प्रतिबंध सामाजिक और सांस्कृतिक आयोजनों पर लागू नहीं होगा, बल्कि जुलूस या रैली के दौरान तीर-धनुष का इस्तेमाल नहीं किया जा सकेगा। उन दिनों शिबू सोरेन सांसद बन चुके थे। उन्होंने यह मामला लोकसभा में उठाया था। तत्कालीन प्रधानमंत्री श्रीमती इंदिरा गांधी के हस्तक्षेप के बाद तीर-धनुष पर से बिहार सरकार ने प्रतिबंध हटाया था।

घटना के 25 साल बाद बहादुर बाबू जब मेरे साथ गुवा में थे, उन्होंने जोजोगुट्टु गाँव जाने की जिद की। किसी तरह हम लोग जोजोगुट्टु गाँव पहुँचे। उसी गाँव के दो लोग बागी देवगम और जीतू सोरेन गुवा गोलीकांड में शहीद हुए थे। यह गाँव सारंडा जंगल के बीच में पहाड़ी की तराई में बसा है। सेंडल मोड़ से बाइहातु मोड़ होते हुए इस गाँव में पहुँचा जा सकता है। गुवा से सड़क मार्ग से इसकी दूरी लगभग 27 किलोमीटर होगी। बीच में कोयना नदी पड़ती है। इस नदी पर उन दिनों पुल नहीं था। नदी पार कर इस गाँव में जाया जा सकता है। गाँव के बाहर ही हम लोगों ने गाड़ी खड़ी कर दी। फिर नदी को पैदल ही पार किया। घुटने से कम पानी था, इसलिए पार करने में दिक्कत नहीं हुई। किसी तरह गाँव पहुँचा। यह गाँव शहादत के लिए जाना जाता है। बाद में पुलिस ने सबसे ज्यादा जुल्म इसी गाँव पर ढाहा था। लक्ष्मण सोरेन को पुलिस ने इतना पीटा था कि हाथ-पैर फूल गए थे। राइफल मिलने के बाद गाँववालों को राहत मिली थी।

जोजोगुट्टु में शहीदों के परिजनों से मिला। मारे गए जीतू सोरेन के एकमात्र पुत्र बागी सोरेन अपनी पत्नी के साथ उसी गाँव में रहते हैं। गोलीकांड के शिकार बागी देवगम के तीन पुत्र और बड़ी बहू से भी मुलाकात हुई। इन लोगों की शिकायत यह थी कि उनके गाँव के विकास पर किसी ने ध्यान नहीं दिया, उनका क्या ध्यान देगी।

इसी दौरान बहादुर बाबू जिद करने लगे कि वे लालू सोरेन से मिलेंगे। लालू सोरेन वही युवक था जिसने बहादुर बाबू की जान बचाकर ओड़िशा पहुँचाया था। गाँव के लोगों ने इतना स्वीकार किया कि लालू सोरेन इसी गाँव में रहता है। पर उससे इस समय भेंट नहीं हो सकती। बहादुर बाबू के उत्साह-भावुकता को देखते हुए हम लोगों ने तय कर लिया था कि बिना लालू सोरेन को खोजे चाईबासा नहीं लौटेंगे। गाँववालों से इतना जरूर पूछ लिया था कि लालू सोरेन दिखता कैसा है? खुद बहादुर बाबू भी उसे नहीं पहचानते थे। पहचानते भी कैसे? 25 साल बीत गया था। वह युवक अब 50 साल का हो चुका होगा।

गाँव से बाहर जाने के क्रम में जब रास्ते में 50 साल के एक ग्रामीण को साइकिल से आते देखा, उन्हें रोका। पूछा कि भाई, लालू सोरेन को जानते हैं? वाक्य पूरा होने के पहले ही नहीं-नहीं कहने लगा। हम सभी लोग उस व्यक्ति के लिए अपरिचित थे। इसलिए आगे कुछ बताए बगैर वह व्यक्ति जाने लगा। इसी बीच मेरे मुँह से यह निकला—अगर लालू सोरेन कभी मिले तो कह दीजिएगा कि बहादुर उराँव उन्हें खोज रहे थे। बहादुर उराँव का नाम सुनते ही वह व्यक्ति अचानक रुक गया। साइकिल से उतरा। फिर सामने आया। इस बार भाव बदला हुआ था। पूछा कि आपमें बहादुर उराँव कौन हैं? जब मैंने बहादुर उराँव की ओर इशारा किया, उसके बाद वह व्यक्ति बहादुर बाबू से लिपट गया। रोने लगा। अजीब मुलाकात देखी। कहने लगा—हम हैं लालू सोरेन, हम

हैं। बहादुर बाबू, आप कहाँ थे इतने दिनों तक? गोलीकांड के बाद हम लोग इस उम्मीद में थे कि आप दुबारा आइएगा, आप नहीं आए। आप विधायक बन गए (बहादुर बाबू चक्रधरपुर से विधायक बने थे), फिर भी नहीं आए, इधर कुछ ध्यान नहीं दिया। इधर लालू सोरेन रो रहा था, उधर बहादुर बाबू।

रोना-धोना खत्म हुआ तो बहादुर बाबू ने लालू सोरेन से कहा—हम उस घर को देखना चाहते हैं जहाँ दुबारा हमारा जन्म हुआ, जहाँ हमें पुलिस से छिपाकर रखा गया था। लालू सोरेन हम सभी को एक खेत में ले गया। धान लगा हुआ था। एक जगह वह खड़ा हो गया। बहादुर बाबू ने पूछा—हम खेत नहीं, उस घर को देखना चाहते हैं जहाँ हमने रात बिताई थी। लालू सोरेन ने कहा—यही वह जगह है जहाँ आपको रात में रखा गया था। मिट्टी का कच्चा घर था। गिर गया। अब कुछ नहीं है। बहादुर बाबू झुके और मिट्टी को उठाया, ललाट पर लगाकर उस धरती को प्रणाम किया। अजीब दृश्य था वह। एक-दूसरे के प्रति स्नेह-कृतज्ञता का अनोखा उदाहरण देखा। बहादुर बाबू, फिर आइएगा, यह कहकर लालू सोरेन अपने घर की ओर रवाना हो गया। हम सभी भी लौटने लगे।

गोलीकांड के बाद सभी शवों को पोस्टमार्टम के लिए चाईबासा भेजा गया था। गुवा में आठ सितंबर की रात नौ बजे से नौ सितंबर की शाम पाँच बजे तक के लिए कर्फ्यू लगा दिया गया था। पुलिस के आतंक के कारण शहीदों का शव लेने कोई नहीं पहुँचा था। 9 सितंबर तक शव चाईबासा में ही पड़ा रहा, ताकि कोई परिजन दावा करे, पर पुलिस के भय से सामने कोई नहीं आया। बाद में शवों को प्रशासन ने दफना दिया। पुलिस ने अपनी रिपोर्ट में स्वीकार किया था कि कुल 68 राउंड फायरिंग की गई थी। इसमें से 58 राउंड फायरिंग गुवा हाट में और 10 राउंड फायरिंग गुवा अस्पताल में की गई थी। गोलीकांड के बाद पुलिस ने अपना जुल्म जारी रखा। उसने डॉक्टर महतो को इतना पीटा कि वह विक्षिप्त हो गए। घटना के बाद यह तय किया गया कि गुवा के आंदोलनकारियों की याद में स्मारक बनाया जाए। कृष्णा मार्डी ने गुवा हाट में शहीदों का स्मारक बनवाया था। हर साल 8 सितंबर को सलाई और गुवा में शहीदों की याद में हजारों लोग जुटते हैं। देवेंद्र मांझी ने गुवा के शहीदों के लिए सलाई में पत्थर गड़वाया था। वहाँ पर अब एक स्मारक बनाया गया है। शहीदों को वहाँ भी याद किया जाता है।

□

गुजीसिमल गोलीकांड : 9 नवंबर, 1980

डरकर पुलिस ने कर दी फायरिंग

शहीद

1. डिंगा किस्कू, 2. प्रधान मुर्मू, 3. नंदलाल हाँसदा।

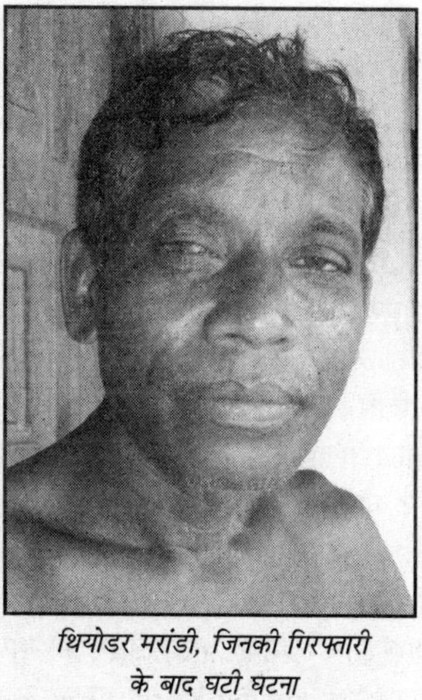

थियोडर मरांडी, जिनकी गिरफ्तारी के बाद घटी घटना

झारखंड आंदोलन में संताल परगना ने बड़ी भूमिका अदा की। अनेक जगहों पर पुलिस ने फायरिंग की, पुलिसकर्मियों ने जुल्म ढाहा। हजारीबाग-गिरिडीह और धनबाद के क्षेत्र में महाजनों के खिलाफ संघर्ष चलाने के बाद शिबू सोरेन इस आंदोलन को संताल में ले गए थे। इसलिए संताल में जो भी बड़ी घटनाएँ घटीं, वह 1977 के बाद की है। टुंडी विधानसभा का चुनाव हारने के बाद शिबू सोरेन संताल परगना चले गए। दुमका और इसके आस-पास अपना आंदोलन फैलाया। जब वहाँ के लोगों को शिबू सोरेन का समर्थन मिला तो वे महाजनों के खिलाफ उठ खड़ा हुए। इसी दौरान फायरिंग की घटना घटी।

दुमका जिले में स्थित है गुजीसिमल गाँव। यह गाँव संताल परगना में आंदोलन का केंद्र हुआ करता था। इसी गाँव में पुलिस ने 9 नवंबर, 1980 को फायरिंग कर तीन लोगों को मार डाला था। इस घटना की बुनियाद तो 8 नवंबर को ही पड़ गई थी। उस दिन शिकारीपाड़ा थाना में शांति समिति की एक बैठक बुलाई गई थी, जिसमें विभिन्न दलों के नेताओं-सामाजिक कार्यकर्ताओं को बुलाया गया था। इस बैठक में तब झारखंड मुक्ति मोरचा में मोड़ायाम गाँव के युवक थियोडर मरांडी को भी बुलाया गया

था। बैठक खत्म होने के बाद सभी लोगों के साथ वह भी बस का इंतजार कर रहा था। इसी दौरान पुलिस ने उसे बुला लिया और काफी देर तक थाना में बैठाए रखा। थियोडर के नहीं लौटने पर सीतासाल का कलम हेंब्रम जब थाने पहुँचा, तो उसे भी थाना में बैठा लिया गया और दूसरे दिन उन दोनों को जेल भेज दिया गया।

जैसे ही ग्रामीणों को इस बात की जानकारी मिली कि पुलिस ने थियोडर मरांडी और कलम हेंब्रम को शांति समिति की बैठक के बाद गिरफ्तार कर लिया, उनमें आक्रोश फैल गया। गिरफ्तारी के विरोध में दूसरे दिन 9 नवंबर, 1980 को सुबह से ही सैकड़ों ग्रामीणों ने रोड जाम कर दिया और दोनों की रिहाई की माँग की।

सुबह से ही रोड जाम होने के कारण वाहनों की कतार लग गई थी। इस घटना के प्रत्यक्षदर्शी रहे हैं रामचंद्र माझी। इन दिनों वे वकालत कर रहे हैं। पहले शिबू सोरेन के साथ जेएमएम में थे अब भाकपा माले के जिला सचिव हैं। वे बताते हैं कि उन दिनों दुमका से शिवड़ी तक विजय भारत बस चलती थी। जाम में वह बस भी फँसी हुई थी। उस बस के आगे कुछ बैलगाड़ी थीं, जिसे पुलिस ने हटा दिया था। शाम हो रही थी। एक इंस्पेक्टर उमाकांत मिश्र वहाँ पहुँचे और उन्होंने बस के चालक के हाथ पर रूल से मारते हुए बस को आगे बढ़ाने को कहा। जैसे ही चालक ने बस को आगे बढ़ाना चाहा, दो लड़के बस के सामने आ गए और बस को रोक दिया। इसी बीच इंस्पेक्टर उमाकांत ने एक लड़के के सिर पर रूल से मारा जिससे उसका सिर फट गया और खून बहने लगा। उसके साथ खड़े लड़के ने जैसे ही अपने साथी के सिर से बहते खून को देखा, उसने गुस्से में इंस्पेक्टर उमाकांत पर तीर से हमला कर दिया। इंस्पेक्टर गिर पड़े। पुलिसवाले दौड़े और अफरातफरी के बीच गाड़ी पर बैठाकर तेज गति से दुमका की ओर जाने लगे। रोड पर तो गाड़ियों की कतार लगी थी। पुलिस और आंदोलनकारी दोनों छिपने लगे। इस बीच एक पुलिसकर्मी ने कहा—गोली नहीं चलाएँगे तो मारे जाएँगे। इसी के बाद फायरिंग होने लगी। तीन लोग मारे गए पर घटनास्थल पर कोई नहीं मरा। थोड़ी दूर पर तीन लोगों के शव पाए गए।

मृतकों में डिंगा किस्कू (पांजनबोना), प्रधान मुर्मू (गुजीसिमल) एवं नंदलाल हाँसदा (मुड़ायाम) शामिल थे। इस गोलीकांड के बाद पूरे क्षेत्र में पुलिस के खिलाफ जोरदार आंदोलन चला। थियोडर एवं कलम हेंब्रम को चार महीने बाद जेल से रिहा किया गया।

इस कांड के बाद थियोडर मरांडी को रेलवे में नौकरी मिल गई थी। वे आईटीआई पास थे। कोलकाता में नौकरी कर रहे थे। इसी बीच वे अपने घर आए। यहाँ गाँव के लोगों ने उनसे शिकायत करते हुए कहा—आप तो मजे में हैं, नौकरी कर रहे हैं। मारे तो गए हमारे लोग। गाँववालों की इस बात से थियोडर मरांडी इतने आहत हुए कि उन्होंने वहीं पर नौकरी से त्यागपत्र देने का निर्णय लिया। फिर रेलवे की नौकरी करने नहीं गए।

□

बाइपी गोलीकांड : 24 नवंबर, 1980

मूड किया, दाग दी गोली

शहीद

1. तिकुद लागूरी।

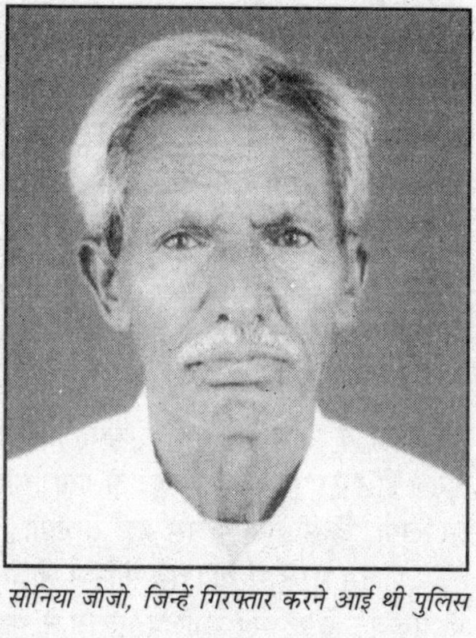

सोनिया जोजो, जिन्हें गिरफ्तार करने आई थी पुलिस

झारखंड आंदोलन के दौरान पुलिस ने कैसे बेकसूर लोगों पर गुस्सा निकाला था, इसका एक उदाहरण बाइपी गोलीकांड है। सिर्फ बाइपी ही नहीं, आंदोलनकारियों से खार खाई पुलिस ने पूरे झारखंड आंदोलन के दौरान कई बार अपने अधिकारियों से आदेश नहीं मिलने के बावजूद गुस्से में फायरिंग की थी। जिसे खोजा, वह नहीं मिला तो जो मिला, उसे ही मार दिया। बेकसूरों को निशाना बनाया था। अगर झारखंड के गोलीकांड को याद किया जाए तो बिल्ला में पुलिस जिन लोगों को तलाश करने गाँव गई थी, वे तो जंगल में भाग गए थे। पुलिस गुस्से में थी। यह गुस्सा निकला था एक बुजुर्ग दिऊँ कोड़ा पर। रास्ते में मिल गए थे बेकसूर दिऊँ कोड़ा। पुलिस ने उन्हें ही पटककर गोली मार दी थी। गुवा में भी यही हुआ था। बाइपी की घटना भी इससे मिलती-जुलती थी। तालाब में गाय-बैल को नहला रहे दो लोगों पर पुलिस ने दूर से फायरिंग कर दी थी। पुलिस की गोली से तिकुद लागूरी शहीद हो गया था। इसे ही बाइपी गोलीकांड के रूप में जाना जाता है।

घटना 24 नवंबर, 1980 की थी। गुवा गोलीकांड (8 सितंबर, 1980) के बाद

पुलिस आंदोलनकारियों से सख्ती से निबटने का मन बना चुकी थी। एक माह के अंदर ही 7 अक्तूबर, 1980 को पुलिस ने आंदोलनकारियों की सभा पर कासीजोवा में फायरिंग की। उसके कुछ दिनों बाद बाइपी के लोगों पर पुलिस का कहर टूटा।

गुवा गोलीकांड के बाद पुलिस आंदोलनकारियों को खोज रही थी। इसी क्रम में चक्रधरपुर में बहादुर उराँव, भुवनेश्वर महतो और सूला पूर्ति को खोजा जा रहा था। आंदोलनकारी अपनी रणनीति दूरदराज के गाँवों में ही बनाते थे। इसके पहले वे गाँव की ओर आनेवाली सड़कों को बाधित कर देते थे। इसके लिए पेड़ों को काटकर सड़क पर गिरा दिया जाता था, ताकि पुलिस उस क्षेत्र में गाड़ी से नहीं आ सके।

एक सड़क है चक्रधरपुर से सैथा के लिए। यह बाइपी होकर गुजरती है। पुलिस को सूचना मिली थी कि इस सड़क को भी आंदोलनकारियों ने बाधित कर रखा है। उन दिनों चक्रधरपुर के बीडीओ रामबहादुर सिंह, सीओ केपी सिंह थे। ये लोग सीआरपीएफ और बिहार पुलिस के साथ पेट्रोलिंग के लिए उलुगुट्टु-बाइपी-सैथा रोड पर गए। ये लोग वहाँ से जैसे ही बाइपी के लिए गए, रोड बाधित मिला। जैसे ही ये लोग आगे बढ़े, लोग जमा होने लगे। लोगों के विरोध के कारण पुलिस को कुछ देर के लिए पीछे हटना पड़ा था। बाद में गाँव के युवक इधर-उधर हो गए, पर वे गाँव और पुलिस की गतिविधियों पर नजर रख रहे थे। उन्हें पता था कि पुलिस बदले की कार्रवाई करेगी। पुलिस को खबर थी कि बाइपी के सोनिया जोजो, धरमसाई के सिद्दू जामुदा और सरजामहातू के ललित हेंब्रम आंदोलन की रणनीति बना रहे हैं। बाद में पुलिस बल सोनिया जोजो को गिरफ्तार करने के लिए उनका घर पहुँचा। साथ में बीडीओ और सीओ भी थे। सोनिया अपने घर पर नहीं मिले। नाराज और अनियंत्रित पुलिस घर के सामानों को ले जाने लगी। कुछ सामानों को पुलिस ने नष्ट करना चाहा। इतना ही नहीं, सोनिया जोजो के घर की महिलाओं के साथ पुलिस ने दुर्व्यवहार भी किया। इससे गाँव के लोग उत्तेजित और नाराज हो गए। पूरा गाँव एकजुट हो गया। महिलाएँ, पुरुष और बच्चों ने भी पुलिस को घेर लिया। किसी तरह पुलिस वहाँ से भागी।

पुलिस गुस्से में थी। वह सोनिया जोजो को पकड़ने में विफल रही थी। गाँववाले भी एकजुट हो रहे थे। इसलिए पुलिस ने महसूस किया कि वहाँ से भागना ही बेहतर होगा। बड़ी संख्या में पुलिस बल के होने के बावजूद भौगोलिक जानकारी उन्हें नहीं थी, जबकि आंदोलनकारियों को चप्पे-चप्पे की जानकारी थी। भागते समय पुलिस ने पास के ही एक तालाब के पास दो युवकों को देखा जो तालाब में गाय-बैल को नहला रहे थे। ये दो लोग थे तिकुद लागूरी और लुला बोदरा। पुलिस ने इन दोनों बेकसूर लोगों को निशाना बनाकर दूर से ही अंधाधुंध फायरिंग कर दी। दोनों गंभीर रूप से घायल हो गए। इसमें से तिकुद लागूरी के पेट में गोली लगी, जबकि लुला बोदरा (पुत्र नाओ बोदरा)

की जाँघ में गोली लगी। जिस तालाब के पास पुलिस ने फायरिंग की, वह गाँव से कुछ ही दूरी पर था। गोली की आवाज और दोनों युवकों के शोर मचाने पर गाँव के लोग फिर जुटने लगे। वे पारंपरिक हथियार से लैस थे। फायरिंग करते हुए पुलिस वहाँ से भाग गई। दंडाधिकारी ने खुद स्वीकार किया था कि बीएमपी ने आंदोलनकारियों पर 11 राउंड और सीआरपीएफ ने चार राउंड गोलियाँ चलाई थीं।

पुलिस फायरिंग में घायल तिकुद लागूरी ने 25 नवंबर को दम तोड़ दिया। वह दोरबा गाँव का रहनेवाला था। बाद में गाँव के लोग वहाँ जमा हुए और वहीं उसका अंतिम संस्कार कर दिया। फिर तालाब के किनारे उसकी अस्थि को गाड़ दिया गया।

□

कुइड़ा गोलीकांड : 26 अक्तूबर, 81

स्वतंत्र कोल्हान राष्ट्र की साजिश

पश्चिमी सिंहभूम का प्रखंड है गोइलकेरा। इसी प्रखंड का एक गाँव है कुइड़ा। कोल्हान रक्षा संघ इसी कुइड़ा गाँव में सभा कर स्वतंत्र कोल्हान की घोषणा करनेवाला था। पुलिस इसे हर हाल में रोकना चाहती थी। ग्रामीणों और पुलिस के बीच संघर्ष हुआ था। एसपी रणधीर वर्मा तीर के हमले में बाल-बाल बच गए थे। पुलिस ने फायरिंग की थी जिसमें सिद्धू कोड़ा नामक युवक घायल हुआ था। 26 अक्तूबर, 1981 को हुई इस पुलिस फायरिंग को कुइड़ा फायरिंग के रूप में जाना जाता है। 30 जुलाई, 1984 को लोकसभा में गृह राज्यमंत्री श्रीमती रामदुलारी सिन्हा ने स्वीकार किया था कि बिहार के चाईबासा इलाके में कोल्हानिस्तान नाम से एक अलगाववादी आंदोलन को हवा दी जा रही है।

झारखंड आंदोलन के साथ-साथ कोल्हान क्षेत्र में कोल्हान रक्षा संघ ने भी आंदोलन

कोल्हान रक्षा संघ के महासचिव केसी हेंब्रम

तत्कालीन पुलिस अधीक्षक रणधीर वर्मा, जो बाल-बाल बच गए थे

चला रखा था। पर दोनों का आंदोलन अलग था। झारखंड मुक्ति मोरचा जहाँ अलग झारखंड राज्य के लिए लड़ाई लड़ रहा था, वहीं कोल्हान रक्षा संघ स्वतंत्र कोल्हान चाहता था। स्वतंत्र कोल्हान में विश्वास रखनेवाले नारायण जोंको और कृष्ण चंद्र हेंब्रम ने 1977 में कोल्हान रक्षा संघ की स्थापना की थी। कोल्हान रक्षा संघ का मानना था कि जिस क्षेत्र में विलकिंसन कानून लागू है, वह क्षेत्र स्वतंत्र है। वह भारत का हिस्सा नहीं है। कोल्हान रक्षा संघ ने स्वयं को कोल्हान की सरकार घोषित कर दिया था। सरकार ने इस कार्रवाई को देशद्रोही बताते हुए मामला दर्ज किया था।

पूरे क्षेत्र में तनाव तो 30 मार्च, 1981 की बैठक के बाद ही शुरू हो गया था। उसी दिन कोल्हान रक्षा संघ के नारायण जोंको ने चाईबासा में घोषणा की थी कि 2 दिसंबर, 1981 को हर हाल में कोल्हान को स्वतंत्र घोषित कर दिया जाएगा। नारायण जोंको ने लोगों को गुमराह करते हुए कहा था कि जून 1981 तक

सूचना

कोल्हान के भाईयों एवं बहनो,

आप को सूचित करते हुए हर्ष हो रहा है कि हमारे कोल्हान के गौरवमय इतिहास में कितने शताब्दियों के बाद हमारे कोल्हान वासियों की मेहनत और एकता के बदौलत यह सम्भव हो सका कि हमारे कोल्हान गवर्नमेंट इस्टेट की ओर से दो प्रतिनिधि (१) श्री नारायण जोंको, चीफ एवं (२) श्री के० ए० हेम्ब्रम मुख्य कानूनी सलाहकार को लन्दन के लिये इंडियन एयर लाईन्स से रवाना किया गया। हमारे प्रतिनिधि गण लंदन में, मार्लबोरो स्थित कॉमन वेल्थ आफ नेशन्स के सेक्रेटरी से भेंट करेंगे एवं कोल्हान गवर्नमेन्ट ईस्टेट से सम्बन्धित राजनैतिक सामाजिक एवं आर्थिक अधिकारों के बात-चीत के दौरान कोल्हान के कॉमनवेल्थ आफ नेशन्स के एक स्वतंत्र सदस्य होने के दावा को स्पष्ट करेंगे। इसके बाद वे पेरिस (फ्रांस) जर्मनी का दौरा करते हुये जेनेवा (स्वीटजरलैंड) पहुँचेंगे, जहाँ वे अन्तर्राष्ट्रीय संघ U. N. O में 'कोल्हान' केस को प्रस्तुत करेंगे एवं कोल्हान के अन्तर्राष्ट्रीय-[illegible] को पुनः विश्व-स्तर पर लागू करेंगे। इस मुकदमें में कोल्हान में हो रहे गिरफ्तारी एवं पुलिस गोली कांड, विशेषतः गुवा गोली कांड की भर्त्सना एवं चर्चा की गई है। राष्ट्रसंघ (जेनेवा) के अदालत में यह भी दावा किया जा रहा है कि 'हमारा कोल्हान [illegible] एक स्वतंत्र राष्ट्र है'। इसकी अपनी कोल्हान गवर्नमेन्ट है जो इतिहास के पन्नों में अब तक मौजूद है। इस मुकदमें में भारत सरकार भी एक मुद्दालय होगा।

साथ ही विश्व के अदालत में यह भी दावा किया जा रहा है कि कोल्हान के खनिज एवं वन सम्पदा कोल्हान वासियों की अपनी ऐतिहासिक सामाजिक सम्पत्ति है जिसका हक एवं अधिकार सिर्फ कोल्हान गवर्नमेन्ट को है और किसी भी अन्य सरकार का कोई कानूनी हक एवं अधिकार नहीं है।

दिनांक ३० मार्च १९८१ के आम सभा में अपने संकल्प घोषणा नं० ४ के अनुसार में घोषणा की गई है कि कोल्हान रक्षा संघ ही कोल्हान गवर्नमेन्ट है।

कोल्हान गवर्नमेन्ट ईस्टेट के
आदेश से :—
के० ए० हेम्ब्रम
सेक्रेटरी
कोल्हान गवर्नमेन्ट

G.E.L. Church Press, Ranchi

उपायुक्त सिंहभूम का कार्यालय, चाईबासा।

सूचना।

झारखण्ड प्रांत या कोल्हान स्टेट की मांग के नाम पर कुछ असमाजिक एवं देशद्रोही तत्वों द्वारा यहाँ के भोले भाले आदिवासी भाइयों को तरह तरह से गुमराह किया जा रहा है। उन्हें अवैध रूप से जंगल काटने के लिये उकसाया जा रहा है। उन्हें यह भी झूठा प्रलोभन दिया जा रहा है कि जिस जमीन का जंगल काटेंगे उनकी हो जायगी।

सरकार यहाँ की जनता को स्पष्ट बताना चाहती है की जंगल काटनेवाले एवं कटवानेवाले को कड़ी से कड़ी सजा दी जायगी तथा जमीन किसी भी हालत में बन्दोबस्त नहीं की जायगी।

उपद्रवियों द्वारा यह भी प्रचार किया जा रहा है कि विभिन्न उद्योग, सिंचाई योजना आदि से यहाँ के लोगों को कोई फायदा नहीं होगा। यह बहुत ही भ्रामक प्रचार है। यदि उद्योग, सिंचाई योजना आदि से रहन सहन का दर्जा ऊँचा नहीं उठता तब अमेरिका एवं अन्य पश्चिमी देशों में ऐसे कार्यक्रम नहीं चलाये जाते। इन्हीं योजनाओं से यहाँ के युवकों को रोजगार मिलेगी, यहाँ की जमीन में सालो भर हरियाली रहेगी।

सरकार यह देखेगी कि यहाँ के युवकों को कार्य मिले, प्रत्येक खेत को सिंचाई की सुविधा मिले जिससे यहाँ के लोगों का रहन सहन का दर्जा ऊँचा हो सके।

अतः गलत एवं भ्रामक प्रचार में आप नहीं आवें। अपनी भलाई आप स्वयं सोचें। आप अपनी समस्या की जानकारी स्थानीय अधिकारियों को दें, आपकी समस्या का शीघ्र निदान किया जायगा। विकास शिविर के माध्यम से आज तक विकास अनेकों कार्यक्रम आयोजित किए जाते हैं इसमें आप सहयोग करें।

उपायुक्त,
सिंहभूम, चाईबासा।

कालिका आर्ट प्रिन्टर्स : चाईबासा।

कोल्हान रक्षा संघ द्वारा सन् 1981 में और उसके जवाब में सिंहभूम प्रशासन द्वारा गाँवों में बाँटा गया परचा

'माया' सितंबर 1984 का अंक

कोल्हान विश्वविद्यालय की स्थापना कर उसे ऑक्सफोर्ड यूनिवर्सिटी से मान्यता दिलाई जाएगी। इतना ही नहीं, नारायण जोंको ने पूरे क्षेत्र में परचा बाँट कर यह कहा था कि अब कोल्हान रक्षा संघ ही इस क्षेत्र में टैक्स की वसूली करेगा। परचा में ही घोषणा की गई थी कि कोल्हान के प्रमुख (स्वयंभू) नारायण जोंको और कानूनी सलाहकार सी ए टोपनो इंग्लैंड जाएँगे और ज्ञापन सौंपेंगे। कोल्हान रक्षा संघ की इस तरह की देशद्रोही कार्रवाई से प्रशासन पहले से नाराज था।

नारायण जोंको और सीए टोपनो के विदेश दौरे पर रवाना होने के बाद केसी हेंब्रम ने स्वयं को कोल्हान सरकार का सचिव करार देते हुए एक परचा बँटवाया था। यह परचा जीईएल चर्च प्रेस, राँची में छापा गया था। परचा इस प्रकार था—

सूचना

कोल्हान के भाइयों एवं बहनों,

आपको सूचित करते हुए हर्ष हो रहा है कि हमारे कोल्हान के गौरवमयी इतिहास में कितने शताब्दियों के बाद हमारे कोल्हानवासियों की मेहनत और एकता की बदौलत यह संभव हो सका कि हमारे कोल्हान गवर्नमेंट इस्टेट की ओर से दो प्रतिनिधि (1) श्री नारायण जोंको, चीफ एवं (2) श्री सीए टोपनो, मुख्य कानूनी सलाहकार को लंदन के लिए इंडियन एयरलाइंस से प्रस्थान किया गया। हमारे प्रतिनिधिगण लंदन में मार्ल बोरो स्थित कॉमनवेल्थ ऑफ नेशंस के सेक्रेटरी से भेंट करेंगे एवं कोल्हान गवर्नमेंट इस्टेट से संबंधित राजनैतिक, सामाजिक एवं आर्थिक अधिकारों की बातचीत के दौरान कोल्हान के कॉमनवेल्थ ऑफ नेशंस के एक स्वतंत्र सदस्य होने के दावा को स्पष्ट करेंगे। इसके बाद वे पेरिस (फ्रांस), जर्मनी का दौरा करते हुए जेनेवा (स्विट्जरलैंड) पहुँचेंगे, जहाँ वे अंतरराष्ट्रीय संघ यूएनओ में कोल्हान के केस को प्रस्तुत करेंगे एवं कोल्हान के अंतरराष्ट्रीय व्यक्तित्व को पुनः विश्वस्तर पर जागृत करेंगे। इस मुकदमे में कोल्हान में हो रहे मिलिटरी

एवं पुलिस गोलीकांड, विशेषतः गुवा गोलीकांड की भर्त्सना एवं चर्चा की गई है। राष्ट्रसंघ (जेनेवा) की अदालत में यह भी दावा किया जा रहा है कि हमारा कोल्हान कानूनन एक स्वतंत्र राष्ट्र है। इसकी अपनी कोल्हान गवर्नमेंट है, जो इतिहास के पन्नों में अब तक मौजूद है। इस मुकदमे में भारत सरकार भी एक मुदालय होगा।

साथ ही विश्व की अदालत में यह भी दावा किया जा रहा है कि कोल्हान के खनिज एवं वन-संपदा कोल्हानवासियों को अपनी ऐतिहासिक सामाजिक संपत्ति है, जिसका हक एवं अधिकार सिर्फ कोल्हान गवर्नमेंट को है और किसी भी अन्य सरकार का कोई कानूनी हक एवं अधिकार नहीं है।

विगत 30 मार्च, 1981 की आमसभा में अपनी संकल्प घोषणा नंबर चार (के अनुसार) में घोषणा की गई है कि कोल्हान रक्षा संघ ही कोल्हान गवर्नमेंट है।

(जीईएल चर्च प्रेस, राँची)। **कोल्हान गवर्नमेंट इस्टेट के आदेश से**

केसी हेंब्रम, सेक्रेटरी,

कोल्हान गवर्नमेंट

इस परचा से यह साबित होता है कि कैसे कोल्हान में देशद्रोही ताकतें सक्रिय हो गई थीं, जिन्होंने भोले-भाले आदिवासियों को बरगलाने का प्रयास किया था। कोल्हान के आदिवासी इनकी चाल को नहीं समझ पाते थे। वे सिर्फ इतना समझ पाते थे कि अलग झारखंड राज्य के लिए उन्हें कुरबानी देनी है और वे एक आवाज पर निकल पड़ते थे। उपायुक्त सिंहभूम की ओर से इन परचों के खिलाफ 'हो' और हिंदी भाषा में परचा जारी किया गया था, जिसमें बताया गया था कि कैसे क्षेत्र में राष्ट्रविरोधी ताकतें सक्रिय हैं और ग्रामीण सतर्क रहें।

केसी हेंब्रम के आदेश से लगातार परचे बँट रहे थे। इसी बीच अक्तूबर में ही केसी हेंब्रम ने खुद को कोल्हान सरकार का सचिव बताते हुए एक और परचा बाँटा जिसमें उन्होंने लिखा था कि उनके नेता यूएनओ को ज्ञापन सौंपकर विदेश से लौट चुके हैं। इस परचा में उन्होंने नारायण जोंको को कोल्हान सरकार का प्रमुख बताया था।

इसी बीच यह तय हुआ कि 26 अक्तूबर, 1981 को कुइड़ा में कोल्हान रक्षा संघ एक सभा करेगा जिसमें नारायण जोंको, केसी हेंब्रम, सी ए टोपनो, मोतीलाल मारला, मुरगी अंगरिया भाग लेंगे। आस-पास के पूरे क्षेत्र में परचा के जरिए आदिवासियों को यह जानकारी दे दी गई थी कि कोल्हान रक्षा संघ के ये नेता अपने विदेश दौरा की उपलब्धियों की जानकारी देंगे। आम आदिवासी (ग्रामीण) अलग झारखंड राज्य और कोल्हान स्वतंत्र राष्ट्र के फर्क को समझ नहीं पा रहा था। स्वशासन के नाम पर कोल्हान रक्षा संघ झारखंड आंदोलन की आड़ में एक दूसरी तरह का आंदोलन चला रहा था।

प्रशासन को इस बात की खबर लग चुकी थी। कुइड़ा पर प्रशासन की नजर थी। थाना प्रभारी ने यह संदेश भेजा था कि सभा के बाद भीड़ हिंसक हो सकती है। एसडीओ सदर (चाईबासा) ने वाई चंपई को दंडाधिकारी बनाकर कुइड़ा भेज दिया। उन दिनों चाईबासा के पुलिस अधीक्षक (एसपी) थे रणधीर वर्मा। तेज-तर्रार आईपीएस अफसर। (बाद में धनबाद में बैंक में डकैतों का सामना करते हुए वे शहीद हो गए थे)। जैसे ही थाना प्रभारी का संदेश उन्हें मिला, कुइड़ा पहुँचे। बारकेला में पहले से ही सीआरपीएफ की बटालियन को तैनात किया गया था। एसपी ने वहाँ से सीआरपीएफ को साथ लिया। बीएमपी के जवान भी वहाँ पहुँच गए।

कुइड़ा एक छोटा सा गाँव है, जो भले ही गोइलकेरा प्रखंड और गोइलकेरा थाना के अंतर्गत है, पर है या सोनुआ के करीब। सिर्फ छह किलोमीटर की दूरी पर। वहाँ वन विभाग का एक गेस्ट हाउस था, जिसमें पहले से ही सुरक्षाकर्मी ठहरे हुए थे। गाँव में एक स्थान है जहाँ हाट लगता है। इसी जगह 11 बजे से ही धीरे-धीरे कोल्हान रक्षा संघ के सदस्य और ग्रामीण जमा होने लगे। दो बजते-बजते पूरा हाट ग्रामीणों की भीड़ से भर गया। लोग अपने साथ तीर-धनुष, फरसा और अन्य पारंपरिक हथियार लेकर आए थे। उस समय तो नारायण जोंको, केसी हेंब्रम वहाँ नहीं पहुँचे थे। पर ग्रामीणों को भरोसा था कि ये नेता वहाँ पहुँचेंगे और स्वतंत्र कोल्हान की घोषणा करेंगे। ग्रामीण उत्तेजित भी थे और रह-रह कर नारे भी लगा रहे थे।

स्वतंत्र कोल्हान राष्ट्र (राज्य नहीं) की माँग को सरकार पहले ही राष्ट्रद्रोह की श्रेणी में ला चुकी थी। इसलिए प्रशासन चिंतित था। वहाँ का माहौल देखते हुए दंडाधिकारी और एसपी ने निर्णय लिया कि सभा का आयोजन करने देना खतरनाक होगा। वहाँ पहले से ही निषेधाज्ञा लागू थी। एसपी रणधीर वर्मा ने पूरे इलाके की घेराबंदी कर दी थी। सभी पुलिसकर्मियों को तीन भागों में बाँटकर धीरे-धीरे हाट स्थल को घेर लिया गया। वहाँ घोषणा की गई कि सभा गैर-कानूनी है और सभी लोग वहाँ से हट जाएँ और अपने-अपने घर चले जाएँ। इस घोषणा के बाद कुछ लोग हटने लगे।

गाँव के पश्चिमी छोर पर एक तालाब था। बड़ी संख्या में ग्रामीण उसी ओर जाने लगे। पास में पहाड़ी भी थी। पुलिसवाले धीरे-धीरे भीड़ को खदेड़ रहे थे और उनके पीछे-पीछे चल रहे थे। इनमें खुद एसपी रणधीर वर्मा भी थे। जैसे ही ग्रामीण थोड़ा आगे गए, पेड़ की आड़ से एक युवक ने रणधीर वर्मा की ओर एक तीर मारा। एसपी के ठीक पीछे खड़े दारोगा ने एसपी को अलर्ट किया। तीर से बचने के लिए एसपी खुद जमीन पर लेट गए और लुढ़कते हुए अपने रिवाल्वर से फायरिंग की। इसी बीच बहादुर थापा नामक एक सिपाही को तीर लगा। पुलिस ने भी फायरिंग की। तीर चलानेवाले को जाँघ में पुलिस ने गोली मार दी।

इस बीच गाँववालों की ओर से तीर की बारिश होने लगी। पुलिस आगे बढ़ नहीं पा रही थी। इस बीच दंडाधिकारी ने फायरिंग का आदेश दिया। पुलिस फायरिंग के बाद भीड़ वहाँ से हट गई और पहाड़ी की ओट में छिप गई। पुलिस फायरिंग में किसी की मौत नहीं हुई। पर पुलिस उस युवक को पकड़ने में सफल रही जिसने तीर चलाया था। उसका नाम था सिद्धू कोड़ा। पुलिस ने इस घटना में रामा सोरेन, मन्ना सोय, चोरी सोरेन, पोंडे मारला, सरदा सोरेन, कोदवा सुंडी और सैला सोरेन को गिरफ्तार किया था। केसी हेंब्रम पर देशद्रोह का मुकदमा किया गया था। लंबे समय तक वह फरारी का जीवन काटते रहे। बाद में देशद्रोह का मुकदमा वापस ले लिया गया।

□

कुंबिया गोलीकांड : 5 नवंबर, 1981

जुल्म का विरोध किया तो फायरिंग की

झारखंड आंदोलन के दौरान गुवा चर्चित रहा। गुवा वही जगह है जहाँ 1980 में आदिवासियों को अस्पताल में खड़ा कर गोलियों से उड़ा दिया गया था। यह वही जगह है जहाँ बीदरनाग को पुलिस ने जीप में बाँधकर घसीट-घसीटकर मार डाला था। उसी गुवा के पास एक गाँव है कुंबिया।

जंगल आंदोलन के दौरान पुलिस आंदोलनकारियों को खोज रही थी। इसी क्रम में एक दिन पुलिस कुंबिया पहुँची। पुलिस सोमा कुम्हार को खोज रही थी। पर वह गाँव में नहीं मिला। पुलिस ने उसके घर में तोड़-फोड़ की और उसके पिता को गिरफ्तार कर जेल भेज दिया। एक बुजुर्ग महिला ने जब इसका विरोध किया तो उसे भी राइफल के बट से पुलिस ने पीटा। पुलिस की पिटाई से उस महिला का दाँत टूट गया। इस घटना से गाँव के लोग नाराज हो गए और उन्होंने गाँव में पुलिस का प्रवेश रोकने के लिए पेड़ काटकर रास्ता जाम कर दिया।

5 नवंबर, 1981 को जब पुलिस पेट्रोलिंग करते-करते वहाँ पहुँची तो देखा कि सड़क को ग्रामीणों ने काट दिया है और पेड़ों को काटकर सड़क पर रख दिया है। पुलिस ने रोड जाम को हटाना चाहा। इसकी जानकारी गाँववालों को मिल चुकी थी। वे अपने पारंपरिक हथियार के साथ वहाँ जमा हो गए थे। गाँववाले पहले से ही पुलिस पर नाराज थे। वे नहीं चाहते थे कि पुलिस फिर गाँव में आए और आतंक मचाए। जैसे ही पुलिसकर्मियों ने जाम हटाने का प्रयास किया, ग्रामीणों ने तीर से उन पर हमला कर दिया। पुलिस इस हमले के लिए तैयार नहीं थी। उसने आंदोलकारियों को वहाँ से हटाने के लिए तुरंत फायरिंग कर दी। इस फायरिंग के बाद आंदोलनकारी वहाँ से हट गए। इस गोलीकांड में कोई घायल नहीं हुआ था।

□

जोजोगुट्टु गोलीकांड : 14 नवंबर, 1981

पुलिस के लिए चुनौती एक गाँव

पश्चिमी सिंहभूम में किरीबुरू से लगभग 25 किलोमीटर की दूरी पर बसा है छोटानागरा। अब तो सैंडल से लेकर मनोहरपुर तक शानदार पक्की सड़क बन गई है। आंदोलन के दौरान मोरम की कच्ची सड़क थी। उन दिनों यहाँ पर सशस्त्र बल को तैनात कर दिया गया था। यहाँ तैनात सुरक्षाकर्मियों का काम पेट्रोलिंग करना और आंदोलनकारियों द्वारा किए गए रोड जाम को हटाना था। इसी छोटानागरा से चार किलोमीटर दूर है जोजोगुट्टु गाँव। यह वही गाँव है जहाँ के बागी देवगम और जीतू सुरीन गुवा गोलीकांड में शहीद हुए थे। उसी समय से यह गाँव पुलिस के लिए किरकिरी बना हुआ था। यह वही गाँव है जहाँ से गुवा गोलीकांड के दौरान पुलिस से लूटी गई राइफल्स को बरामद किया गया था। छोटानागरा के पास ही है सलाई। वहाँ भी उन दिनों बीएमपी का कैंप बनाया गया था।

घटना 14 नवंबर, 1981 की है। पुलिस को वन विभाग के अधिकारियों के हवाले से खबर मिली कि सुरक्षित वन क्षेत्र में आंदोलनकारियों ने कई पेड़ों को काट दिया है। सारंडा के रेंज ऑफिसर थे वीएन शुक्ला। उनके साथ थे सीआरपीएफ के जवान और छोटानागरा के सरपंच गंगाराम गोप। ये लोग जैसे ही जोजोगुट्ट गाँव के पास पहुँचे, नगाड़ा की आवाज सुनी (गाँव के लोग नगाड़ा-डुगडुगी बजाकर आगाह करते हैं)। जब पुलिसकर्मी आगे बढ़े तो कुछ दूरी पर झोपड़ी के पीछे कुछ लोगों को खड़ा देखा। ये लोग पारंपरिक हथियार से लैस थे। कुछ लोगों ने पेड़ की ओट से ही पुलिस पर तीर चला दिया। सीआरपीएफ के जवान एसएन खान और जेएन उपाध्याय को तीर लगा। पुलिस तुरंत जवाबी कार्रवाई के मूड में आ गई। जिस ओर से तीर चला था, उस ओर पुलिस ने फायरिंग कर दी। यह गोली एक व्यक्ति को लगी। वह वहीं पर गिर पड़ा। इसके पहले कि पुलिस उस घायल व्यक्ति को पकड़ने के लिए वहाँ पहुँच पाती, गाँववाले तेजी से निकले और घायल को लेकर जंगल में भाग गए। पुलिस किसी को पकड़ नहीं सकी। जब पुलिस दूसरी ओर गई तो तालाब के पास से फिर तीर चला।

सीआरपीएफ ने फिर एक राउंड गोली चलाई, पर इसमें कोई घायल नहीं हुआ। पुलिसकर्मियों ने पीछा कर कांदे देवगम नामक युवक को पकड़ा और उसके पास से तीर बरामद किया। कुछ ही देर के अंदर पुलिस ने वहाँ दो राउंड फायरिंग की जिसमें एक युवक घायल हुआ था। पुलिस बाद में भी पता नहीं लगा सकी कि घायल युवक जिंदा रहा या उसकी मौत हो गई।

□

सरजोमहातू गोलीकांड : 25 नवंबर, 1981

गोली मारकर भाग गई पुलिस

गोलीकांड में शहीद

टेपा हेंब्रम।

जंगल आंदोलन के दौरान पेड़ों को काटना, रोड जाम करना आम बात थी, ताकि पुलिस गाँव में आसानी से घुस नहीं सके। इसी क्रम में कटे पेड़ों को हटाने आई पुलिस और आंदोलनकारियों के बीच संघर्ष की भी घटनाएँ घटती थीं। आंदोलन के दौरान पुलिस के लिए सबसे आसान तरीका था फायरिंग करते हुए निकल जाना। ऐसी ही एक घटना घटी थी 25 नवंबर, 1981 को। पुलिस जुल्म के विरोध में जब ग्रामीण एकजुट होकर विरोध कर रहे थे तो पुलिस ने सरजोमहातू में फायरिंग कर दी थी। इसमें टेपा हेंब्रम नामक एक व्यक्ति की मौत हो गई थी। सरजोमहातू सोनुवा थाना क्षेत्र (पश्चिम सिंहभूम जिला) में है। यह गाँव सोनुवा से पूर्व में 15 किलोमीटर दूर है।

1978 से लेकर 1983 तक पूरे कोल्हान क्षेत्र में पुलिस और झारखंड आंदोलनकारी कई बार आमने-सामने आ चुके थे। जंगल आंदोलन जितनी तेज गति से बढ़ता था, पुलिस की कार्रवाई और तेज हो जाती थी। सरकार ने कोल्हान को पुलिस छावनी में बदल दिया था, इसके बावजूद आंदोलनकारियों पर वे काबू नहीं पा सके थे। झारखंड के आंदोलनकारी सागवान के पेड़ों को काटने और नर्सरी को उजाड़ने का भी अभियान चला रहे थे। वन विभाग की ओर से बार-बार थाना में प्राथमिकी भी दर्ज कराई जाती थी। इसी क्रम में एक दिन पुलिस को सूचना दी गई थी कि सरजोमहातू के कुछ लोगों ने पेड़ों को काट दिया है। डीएसपी अपनी पूरी टीम के साथ ग्रामीणों को पकड़ने के लिए सरजोमहातू गए थे। यह घटना थी 25 नवंबर, 1981 की। पुलिस के आने के पहले ही आंदोलनकारी भाग चुके थे। पुलिस ललित हेंब्रम और कुछ अन्य आंदोलनकारियों को खोजने गई थी। जिन लोगों पर पेड़ों को काटने का आरोप था, वे जब नहीं पकड़े गए तो पुलिस ने उनके घरों में तोड़-फोड़ की। तब तक वहाँ बड़ी संख्या में ग्रामीण भी जमा हो चुके थे।

ग्रामीणों ने पुलिस को घेर लिया और अपना विरोध जताया। ग्रामीणों द्वारा बार-बार कहा गया कि जिसे पकड़ना है, पकड़े, पर पुलिस घरों को नहीं तोड़े। घर में उनके परिवार के लोग हैं, पर पुलिस नहीं मानी।

आंदोलन के दौरान पुलिस द्वारा घरों को तोड़ना, मुरगी-बकरी को उठा ले जाना और दुर्व्यवहार करना आम बात थी। यहाँ भी पुलिस वही काम कर रही थी। पुलिस के ऐसे रवैए से ग्रामीण उत्तेजित हो गए और पुलिस से उनकी बहस होने लगी। पुलिसकर्मियों को लगा कि अब ग्रामीण उन पर हमला कर देंगे। इसके बाद पुलिस ने गोली चला दी। इस फायरिंग में 19 साल के एक लड़के टेपा हेंब्रम को गोली लगी। उसने घटनास्थल पर ही दम तोड़ दिया। पुलिस फायरिंग के बाद वहाँ जुटे ग्रामीण तितर-बितर हो गए।

□

गंगाराम कालुंडिया हत्याकांड : 4 अप्रैल, 1982

एक फौजी की शहादत

गंगाराम कालुंडिया

भारतीय सेना के पूर्व नायक सुबेदार रामनारायण कालुंडिया को इस बात का अफसोस रहा कि काश, वह 1965 के युद्ध में अपने दुश्मन पाकिस्तानी सेना के हाथों शहीद हो गए होते, तो इतना दु:ख नहीं होता, जितना दु:ख उन्हें अपनों के हाथों मारे जाने से हुआ। युद्ध में तो वे पाकिस्तान की फौज को मात दे चुके थे, पर विस्थापितों और अलग झारखंड की राज्य की लड़ाई लड़ते वक्त वे सीआरपीएफ और बीएमपी के जवानों से हार गए। घर से निकाल कर उन्हें पुलिसकर्मियों ने 4 अप्रैल, 1982 को मार डाला था। रामनारायण कालुंडिया को प्यार से लोग गंगाराम कालुंडिया कह कर पुकारते थे। पश्चिमी सिंहभूम के इलीगढ़ा में रहनेवाले रामनारायण (गंगाराम कालुंडिया) को भारत के राष्ट्रपति ने पुरस्कृत भी किया था। सेना की नौकरी छोड़कर उन्होंने अपने क्षेत्र में विस्थापितों की लड़ाई शुरू की थी।

झारखंड आंदोलन के दौरान विस्थापितों का भी आंदोलन साथ-साथ चलता था। पुलिस गंगाराम को अपना दुश्मन मानती थी। किसी भी कीमत पर उन्हें मार देना चाहती थी। 1965 के पाक युद्ध के ठीक 17 साल बाद रामनारायण कालुंडिया को सैकड़ों पुलिसकर्मियों ने घर से जबरन उठा लिया। फिर ट्रक में रास्ते भर उनके सीने में राइफल भोंक-भोंक कर मार डाला था। उस रामनारायण का दोष यही था कि उन्होंने अन्याय के खिलाफ आवाज उठाई थी, लोगों को विस्थापित करने का विरोध किया था और

अलग झारखंड राज्य की माँग की थी।

गंगाराम कालुंडिया की शहादत के 23 साल बाद मैं अपने कुछ सहयोगियों के साथ उनकी पत्नी विरंग कुई से मिलने उनके गाँव इलीगढ़ा गया। वह वहाँ नहीं मिलीं। पता चला कि उन्होंने गाँव छोड़ दिया है और अपनी बहन के पास मंझारी थाना क्षेत्र के गंजिया में रहती हैं। चाईबासा-मंझारी रोड पर कोकचो चौक से होकर गंजिया जाने का रास्ता है। इसी गंजिया के मकान नंबर 150 में गंगाराम की पत्नी वीरंग मिल गईं। बातचीत शुरू हुई। पुराना दर्द बाहर आ गया। एक तो पति को खोने का दर्द और दूसरा अपनी माटी से भगा देने का दर्द। बताने लगीं कि जब सारी दुनिया सो रही थी, सैकड़ों पुलिसवाले उसके घर में आ गए थे। दरवाजा खोलने से उन्होंने पति गंगाराम को मना भी किया था पर नहीं माने थे। गंगाराम को लगा था कि शायद डकैत आए हैं, घर में दुबक कर क्यों रहें? फौज में रह चुके गंगाराम डकैतों से डरनेवाले नहीं थे। बाहर निकल पड़े। जैसे ही दरवाजा खोलकर गंगाराम बाहर निकले, बगैर किसी चेतावनी के पुलिस ने उनके पति के पैर में गोली मार दी। वे कुछ समझ पाते, इससे पहले ही चार-पाँच पुलिसवालों ने उन्हें दबोच लिया। वीरंग ने बताया था कि इसके बाद पुलिस लूटपाट करने लगी। सामान साथ ले गई। कुछ कागज भी ले गई थी। पर गंगाराम को युद्ध में वीरता के लिए मिले मेडल को वह हाथ नहीं लगा सकी थी। पति की याद में वीरंग के पास मेडल और गंगाराम की एक तसवीर थी। उसे बहन के घर में रहने के लिए मजबूर होना पड़ा, क्योंकि पैतृक गाँव में उसकी संपत्ति पर कब्जा कर लिया गया था। घर में चोरी करा दी गई थी। एक बेटी थी जानकी कालुंडिया, जिसे अनुकंपा के आधार पर चाईबासा डीसी कार्यालय में नौकरी मिली थी, पर बाद में उसकी भी मौत हो गई। ऐसी स्थिति में वीरंग का सहारा बना, उनकी बहन का बेटा रामचंदर आलड़ा। वीरंग ने अपने पति के बारे में कई रोचक जानकारियाँ दी थीं।

फौज में रहते समय जब कभी गंगाराम कालुंडिया (असली नाम रामनारायण कालुंडिया) अपने गाँव इलीगढ़ा आते, आस-पास के लोग उन्हें अपना दुखड़ा सुनाते। बताते कि कैसे डैम के नाम पर उनकी जमीन ली जा रही है। लोग जमीन देना नहीं चाहते थे। उन्हें बताया जाता कि ऐसा इसलिए हो रहा है, क्योंकि अपना राज नहीं है। अगर झारखंड अलग राज्य बन जाए तो दिकू (झारखंड से बाहर से आए लोगों को दिकू कहा जाता है) झारखंडियों पर अत्याचार नहीं कर पाएँगे। गंगाराम जब फौज में लौटते तो उनके दिमाग में वही बात नाचते रहती। वे बिहार रेजीमेंट में (नंबर जेसी 72487) नायक सूबेदार के पद पर थे। एक दिन उन्होंने तय कर लिया कि वे फौज की नौकरी नहीं करेंगे और गाँव लौट जाएँगे। 16 साल की लंबी सेवा के बाद 1976 में उन्होंने फौज की नौकरी छोड़ दी और अपने गाँव इलीगढ़ा आ गए। इलीगढ़ा पश्चिमी

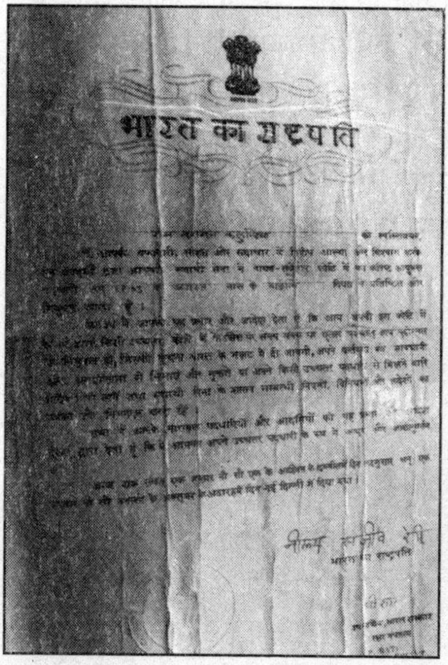
भारत का राष्ट्रपति

राष्ट्रपति द्वारा दिया गया सम्मान और
दाएँ गंगाराम कालुंडिया

सिंहभूम जिला (तब सिंहभूम जिला हुआ करता था) के मंझारी प्रखंड का एक गाँव है। इस गाँव में उनकी 15 एकड़ जमीन थी। इस जमीन पर उन्होंने खेती शुरू की। उन्होंने दबे-कुचले और गरीब आदिवासियों की सहायता भी की। धीरे-धीरे लोगों ने उन्हें नेता मानना शुरू कर दिया। गंगाराम का नाम आस-पास के इलाके में फैलता गया। झारखंड मुक्ति मोरचा उन दिनों इस इलाके में पाँव पसार ही रहा था। जंगल आंदोलन के दौरान कई गोलीकांड होने के कारण पूरा कोल्हान पहले से अशांत था। गुवा में पुलिस फायरिंग में बड़ी संख्या में आदिवासी मारे गए थे। झारखंड मुक्ति मोरचा (झामुमो) अपने संगठन के विस्तार में लगा हुआ था। शिबू सोरेन कोल्हान में झामुमो को खड़ा करने में लगे थे। संगठन को गंगाराम कालुंडिया के रूप में एक लोकप्रिय नेता मिल चुका था। पूर्व सैनिक होने के कारण गाँववालों में उनके प्रति श्रद्धा थी, विश्वास था। लोग उनकी बात को मानते थे। लंबे समय से गाँव से बाहर रहने के कारण उन्होंने काफी दुनिया देखी थी। अनुशासित तो थे ही। इन सब गुणों के कारण झामुमो के महत्त्वपूर्ण लोगों में उनकी गिनती होने लगी।

गंगाराम किसी बड़े मुद्दे की तलाश में थे। पूरे क्षेत्र में समस्याएँ तो थी ही। वर्ल्ड बैंक की सहायता से सुवर्णरेखा बहुदेशीय परियोजना चल रही थी। कालुंडिया के इलाके में खरकई नदी पर ईचा डैम बनाने का काम शुरू किया गया था। सुवर्णरेखा परियोजना के तहत ही चांडिल डैम भी बन रहा था, जहाँ विस्थापितों ने बड़ा आंदोलन किया था।

कालुंडिया ने चांडिल डैम के आंदोलन के तर्ज पर ईचा डैम के खिलाफ लोगों को एकजुट करने का अभियान चलाया। लोग जमीन नहीं देना चाह रहे थे। उनकी माँग थी कि जमीन के बदले जमीन लेंगे। लोगों के मन में पहले से ईचा डैम के खिलाफ गुस्सा था। 22 जुलाई, 1981 को शिबू सोरेन ने भी एक सभा कर घोषणा कर दी कि बाँध के विरोध में जो लड़ाई लड़ी जा रही है, उसका वे समर्थन करते हैं। वे खुद भी इस लड़ाई को आगे ले जाएँगे। शिबू सोरेन की इस घोषणा से विस्थापित उत्साहित थे। इस सभा से लौटते समय आदिवासियों ने डैम साइट पर बन रहे एक गोदाम पर हमला कर दिया। गंगाराम पूरी घटना को समझ चुके थे। उन्हें भी शिबू सोरेन की घोषणा से ताकत मिली थी। कुछ दिनों के बाद गंगाराम कालुंडिया ने अपने घर में ग्रामीणों की बैठक बुलाई और खरकई बाँध संघर्ष समिति का गठन किया था। इलाके के लोग गंगाराम पर आँख मूँदकर भरोसा करते थे। उन्हें लगा कि गंगाराम कालुंडिया उनकी लड़ाई लड़ेंगे और विस्थापितों को न्याय मिलेगा। गाँववालों ने माँग रखी थी कि वे तब तक जमीन नहीं देंगे जब तक उन्हें जमीन के बदले जमीन नहीं मिलती। सरकार ने जो मुआवजा तय किया था, वह काफी कम था। उस दर पर कहीं जमीन मिलती नहीं थी। इसलिए लोगों में नाराजगी थी। खरकई बाँध संघर्ष समिति मजबूत संगठन के रूप में सामने आ चुकी थी। इससे जुड़े लोग आक्रामक भी हो चुके थे। डैम साइट पर लगातार हमले भी हो रहे थे। 19 अगस्त, 1981 को चालियामा साइट पर हमला होने के बाद डैम का काम बंद कर दिया गया था।

तत्कालीन बिहार सरकार का दबाव था कि हर हाल में डैम का काम शुरू किया जाए। गंगाराम कालुंडिया का कद लगातार बढ़ता जा रहा था। कुछ आदिवासी जरूर उनका विरोध कर रहे थे। लेकिन ये वे लोग थे जो सांसद बागुन सुंब्रुई के समर्थक थे। इस विरोध के बावजूद गंगाराम के साथ बड़ी संख्या में लोग थे। इधर गंगाराम कालुंडिया के समर्थक चारो ओर पोस्टर साट रहे थे। इसमें चेतावनी भी होती थी। गंगाराम ने खरकई बाँध संघर्ष समिति के माध्यम से स्थानीय लोगों को हिदायत दे रखी थी कि कोई भी तेलाई साइट में मजदूरी नहीं करेगा। ठेकेदारी नहीं करेगा। इस जगह अधिकारियों-कर्मचारियों का क्वार्टर और कार्यालय बननेवाला था। समिति ने धमकी दी थी कि अगर कोई वहाँ काम करता पाया गया तो संगठन उसके खिलाफ कार्रवाई करेगा। गंगाराम की इस घोषणा से डैम बनानेवालों को मजदूर भी नहीं मिलने लगे। गंगाराम को उन लोगों की भी चिंता थी जो लोग अगर काम नहीं करते तो खाते क्या? उन्होंने आदेश दे रखा था कि बाहर जाकर लोग काम कर सकते हैं पर ईचा डैम के साइट पर नहीं। गंगाराम ने तर्क दिया था कि स्थानीय लोगों पर काम करने पर प्रतिबंध लगाने से कुछ लोगों को परेशानी जरूर होगी, मजदूरी के लिए बाहर जाना होगा, पर अपनी

पति को दिए मेडल को दिखाती गंगाराम की पत्नी विरंग कुई

जमीन, संस्कृति की रक्षा के लिए ऐसा कड़ा कदम उठाने पर विवश होना पड़ रहा है। इसका दूरगामी असर दिखेगा।

गंगाराम द्वारा उठाए गए कदमों और बढ़ते कद से बिहार सरकार चिंतित थी। सरकार को लग रहा था कि एक व्यक्ति कैसे किसी डैम-परियोजना को रोक सकता है। सिंहभूम के उपायुक्त के लिए भी चुनौती थी। पटना का दबाव था। उपायुक्त ने मानकी-मुंडा की बैठक बुलाई। इस बैठक में खुद गंगाराम कालुंडिया भी पहुँच गए। उपायुक्त उन्हें पहचानते नहीं थे। उन्होंने मानकी-मुंडा और स्थानीय नेताओं को खूब समझाया कि डैम के क्या-क्या फायदे होंगे, पर गंगाराम समेत कोई भी उपायुक्त की बातों से सहमत नहीं हुआ।

अब प्रशासन किसी भी हाल में गंगाराम पर नकेल कसना चाहता था, पर उनके खिलाफ कोई सबूत नहीं मिल रहा था। बाँध विरोधी सीधी कार्रवाई पर उतर चुके थे। दिसंबर 1981 में लोरगाढ़ा में डैम साइट पर फिर हमला हुआ। चौकीदार को लोगों ने पीट दिया। इस दल का नेतृत्व गंगाराम कालुंडिया के मित्र सिदू तियू ने किया था।

गंगाराम के खिलाफ तो प्रशासन में गुस्सा था ही, पर 22 मार्च, 1982 को एक ऐसी घटना घटी जिसके बाद गंगाराम सीधे निशाने पर आ गए। राजनगर थाना के बीटा के पास तीन जूनियर इंजीनियर और दो ठेकेदार सर्वे करने गए थे। ग्रामीणों को इसकी भनक लग गई। लोग जुट गए और इंजीनियर-ठेकेदारों का अपहरण कर लिया। इस अभियान की अगुवाई सिदू तियू कर रहे थे। अपहरण के बाद सभी को कुलाबुरू के इलाके में ले जाया गया। यह इलाका लगभग 10-12 किलोमीटर दूर और कालुंडिया के गाँव के करीब था। पैदल चलते-चलते इन इंजीनियरों की हालत खराब हो गई थी। जंगल में इन इंजीनियरों के कपड़े उतार दिए गए। झुकने को कहा गया। फिर उनकी पीठ और उसके नीचे भेलुआ तेल लगा दिया गया। भेलुआ तेल एक जंगली बीज से बनाया जाता है। जिस जगह यह तेल लगता है, वहाँ तेज जलन होती है, वहाँ का चमड़ा जल जाता है, बेचैनी होती है। बाद में आंदोलनकारियों ने इन सभी को चेतावनी देकर छोड़ दिया। ये सभी तो सुरक्षित पहुँच गए पर इसके बाद पुलिस ने गंगाराम कालुंडिया के

खिलाफ राजनगर थाना में (केस नंबर 8/82, धारा 147, 148, 149, 342, 323, 332, 379, 426 आईपीसी) दर्ज कर लिया। पुलिस भी यह जानती थी कि जिस दिन यह घटना घटी, उस दिन गंगाराम कालुंडिया वहाँ थे ही नहीं। अपहरण के बाद जिस इलाके में इंजीनियरों को रखा गया था, वह इलाका गंगाराम कालुंडिया के गाँव के करीब था। पुलिस को गंगाराम को फँसाने का मौका मिला था और वह किसी भी कीमत पर हाथ से जाने देना नहीं चाहती थी। इस घटना के बाद ईचा के पास सीआरपीएफ की एक बटालियन तैनात कर दी गई थी। उसके बाद से खरकई बाँध संघर्ष समिति का अभियान कुछ ढीला पड़ा था।

2 अप्रैल को रामनवमी का त्योहार था, इसलिए सीआरपीएफ को वहाँ से हटा कर शहरी इलाके में कहीं और तैनात किया गया था। गंगाराम कालुंडिया ने उसी दिन इलीगढ़ा में सभा बुलाई थी। चार-पाँच सौ लोग जमा हुए थे। इस बात की भनक प्रशासन को लग चुकी थी और उसने सीआरपीएफ को रामनवमी ड्यूटी छोड़ कर वापस गाँव जाने का आदेश दिया था। गंगाराम को यह पता नहीं था कि सीआरपीएफ की बटालियन लौट चुकी है। इस बीच इलीगढ़ा की सभा के बाद पारंपरिक हथियार से लैस आदिवासियों ने चालियामा तक मार्च किया था। सीआरपीएफ ने पीछा कर 12 आदिवासियों को गिरफ्तार किया था पर गंगाराम कालुंडिया उनके हाथ नहीं आए थे। पुलिस ने गंगाराम पर राजनगर थाना में एक और मामला 13/82 दायर कर दिया था। पुलिस की मंशा थी कि जितनी घटनाएँ हों, सभी में गंगाराम कालुंडिया को अभियुक्त बना दिया जाए ताकि उनके खिलाफ कार्रवाई में कानूनी अड़चन नहीं आए।

2 अप्रैल की घटना के बाद सीनियर पुलिस अफसरों की बैठक हुई, जिसमें तय किया गया कि हर हाल में गंगाराम कालुंडिया को गिरफ्तार करना है। उनके खिलाफ कई थानों में पहले से पुलिस ने एफआईआर दर्ज करा रखा था। कोर्ट से कुर्की जब्ती का आदेश भी आनन-फानन में ले लिया गया। फिर बनाई गई रणनीति। कैसे और कब जाना है, कैसे पकड़ना है और फिर क्या करना है। तय किया गया कि सीआरपीएफ की दो बटालियन साथ जाएगी। साथ में जिला पुलिस भी रहेगी। सदर एसडीओ सीपी मंडल ने जेपी चतुर्वेदी को दंडाधिकारी नियुक्त किया था।

4 अप्रैल, 1982 का दिन रविवार था। पुलिस तो रात से ही तैयार बैठी थी। तीन बजे तड़के गंगाराम को गिरफ्तार करने के लिए दो प्लाटून सीआरपीएफ, जिला पुलिस के 21 जवान और बीएमपी के जवान नौ वाहनों पर सवार होकर निकल गए। ये लोग कालुंडिया के घर इलीगढ़ा जा रहे थे। चाईबासा-मंझारी रोड से बारकुंडिया पहुँचे। वहाँ से कच्चा रोड से इलीगढ़ा जाना था। पुलिस बल की अगुवाई डीएसपी डीके कुजूर कर रहे थे। धूल उड़ाते पुलिस के वाहन जब बारकुंडिया से गुजर रहे थे, लोगों की नींद खुल

गई। वहाँ के ग्रामीण जान चुके थे कि ये लोग गंगाराम को गिरफ्तार करने जा रहे हैं। पर वे कुछ कर भी नहीं सकते थे। पुलिस जब तुईनबाना गाँव से गुजर रही थी तो कुछ लोगों ने जरूर नगाड़ा पीटा, पर शायद यह आवाज कालुंडिया के गाँव तक नहीं पहुँची। पुलिस जानती थी कि गाड़ी की आवाज सुनकर गंगाराम चौकस हो जाएँगे और उन्हें नहीं पकड़ा जा सकेगा, इसलिए पुलिसकर्मियों ने गाड़ी को तुईनबाना गाँव के पास ही छोड़ दिया था। यहाँ से इलीगढ़ा दो किलोमीटर दूर था। कुछ जवान गाड़ियों की सुरक्षा के लिए रह गए। कुछ तो कच्ची सड़क से और कुछ जवान खेत होते हुए पैदल ही गंगाराम के घर की ओर बढ़ गए। रास्ते में एक टुंगरी (पहाड़ी) के पास बड़े-बड़े पत्थर रखे थे। गंगाराम के समर्थकों ने पुलिस को रोकने के लिए यह तैयारी की थी। इसका अर्थ है कि गंगाराम के समर्थकों को यह आभास हो चुका था कि पुलिस गाँव में घुस सकती है।

पैदल चलते-चलते पुलिस गंगाराम के घर के बाहर पहुँची। पहला ही घर गंगाराम का था। अभी भी अँधेरा था। पूरे गाँव में सन्नाटा था। लोग सो रहे थे। पुलिस ने इधर-उधर देखा, फिर घर के बाहर मोरचा ले लिया। इसके बाद दरवाजे पर जोर-जोर से धक्का मारा। धक्के से गंगाराम की नींद खुली। अंदर से पूछा-कौन है? जब कोई जवाब नहीं मिला, तो गंगाराम समझे कि डकैतों ने आक्रमण किया है। फौज में थे, बहादुर थे। इसलिए हाथ में तलवार लेकर दरवाजा खोलने के लिए आगे बढ़े। उनकी पत्नी वीरंग कुई ने उन्हें रोका, पर नहीं माने। जैसे ही दरवाजा खोला, उनके चेहरे पर टॉर्च का तेज प्रकाश मारा गया। इसके पहले गंगाराम कुछ समझ पाते, उनकी जांघ में गोली मार दी गई। इसके बाद पुलिस ने गंगाराम को कब्जे में कर लिया। घर में एक लाइसेंसी बंदूक थी, उसे जब्त कर लिया। घर के कई सामानों को लूट लिया। पुलिस कार्रवाई के दौरान वीरंग भागने लगी। उसे भागते हुए पुलिस ने देखा पर किसी ने गोली नहीं मारी। भागते-भागते एक तालाब के पास वह बेहोश होकर गिर पड़ी।

गोली की आवाज से लोग जाग चुके थे। भीड़ भी जमा होने लगी थी पर इतने सारे पुलिसकर्मियों को देखकर किसी ने रोकने की हिम्मत भी नहीं की। पुलिसकर्मी गंगाराम को पकड़ कर राइफल के कुंदे से पीटते-पीटते ले जा रही थी। स्थानीय लोग यह जान चुके थे कि पुलिसकर्मियों से इस समय उलझना बेकार है। वे लोग टुंगरी की ओर भागे जहाँ उन्होंने पत्थर जमा कर रखा था। वहाँ आदिवासियों ने विरोध किया, पर पुलिस गंगाराम को लेकर वहाँ से निकलने में सफल रही। पुलिस अपने साथ गंगाराम के घर से लूटे गए सामान को भी ले जा रही थी। तब तक पास के गाँव तुईनबाना में गाँववाले जमा हो चुके थे। सुबह हो चुकी थी। गाँववाले देख रहे थे कि कैसे पुलिस गंगाराम को पीट रही है। ग्रामीणों ने सड़क पर अवरोध खड़ा किया था। पत्थर-तीर भी चलाया। इस दौरान घायल गंगाराम कालुंडिया ने लोगों को शांत रहने का इशारा किया था। पुलिस को

कुछ समय के लिए वहाँ रुक जाना पड़ा था। दंडाधिकारी जेपी चतुर्वेदी भयभीत थे। उन्हें पता था कि पुलिस फायरिंग करेगी और उनसे कागज पर लिखकर आदेश माँगेगी। भयभीत दंडाधिकारी चुपके से जीप से उतर कर भाग गए। इस बीच पुलिस ने पाँच राउंड फायरिंग की और ग्रामीणों को तितर-बितर कर दिया। पुलिस फिर आगे बढ़ी। सोसो गाँव के नजदीक ग्रामीणों ने देखा था कि पुलिस राइफल के कुंदे से गंगाराम को पीट रही है। गोली चलने की आवाज के बाद गंगाराम की चीख भी उन्होंने सुनी थी। शायद इसी जगह पर गंगाराम ने दम तोड़ दिया था।

दिन भर गंगाराम का कुछ पता नहीं चला। शाम में लगभग पाँच बजे दूसरे रास्ते से एसपी रणधीर वर्मा, एसडीओ सीपी मंडल इलीगढ़ा आए। इन लोगों ने कालुंडिया की पत्नी वीरंग कुई से बात की। पूछा कि पुलिस क्या-क्या ले गई है। पर कालुंडिया कहाँ हैं, किसी को नहीं बताया। उस समय तक किसी को पता नहीं था कि गंगाराम कालुंडिया शहीद हो चुके हैं। वीरंग से बात करने के बाद ये सभी लौट गए। कुछ दूर जाने के बाद एसपी और अन्य अधिकारी लौटे, इन लोगों ने लंकेश्वर कालुंडिया को बुलाया और बताया कि रास्ते में ही गंगाराम कालुंडिया की मौत हो गई थी। गाँववाले इस खबर से सन्न रह गए।

तब तक यह खबर पूरे कोल्हान में फैल चुकी थी। गंगाराम का शव जब गाँव आया तो उनके शरीर के कई हिस्से गायब थे। गंगाराम का चेहरा तहस-नहस कर दिया गया था, आँखें क्षतिग्रस्त थीं, शरीर के कई महत्त्वपूर्ण अंग गायब थे। इस तरह सीमा पर देश की रक्षा करने वाला सेना का पूर्व जवान शहीद हो गया। उनकी शहादत के बाद आंदोलन भी कमजोर पड़ गया। पत्नी वीरंग कुई खुद विस्थापित हो गई। परिवार में कोई नहीं बचा। उन्हें एक बेटी थी जानकी कालुंडिया। गंगाराम की पत्नी के कहने पर बेटी जानकी को डीसी कार्यालय, चाईबासा में अनुकंपा के आधार पर नौकरी मिली थी, लेकिन बेटी बहुत दिनों तक माँ का साथ नहीं दे सकी। 1 अप्रैल, 1985 को जानकी का भी निधन हो गया। वीरंग फिर अकेली हो गई। 1965 युद्ध के हीरो, दीर्घ सेवा मेडल, 25वाँ स्वतंत्रता दिवस मेडल, हिमालया सैन्य सेवा मेडल, संग्राम मेडल, 1965 रक्षा मेडल पानेवाले गंगाराम कालुंडिया को हर साल 4 अप्रैल को झारखंड याद करता है।

□

माँडर गोलीकांड : 22 अप्रैल, 1982

मारा गया स्कूली छात्र

शहीद

1. जगदीश उराँव, 2. सरफुल।

राँची-लोहरदगा सड़क पर बसा है माँडर। इसी माँडर में पुलिस ने भीड़ पर फायरिंग की थी, जिसमें एक स्कूली छात्र समेत दो लोग मारे गए थे।

गोलीकांड के कुछ दिन पहले 22 अप्रैल, 1982 को एक घटना घटी थी। जनी शिकार के लिए निकली एक युवती के साथ बलात्कार की घटना घटी थी। इस सिलसिले में माँडर थाना में कई लोगों के खिलाफ एफआईआर दर्ज कराया गया था। पीड़िता और आरोपित दोनों एक ही समुदाय के थे। इसलिए यह तय किया गया कि आपस में बैठकर मामले को सामाजिक स्तर पर सुलझा लेंगे। इस घटना की भनक पुलिस को लग गई और उसने माँडर थाना में बलात्कार का मामला (कांड संख्या 10/82-24 4 1982) दर्ज कर लिया। इसके बाद पुलिस ने पंचों को भी धमकाना शुरू कर दिया। पुलिस ने आरोपितों में से कुछ को गिरफ्तार कर थाना में बंद कर रखा था। मामले को रफा-दफा करने के लिए गिरफ्तार लोगों से पुलिस पैसा माँग रही थी। जब इसकी जानकारी स्थानीय लोगों को मिली तो वे विरोध करने लगे। ग्रामीणों ने थाना का घेराव करने का निर्णय लिया। 29 अप्रैल को लगभग छह-सात हजार लोगों ने उदित तिवारी की अगुवाई में जुलूस निकाला। फिर ये ग्रामीण माँडर थाना के सामने जमा हो गए। इनमें महिलाएँ और बच्चे भी शामिल थे। ये लोग पुलिस के रवैए से आक्रोशित थे। बाद में इन लोगों ने थाना पर पथराव भी किया। ग्रामीणों के आक्रोश को देखते हुए अतिरिक्त पुलिस बल को वहाँ तैनात कर दिया गया था। थाना परिसर में ग्रामीणों और पुलिसकर्मियों के बीच विवाद बढ़ता गया। थोड़ी धक्का-मुक्की और लाठी भाँजने के बाद अंततः पुलिसकर्मियों ने ताबड़तोड़ फायरिंग करनी शुरू कर दी। कुल 17 राउंड पुलिस ने फायरिंग की जिसमें दो लोग मारे गए। घायलों की संख्या तो दर्जनों में थी। पुलिस फायरिंग के दौरान मुड़मा

हाईस्कूल के छात्र (उम्र 14 वर्ष) जगदीश उराँव (मुड़मा प्रखंड के चुंद गाँव निवासी) को गोली लगी और उसकी वहीं मौत हो गई। लायो गाँव के सरफुल नामक एक युवक को भी गोली लगी। वह गंभीर रूप से घायल हो गया। इलाज के दौरान अस्पताल में उसने दम तोड़ दिया। इस घटना में मुड़मा के मास्टर उस्मान अंसारी, जगराम उराँव, सोमरा उराँव भी घायल हुए थे। इस घटना के बाद राजनीतिक दलों ने राँची बंद का भी आह्वान किया था। सांसद सुमति उराँव और विधायक करमचंद भगत ने प्रशासन पर दबाव बनाया था, जिसके बाद इस घटना में शामिल पुलिसकर्मियों को निलंबित किया गया था। मृतकों के परिजनों और घायलों को मुआवजा का भी भुगतान किया गया था।

इस घटना में मारे गए छात्र जगदीश उराँव (पिता चारो उराँव) की स्मृति में मुड़मा में जगदीशनगर की स्थापना की गई थी। इसी घटना में मृत सरफुल (पिता अमरली अंसारी) की शादी साजदा खातून के साथ हुई थी। सरफुल की मौत के बाद उसके मायके और ससुरालवालों ने पहल कर दूसरी शादी करा दी थी। अब सरफुल के माँ-पिता की मौत हो चुकी है। एक भाई अशरफुल अंसारी उसी गाँव में रहता है।

□

तिरूलडीह गोलीकांड : 21 अक्तूबर, 1982

अजीत महतो-धनंजय महतो शहीद

शहीदों की सूची

1. अजीत महतो, 2. धनंजय महतो।

1974 के छात्र आंदोलन के बाद दक्षिण बिहार क्षेत्र में संभवत: यह पहला मौका था जब पुलिस ने प्रदर्शन कर रहे कॉलेज छात्रों की भीड़ पर फायरिंग की थी। तिरूलडीह में 21 अक्तूबर, 1982 को हुई इस पुलिस फायरिंग में दो छात्र अजीत महतो और धनंजय महतो की मौत हो गई थी। घटना के लगभग 21 साल बाद मैं धनंजय महतो और अजीत महतो के गाँव पहुँचा। यह जानने की इच्छा थी कि शहीद छात्रों के परिजनों की कोई चिंता भी करता है या नहीं।

धनंजय ईचागढ़ की जोड़ो पंचायत के आदरडीह गाँव के निवासी थे। यह गाँव ईचागढ़ से आगे है। रास्ते में करकरी नदी पड़ती है। उस पर पुल नहीं था। नदी में घुस कर

अजीत महतो

धनंजय महतो

जाना पड़ता है। अब तो एक और रास्ता बन गया है जो टीकर होकर है। जब मैं धनंजय महतो की पत्नी बारी देवी और पुत्र उपेंद्र महतो से मिला था, तब धनंजय की बूढ़ी माँ लालमणि भी वहाँ थीं। देख नहीं पाती थीं, पर दर्द का बयान जरूर किया था। उन्हें सिर्फ इतना पता था कि उनका बेटा अपनी फुआ (लालमणि की बेटी) के पास कुदा गाँव गया हुआ है। अपने एक और बेटे मृत्युंजय से यह जानकारी जरूर मिली थी कि छात्रों पर गोली चली है जिसमें कुछ छात्र मारे गए हैं, पर इस गोलीबारी में उनका बेटा भी मारा गया है, उन्हें पता नहीं था। पत्नी बारी देवी ने बातचीत में कहा था कि उन्हें अपने पति की बहादुरी पर नाज है, पर उन्हें इस बात का अफसोस भी है कि वह अपने पति के शव का अंतिम दर्शन भी नहीं कर सकी थी। घटना के चार दिनों बाद उन्हें यह जानकारी दी गई थी कि पुलिस फायरिंग में उनके पति की भी मौत हो गई है। उस समय बारी देवी अपने नैहर (माँ का घर) भखुआडीह में थी। यह कहते-कहते रो पड़ी थी कि काश उसे पति की शहादत की जानकारी हो गई होती तो वह कम-से-कम अंतिम दर्शन तो कर लेती। बेटा उपेंद्र उस समय लगभग एक साल का था। अब तो बेटा बड़ा हो गया है। उसने अनुग्रह नारायण उच्च विद्यालय, पिलिद से मैट्रिक की परीक्षा पास की है। पैसे के अभाव में उसकी आगे की पढ़ाई बाधित हो गई थी। यह पूरा इलाका कुरमी बहुल है, इसलिए हर राजनीतिक दल धनंजय महतो और अजीत महतो के नाम का इस्तेमाल करता रहा है। उपेंद्र बहुत खुश भी था, क्योंकि जब उसके पिता धनंजय महतो के नाम पर पुल का उद्घाटन हुआ था तो सुदेश महतो (तब वे झारखंड सरकार में मंत्री थे) ने उन्हें बुलाया था, सम्मान दिया था। बारी देवी को झारखंड राज्य बनने के बाद सम्मानित किया गया था।

इसी यात्रा के दौरान मैं गोलीकांड में शहीद एक अन्य छात्र अजीत महतो के घर भी पहुँच गया था। राँची-जमशेदपुर (एनएच-33) पर स्थित चौका मोड़ से दो किलोमीटर की दूरी पर अजीत का गाँव। नाम है कुरली। घर पर भाई अगनू महतो से मुलाकात हुई थी। वे शिक्षक थे। बेहद शालीन व्यवहार। पर 21 साल बाद जब अजीत महतो की मौत पर बात की तो पुराना जख्म ताजा हो उठा। भाई की पीड़ा अलग थी। वे सरकार से कोई आर्थिक सहायता भी नहीं चाहते थे। अजीत की शादी नहीं हुई थी, इसलिए अजीत पर कोई पारिवारिक जिम्मेवारी नहीं थी। अजीत के बड़े भाई सिर्फ इतना चाहते थे कि उनके भाई की शहादत का सरकार सम्मान करे। उन्हें इस बात का अफसोस था कि जब भी अजीत महतो के नाम पर कोई समारोह होता है, उनके परिवार को लोग भूल जाते हैं। जब उनके भाई के नाम पर पुल का शिलान्यास किया गया था, तब भी उन्हें खबर नहीं दी गई थी। इतना जरूर कहते हैं कि उनके भाई ने अन्याय के खिलाफ आवाज उठाई थी। उस समय का माहौल ऐसा था कि पूरे इलाके को अकालग्रस्त घोषित करना

अनिवार्य था। सरकार चुप थी। इसी कारण उनके भाई और अन्य छात्रों को सरकार का ध्यान आकृष्ट करने के लिए प्रदर्शन करना पड़ा था।

धनंजय महतो की विधवा बारी देवी

उन दिनों (वर्ष 1982) एक ओर पूरे झारखंड क्षेत्र में अलग राज्य के लिए आंदोलन चल रहा था, कोल्हान उबल रहा था, तो दूसरी ओर चांडिल अनुमंडल में अकाल पड़ा था। छात्र चाहते थे कि ईचागढ़, चांडिल और नीमडीह प्रखंड को सूखाग्रस्त प्रखंड घोषित किया जाए। यह इलाका अभी सरायकेला-खरसावाँ जिले में आता है, लेकिन उन दिनों यह सिंहभूम का हिस्सा था। छात्रों ने अपनी माँगों को मनवाने के लिए क्रांतिकारी छात्र युवा मोरचा नामक संगठन बनाया था। यह छात्रों का गैर राजनीतिक संगठन था, जिसे अलग झारखंड राज्य के आंदोलन को मजबूत करने और स्थानीय समस्याओं को दूर करने की नीयत से बनाया गया था। इसके अध्यक्ष अशोक उराँव और महासचिव हिकिम चंद महतो थे। अजीत महतो और धनंजय महतो दोनों सिंहभूम कॉलेज, चांडिल के छात्र थे और इस केंद्रीय कमेटी के सदस्य भी थे।

अकाल का सीधा असर छात्रों पर पड़नेवाला था। जो छात्र बाहर पढ़ते थे, वे घर से चावल लेकर जाते थे, लेकिन सूखा पड़ने के कारण वे चावल कहाँ से ले जाते। उनकी पढ़ाई बाधित होनेवाली थी। इसलिए राँची में छात्रों ने बैठक की और तय किया कि 19, 21 और 23 अक्तूबर, 1982 को नीमडीह, चांडिल, और ईचागढ़ प्रखंड के सामने क्रमवार प्रदर्शन करेंगे। इसी अभियान के तहत पहला प्रदर्शन 19 अक्तूबर को नीमडीह में शांतिपूर्ण तरीके से हो गया।

छात्रों का यह आंदोलन अनोखा था। उनका दल 16 अक्तूबर को ही अपने-अपने घर से साइकिल से निकल चुका था। यह तय था कि तब ही घर लौटेंगे जब तीनों प्रखंडों में प्रदर्शन पूरा हो जाएँ। इसमें हिकिम चंद महतो भी थे। उन्हीं के साथ अलग साइकिल से थे अजीत महतो। 19 अक्तूबर को छात्रों ने नीमडीह प्रखंड मुख्यालय पर प्रदर्शन किया। छात्रों ने माँग पत्र भी सौंपा। सारा कुछ शांतिपूर्ण तरीके से हो गया। अब छात्रों को

आगे की यात्रा तय करनी थी। अगला प्रदर्शन 21 को ईचागढ़ प्रखंड मुख्यालय पर करना था। यह प्रखंड कार्यालय तिरूलडीह में था, इसलिए छात्रों को तिरूलडीह जाना था। एक दिन का समय था। 20 अक्तूबर को रास्ते में एक गाँव में छात्रों ने आराम किया। फिर निकल पड़े तिरूलडीह के लिए। तिरूलडीह पहुँच कर छात्रों ने रेलवे लाइन के पास मिडिल स्कूल के मैदान में सभा भी की। सभी छात्रों ने अपनी-अपनी साइकिल स्कूल परिसर में ही छोड़ दी और जुलूस की शक्ल में प्रखंड कार्यालय पहुँचे। वहाँ उन्होंने प्रदर्शन शुरू किया।

पुलिस स्थानीय छात्रों से पहले से ही नाराज थी। उन दिनों बिहार (उस समय झारखंड राज्य का निर्माण नहीं हुआ था) में किरासन तेल महँगा और बंगाल में काफी सस्ता था। यह क्षेत्र झारखंड-बंगाल की सीमा पर पड़ता है। लोग साप्ताहिक हाट में बंगाल सब्जी लेकर जाते और अपने घर के लिए दो-चार लीटर किरासन तेल (जो सस्ता था) लेकर आते। पुलिस उन्हें पकड़ लेती और पैसा माँगती। नहीं देने पर उन्हें थाना में बंद कर देती। लोगों को मुरगा-मुरगी बेचकर घूस देना पड़ता था। तब वे जाकर छुटते। क्रांतिकारी छात्र युवा मोरचा ने पुलिस की इस करतूत का विरोध किया था और पुलिस की धाँधली को लगभग बंद करवा दिया था। इससे पुलिस नाराज थी। उसकी कमाई बंद हो गई थी।

उस समय ईचागढ़ के प्रखंड विकास पदाधिकारी (बीडीओ) डॉ. गुरुचरण सिंह मुंडा और अंचलाधिकारी (सीओ) मो अशल्ला थे। छात्रों की संख्या अच्छी खासी थी। सभी छात्र बीडीओ के कमरे में ज्ञापन देने के लिए नहीं जा सकते थे। इसलिए छात्रों ने तय किया कि उनकी ओर से एक प्रतिनिधिमंडल अंदर जाएगा और माँग पत्र सौंपेगा। भले ही यह आंदोलन छात्रों का था, पर इसमें आस-पास के ग्रामीणों—मुखिया, किसानों ने भी भाग लिया था। छात्रों की मुख्य माँग तो तीनों प्रखंडों को अकालग्रस्त घोषित करने की थी। यह मामला हर परिवार से जुड़ा हुआ था। इसलिए इसमें किसानों ने भी बढ़-चढ़ कर हिस्सा लिया था।

हिकिम चंद महतो

लोगों ने तय किया था कि छात्रों की ओर से हिकिम महतो, अशोक उराँव ज्ञापन देने जाएँगे। साथ में बीस सूत्री के प्रभारी डॉ. गुरुचरण महतो तथा कई मुखिया भी होंगे। चोगा के मुखिया दीनबंधु महतो, विजय कुमार महतो, नित्यानंद दास (अब स्व.), हरेन कुमार महतो (हाईकोर्ट के वकील) भी मौजूद थे। सीओ, बीडीओ के कमरे में ही बैठे हुए थे। ये सभी बीडीओ कक्ष में सीओ को ज्ञापन देने के बाद कुछ बात

कर रहे थे। प्रदर्शनकारी लिखित आश्वासन माँग रहे थे। वे यह माँग कर रहे थे कि सीओ (अंचल अधिकारी) यह लिखित आश्वासन दें कि म्यूटेशन में रिश्वत नहीं ली जाएगी, बिना रिश्वत के जाति और आय प्रमाणपत्र बनाया जाएगा, बंगाल से किरासन तेल लेकर आनेवालों को पुलिस तंग नहीं करेगी, पैसा नहीं वसूलेगी। यह बातचीत चल रही थी। सीओ अपनी सीमा बता रहे थे। बाहर में भी अधिकांश छात्र अपनी-अपनी साइकिल लाने स्कूल परिसर में लौट रहे थे। बाहर में प्रदर्शनकारियों और वहाँ मौजूद पुलिसकर्मियों के बीच किसी बात को लेकर बहस हो गई। अंचल गार्ड ने फायरिंग शुरू कर दी। इसका असर सीओ पर दिखा। सीओ आंदोलनकारियों पर बिगड़ गए और कहा कि आपके लोग बाहर बम चला रहे हैं, मना कीजिए। दरअसल वह बम की आवाज नहीं थी। पुलिस फायरिंग की वह आवाज थी। पुलिस फायरिंग कर रही थी। पहली गोली अजीत महतो को लगी। वे गिर पड़े थे। अगली गोली लगी थी धनंजय महतो को। घटनास्थल पर ही उनकी भी मौत हो गई।

बीडीओ के कक्ष में मौजूद छात्र गोली की आवाज सुनकर बाहर की ओर भागे। देखा कि पुलिस फायरिंग कर रही है। वह आक्रामक मूड में थी। हिकिम तुरंत अंदर भागे और बीडीओ को बाहर खींचकर लाए। जब बीडीओ को आगे कर प्रदर्शनकारी उनके पीछे हो गए, तब जाकर पुलिस ने फायरिंग रोकी। तब तक अजीत महतो और धनंजय महतो शहीद हो चुके थे। कई छात्रों को भी गोली लगी थी। खगेन महतो भी घायल हुए थे। बाद में शहीदों के शव को पोस्टमार्टम के लिए जमशेदपुर भेज दिया गया था।

पुलिस फायरिंग के बाद भी छात्रों और वहाँ मौजूद लोगों पर कहर बरपा था। हिकिम चंद महतो भी वहाँ छात्रों के साथ मौजूद थे। बाद में उन्हें भी पुलिस ने गिरफ्तार कर लिया था। हिकिम महतो से भी मेरी मुलाकात हुई। घटना को याद करते हुए उन्होंने बताया था कि 41 लोगों को एक छोटे से कमरे में 36 घंटे तक बंद रखा गया था। पेशाब करने के लिए भी बाहर नहीं जाने दिया गया था। पानी भी नहीं मिला था। 24 घंटे के बाद डीसी-एसपी चाईबासा से आए थे। बाद में पीआर बॉण्ड पर सभी को छोड़ा गया। इस गोलीकांड के बाद पूरे चांडिल प्रखंड में पुलिस का आतंक बहुत बढ़ गया था। लोग दहशत में थे। स्थिति इतनी खराब हो गई थी कि मारे गए छात्रों के शव को पोस्टमार्टम के बाद जमशेदपुर के एमजीएम से उनके गाँव लाने को कोई तैयार नहीं था। मारे गए छात्रों के घर में भी खबर भेजी नहीं गई थी। पुलिस के भय से आस-पास के गाँव के पुरुष भाग गए थे। गाँव खाली हो गया था।

निर्मल महतो उन दिनों जमशेदपुर में जेएमएम के नेता के रूप में उभर रहे थे। हिम्मती तो वे थे ही। उन्होंने तय किया कि जो भी हो, वे खुद शहीद छात्रों के शव को लेकर उनके गाँव जाएँगे। जल्दबाजी में ट्रक की उन्होंने व्यवस्था की थी। लोगों को जमा

किया और शव लेकर जायदा गए थे। जायदा राँची-जमशेदपुर रोड पर स्थित है जहाँ से सुवर्णरेखा नदी गुजरती है। इस घटना के बाद ही पूरे ईचागढ़ क्षेत्र में निर्मल महतो बड़े नेता के रूप में उभरे थे। धनंजय महतो के परिजनों को मालूम भी नहीं था कि धनंजय पुलिस फायरिंग में मारा गया है। फायरिंग तिरूलडीह में हुई थी। अंतिम संस्कार के लिए शव पहुँचा था जायदा। जब धनंजय महतो के परिवार का कोई सदस्य वहाँ नहीं पहुँचा तो खुद निर्मल महतो ने मुखाग्नि दी और अंतिम संस्कार किया। धनंजय विवाहित थे। तीन साल पहले उनकी शादी बारी देवी से हुई थी। उस समय उनका पुत्र (उपेंद्र) गोद में था।

इस गोलीकांड में मारे गए दूसरे छात्र थे, अजीत महतो। सिंहभूम कॉलेज चांडिल में बीए के छात्र थे। चौका स्थित कुरली गाँव के वे निवासी थे। अपने भाई अगनू महतो के साथ रहते थे। 22 अक्तूबर को उनके भाई को खबर मिली थी कि पुलिस फायरिंग में उनके भाई की मौत हो गई है। वे जमशेदपुर गए और निर्मल महतो के साथ अपने भाई के शव को लेकर आए थे। फिर अंतिम संस्कार किया था।

पुलिस जुल्म के विरोध में अशोक उराँव, गुरुचरण महतो, दीनबंधु महतो, तरुण कुमार पाल, शीतल चंद प्रमाणिक, सुरेश खेतान ने आंदोलन छेड़ा था, संघर्ष किया। उन दिनों बिहार में डॉ. जगन्नाथ मिश्र की सरकार थी। पूरे बिहार में हंगामा हुआ। जार्ज फर्नांडीस, कर्पूरी ठाकुर, निर्मल महतो, शिबू सोरेन, रामविलास पासवान आए और घटना के विरोध में सभा की। बाद में एक जाँच कमेटी बनी। लेकिन वह जाँच रिपोर्ट सार्वजनिक नहीं हुई है। बाद में सरकार की ओर से पाँच-पाँच हजार के मुआवजे की घोषणा की गई। लेकिन आंदोलनकारियों ने सरकारी सहायता लेने से इनकार कर दिया। धनंजय महतो सिंहभूम कॉलेज, चांडिल के छात्र थे, इसलिए तत्कालीन कुलपति डॉ. अनुज कुमार धान आए और उन्होंने विश्वविद्यालय की ओर से पाँच हजार की सहायता राशि दी।

जब तक निर्मल महतो जिंदा थे, धनंजय महतो के गाँव में आना-जाना लगा रहा। शिबू सोरेन भी लगातार वहाँ जाते रहे। झारखंड बनने के बाद सुदेश महतो ने चांडिल-सिल्ली मार्ग पर बने पुल का नामकरण अजीत-धनंजय महतो के नाम पर किया। अजीत-धनंजय महतो विद्या निकेतन खोला गया है। सिरोम और तिरूलडीह में दोनों छात्रों की प्रतिमा लगाई गई है। 21 अक्तूबर को हर साल शहादत स्थल पर मेला का आयोजन किया जाता है।

□

मुरहू गोलीकांड : 29 अप्रैल, 1983

पुलिस जुल्म के विरोध की सजा

मृतकों की सूची

1. किशुन साव, 2. पौलूस पूर्ति, 3. रामचंद्र झा।

झारखंड आंदोलन के दौरान पुलिस के विरोध में थाना का घेराव करना या सड़कों पर उतरने का सीधा अर्थ था पुलिस फायरिंग का सामना करना। ऐसी ही एक घटना घटी थी 29 अप्रैल, 1983 को मुरहू में। एक सिपाही को बरखास्त करने की माँग कर रही भीड़ पर पुलिस ने ताबड़तोड़ फायरिंग कर दी थी, जिसमें तीन लोगों की मौत हो गई थी।

मुरहू में इसी जगह पुलिस ने सन् 1983 में फायरिंग की थी

घटनास्थल पर मारे गए लोगों के शव

राजधानी राँची से लगभग 45 किलोमीटर दूर बसा है मुरहू। खूँटी से इसकी दूरी सिर्फ 15

किशुन साव (मृतक)

किलोमीटर है। घने जंगलों से घिरा है मुरहू, जहाँ पुलिस ने 12 राउंड गोलियाँ चलाई थीं। पुलिस वहाँ मौजूद आदिवासियों पर अपना गुस्सा निकालना चाहती थी। 10 अप्रैल को एक घटना घटी थी, जिससे पुलिस अपने को अपमानित महसूस कर रही थी। मुरहू में शनि मुंडु नामक एक स्कूली छात्रा अपनी बड़ी बहन और दो भाइयों के साथ रहती थी। वह अड़की थाना क्षेत्र के कड़कासोम गाँव की रहनेवाली थी। मकान किराया का था। परिवार की आर्थिक स्थिति बेहतर नहीं थी। इसी कारण वह अपने स्कूल के छात्रावास में नहीं रह सकती थी। घरों में काम कर, मजदूरी कर वह पढ़ाई करती थी। 14 साल की शनि संत मेरी स्कूल में आठवीं की छात्रा थी। 10 अप्रैल को विमल राय नाम का एक सिपाही उसके घर में जाकर जोर-जोर से दरवाजा पीटने लगा था। वह दरवाजा खोलने की जिद कर रहा था। तब तक रात हो चुकी थी। दरवाजा खोलने में शनि को कुछ विलंब हो गया। जैसे ही शनि ने दरवाजा खोला, सिपाही ने उसके गाल पर एक तमाचा मार दिया। फिर बाल पकड़ कर खींचा। धमकी दी कि उसे वह मार भी देगा। ग्रामीणों ने बताया था—जिस तरीके से सिपाही व्यवहार कर रहा था, उससे यह लग रहा था कि वह नशे में था। सिपाही की नीयत ठीक नहीं थी। वह शनि की बड़ी बहन (जिसकी उम्र 25 के आस-पास होगी) के साथ छेड़खानी करने की नीयत से वहाँ आया था। वह वहाँ नहीं मिली। इससे सिपाही बौखला गया। शनि की बड़ी बहन किसी दूसरे के घर में काम करती थी। वह लौटी नहीं थी। उसे वहाँ रोक कर रखा गया था। दोनों छोटे भाई भी घर पर नहीं थे। इसी बीच सिपाही आकर हंगामा कर लौट गया।

इस घटना के बाद ग्रामीणों में नाराजगी थी। वह स्कूली छात्रा थी, इसलिए स्कूल की छात्राएँ और शिक्षकों ने भी सिपाही के खिलाफ कार्रवाई की माँग की। पूरे इलाके में उन दिनों झारखंड पार्टी का बोलबाला था। पार्टी से जुड़े नेता-कार्यकर्ता जुटे और सिपाही के रवैए का विरोध किया। इन लोगों ने सिपाही विमल राय को बरखास्त करने की माँग रखी थी। इस बीच कुछ पुलिस अधिकारियों ने इस घटना की गंभीरता को समझा, जाँच की। 27 अप्रैल को उसका तबादला कहीं और कर दिया गया। दूसरे दिन सिपाही को निलंबित कर दिया गया। इससे जाहिर हो गया था कि सिपाही दोषी था, उसने गलती की थी और उसकी नीयत खराब थी। पर पुलिस खुले तौर पर इसे स्वीकार नहीं कर रही थी। वह अलग ही कहानी गढ़ रही थी। पुलिस कह रही थी कि एक बुढ़िया रोते-रोते आई थी और उसने पुलिस से शिकायत की कि खेदन मुंडा ने उसके साथ दुर्व्यवहार किया है।

प्रत्यक्षदर्शी जान पाहन और मुन्ना खान

खेदन ने यह तर्क दिया था कि बुढ़िया के मवेशी उसका (खेदन का) महुआ खा गए थे। बुढ़िया के बयान को सही मानते हुए सिपाही खेदन को खोजने के लिए निकला था। उसे घर पता नहीं था और गलती से उसने खेदन के घर की जगह शनि के घर का दरवाजा पीट दिया। जब आधा घंटा तक दरवाजा पीटते रहा, तब कुंडी (जिससे दरवाजा बंद रहता है) ढीली होकर गिर पड़ी और दरवाजा खुल गया। दरवाजा नहीं खोलने से सिपाही नाराज था और उसने शनि को थप्पड़ मारा।

पुलिस द्वारा गढ़ी गई कहानी को मानने के लिए कोई तैयार नहीं था। लोग जानते थे कि वह सिपाही पहले से ही बदनाम था। किसी के घर में घुस कर हड़िया-दारू और पैसा माँगा करता था।

तब तक झारखंड पार्टी भी इस आंदोलन में कूद पड़ी थी। आंदोलन का नेतृत्व जान पाहन, मुन्ना खान, निकोलस गुड़िया, सनातन कंडीर आदि कर रहे थे। जान पाहन और मुन्ना खान ने घटना का विवरण देते हुए बताया—29 अप्रैल को 10 बजे दिन में स्कूल की छात्राओं और शिक्षिकाओं ने थाना के सामने प्रदर्शन किया था। इसकी सूचना पहले ही अधिकारियों को दे दी गई थी। प्रदर्शन के बाद छात्राएँ और शिक्षिकाएँ चली गईं। सोमार बाजार टाँड में दोपहर बाद फिर प्रदर्शन हुआ। इस बार झारखंड पार्टी के कार्यकर्ता वहाँ जमा हुए थे। वे जुलूस के रूप में थाना पहुँचे थे। उनकी संख्या दो हजार से ज्यादा ही थी। पारंपरिक हथियार (तीर-धनुष, फरसा, लाठी) से वे लैस थे। ये लोग माँग कर रहे थे कि सिपाही को बरखास्त किया जाए। ग्रामीणों ने उस सिपाही का पुतला भी जलाया था। इसका पुलिस पर काफी असर पड़ा था। पुलिस इसे अपना अपमान मान रही थी और आक्रामक मुद्रा में थी। पुलिस और ग्रामीण आमने-सामने थे।

माहौल बिगड़ता जा रहा था। डीएसपी पहुँच चुके थे। उन्होंने घोषणा भी की थी कि सिपाही का तबादला किया जा चुका है, जाँच भी पूरी हो गई है और जल्द ही कोई बड़ा फैसला ले लिया जाएगा, पर गाँववाले मानने को तैयार नहीं हुए। मुरहू के लोगों को डीएसपी की बातों पर भरोसा नहीं हुआ था। उन्होंने उसी दिन उस सिपाही को थाना

परिसर में देखा था, इसलिए ग्रामीण जान रहे थे कि डीएसपी झूठ बोल रहे हैं।

लोग इतने उत्तेजित थे कि उन्होंने डीएसपी से कहा कि वे किनारे हो जाएँ तो वे लोग घर में छिपे सिपाही को घसीट कर बाहर लाकर दिखा सकते हैं। पर इसकी अनुमति डीएसपी ने नहीं दी थी। वे कहते रहे कि स्टाफ क्वार्टर में सिर्फ सिपाही का परिवार है, वह खुद नहीं है। इसी दौरान पुलिस और ग्रामीणों के बीच बहस होने लगी। पुलिसकर्मी पहले से ही धैर्य खोने लगे थे। उन्होंने फायरिंग शुरू कर दी। इसमें तीन लोग मारे गए। पुलिस फायरिंग के बाद लोगों की भीड़ छँट गई थी। इस घटना में एक पुलिसकर्मी रामचंद्र झा भी मारा गया। पुलिस ने ग्रामीणों पर आरोप लगाया था कि उन्होंने सिपाही की हत्या की है, जबकि गाँववाले तर्क देते रहे कि पुलिस फायरिंग करते वक्त इतनी अंधी हो चुकी थी कि उसने सामने आए एक पुलिसकर्मी को भी नहीं छोड़ा और उन्हें गोली मार दी थी। ग्रामीणों की बातों में दम इसलिए था, क्योंकि सिपाही की पीठ में गोली लगी थी। पुलिस की गोली से किशुन साव (बस्ती मुहल्ला, मुरहू) और पौलूस पूर्ति (जांते गाँव, मुरहू थाना) की मौत हो गई थी। मुन्ना खान उस घटना के गवाह हैं। बताते हैं कि किशुन को इस प्रदर्शन से कोई मतलब नहीं था। वे गुब्बू बाजार से एक वाहन पर सवार होकर अन्य व्यापारियों के साथ लौट रहे थे। रोड जाम होने के कारण वे वाहन से उतर गए और देखने लगे कि थाना के सामने क्या हो रहा है। इसी बीच पुलिस की गोली उन्हें लगी और वहीं उनकी मौत हो गई।

जैसे ही पुलिस ने फायरिंग की, पौलूस पूर्ति गोली से बचने के लिए पेड़ पर चढ़ गया। पुलिस ने उसे निशाना कर गोली दागी और गोली लगने के बाद वह पेड़ से ही नीचे गिर पड़ा। इस पुलिस फायरिंग के बाद 68 लोगों के खिलाफ एफआईआर दर्ज किया गया था। इसमें से 24 के खिलाफ चार्जशीट दायर की गई। 24 साल तक यह मामला अदालत में चला। बाद में कोर्ट द्वारा सभी को बरी कर दिया गया।

□

बीदरनाग की हत्या : 1 जून, 1983

जीप से घसीटकर मार डाला पूर्व सैनिक को

लौह अयस्क के लिए दुनिया भर में मशहूर पश्चिम सिंहभूम जिला के गुवा को पुलिस जुल्म के लिए भी याद किया जाता है। यही वह गुवा है जहाँ 1980 में पुलिस ने अस्पताल से खींचकर लाइन में खड़ा कर आठ आदिवासियों को गोलियों से भून दिया था। तीन साल बाद इसी गुवा में पुलिस जुल्म का शिकार बना सेना का एक पूर्व जवान बीदरनाग। पुलिस ने बीदरनाग और चार अन्य युवकों को जीप में बाँधकर गुवा की सड़कों पर घसीटा था। बाद में हाजत में बीदरनाग की मौत हो गई थी।

शहीद बीदरनाग (पूर्व सैनिक)

अलग झारखंड राज्य बनने के बाद यह जानने का मैंने प्रयास किया कि जिन लोगों ने शोषण और अत्याचार का विरोध किया, राज्य बनाने के लिए जान दे दी, आज उनके परिजन किस हाल में हैं। इसी क्रम में जब बीदरनाग का नाम आया तो पहुँच गया गुवा। पश्चिमी सिंहभूम में सारंडा जंगल के बीच बसा वह इलाका, जो आयरन ओर के लिए देश-दुनिया में जाना जाता है। मैं बीदरनाग के परिजन और करीबियों से मिलना चाहता था। मुलाकात हुई थी नजीर खान से। वे बीदरनाग के खास दोस्त हैं, जिन्होंने बीदरनाग की हत्या के बाद पूरी कानूनी लड़ाई लड़ी थी। नजीर खान ने

बीदरनाग के मित्र, जिन्होंने लड़ाई लड़ी

बताया था कि कैसे पुलिस उन्हें (नजीर खान को) निशाना बनाना चाहती थी। पुलिस तो रामचंदर दास और धुचा टोप्पो को भी खोज रही थी, ताकि उन्हें भी मार दिया जाए, पर ये लोग पुलिस की पकड़ में नहीं आए। बीदरनाग का परिवार बिखर चुका है। बहुत खोजने पर बीदरनाग की बेटी गंगानाग से मुलाकात हुई। गंगा ने जानकारी दी थी कि उनके पिता ने दो शादियाँ की थीं। पहली पत्नी शांति नाग से दो बेटियाँ थीं। एक संतोषी नाग, जिसका कोई अता-पता ही नहीं चला। दूसरी बेटी गंगा खुद थी। बीदरनाग की हत्या के बाद शांति नाग ही बेटियों को पाल रही थी। कानूनी लड़ाई लड़ने के बाद नजीर खान ने शांति नाग को इस्को में नौकरी दिलाई थी। 1997 में उनकी भी मौत हो गई। गंगा को ऐसे मौके पर सहारा दिया उसके मामा कृष्णा हुरद ने। उन्होंने ही गंगा की शादी चक्रधरपुर के बुधराम सांडिल से कराई। गंगा यह कहते हुए सुबक गई थी कि अगर मामा नहीं होते तो उसका क्या हाल होता। पिता को तो वह तब ही खो चुकी थी जब वह पाँच साल की थी। मामा और पिता के दोस्त नजीर खान ने उसे सहारा दिया। नजीर ने बीदरनाग और घटना के बारे में बहुत जानकारी दी थी।

बीदरनाग बिहार रेजिमेंट (नंबर 4247856) में थे। झारखंड की स्थिति से वे चिंतित रहते थे। वे झारखंड आंदोलन से जुड़ना और विस्थापितों की लड़ाई लड़ना चाहते थे। उनके क्षेत्र में बेरोजगारी बहुत ज्यादा थी। इस्को की खदान में स्थानीय युवकों की बहाली करने में भेदभाव बरता जा रहा था। माइनिंग के कारण खेतों में लाल पानी जमा होने से खेत खराब हो रहे थे। इसकी जानकारी बीदरनाग को मिलती थी। एक दिन उन्होंने फौज की नौकरी छोड़ दी और अपने क्षेत्र में जाकर काम करने का निर्णय लिया।

बीदरनाग की बेटी गंगा नाग

इस्को में अस्थायी तौर पर मजदूर वर्ग में उन्हें नौकरी मिली। 28 दिसंबर, 1982 को प्रबंधन ने उन्हें बहाली का पत्र जारी किया था। इस्को में काम करने के बावजूद बीदरनाग इस्को के

पुलिस का आतंक : विधायक को हथकड़ी लगा कर घुमाया
साभार द टेलीग्राफ : 4 जुलाई, 1983

खिलाफ आवाज उठाने से हिचकते नहीं थे। उनके साथ आंदोलन में नरसिंह किसान और नजीर खान थे। 30 मई, 1983 को सौ से ज्यादा आदिवासी-दलित युवकों ने इस्को कार्यालय में घुसकर तोड़फोड़ की थी, अधिकारियों को पीटा था। इन युवकों ने इस्को के एक अफसर के घर में जाकर भी मारपीट की थी। इन युवकों में अधिकांश इस्को के कर्मचारियों के आश्रित थे, जो नौकरी चाहते थे। इसलिए इन्होंने रोजगार देने से संबंधित अधिकारियों पर हमला किया। इसके बाद अधिकारियों ने बैठक कर निर्णय ले लिया कि जब तक उन्हें सुरक्षा नहीं मिलेगी, वे काम पर नहीं जाएँगे। पुलिस ने मारपीट और प्रदर्शन के मामले में बीदरनाग के अलावा किशोर पांडेय, जोकिम भेंगरा, जीतू लोहार और श्याम तांती को गिरफ्तार किया था। इनमें सिर्फ बीदरनाग का नाम एफआईआर में था।

बीदरनाग बेरोजगारों की भी लड़ाई लड़ते थे। पुलिस ने पहले से उन्हें निशाने पर रखा था। मारपीट वाली घटना के बाद तो पुलिस को एक बहाना मिल गया था। एक जून, 1983 का दृश्य दिल दहला देनेवाला था। शाम के लगभग पाँच बज रहे थे। एक जीप थाना से चौक बाजार की ओर आया। जीप के पीछे पाँच युवकों को बाँधकर घसीटा जा रहा था। इनके पैर भी बँधे हुए थे। इस जीप के पीछे एक और जीप थी, जिसे खुद डीएसपी दीपक वर्मा चला रहे थे। चौक पर पहुँच कर जीप को रोका गया। पुलिस ने पूरे इलाके को चारों ओर से घेर लिया। फिर बीच चौक पर पाँचों युवकों को जीप से अलग कर पिटाई शुरू कर दी। इन युवकों के बँधे पैरों के बीच लाठी डालकर उनके तलवे पर पिटाई की गई। ये चिल्लाते रहे। इन्हीं युवकों में बीदरनाग भी थे। पुलिस ने पीटते-पीटते उन्हें भी अधमरा कर दिया। ये युवक पानी-पानी चिल्ला रहे थे। बीदरनाग पिटाई बरदाश्त नहीं कर सके और बेहोश हो गए।

एक दिन पहले से गायब बीदरनाग को खोजते-खोजते उनकी पत्नी शांति नाग

चौक पर पहुँची। बेरहमी से पति की पिटाई होते देख उसने पुलिस से पति को छोड़ देने का भी आग्रह किया। शांति के आग्रह के बाद पुलिस ने बीदरनाग को और पीटा। एक घंटे तक सैकड़ों लोगों की मौजूदगी में पाँचों युवकों की पिटाई होती रही, पर पुलिस के भय से किसी को विरोध करने की हिम्मत नहीं हुई। मारते-मारते जब पुलिसवाले थक गए तो इन सभी को जीप में लाद कर थाना ले गए और हाजत में बंद कर दिया। सबसे बुरी हालत बीदरनाग की थी। सेना के इस पूर्व जवान को पुलिस ने मार-मार कर अधमरा कर दिया था। थाना हाजत में जब घायलों की हालत बिगड़ने लगी तो डीएसपी दीपक वर्मा ने अस्पताल

बिहार के मुख्यमंत्री डा० जगन्नाथ के नाम

खुला-पत्र

मुख्यमंत्री जी,

निवेदक—

मानराय सिंह बोदरा

अध्यक्ष,

चक्रधरपुर युवा कांग्रेस कमिटी (इं)

कांग्रेस द्वारा बाँटा गया परचा

से चिकित्सक को बुलाया। इस बीच बीदरनाग थाना हाजत में ही दम तोड़ चुके थे। पुलिस ने बीदरनाग के शव को अस्पताल भेज कर यह बताना चाहा कि उनकी मौत इलाज के दौरान अस्पताल में हुई है।

बीदरनाग की पहली पत्नी शांति (उन्होंने दो शादियाँ की थीं) को पता भी नहीं चला कि उसके पति ने दम तोड़ दिया है। वह तो यही सोचती थी कि पीटने के बाद पुलिस ने उन्हें हाजत में बंद कर रखा है। वह खाना लेकर थाना भी गई पर उसे थाना से भगा दिया गया। दूसरे दिन पुलिस ने बीदरनाग के शव को पोस्टमार्टम के लिए चाईबासा भेजा। वहाँ बीदरनाग की दूसरी पत्नी बुधनी को बुलाया गया। वहाँ जबरन उससे सादे कागजों पर हस्ताक्षर करने को कहा गया। बुधनी ने इनकार किया। फिर पुलिसवालों ने जबरन उससे सादे कागज पर हस्ताक्षर कराया। मुँह बंद रखने के लिए बुधनी को डीएसपी ने दो सौ रुपए देने का प्रलोभन दिया। जब वह तैयार नहीं हुई तो जबरन उसकी साड़ी में रुपए बाँध दिए गए।

बीदरनाग की मौत के बाद भी पुलिस के रवैए में कमी नहीं दिखी थी। इस मामले

को लेकर चिरिया माइंस में एक विरोध सभा होनेवाली थी। इस सभा में भाग लेने के लिए जा रहे सीपीआई के विधायक तुलसी रजक और यूनियन नेता पी मजूमदार को मनोहरपुर पुलिस ने गिरफ्तार किया, हाथ में हथकड़ी लगाई और चाईबासा की सड़कों पर घुमाया। बिहार विधानसभा में इस पर हंगामा हुआ। तब डॉ. जगन्नाथ मिश्र बिहार (तब झारखंड बिहार का ही हिस्सा था) के मुख्यमंत्री थे। यूथ कांग्रेस ने बीदरनाग समेत सभी गिरफ्तार युवकों को कांग्रेसी कार्यकर्ता बताते हुए लंबा आंदोलन चलाया था। इसका नेतृत्व एसआर छब्बन ने किया था। वे जमशेदपुर में कांग्रेस के नेता थे। जमशेदपुर से गुवा जाकर 134 घंटे का अनशन किया था। कांग्रेस के नेताओं ने पूरे सिंहभूम में परचा बाँटकर पुलिस जुल्म के प्रति अपना विरोध प्रकट किया था। बीदरनाग की पत्नी शांति नाग ने सुप्रीम कोर्ट के मुख्य न्यायाधीश पीएन भगवती को पत्र लिखकर पुलिस जुल्म की जानकारी दी थी। जब चारो ओर से दबाव पड़ा तो सरकार द्वारा डीएसपी दीपक वर्मा और थाना प्रभारी ईश्वरी प्रसाद को निलंबित किया गया। बीदरनाग ने अपनी शहादत देकर भी स्थानीय लोगों के अधिकार को बहाल कराया।

□

भरभरिया गोलीकांड : 7 जुलाई, 1984

अपराधी मारो अभियान का प्रतिफल

हरीश चंद बिरूआ

पश्चिम सिंहभूम का एक गाँव है भरभरिया। इस गाँव के आस-पास के इलाके में ग्राम रक्षा दल (जीआरडी) का बहुत प्रभाव था। पूरे क्षेत्र में जीआरडी समानांतर सरकार चला रहा था। अपराधियों को मारने के नाम पर जीआरडी खुद आतंक मचा रहा था। जीआरडी तय करता था कि कौन दोषी है, कौन नहीं, किसे जुर्माना भरना है, किसे नहीं। जिसे जीआरडी दोषी करार दे देता था, उसकी हत्या कर दी जाती थी।

7 जुलाई, 1984 की घटना है। ग्राम रक्षा दल (जीआरडी) के लगभग 10 हजार सदस्य भरभरिया में डाकबँगला के पास जमा हो गए थे। ये लोग भरभरिया के मानकी हरीश चंद बिरूआ समेत 19 लोगों को उन्हें सौंप देने की सुरक्षा बल से माँग कर रहे थे। सुरक्षा बल ने जीआरडी की माँग को अस्वीकार कर दिया था। साफ-साफ कह दिया गया था कि मानकी समेत किसी व्यक्ति को किसी भी हालत में जीआरडी के सदस्यों को नहीं सौंपा जाएगा। हिंसा की आशंका के कारण भरभरिया में पहले से ही दंडाधिकारी के साथ दो प्लाटून अर्धसैनिक बलों का तैनात किया गया था।

जीआरडी के सदस्य पारंपरिक हथियार से लैस थे। जब पुलिसकर्मियों ने उनकी बात नहीं मानी तो जीआरडी के सदस्य आगे बढ़ने लगे। ये लोग मानकी समेत 19 लोगों को अपने कब्जे में लेकर उन्हें मार देना चाहते थे। इसी उद्देश्य से जीआरडी के सदस्यों ने पुलिस बल पर हमला कर दिया। पुलिस पहले से तैयार बैठी थी। उसने ग्राम रक्षा दल

के सदस्यों पर फायरिंग कर दी। इस फायरिंग में 20 लोग मारे गए थे, हालाँकि पुलिस सिर्फ छह के मारे जाने की ही पुष्टि करती रही।

इस गोलीकांड की पृष्ठभूमि भी कम रोचक नहीं है। जिस इलाके में यह गोलीकांड हुआ, वह कोल्हान का इलाका है। इसका अपना इतिहास रहा है। कोल्हान वीरों की धरती रही है। यहाँ के लोगों में संघर्ष करने की क्षमता बहुत ज्यादा है। अंग्रेज भी इस इलाके को अपने कब्जे में नहीं कर सके थे। पूरा इलाका आदिवासी बहुल है। यह वह इलाका है जहाँ झारखंड अलग राज्य के लिए चलाए गए आंदोलन में सबसे ज्यादा पुलिस फायरिंग हुई, सबसे ज्यादा लोग मारे गए।

यह इलाका तब और चर्चित हो गया जब 30 अक्तूबर, 1978 को केसी हेंब्रम ने कोल्हान रक्षा संघ का गठन किया। उन दिनों कोल्हान में झारखंड मुक्ति मोरचा (जेएमएम) का कोई प्रभाव नहीं था, पर धनबाद, हजारीबाग, संताल परगना में इसका अच्छा असर था। जेएमएम अपने संगठन का विस्तार कोल्हान में भी करना चाहता था। पर बागुन सुंब्रुई (कांग्रेस) नहीं चाहते थे कि उस क्षेत्र में जेएमएम का प्रभाव दिखे। बागुन सुंब्रई ने पहले झारखंड पार्टी और बाद में अखिल भारतीय झारखंड पार्टी के बैनर तले झारखंड आंदोलन चलाया था। इसी क्रम में यह तय हुआ कि जेएमएम को रोकने के लिए कोई ताकतवर संगठन बनाया जाए। केसी हेंब्रम आगे आए और उन्होंने कोल्हान रक्षा संघ (केआरएस) का गठन किया।

शुरू में कोल्हान रक्षा संघ को बड़ी सफलता मिली। बड़ी संख्या में आदिवासी कोल्हान रक्षा संघ से जुड़ते गए। पर बाद में स्थिति बदलने लगी। गुवा गोलीकांड के बाद पूरे इलाके में झारखंड मुक्ति मोरचा ने तेजी से जगह बना ली। इसका असर कोल्हान रक्षा संघ पर पड़ा। इस बीच कोल्हान रक्षा संघ ने स्वतंत्र कोल्हान राष्ट्र की माँग कर दी। यहाँ तक कि उसके दो प्रतिनिधि ज्ञापन देने के लिए संयुक्त राष्ट्र संघ तक पहुँच गए। इसके बाद कोल्हान रक्षा संघ के कई नेताओं पर देशद्रोह का मुकदमा दायर किया गया। कोल्हान सरकार (स्वघोषित) के प्रमुख नारायण जोंको, मुख्य कानूनी सलाहकार सीए टोपनो और कानूनी सलाहकार एके सवैंया को अक्तूबर 1981 में गिरफ्तार कर लिया गया, जबकि केसी हेंब्रम भूमिगत हो गए। इस प्रकार धीरे-धीरे कोल्हान रक्षा संघ कमजोर होता गया। मौका का फायदा उठाते हुए कोल्हान रक्षा संघ से कुछ अपराधी भी जुड़ गए थे। ऐसे अपराधियों ने कोल्हान रक्षा संघ के नाम पर उत्पात भी मचाया था। लोगों की हत्याएँ तक की थीं। शीर्ष नेताओं के जेल में बंद या फरार रहने के

जीआरडी महासचिव वामा चरण कुंकल

बागुन सुंब्रुई

कारण कोल्हान रक्षा संघ से जुड़े उपद्रवी तत्त्वों ने खुलकर अपराध करना शुरू कर दिया। पूरे क्षेत्र में अपराध बढ़ने लगा। स्थिति इतनी भयावह हो चुकी थी कि उस क्षेत्र में कोई बाहरी दिखा तो उसका जिंदा रहना मुश्किल था।

कोल्हान में जब दिनदहाड़े अपराध होने लगे, चोरी-डकैती की घटनाएँ बढ़ने लगीं तो बागुन सुंब्रुई ने ग्राम रक्षा दल नामक संगठन का गठन किया। इसके गठन के पीछे यह तर्क दिया गया कि ग्राम रक्षा दल (जीआरडी) अपराधियों से निबटेगा और इसके लिए अभियान चलाया जाएगा। इस अभियान का नाम दिया डकैत भगाओ अभियान। कुछ लोगों ने इसे चोर काटो अभियान का भी नाम दिया। बागुन सुंब्रुई ने 1965 के आस-पास कोल्हान में दिकू भगाओ (बाहरी लोगों को झारखंड में दिकू कहा जाता है) अभियान चलाया था। इस दौरान कई बिहारियों की हत्या हुई थी।

जीआरडी का गठन भले ही बागुन सुंब्रुई ने किया था, पर इसके पीछे पटना में बैठे कांग्रेसी नेताओं (तब बिहार का बँटवारा नहीं हुआ था) का भी दिमाग था। इसके पीछे रणनीति यह बनी थी कि ग्राम रक्षा दल को प्रशासन का सहयोग रहेगा, ताकि इससे जुड़े लोग कोल्हान रक्षा संघ के सदस्यों का सामना कर सकें। स्थिति यहाँ तक आ गई थी कि बिहार के तत्कालीन मुख्यमंत्री चंद्रशेखर सिंह को बागुन सुंब्रुई की पत्नी और उस समय बिहार की मंत्री मुक्तिदानी सुंब्रुई ने 28 जनवरी, 1984 को चाईबासा बुलाया था। एक सार्वजनिक सभा कराई थी। इस सभा में बागुन सुंब्रुई ने मुख्यमंत्री चंद्रशेखर सिंह को तीर-धनुष देकर सम्मानित किया था। फिर मुख्यमंत्री के भाषण का 'हो' भाषा में अनुवाद करने के दौरान यह संदेश दिया था कि मुख्यमंत्री ने असामाजिक तत्त्वों के खिलाफ चलाए जा रहे अभियान (डकैत भगाओ अभियान) को समर्थन दिया है। इस घोषणा का उलटा असर पड़ा। ग्राम रक्षा दल को मनमानी करने का प्रमाणपत्र मिल गया। तत्कालीन राज्यपाल एआर किदवई ने ग्राम रक्षा दल के महासचिव वामा चरण कुंकल को सम्मानित किया था। इस तरह से जीआरडी के सदस्यों का मनोबल बढ़ता गया। स्थानीय प्रशासन लाचार था, क्योंकि उसे पटना से आदेश मिला था कि असामाजिक तत्त्वों के खिलाफ लड़ रहे ग्राम रक्षा दल के सदस्य को हरसंभव मदद दी जाए।

A Reign of Terror

The Gram Raksha Dal might have done something wrong. Mob mentality might have worked in some cases but it is mainly the criminal who is the target.

'इंडिया टुडे' 31 अगस्त, 1984 का अंक

धीरे-धीरे जीआरडी में अपराधी शामिल होने लगे। जिसे मन करता, जीआरडी के सदस्य उसे पकड़ लेते, डकैत या दोषी करार देने के लिए गाँव के मुंडा के पास लाते। मुंडा ने अगर कह दिया कि वह अपराधी है तो उस व्यक्ति को जंगल में ले जाकर उसकी हत्या कर दी जाती या उसे फाँसी पर लटका दिया जाता था।

धीरे-धीरे जीआरडी का यह अभियान भटकने लगा। प्रारंभ में जरूर कुछ अपराधी पकड़े गए, पर बाद में अपराधी के नाम पर निर्दोषों की हत्या होने लगी। जो भी जीआरडी की बात नहीं मानता, उसका विरोध करता, उसे पकड़ कर गाँव के मुंडा के पास ले जाया जाता और मुंडा से सर्टिफिकेट मिलते ही उसकी हत्या कर दी जाती। ग्राम रक्षा दल ने लोगों पर टैक्स लादना भी शुरू कर दिया था। वह तय करता था कि किसे कितना दंड भरना है। एक तरीके से उसने अपना शासन चला रखा था। इस दौरान कितने लोगों को ग्राम रक्षा दल ने मारा, इसका कोई हिसाब नहीं है। सिर्फ मंझारी प्रखंड में ही 42 लोगों की जीआरडी ने हत्या की थी। इसके अलावा आस-पास के क्षेत्र से सैकड़ों लोग गायब थे। अपराध पर काबू पाने के लिए ग्राम रक्षा दल ने अभियान चलाने के नाम पर झींकपानी, तांतनगर, मंझारी, जगन्नाथपुर, मझगाँव, कुमारडुंगी में जो खेल खेला, उससे 1500 से ज्यादा लोगों के शिकार होने का अनुमान लगाया गया।

ग्राम रक्षा दल के सदस्यों ने जिन लोगों की हत्या की, उसमें बड़े अपराधियों का नाम नहीं था। निजी दुश्मनी के कारण भी जीआरडी के सदस्य हत्या करने लगे। पहले ऐसा माना जाता था कि जीआरडी के सदस्य सिर्फ तीर-धनुष ही रखते हैं पर उनके पास घातक हथियार भी थे। इस अभियान में जीआरडी के शीर्ष नेताओं ने रणनीति के तहत कई पूर्व सैनिकों को भी शामिल कर लिया था। ये लोग पहले से ही प्रशिक्षित होते थे। इनका काम दल के अन्य सदस्यों को प्रशिक्षित करना भी था। इस तरह जीआरडी के सदस्य हर गाँव में फैल चुके थे और अपने अभियान को आगे बढ़ा रहे थे। कुछ गाँवों में लोगों ने विरोध भी किया था और कहा था कि अपराधियों को पकड़ कर उन्हें खुद सजा देने से बेहतर है पुलिस के हवाले करना।

समय बीतता गया। जीआरडी बदनाम भी होता गया। जिस समय जीआरडी का गठन हुआ था, उस समय सिंहभूम के उपायुक्त थे, वीएन मिश्र। अपराध पर काबू पाने के नाम पर उन्होंने जीआरडी को आगे बढ़ाया। बाद में जीएस कंग (आईएएस) उपायुक्त बन कर आए। इस बीच काफी बदलाव हो चुका था। जीआरडी भटक चुका था और स्थानीय प्रशासन के लिए वह चिंता का कारण बन चुका था। लगातार हो रही हत्याओं के कारण प्रशासन की बदनामी भी हो रही थी।

मार्च 1984 में भरभरिया में ग्राम रक्षा संघ ने एक बैठक बुलाई थी। इसमें आगे की रणनीति बनानी थी। इस बैठक में भरभरिया के मानकी हरीश चंद बिरूआ नहीं गए। वे जीआरडी द्वारा की जा रही हत्याओं का समर्थन नहीं करना चाह रहे थे। बिरूआ का मानना था कि किसी भी संगठन का काम अपराधी को पकड़कर मौत के घाट उतार देना नहीं है। अगर वह अपराधी है तो प्रशासन को सौंप दे, अदालत तय करे कि वह दोषी है या नहीं।

बैठक में नहीं जाने से ग्राम रक्षा दल के सदस्य मानकी हरीश चंद बिरूआ से काफी नाराज थे। फिर एक बैठक बुलाई जिसमें बिरूआ को आने को कहा गया। बिरूआ फिर नहीं गए। इस बीच उन्होंने शांति मोरचा बना लिया। इसे ग्राम रक्षा दल ने चुनौती के रूप में लिया। दल हर हाल में मानकी बिरूआ को सबक सिखाना चाहता था। 7 अप्रैल, 1984 को उनके भाई टोरलो डैम में काम करवा कर रहे थे। उनके साथ तीन और लोग वहाँ थे। जीआरडी के सदस्यों ने चारों का अपहरण कर लिया। फिर घसीटते हुए पत्थर से कूचा और फिर फाँसी पर लटका दिया। ये थे मोतीलाल बिरूआ, प्रगन बिरूआ, राधा कृष्ण बिरूआ (मानकी का भाई) और कृष्ण गोपाल। इन चारों का स्मारक भरभरिया में बनाया गया है।

इस घटना के बाद भी जीआरडी आक्रामक मूड में था। मई माह में टोंटो गाँव में एक बस पर जीआरडी ने घात लगाकर हमला किया। बस से बिरसल बिरूआ और नारंग बिरूआ को घसीटकर नीचे उतारा। मौका देखकर बिरसल तो भाग गया पर नारंग पकड़ा गया। जीआरडी के सदस्यों ने उसकी हत्या कर दी। उसका कसूर इतना ही था कि उसने जीआरडी में शामिल होने से इनकार कर दिया था। बाद में जीआरडी ने बिरसल के घर को फूँक दिया।

जीआरडी को सबसे ज्यादा विरोध का सामना करना पड़ा था मंझारी के भरभरिया में ही। इसलिए जीआरडी हर विरोध को दबाना चाहता था। उसने भरभरिया गाँव का सामाजिक बहिष्कार भी कर रखा था। गाँव के हाट को बंद कर दिया गया था। यह तय हुआ था कि जो भी इस गाँव में जाएगा या भरभरिया के ग्रामीणों से बात करेगा, उसे 50 रुपए का दंड भरना पड़ेगा, लाठी से पिटाई की जाएगी।

भरभरिया का डाकबंगला जहाँ हरीश बैठक कर रहे थे

9 जुलाई, 1984 को ग्राम रक्षा दल को खबर मिली कि भरभरिया के डाकबँगला में मानकी हरीश चंद बिरूआ अपने 18 अन्य सहयोगियों के साथ बैठक कर रहे हैं। इसके बाद वहाँ जीआरडी के लोग जुटने लगे। लगातार हो रही हत्याओं के बाद पहले से ही वहाँ सुरक्षाबल के जवान तैनात थे। दंडाधिकारी भी थे। लगभग आठ से दस हजार जीआरडी समर्थक हथियार लेकर डाकबँगला पहुँच गए। ये लोग डाकबँगला की ओर बढ़ने लगे। पुलिस ने जब उन्हें रोका तो उन्होंने मानकी समेत अंदर बैठे तमाम लोगों को जीआरडी को सौंप देने की शर्त रखी। सुरक्षाबलों ने जीआरडी की माँग को अस्वीकार कर दिया और पीछे हटने की चेतावनी दी। पास में ही एक बरगद का पेड़ था। उसके पास लोग जमा हो गए और वहीं से पुलिस पर हमला किया।

दो प्लाटून अर्धसैनिक बल के जवान पहले से तैनात थे और दंडाधिकारी के आदेश की प्रतीक्षा में थे। पुलिस पहले से ही ग्राम रक्षा दल से नाराज थी और मौके का इंतजार कर रही थी। जैसे ही दंडाधिकारी ने लाठी चार्ज के बाद गोली चलाने का आदेश दिया, पुलिस ने फायरिंग कर दी। इस फायरिंग में पेड़ के पास मौजूद 20 आदिवासी (ग्राम रक्षा दल के सदस्य) मारे गए। गोली तो कई लोगों को लगी पर वे भाग गए। पुलिस ने सिर्फ छह लोगों के मारे जाने की पुष्टि की। इस गोलीकांड के बाद धीरे-धीरे ग्राम रक्षा दल भी कमजोर होने लगा और उसका अस्तित्व खत्म हो गया।

□

बिल्ला गोलीकांड : 27 मार्च, 1985

बुजुर्ग की छाती में गोली मारी

शहीद

दिऊँ कोड़ा।

पुलिस अगर किसी आंदोलन के दौरान 74 साल के बुजुर्ग को पटक कर गोली मार देती है, तो इससे अंदाजा लगाया जा सकता है कि उस दौरान बाकी लोगों पर किस प्रकार का जुल्म ढाया गया होगा। बिल्ला में पुलिस ने यही काम किया था। बिल्ला गाँव पश्चिम सिंहभूम जिले में गोइलकेरा-बऊरकेला पथ पर बसा है। इसी गाँव में स्मारक है दिऊँ कोड़ा का, जिन्हें पुलिस के जवानों ने 27 मार्च, 1985 को मार डाला था। जिस स्थान पर दिऊँ कोड़ा को गोली मारी गई थी, उससे एक किलोमीटर दूर सड़क के किनारे उनका स्मारक बनाया गया है। उस स्थान पर हर साल मेला लगता है। इस मेले में आस-पास के इलाके से लोग जमा होते हैं और दिऊँ कोड़ा को याद करते हैं। दिऊँ कोड़ा बुजुर्ग (उम्र लगभग 74 साल) थे। वे निर्दोष थे। पुलिस ने इस बुजुर्ग को भी नहीं छोड़ा और आवेश में आकर उन्हें गोली मार दी थी। आंदोलन के दौरान ऐसी कई घटनाएँ घटी थीं। जिस किसी ने पुलिस की बात नहीं मानी, उसे यातना दी जाती थी। कई अवसरों पर तो गोली तक मार दी जाती थी।

गोलीकांड के 15-16 साल बाद अपने सहयोगियों के साथ मैं सारंडा के गाँवों में घूम-घूमकर ऐसे शहीदों के बारे में जानकारी हासिल करने का प्रयास कर रहा था, तो बिल्ला में सड़क किनारे एक स्मारक देखा। सामने पत्थर गड़ा हुआ था। उत्सुकता हुई। गाड़ी रोकी। ऐसे गाँव में आज भी बाहर से अगर कोई गाड़ी आती है, अपरिचित चेहरा दिखता है तो ग्रामीण जमा होने लगते हैं। वहाँ भी गाँववाले जमा होने लगे। उनसे पूछ लिया कि किसका स्मारक है? कैसे हुई थी मौत? इतना पूछना था कि गाँववाले पहले कौतूहल से देखने लगे। जब उन्हें आने का कारण बताया तो सम्मान देते हुए गाँववालों ने पास से खाट मँगाया, बैठाया और पूरी कहानी बताई।

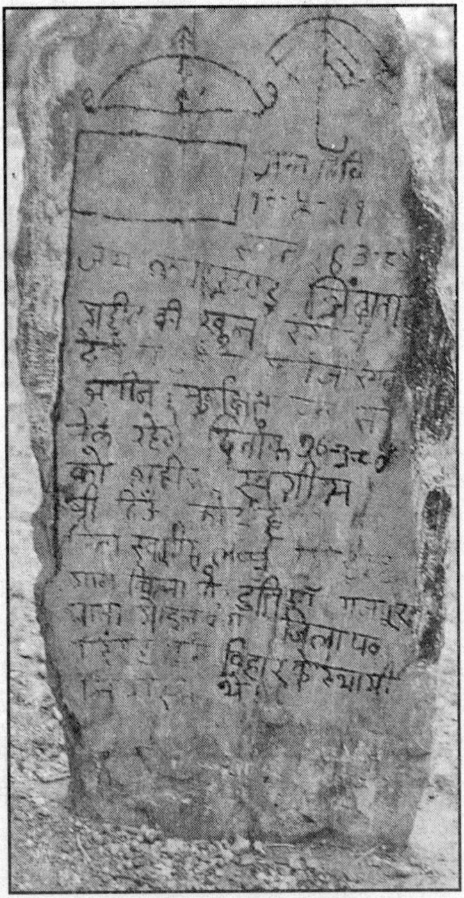

बिल्ला में दिऊँ कोड़ा का स्मारक

आदिवासी जंगलों पर अपना अधिकार आदिकाल से मानते रहे हैं। जल, जंगल और जमीन पर अधिकार को लेकर ही तो आंदोलन होते रहे हैं। आदिवासी जंगलों से लकड़ी काटकर या फिर जंगल के उत्पाद बेचकर अपनी जीविका चलाते हैं। झारखंड आंदोलन के दौरान किसी वन अधिकारी या फॉरेस्ट गार्ड की हिम्मत नहीं होती थी कि अकेले निकल कर वे ग्रामीणों को पकड़ सकें। ऐसे अकारण नहीं हुआ था। वन विभाग के अफसर भोले-भाले ग्रामीणों पर लकड़ी चोरी का केस लाद दिया करते थे। इसलिए ग्रामीणों में उनके प्रति नाराजगी थी। ग्रामीण वनरक्षकों को अपना दुश्मन मानते थे। वनरक्षकों ने भी एक संगठन बनाया था। इसी बीच वनरक्षकों ने देखा कि गाँव के ही दो आदिवासी संतरा 18 में लकड़ी काट रहे हैं। वनरक्षकों की संख्या आठ-नौ थी। इन वनरक्षकों ने दोनों ग्रामीणों को पकड़ने के लिए दौड़ाया, पर वे भाग गए। ये वनरक्षक तुमिर कोड़ा को खोज रहे थे। तुमिर ने कुछ समय पहले वनरक्षकों को भेलुआ तेल लगाया था। आंदोलन के दौरान ग्रामीण भेलुवा तेल का उपयोग हथियार की तरह करते थे। इस तेल को लगा देने से पूरे शरीर में खुजली होती है। ग्रामीण वन विभाग के अफसरों या कर्मचारियों को पकड़ कर यही तेल लगा दिया करते थे। जिन ग्रामीणों को वनरक्षकों ने दौड़ाया था, वे गाँव के पास पहुँचते ही चिल्लाने लगे। शोर सुनकर पूरे गाँव के लोग जमा हो गए और उन लोगों ने सोनाराम भदरा समते दो गार्ड (वनरक्षक) को पकड़ लिया और बाँध दिया। बाकी वनरक्षक भाग गए। वनरक्षकों को पकड़ने की खबर जब वन विभाग के अधिकारियों को मिली तो रवींद्र कुमार समेत कई अधिकारी गाँव आए और वनरक्षकों को छोड़ देने

की ग्रामीणों से अपील की। लेकिन गाँववाले नहीं माने।

अधिकारी रात भर बिल्ला गाँव में ही रहें। उन लोगों को गाँववालों ने कोई तंग नहीं किया। यह खबर पुलिस बल को मिल चुकी थी। उन दिनों उस क्षेत्र में बीएमपी और सीआरपीएफ के जवान तैनात किए गए थे। दूसरे दिन चाईबासा से पुलिस बल टुनिया आया। फिर प्रमुख अनिरुद्ध प्रदान के घर गया। टकराव की आशंका से पुलिस सीधे गाँव नहीं गई। बाद में ग्रामीणों और वन विभाग के अधिकारियों के बीच समझौता हो गया। ग्रामीणों ने दोनों वनरक्षकों को छोड़ भी दिया। इस बीच पुलिस ने ग्रामीणों के खिलाफ मामला भी दर्ज कर लिया था।

ग्रामीण इस घटना को भूल गए थे, पर पुलिस बदला लेने की ताक में थी और मौके का इंतजार कर रही थी। एक सप्ताह के बाद ट्रक पर सीआरपीएफ के जवान बिल्ला पहुँचे। जीप पर भी पुलिसकर्मी थे। पुलिस को देखते ही गाँव के ग्रामीण छिप गए। उन्हें यह बात समझने में देर नहीं लगी कि बदला लेने की नीयत से पुलिस आई है। भारी संख्या में पुलिस के जवानों को देखकर गाँव के युवक जंगल की ओर भाग गए। सीआरपीएफ के हाथ कोई नहीं लगा।

किसी भी ग्रामीण के हाथ नहीं आने के कारण पुलिस बौखलाई हुई थी। इसी बीच मछली पकड़नेवाले जाल के साथ दिऊँ कोड़ा अपने घर लौट रहे थे। उन्हें इस बात का जरा सा भी शक नहीं था कि पुलिस उन्हें भी पकड़ सकती है। जब दिऊँ कोड़ा बुरूसांई स्थित अपने घर से करीब सौ कदम दूर थे तो सीआरपीएफ के जवानों ने उन्हें पकड़ लिया। पुलिस आपा खो चुकी थी। वह गाँव के युवकों के बारे में दिऊँ कोड़ा से पूछ रही थी। दिऊँ कोड़ा को यह जानकारी नहीं थी कि गाँव के युवक कहाँ छिपे हैं। उत्तेजित पुलिसकर्मियों ने पहले कुसुम पेड़ को निशाना कर एक गोली दागी। फिर दूसरी गोली दिऊँ की जाँघ में मारी। वे गिर पड़े। पुलिसवालों का गुस्सा इतने में भी शांत नहीं हुआ। उन्होंने दिऊँ कोड़ा की छाती पर पैर रखा और फिर राइफल से उनकी छाती में गोली मार दी। दिऊँ कोड़ा वहीं पर शहीद हो गए। उनके दो लड़के गोधा कोड़ा और जयदर कोड़ा पुलिस के भय से फरार हो गए थे।

पुलिस का भय इतना था कि किसी ने इस घटना का विरोध नहीं किया। दिऊँ कोड़ा को मारने के बाद सीआरपीएफ के जवान शव को गोइलकेरा ले गए। फिर शव को बोरे में बंद कर पुटुस की झाड़ी में छिपा दिया। पुलिस के जाने के बाद जंगल से गाँववाले बाहर निकले और शव को खोजने लगे। उन दिनों गाँव के मुखिया थे वामाचरण कोड़ा। भागे-भागे वे विधायक देवेंद्र माझी के घर चक्रधरपुर पहुँच गए और पूरी घटना की जानकारी दी। देवेंद्र माझी ने तुरंत चाईबासा में पुलिस के सीनियर अधिकारियों से बात की और कहा कि दिऊँ कोड़ा के शव को पुलिस ने गायब कर दिया है। देवेंद्र माझी को

सीनियर पुलिस अफसरों ने भरोसा दिलाया कि वे लाश को बरामद करवा देंगे। बाद में सीनियर पुलिस अधिकारियों ने दिऊँ कोड़ा के शव को बरामद किया और उसे देवेंद्र माझी को सौंप दिया। तब तक इस घटना की जानकारी पूरे गोइलकेरा क्षेत्र में फैल चुकी थी। इसके बावजूद पुलिस के भय के कारण शव को लेकर गाँव जाने को कोई तैयार नहीं था। यह काम भी देवेंद्र माझी ने ही किया। उन्होंने ट्रक पर शव को लदवाया और खुद शव लेकर खुद बुख्सांई स्थित दिऊँ कोड़ा के आवास पर गए। ट्रक को देखते ही फिर गाँववाले भागने लगे। तब तक मुखिया सामने आ चुके थे। उस समय रात के 11 बज रहे थे। दूसरे दिन पूरे गाँववालों ने सम्मान के साथ दिऊँ कोड़ा का अंतिम संस्कार कर दिया और बिल्ला में उनकी अस्थि को गाड़कर वहाँ स्मारक बनाया। इसी स्मारक के पास दिऊँ कोड़ा की याद में हर साल 27 मार्च को मेला लगता है।

□

बाँझी गोलीकांड : 19 अप्रैल, 1985

फादर एंथोनी समेत 15 संतालों की हत्या

शहीद

1. फादर एंथोनी मुर्मू (गाँव बाँझी), 2. मदन मुर्मू (गाँव बाँझी), 3. मदगू मुर्मू (गाँव बाँझी), 4. ठाकुर टुडू (गाँव खारी), 5. दुमचा बेसरा (गाँव खारी), 6. त्रिभुवन मार्डी (गाँव खारी), 7. अन्ना मुर्मू (गाँव रकसोल), 8. सलको टुडू (गाँव सबैया), 9. दुखना टुडू (गाँव सबैया), 10. इसोर मुर्मू (पहाड़पुर), 11. बड़का मुर्मू (गाँव पहाड़पुर), 12. कंदन मुर्मू (गाँव पहाड़पुर), 13. मुशी मदैया (गाँव केंदुआ), 14. पांडा मार्डी (गाँव टुडिवा), 15. बड़गो हेंब्रम (गाँव कंदोर)।

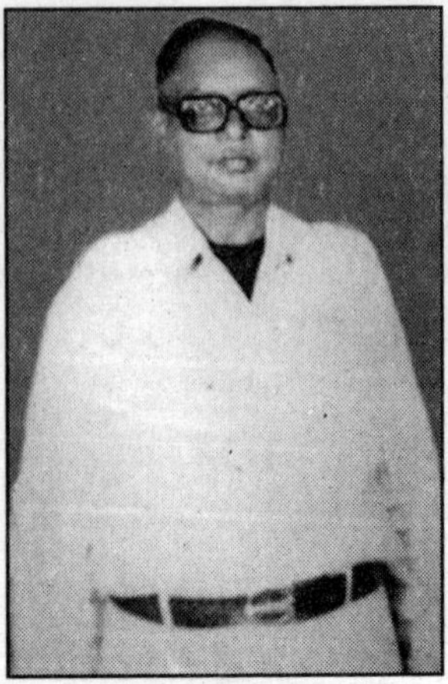

फादर एंथोनी मुर्मू : पुलिस ने पकड़ कर मार डाला

संताल परगना झारखंड का वह इलाका है, जहाँ के लोग अन्याय-शोषण के खिलाफ सदियों से संघर्ष करते रहे हैं। वीरों की भूमि संताल परगना में ही सिद्धू-कान्हू, चाँद-भैरव ने अंग्रेजों के खिलाफ मोरचा खोला था। संताल हुल के कारण अंग्रेजों को झुकना पड़ा था। सौ-डेढ़ सौ साल बाद भी संताल परगना में शोषकों का आतंक कम नहीं हुआ। एक फर्क जरूर आया था। आजादी के पहले शोषक जहाँ अंग्रेज हुआ करते थे, वहीं आजादी के बाद यह काम महाजन कर रहे थे। महाजनों के आतंक के बावजूद संताल के आदिवासियों ने कभी हार नहीं मानी थी और संघर्ष जारी रखा था। अपनी संस्कृति-अस्मिता और अधिकार की रक्षा के लिए जब भी इन आदिवासियों ने अपनी जुबान खोली, गोलियों से इनकी जुबान को बंद करने की साजिश की गई। ऐसी ही एक घटना 19 अप्रैल, 1985 को बाँझी में घटी थी जब पूर्व

सांसद फादर एंथोनी समेत 15 आदिवासियों (संताल) को पुलिस ने मार डाला था।

गोलीकांड के ठीक बाद फादर एंथोनी की पत्नी को सांत्वना देते हुए शिबू सोरेन

साहिबगंज रेलवे स्टेशन से लगभग 15 किलोमीटर की दूरी पर बसा है बाँझी गाँव। इसी गाँव में मोती भगत नामक एक महाजन रहता था। गाँव में एक तालाब था। दरअसल इस तालाब पर पूरे गाँव का अधिकार था। इस तालाब में वहाँ के संताल मछली मारते थे। यह कई साल से चलता आ रहा था। मछली मारना संतालों की संस्कृति से जुड़ा है और इससे उनका भावनात्मक लगाव रहा है। इस पर किसी ने कभी रोक नहीं लगाई थी। 25 मार्च, 1985 का दिन था। सुबह 10 बजे के करीब आस-पास के गाँव के हजारों संताल मछली मारने के लिए जमा हुए। पर मोती भगत और उसके लोग वहाँ पहुँच गए। मोती भगत महाजन था और उसने कई दबंगों को पाल रखा था। उन्होंने यह कह कर मछली मारने से संतालों को रोक दिया कि सरकार से उसने इस तालाब को नीलामी पर लिया है। अब यह उसकी मरजी पर है कि संतालों को वह मछली मारने देता है या नहीं। यह सुनकर संताल नाराज हो गए। मोती भगत के निर्णय का विरोध करते हुए संतालों ने साफ-साफ कहा कि वे हर हाल में उसी तालाब में मछली मारेंगे। देखते हैं कौन रोकता है।

मोती भगत ने यह शर्त रख दी कि तालाब के एक कोना में ही वे मछली मार सकते हैं। किसी भी संताल को यह मंजूर नहीं था। उनका कहना था कि तालाब गाँव का है और तालाब के हर हिस्सा में वे मछली मारेंगे। आदिवासियों (संतालों) की संख्या बहुत ज्यादा थी और वे किसी भी हाल में पीछे हटने को तैयार नहीं थे। यह बात मोती भगत भी जानता था कि उसके आदमी आदिवासियों से सीधी टक्कर नहीं ले सकते हैं। इसलिए उसने बोरियो पुलिस को बुला लिया। उन दिनों पुलिस भी आदिवासियों की जगह महाजनों का ही साथ देती थी। पुलिस ने आने के बाद कहा कि संताल तालाब के पूर्वी भाग में मछली नहीं मार सकते हैं। कारण पूछे जाने पर मोती भगत ने इसका जवाब देते हुए कहा कि उस हिस्से में दो जहरीले साँप हैं। वहाँ जाना खतरनाक है।

संताल जहरीले साँप से डरनेवाले नहीं थे। वे नहीं माने और तालाब में उतर गए

मछली मारने। इसी दौरान संतालों को गला-सड़ा एक शव मिला। यह शव था सबैया गाँव के मुटरू मुर्मू का। यह गाँव बाँझी से लगभग दो किलोमीटर दूर है। मुटरू का शव मिलते ही संतालों ने अनुमान लगा लिया कि आखिर क्यों उन्हें तालाब के पूर्वी क्षेत्र में मछली मारने से मोती भगत रोक रहा था।

मोती भगत के पास एक ट्रक था। जब उसने देखा कि मुटरू मुर्मू का शव संतालों को मिल गया है और उसकी पहचान कर ली गई है, तब उसने भागने में ही भलाई समझी। वह जानता था कि उत्तेजित संताल क्या करेंगे। मोती भगत घर गया और जल्दी में अपने पूरे परिवार के साथ ट्रक पर कुछ सामान लादकर गाँव छोड़कर भाग गया।

संताल चाहते थे कि पुलिस मोती भगत पर मुटरू मुर्मू की हत्या का मामला चलाए, उसे पकड़े। हालाँकि मोती भगत भाग गया था, इसलिए गाँववाले चाहते थे कि दारोगा खुद संतालों के साथ मोती भगत के घर जाएँ और उसके घर के बिटलाहा का आदेश दे। संतालों के रीति-रिवाज में बिटलाहा सामाजिक दंड देने की एक प्रक्रिया है। इसमें जिस व्यक्ति को बिटलाहा घोषित किया जाता है, उसके घर को गाँव के लोग मिल कर तहस-नहस कर देते हैं, ढाह देते हैं, उसके सामानों को तोड़-फोड़कर बरबाद कर देते हैं, लेकिन अपने साथ कोई सामान नहीं ले जाते, चाहे वह सामान कितना भी महँगा क्यों न हो।

संतालों के दबाव के कारण दारोगा आरपी सिंह को उस समय उनकी बात माननी पड़ी। सीओ और दारोगा की सहमति-मौजदूगी में संतालों ने मोती भगत को बिटलाहा करार देते हुए उसके मकान को तहस-नहस कर दिया। संताल इसे अपनी जीत मान रहे थे। उन्हें लग रहा था कि पुलिस ने उन लोगों के साथ न्याय किया है, पर भोले-भाले संताल पुलिस की चतुराई को नहीं समझ सके। असली आफत तो अब आनेवाली थी।

मोती भगत तो परिवार के साथ गाँव छोड़कर भाग गया था, पर वह लगातार पुलिस के संपर्क में था। दादा किस्म के उसके लोग तो उसी गाँव में थे। वे बदला लेने की ताक में थे। दिन भर की घटना के बाद संताल निश्चिंत हो चुके थे। उसी दिन शाम में वे जरूरत के सामान खरीदने बाँझी बाजार पहुँचे। वहाँ मोती भगत के लोग और पुलिसकर्मी पहुँचे और बाजार में मौजूद संतालों को पीटना शुरू कर दिया। संताल तो बाजार करने गए थे, इसलिए पारंपरिक हथियार तीर-धनुष भी उनके साथ नहीं था। वे निहत्थे थे। मोती भगत के जो लोग संतालों की पिटाई कर रहे थे, उनमें बाँझी के ताहिर मियाँ, महेश भगत, मुक्ति डे, बदरी भगत, नट्टा भगत, मदन भगत प्रमुख थे। इन लोगों ने पुलिस की सहायता से मिलकर सुपल हाँसदा (गाँव किंडुआ), बुधी (गाँव किंडुआ), लुखी हांसदा (गाँव जमकुंदर), चुन्नी किस्कू (गाँव रकसोल) और पेंडा मुर्मू (गाँव सावलापुर) की पिटाई कर दी।

पुलिस ने फादर एंथनी को गिरफ़्तार करने के बाद गोली मारी

सुरेंद्र किशोर
जनसत्ता संवाददाता

बांझी, २४ अप्रैल। पिछले शुक्रवार को यहां 'कथित उग्र भीड़ की अगुवाई करते मारे गए' पूर्व सांसद फादर एंथनी मुर्मू वास्तव में पुलिस की गिरफ्त में आने के बाद एक कमरे में पुलिस की गोली से मारे गए थे। फादर एंथनी के साथ पुलिस ने एक युवक मदन मुर्मू को भी गिरफ्तार किया था। बताया जाता है कि बाद में उस युवक की भी पुलिस ने हत्या कर दी। फादर एंथनी १९७७ में जनता पार्टी की टिकट पर सांसद चुने गए थे।

सरकारी सूत्रों ने १९ अप्रैल के गोलीकांड में १५ संथाल आदिवासियों के मारे जाने की बात कही है। लेकिन गैर सरकारी सूत्रों के अनुसार यह संख्या इससे ज्यादा है।

बोरियो थाने के बांझी बाजार के आसपास के लगभग आधा दर्जन गांवों के करीब दो दर्जन आदिवासियों ने, जो घटना के दिन मौके पर मौजूद थे, 'जनसत्ता' को बताया कि पुलिस ने उस दिन पहले फादर एंथनी मुर्मू और मदन मुर्मू को अपनी गिरफ्त में ले लिया। फिर उन्हें पास के पंचायत भवन के एक कमरे में बंद कर दिया। बाद में उन्हें गोली मार दी गई।

साथ ही साथ पुलिस ने भीड़ पर भी गोलियां चलाई जिससे १३ अन्य आदिवासी मारे गए। पुलिस की गोलियों से कई अन्य लोग घायल भी हुए।

पुलिस कहती है कि भीड़ उग्र थी। बाद में सरकारी सूत्रों ने यह घोषणा कर दी कि फादर एंथनी और मदन मुर्मू उग्र भीड़ की अगुवाई कर रहे थे।

फादर एंथनी, जो पादरी का काम छोड़ कर राजनीति में आए थे, की पत्नी [illegible] बास्की ने भी 'जनसत्ता' को बताया कि एंथनी मुर्मू की उस समय हत्या की गई जब वे अधिकारियों से बात कर रहे थे। क्या कारण है कि मुझे मेरे पति की लाश नहीं दी गई। 'यहां तक कि सरकार की ओर से मुझे सूचना भी नहीं दी गई कि मेरे पति जीवित है या कि गुजर गए'। [illegible] बास्की ने रोते हुए कहा। [illegible] ने इस बारे में सुप्रीम कोर्ट को चिट्ठी लिख कर आग्रह किया है कि वह एक विधवा को न्याय दिलाने और मेरे पति की हत्या की जांच कराने के लिए सरकार को आदेश दे।

फादर एंथनी के एक निजी अंगरक्षक बाबूलाल सोरेन और बांझी-संथाल गांवों के प्रधान [illegible] सहित आसपास के अनेक लोगों ने 'जनसत्ता' को बताया कि पुलिस ने किस तरह पहले फादर एंथनी को पकड़ा फिर उनकी हत्या कर दी।

बिहार सरकार के एक राज्यमंत्री थामस हांसदा ने साहेबगंज के डाक बंगले में पटना से गए पत्रकारों से बातचीत में साफ तौर पर माना कि पुलिस की भूमिका सही नहीं थी। इसलिए थानेदार को निलंबित कर दिया गया है। पर उस व्यक्ति को निलंबित नहीं किया गया है जिसने गोली चलाने का आदेश दिया था। फिर भी राज्यमंत्री यह स्वीकार नहीं करते कि फादर एंथनी को पुलिस ने पकड़ कर जानबूझ कर मारा।

इस बारे में साहिबगंज के उपायुक्त बी. प्रसाद से जब पूछा गया, तो उन्होंने एक बारगी इसका प्रतिवाद नहीं किया। उन्होंने इतना ही कहा कि यह तो गंभीर आरोप है, इसकी भी जांच कराऊंगा।

जब यह संवाददाता निकटवर्ती [illegible] गांव में पहुंचा तो संथाल आदिवासियों की भीड़ जुट गई। एक व्यक्ति ने घटना की पृष्ठभूमि बताते हुए कहा कि कई मामलों को लेकर आदिवासियों और गैर आदिवासी 'दिकू' आबादी में तनाव चल रहा था। दिकू महाजन तथा अन्य लोग आदिवासियों की जमीन और आमदनी के दूसरे साधनों पर कब्जा करते रहे हैं। इससे आदिवासियों में भारी असंतोष है।

१९ अप्रैल को भी उस समय झगड़ा शुरू हुआ जब संथालों ने बांझी बाजार की, जो साहिबगंज जिला मुख्यालय से १५ किलोमीटर दूर है, अपनी जमीनों पर रखी महाजनों की उन लकड़ियों हटानी शुरू की तो महाजनों के लोगों ने संथालों पर गोलियां चलाईं। अब क्या था। संथालों ने डुग-डुगी बजाकर आदिवासियों को बुला लिया। सैकड़ों की भीड़ जुट गई और उसके नेता फादर मुर्मू बांझी बाजार में तैनात अधिकारियों से [illegible] यह पूछने चले गए कि सुबह आदिवासियों पर गोलियां क्यों चलाई गई थी। बाद में तेजी से घटना चक्र चला और पंद्रह व्यक्ति मौत के घाट उतार दिए गए।

कई लोगों को यह कहते सुना गया कि पुलिस के साथ बांझी के 'दिकू' महाजन मोती भगत के लोगों ने भी संथालों पर गोलियां चलाईं। महाजनों ने खुद अपने घर जलाए और पोस्ट ऑफिस में आग लगाई। [illegible] गांव के [illegible] मुर्मू के शरीर पर छर्रे के घाव इस संवाददाता ने देखे। इसके अलावा आसपास के सबैया कादर, कोठिया, सिदूलिया, खुरवार, नारगंज पहाड़पुर, केंदुआ, [illegible], जाम कुदर, तार, मारंग, कदमा और [illegible] गांव में भी कई घायलों की खबर मिली। किंतु वे सरकारी अस्पताल में जाना नहीं चाहते।

इस गोली कांड में कम से कम चार घायलों का अभी साहिबगंज अस्पताल में इलाज हो रहा है। किंतु इनकी हालत नाजुक है। घटना के चार दिनों बाद इन्हें अस्पताल पहुंचाया जा सका था। इन घायलों में से [illegible] हांसदा (५०) और [illegible] हेंब्रम (१६) को हाथों में गोलियां लगी है। इन घायलों ने अस्पताल में बताया कि जब वे 'तमाशा' देख रहे थे, तो उन्हें गोलियां आ लगी। हाथों में गोलियां लगने का मतलब इरादा जान से मारना था।

पता चला है कि १९ अप्रैल की घटना इस वर्ष २५ मार्च की घटना की 'तार्किक परिणति' थी।

बांझी बाजार के निकट के तालाब का ठेका महाजन मोती भगत को ही आम तौर पर मिलता रहा है। पहले संथाल भी उसमें से मछली मारते थे। किंतु जब इस साल तालाब के एक खास हिस्से में मछली मारने से रोका गया तो उनकी शंका बढ़ी। संथाल उसी हिस्से में मछली मारने लगे तो उन्हें एक [illegible] की लाश मिली। संथालों ने इस हत्याकांड के लिए मोतीलाल भगत को, जो कांग्रेस (इ) के कार्यकर्ता भी हैं, जिम्मेदार ठहराया और उनके बांझी स्थित तीन मंजिले मकान का कुछ हिस्सा तोड़ दिया। इसे संथाल लोग दोषी को सजा देना अथवा उनकी भाषा में '[illegible]' करना चाहते हैं। लाश मिलने पर पुलिस ने मोती भगत के खिलाफ मामला दर्ज जरूर किया पर साथ ही उन्हें गिरफ्तार

बाकी पेज ३ पर

जनसत्ता (25 अप्रैल, 1985 का अंक) जिसमें फादर एंथोनी को गिरफ्तारी के बाद मारने का उल्लेख है

आदिवासी इस तरह के अत्याचार को सहने के अभ्यस्त नहीं थे। संतालों ने 26 मार्च को ही गाँववालों की बैठक बुलाई। बड़ी संख्या में संतालों ने भाग लिया। एसडीओ, दारोगा और डीएसपी खुद इस बैठक में मौजूद थे। इस बैठक में संतालों ने माँग की कि मोती भगत और उसके लोगों–महाजनों पर कार्रवाई की जाए। गाँववालों ने जिन लोगों के खिलाफ कार्रवाई की माँग की, वे थे–मोती भगत, गोपाल भगत, सादिक मियाँ, भैरवी भगत, लुखू भगत, रामेश्वर भगत, मोहम्मद जमालुद्दीन, लखन भगत, पृथ्वी भगत, कल्याण भगत और देवी भगत। संतालों का कहना था कि इन लोगों ने कई सालों से आदिवासियों का शोषण किया है। बैठक में शामिल संतालों ने माँग रखी कि बाँझी के हाट को वहाँ से हटा कर सबैया में लगाया जाए, तालाबों में मछली मारने का अधिकार फिर से संतालों को दिया जाए। बैठक में मौजूद अधिकारियों ने सभी माँगों को मान लेने का वादा किया। अधिकारियों ने यहाँ तक कहा कि सभी अभियुक्तों को गिरफ्तार कर लिया जाएगा।

संतालों को भरोसा था कि अफसरों ने जो वादा किया है, उसे पूरा किया जाएगा। संतालों को पहला झटका तब लगा, जब तालाब से बरामद मुटरू मुर्मू का शव वहाँ 27 मार्च तक पड़ा रहा। चील–कौए उसके शव को खाते रहे पर पुलिस ने शव को नहीं हटाया। 27 मार्च को हड्डी और बचे हुए कुछ हिस्से को पुलिस ने साहिबगंज भेजा। फिर मुटरू के शव का क्या हुआ, किसी को पता नहीं चला। उन दिनों ऐसी चर्चा होती थी कि पुलिस ने शव को भागलपुर भेज दिया है। इस बीच प्रशासन ने कोई वादा नहीं निभाया। मुटरू मुर्मू की हत्या के आरोप में किसी को नहीं पकड़ा, मोती भगत या फिर किसी अन्य महाजन के खिलाफ कोई कार्रवाई नहीं हुई, बाँझी बाजार में संतालों पर हमला करनेवालों को भी पुलिस ने गिरफ्तार नहीं किया। इससे संतालों में आक्रोश बढ़

रहा था। 15 अप्रैल को संतालों ने फिर बैठक की और नए सिरे से प्रशासन से आग्रह किया कि वह मोती भगत के खिलाफ कार्रवाई करे। फिर भी प्रशासन पर कोई असर नहीं पड़ा। प्रशासन इसे हलके में लेता रहा।

असली कहानी कुछ और थी। पुलिस और महाजन मिले हुए थे। मिलकर ये लोग संतालों का शोषण करते थे। शोषण का यह दौर बहुत दिनों से चल रहा था। आदिवासी सीधे-साधे थे। जंगल के अधिकारी भी जंगल माफिया मोती भगत, गोपाल भगत, सादिक मियाँ और अन्य लोगों के साथ मिलकर सुरक्षित वन से पेड़ों को काटते थे और उसे संतालों की जमीन पर रख देते थे। इस बीच कभी छापामारी होती थी तो फँस जाते थे संताल, जबकि इसमें उनकी कोई भूमिका नहीं होती थी। अब संतालों ने तय कर लिया था कि वे अपनी जमीन पर जंगल माफिया को पेड़ काटकर रखने नहीं देंगे। 19 अप्रैल को संतालों ने अपनी जमीन से लकड़ी हटाने का निर्णय लिया। जब वे लकड़ी हटा रहे थे, वहाँ जंगल माफिया पहुँच गए। इन लोगों ने पहले संतालों को समझाने का प्रयास किया, जब ये लोग नहीं माने और अपनी जमीन पर से लकड़ी हटाने पर अड़े रहे तो महाजन-जंगल माफिया ने आपा खो दिया। उन्हें लगा कि ये लोग उनकी बात नहीं मान रहे हैं। गुस्से में जंगल माफिया ने तीन राउंड गोली चला दी। खैर, किस्मत अच्छी थी कि गोली किसी को नहीं लगी। आरोप लगा कि मोहन भगत, के क्यूम और दिलीप भगत ने गोलियाँ दागी हैं।

संतालों पर जब गोलियाँ चलीं तो उन्हें लगा कि अब ये माफिया उनकी हत्या कर ही देंगे। ऐसे में संतालों के पास जवाबी कार्रवाई के अलावा कुछ बचा नहीं था। वे आर-पार की लड़ाई लड़ने के मूड में आ गए। संतालों ने डुगडुगी बजाई (जब कोई संकट आता है या कोई संदेश देना होता है तो लोगों को जमा करने के लिए जिस ड्रम को लकड़ी से पीटा जाता है, उसे डुगडुगी कहते हैं)। 11 बजनेवाले थे। पारंपरिक हथियार से लैस होकर संताल बाँझी में जमा होने लगे। यह देखकर महाजनों के होश उड़ने लगे। उन्हें लगा कि अब जवाबी हमला होनेवाला है। महाजनों-जंगल माफिया ने तुरंत साहिबगंज पुलिस से संपर्क किया। इन लोगों के पहले से पुलिस से बेहतर संपर्क थे ही। संपर्क कर और पुलिस की माँग की। बाँझी बाजार में पहले से कुछ पुलिस मौजूद थी। साहिबगंज से बस और ट्रक में सवार होकर सशस्त्र पुलिस बल बाँझी पहुँच गया। महाजनों के घरों पर उसने मोरचा ले लिया, ताकि संताल उन घरों पर कोई हमला नहीं कर सके।

डुगडुगी बजने के बाद बड़ी संख्या में जमा हो चुके संतालों ने संताल बस्ती में अपनी रणनीति बनाई। उन्होंने तय किया कि एसडीओ हरिनारायण प्रसाद और डीएसपी से मिलने संतालों का एक प्रतिनिधिमंडल जाएगा और उनसे सुबह हुई फायरिंग के बारे में बात करेगा। अब यह तय करना था कि प्रतिनिधिमंडल में कौन-कौन जाएगा? तय

हुआ कि पूर्व सांसद फादर एंथोनी मुर्मू इस दल का नेतृत्व करेंगे। उनका अच्छा खासा प्रभाव भी था। अच्छी छवि थी। पूर्व सांसद होने के कारण प्रशासन के लोग भी उन्हें अच्छी तरह से जानते थे। उनके साथ मदन मुर्मू, जेटा मुर्मू, बाबूलाल सोरेन और बड़का मुर्मू भी गए। ये लोग पंचायत भवन गए जहाँ डीएसपी और एसडीओ कैंप किए हुए थे। अन्य संताल बाहर ही इंतजार करने लगे।

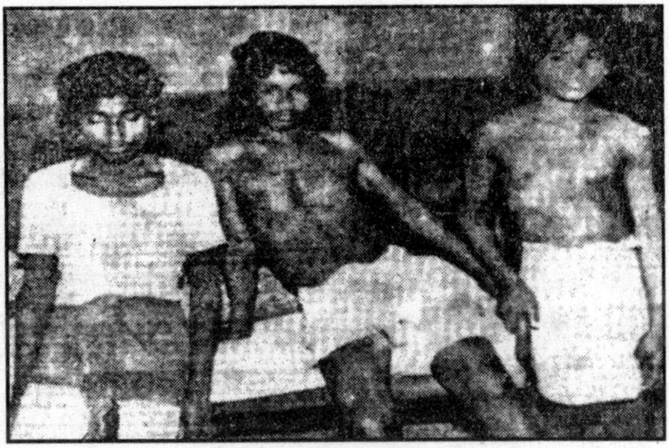

बाँझी गोलीकांड के घायल इलाज कराते

जब इस प्रतिनिधिमंडल ने एसडीओ और डीएसपी से पूछा कि सुबह में महाजनों ने क्यों फायरिंग की थी, दोनों अधिकारियों ने यह कह कर मामले को रफा-दफा करना चाहा कि वह फायरिंग नहीं थी बल्कि पटाखा था। टीम बार-बार यह कह रही थी कि वे साबित कर सकते हैं कि पटाखा नहीं, बल्कि गोलियाँ चलाई गई थीं, पर ये दोनों अधिकारी मानने को तैयार नहीं थे। यह बातचीत अभी चल ही रही थी कि तीन लोग साम डे, लुबिन डे और दिलीप डे दौड़ते हुए पंचायत भवन आए। फिर अधिकारियों से कहा कि संताल हमारे घरों को जला रहे हैं। इतना सुनना था कि एसडीओ और डीएसपी ने फादर एंथोनी मुर्मू और मदन मुर्मू को पंचायत भवन में ही बंद करने का आदेश पुलिसकर्मियों को दिया। पुलिस ने इन दोनों को पकड़ कर बंद कर दिया। ये दोनों अंदर थे और बाहर पुलिस ने फायरिंग शुरू कर दी। पुलिस के साथ महाजनों के गुंडे भी थे। दोनों ने दौड़ा-दौड़ा कर संतालों को पीटना शुरू कर दिया। वहाँ मौजूद संताल कुछ समझ नहीं पा रहे थे। उन लोगों ने भागना चाहा तो कुछ को पुलिस ने गोली से मार डाला। कुछ को महाजनों और पुलिस ने इतना पीटा कि उनकी मौत हो गई। कुछ संताल जान बचाने के लिए गैरसंतालों के घरों में घुस गए, पर उन्हें वहाँ से खींच कर बाहर निकाला और मार डाला।

इस बीच डाक घर में आग लगा दी गई थी। यह आरोप भले ही संतालों पर लगाया गया था पर यह पुलिस और महाजनों की रणनीति का हिस्सा था। अगर संतालों को हमला करना ही था, आग लगानी ही होती तो उनका निशाना डाक घर के बजाय महाजनों का घर होता।

पुलिस फायरिंग जब बंद हुई तो गलियों में शव बिखरे पड़े थे। 13 लोगों के शव

वहाँ थे। तब तक फादर एंथोनी और मदन मुर्मू जिंदा थे और पुलिस के नियंत्रण में पंचायत भवन में थे। इन दोनों को पंचायत भवन के सामने एक अनाज गोदाम में ले जाया गया। पुलिस यह तय कर चुकी थी कि फादर एंथोनी को जिंदा नहीं छोड़ना है। इसलिए अनाज गोदाम में फादर एंथोनी और मदन मुर्मू को मार-मारकर अधमरा कर दिया। बहुत देर तक दोनों को प्रताड़ित करने के बाद पुलिस ने उन्हें गोली मार दी। दोनों ने अनाज गोदाम में ही दम तोड़ दिया। इस तरह पुलिस फायरिंग में फादर मुर्मू समेत कुल 15 संताल शहीद हो चुके थे। इनके नाम हैं—1. फादर एंथोनी मुर्मू (गाँव बाँझी), 2. मदन मुर्मू (गाँव बाँझी), 3. मदगू मुर्मू (गाँव बाँझी), 4. ठाकुर टुडू (गाँव खारी), 5. दुमचा बेसरा (गाँव खारी), 6. त्रिभुवन मार्डी (गाँव ख़ारी), 7. अन्ना मुर्मू (गाँव रकसोल), 8. सलको टुडू (गाँव सबैया), 9. दुखना टुडू (गाँव सबैया), 10. इसोर मुर्मू (पहाड़पुर), 11. बड़का मुर्मू (गाँव पहाड़पुर), 12. कंदन मुर्मू (गाँव पहाड़पुर), 13. मुशी मदैया (गाँव केंदुआ), 14. पांडा मार्डी (गाँव टुडिवा), 15. बड़गो हेंब्रम (गाँव कंदोर)।

इन 15 संतालों के शहीद होने के अलावा बड़ी संख्या में संताल घायल हुए थे। इनकी संख्या 24 से अधिक थी। ये थे—1. मरन मुर्मू (गाँव मादवा), 2. कांदो सोरेन (गाँव खारी), 3. जुगु हाँसदा (गाँव सवैया), 4. प्रधान हाँसदा (गाँव सबैया), 5. राजू मार्डी (गाँव सबैया), 6. लुदीराम मार्डी (गाँव बाँझी), 7. छुटका सोरेन (गाँव बाँझी), 8. सुपल हाँसदा (गाँव केंदुआ), 9. दुखा टुडु (गाँव केंदुआ), 10. धेना मार्डी (गाँव केंदुआ) 11. दुनु मुर्मू (गाँव रस्को), 12. रमसाई मार्डी (गाँव मंगरा), 13. मुंशा हेंब्रम (गाँव मंगरीटिकुर), 14. बाँका हाँसदा (कोडमा), 15. दुर्गा सोरेन (गाँव मैथियो), 16. बोदराई हाँसदा (गाँव कंदोर), 17. चाँद मुर्मू (गाँव जमकुंदर), 18. रामसोरेन (गाँव दिग्गी), 19. हरदास हाँसदा (गाँव कोरडीहा), 20. जोता माझी (गाँव खिजिरिया), 21. रगरधाम टुडू (गाँव केंदुआ), 22. डेमका हाँसदा (गाँव केंदुआ), 23. साम मार्डी (गाँव रक्सो), 24. शिबू रदैया (गाँव रकसो)।

पुलिस भय के कारण अधिकांश संताल इलाज नहीं करा पा रहे थे। पुलिस ने मारे गए संतालों के शव को बाद में पोस्टमार्टम के लिए भागलपुर भेज दिया। फादर एंथोनी मुर्मू के परिजन चाहते थे कि उनका अंतिम संस्कार उनके गाँव में किया जाए पर पुलिस नहीं मानी। फादर एंथोनी के भाई बेंजामिन मुर्मू और पुलिस की मौजूदगी में कड़ी सुरक्षा के बीच शवों को भागलपुर में ही दफना दिया गया। किसी के परिजनों को अंतिम दर्शन का मौका भी पुलिस ने नहीं दिया।

इस घटना की देश भर में तीखी प्रतिक्रिया हुई थी। बिहार सरकार ने घटना की जाँच के लिए आयोग का गठन किया था। पर बाद में जाँच आयोग ने भी पुलिस

फायरिंग को जायज ठहराया था। यह गोलीकांड इस बात का सबूत था कि उन दिनों कैसे महाजन हावी थे। पुलिस के साथ मिलकर वे गरीब आदिवासियों को लूटते थे, उनका शोषण करते थे। विरोध करनेवालों की जान तक ले लेते थे। बाँझी गोलीकांड में शहीद होनेवालों में फादर एंथोनी मुर्मू बड़े नेता थे। पुलिस यह जानती थी कि फादर की हत्या के बाद क्या प्रतिक्रिया होगी, इसके बावजूद पुलिस की कार्रवाई यह साबित करती है कि पुलिस कैसे महाजनों की अंगुली पर नाचती थी। बाँझी गोलीकांड के बाद जब हंगामा हुआ तो राज्य सरकार ने पटना हाइकोर्ट के पूर्व मुख्य न्यायाधीश न्यायमूर्ति वीएस सिन्हा की अध्यक्षता में एक सदस्यीय जाँच आयोग का गठन किया। जुलाई 1987 में आयोग ने अपनी रिपोर्ट दी, जिसमें जाँच आयोग ने बाँझी में पुलिस फायरिंग को जायज ठहराया था।

फादर एंथोनी की हत्या पर हंगामा तो होना ही थी। उनकी आवाज संसद में गूँज चुकी थी। जियाजुरी गाँव निवासी फादर एंथोनी पहले चर्च में धार्मिक काम में लगे रहते थे। पर उनकी रुचि राजनीति में थी। वे कैथोलिक ईसाई थे। रोम के पोप से अनुमति लेकर वे चर्च के काम से मुक्त हो गए थे। बाद में उन्होंने अपना घर भी बसा लिया था और समाज-सेवा से जुड़ गए थे। इसके बाद भी लोग उन्हें फादर कह कर ही पुकारते थे। उनकी शादी बेबियाना से हुई थी। जिस समय फादर एंथोनी मुर्मू की हत्या हुई थी, उस समय बेबियाना की गोद में एक बेटा था। फादर एंथोनी ने 1973 में ही राजमहल लोकसभा क्षेत्र से लोकसभा का उपचुनाव हुल झारखंड पार्टी से लड़ा था पर वे चुनाव हार गए थे। आपातकाल के बाद 1977 में जब लोकसभा का चुनाव हुआ तो राजमहल से ही उन्हें जनता पार्टी का टिकट मिला था। वे भारी मतों से विजयी हुए थे। बाद में वे कांग्रेस में शामिल हो गए थे।

बाँझी गोलीकांड के बाद बेबियाना (फादर एंथोनी की पत्नी) की आर्थिक स्थिति खराब हो गई थी। गोलीकांड के बाद कई नेता उनके पास आए थे, वादा किया था, पर किसी ने किया कुछ नहीं। केंद्रीय मंत्री रामदुलारी सिन्हा ने भी बेबियाना से मिलकर नौकरी देने का वादा किया था, पर नौकरी नहीं मिली। एक छोटा बेटा था। पालने की जिम्मेवारी थी। उन्हें साहिबगंज के एक सिलाई केंद्र में जाकर सिलाई करनी पड़ी थी। चार सौ रुपए मिलते थे, पर केंद्र ही बंद हो गया। वह विवश थी। इसी का फायदा उठाया लोगों ने।

एक ठगराज आयंगार ने बेबियाना से मुलाकात की। वह फादर की शहादत को बेचना चाहता था। वह जानता था कि आदिवासियों में फादर एंथोनी और उनके परिवार के प्रति कितनी श्रद्धा है। इसका फायदा उठाया जाए। उसने गरीबी से जूझ रही बेबियाना को झूठा आश्वासन दिया कि वह साथ में काम करे, जिंदगी बदल जाएगी। एक फर्जी

संस्था बनाकर अभय पहाड़ी लिंपा प्रोजेक्ट शुरू किया। लोगों को नौकरी दिलाने के नाम पर आयंगार ने कई बेरोजगार युवकों को ठगा। एक दिन भागलपुर में एक होटल स्थित उसके कार्यालय में पुलिस ने छापामारी की, आयंगार को ठगी के आरोप में पकड़ लिया। शहीद एंथोनी की पत्नी बेबियाना भी इस मामले में फँस गई। इस तरह महाजनों के खिलाफ लड़नेवाले फादर एंथोनी की शहादत के बाद उनके परिवार को दाने-दाने के लिए तरसना पड़ा, पर किसी ने सहायता नहीं की।

□

साबुआ हत्याकांड : 12 सितंबर, 1987

जंगल बचाने में चली गई जान

साबुआ हाँसदा

केरुकोचा के लोग 12 सितंबर, 1987 की उस घटना को भूल नहीं पाते जब लोगों के सामने पुलिस ने राइफल के बैरल से साबुआ हाँसदा को मार डाला था। उनका कसूर सिर्फ इतना था कि उन्होंने जंगल काटने का विरोध किया था। वे जंगल बचाओ अभियान का नेतृत्व करते थे। घटना घटी थी जमशेदपुर से 75 किलोमीटर दूर केरुकोचा में। यह स्थान एनएच-33 पर है। पूर्वी सिंहभूम के अंतर्गत बहरागोड़ा प्रखंड का यह हिस्सा है।

पड़ोस के ही प्रखंड चाकुलिया की मुराल पंचायत में साबुआ का जन्म 5 अगस्त, 1929 को हुआ था। पिता सिद्धो हाँसदा और माँ सुगी हाँसदा बचपन से ही साबुआ को जल, जंगल और जमीन की रक्षा के लिए हमेशा खड़ा रहने के लिए प्रेरित किया करते थे। जैसे-जैसे साबुआ बड़े होते गए, उनमें यह गुण और बढ़ता गया।

साबुआ ने भले ही पाँचवीं तक की पढ़ाई की थी, पर हिंदी और अंग्रेजी पर उनकी पकड़ थी। वक्त को पहचानते थे। जयपाल सिंह मुंडा से प्रभावित होकर उन्होंने प्रारंभ में झारखंड पार्टी के साथ मिलकर काम किया था। बाल्ही हाँसदा से शादी होने के बाद उनका अधिकांश जीवन आंदोलन में ही बीता। बाद में जब झारखंड मुक्ति मोरचा का गठन हो गया तो वे झामुमो से जुड़ गए।

1978 के बाद से जंगल माफिया सक्रिय हो गए थे। वे जंगलों का सफाया कर रहे थे। साबुआ हाँसदा ने तय किया था कि वे जंगल को बचाएँगे। इसके लिए उन्होंने वन सुरक्षा समिति का गठन किया था। उनके भाई नारायण हाँसदा भी उनके इस अभियान में शामिल थे। जो भी बगैर अनुमति के जंगल काटते पकड़ा जाता, उसके खिलाफ समिति द्वारा कार्रवाई की जाती। समिति जुर्माना लगाती थी। 12 सितंबर, 1987 को वन सुरक्षा

समिति की बैठक बामनडीह फुटबॉल मैदान में चल रही थी। इस बीच खबर आई कि घोड़शील के पास वन सुरक्षा समिति के सदस्यों ने कुछ लोगों को पकड़ा है जो साल का पेड़ काट रहे थे। इनमें मंगल मुंडा और उनके सहयोगी थे। ये सीपीआई के समर्थक थे। उन दिनों उस क्षेत्र में सीपीआइ का बोलबाला था। पुलिस पर भी उसका असर रहता था। सीपीआई के नेताओं के टेलीफोन के बाद पुलिस ने पेड़ काटने के आरोपियों को छोड़ दिया था। पर लोग माननेवाले नहीं थे। वन रक्षा समिति के सदस्यों ने फिर इन लोगों को पकड़ लिया। ये लोग साइकिल पर थे। तय हुआ कि इन लोगों की साइकिल रख ली जाए और जुर्माने की राशि लाने के लिए इन्हें छोड़ दिया जाए। इसके बाद साबुआ श्यामसुंदरपुर थाना क्षेत्र के घोड़शोल के पास एक वट वृक्ष के निकट जंगल बचाने के लिए बैठक करने लगे। उनके साथ चरण हाँसदा, सुबोध महतो, गोरांग महतो, नारायण हाँसदा, चाँद किस्कू, सनातन मुंडा, दुर्गा चरण मुंडा, नारायण महली, लक्ष्मण किस्कू, हरेंद्र महतो, पटल महतो, घानीराम महतो, दालगू महतो समेत कई और लोग मौजूद थे। ये लोग उन लोगों का इंतजार कर रहे थे, जो जुर्माने की राशि लाने गए थे। इस बीच एक सीपीआई नेता ने श्यामसुंदरपुर थाना को पत्र भेजवाया। इसके बाद साबुआ समेत 18 लोगों के खिलाफ एफआईआर दर्ज करवाया। पुलिस को यह भी खबर दे दी गई कि साबुआ कहाँ पर बैठक कर रहे हैं। इस प्रकार पुलिस पर साबुआ के खिलाफ कार्रवाई करने के लिए दबाव बनाया गया।

उन दिनों श्यामसुंदरपुर थाना के प्रभारी थे, रतन कुमार। पूरी टीम के साथ बिहार राज्य पथ परिवहन निगम की बस (जिसे स्टेट बस कहा जाता था) से उतरे। फिर बगैर कुछ पूछे वन रक्षा समिति के सदस्यों को पीटना शुरू कर दिया। पुलिस की पिटाई के बाद लोग भागने लगे। साबुआ हाँसदा ने पुलिस की कार्रवाई का विरोध किया तो उन्हें जमकर पीटा गया। पुलिस साबुआ को पकड़ चुकी थी। पुलिस तो उन्हें ही खोज रही थी। वे ही तो इस आंदोलन की अगुवाई कर रहे थे। कुछ अन्य पुलिसकर्मियों ने नारायण हाँसदा को भी पकड़ लिया। वे साबुआ के भाई थे। जब कुछ पुलिसकर्मी साबुआ को पीट रहे थे, उसी समय एक पुलिसकर्मी ने राइफल की नोंक साबुआ की पीठ में घोंप दी। वे चिल्लाते रहे पर पुलिस नहीं मानी। साबुआ घायल हो चुके थे। चलना मुश्किल था। पुलिसकर्मियों ने साबुआ को घायल अवस्था में वहीं छोड़ दिया। बाद में वहाँ के लोग उन्हें नर्सिंग होम ले गए। पर लगातार उनकी स्थिति बिगड़ती गई और देर रात उन्होंने दम तोड़ दिया।

पुलिस जुल्म की कहानी यहीं खत्म नहीं हुई। पुलिस ने अन्य 17 लोगों को गिरफ्तार करके थाने में बंद कर दिया। वहाँ भी उनकी पिटाई की गई। पुलिस इतनी अमानवीय हो गई थी कि प्यासे ग्रामीण जब पानी माँगते थे तब उन्हें पेशाब दिया जाता

था। जब भूख से वे तड़प रहे थे और खाना माँगते थे तो डंडा से ग्रामीणों की पिटाई की जाती थी। बाद में इन लोगों को जेल भेज दिया गया। तीन माह जेल में रहने के बाद ये लोग रिहा हुए।

साबुआ की हत्या की खबर आग की तरह पूरे इलाके में फैल चुकी थी। हजारों लोगों ने श्यामसुंदरपुर थाना का घेराव किया था। घाटशिला में पोस्टमार्टम के बाद जब साबुआ का शव ग्रामीणों को सौंपा गया तो शव के साथ विशाल रैली निकली थी। बाद में उन्हें उनके गाँव के पास ही दफना दिया गया। जिस साल झारखंड राज्य बना, उसी साल विद्युत महतो ने साबुआ हाँसदा की मूर्ति केरुकोचा में लगाई। हर साल केरुकोचा में विशाल सभा का आयोजन कर वन बचानेवाले इस नेता को लोग याद करते हैं।

□

रसिक हाँसदा : 11 जून, 1989

घेराव के दौरान हत्या

रसिक हाँसदा

रसिक हाँसदा ने कोयलांचल में झारखंड आंदोलन में बड़ी भूमिका अदा की थी। उनका जन्म टुंडी थाना क्षेत्र के केंदुआटाँड गाँव में हुआ था। रोजी-रोटी की तलाश में वह गोधर पहुँचे और भारत कोकिंग कोल लिमिटेड (बीसीसीएल) में माइनिंग सरदार के पद पर काम करने लगे। रसिक झारखंड मुक्ति मोरचा और बिहार कोलियरी कामगार यूनियन में सक्रिय रहे। धीरे-धीरे उन्होंने अपने सहयोगियों को समझाया कि अलग झारखंड राज्य बने बिना किसी का भला होनेवाला नहीं है। वे रवानी बस्ती गोधर में रहते थे और वहाँ के लोगों को एकजुट करते थे। उन्होंने आस-पास के लोगों की समस्याओं को उठाना शुरू किया। रसिक हाँसदा को यह महसूस हो रहा था कि कई समस्याओं का निदान बीसीसीएल कर सकता है, पर करता नहीं है। उन्होंने बीसीसीएल में काम करते हुए भी बीसीसीएल प्रबंधन के खिलाफ आवाज उठाई। वे लगातार धरना-प्रदर्शन में भाग लेते थे। बीसीसीएल प्रबंधन नहीं चाहता था कि रसिक इतने बड़े पैमाने पर यूनियन की गतिविधियों में भाग लें। इसी बीच कुसुंडा में जमीन अधिग्रहण का मामला चल रहा था। वहाँ कोलियरी के अलावा क्षेत्रीय कार्यालय बन रहा था। बीसीसीएल प्रबंधन जबरन ग्रामीणों की जमीन का अधिग्रहण कर रहा था। रसिक ने इस मामले को लेकर ग्रामीणों को एकजुट किया, जिससे लोग प्रबंधन के खिलाफ मजबूती से खड़ा हो गए। यह तय हुआ था कि 11 जून, 1989 को बीसीसीएल प्रबंधन के खिलाफ क्षेत्रीय कार्यालय का घेराव किया जाएगा। घेराव हुआ भी। हजारों लोग वहाँ जमा हो गए थे। प्रशासन पहले से ही सतर्क था। बीसीसीएल के सुरक्षाकर्मियों

और पुलिसकर्मियों ने अचानक लाठी चार्ज कर दिया। इसके पहले कि घेराव करनेवाले सँभल पाते, पुलिस ने फायरिंग कर दी। गोली रसिक हाँसदा को लगी और वहीं उनकी मौत हो गई। इस प्रकार विस्थापन के खिलाफ लड़नेवाला और मजदूरों को उनका वाजिब हक दिलाने के लिए संघर्ष करनेवाले रसिक हाँसदा को पुलिस ने हमेशा-हमेशा के लिए मौत की नींद सुला दी। हर साल रसिक हाँसदा की याद में मेला का आयोजन किया जाता है।

□

बागबेड़ा गोलीकांड : 30 जून, 1990

थाना घेरा तो मार दी गोली

शनिवार 30 जून, 1990 का दिन। पूरे राज्य में सिद्धू-कान्हू को याद करते हुए हुल दिवस मनाया जा रहा था। (सिद्धू-कान्हू, चाँद और भैरव चार भाई थे, जिन्होंने

पुलिस फायरिंग के ठीक पहले बागबेड़ा थाना के सामने जुटे आंदोलनकारी

अंग्रेजों के खिलाफ लड़ाई लड़ी थी)। जमशेदपुर शहर में भी कार्यक्रम हो रहा था, पर शहर अशांत था। उसी दिन बागबेड़ा इलाके में अरविंद पांडेय की हत्या हुई थी। अरविंद झारखंड मुक्ति मोरचा का प्रखंड अध्यक्ष था। उसके पिता विद्यानंद पांडेय कांग्रेस के जिला महासचिव थे। इसलिए अरविंद की हत्या के बाद स्थिति गंभीर होने लगी थी।

अरविंद पांडेय

झारखंड आंदोलन के दौरान आंदोलन के नाम पर चंदा वसूली आम बात थी। अरविंद पांडेय पर भी जबरन चंदा वसूली का आरोप था। इसी क्रम में कुछ लोगों के साथ उसकी झड़प भी हुई थी। अरविंद का घर बागबेड़ा में था। 30 जून को सुबह साढ़े दस बजे स्कूटर पर सवार तीन युवक अरविंद के घर पहुँचे थे। उसे घर से बाहर बुलाया। दो युवकों ने अरविंद को पकड़ा और तीसरे ने उसे नजदीक से

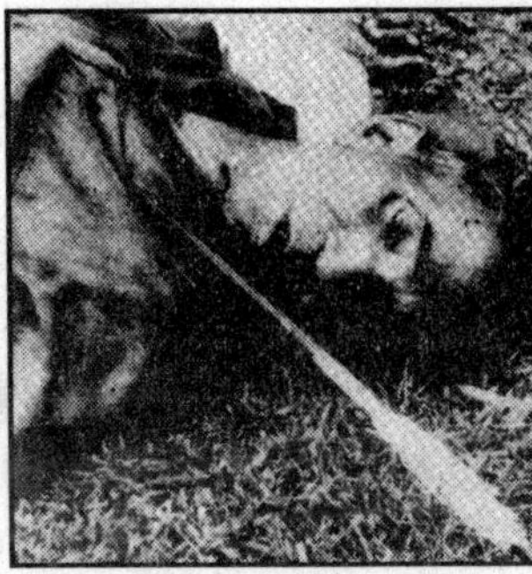

सिपाही के सीने में लगा तीर

गोली मार दी। जब वह गिर पड़ा तो अन्य युवकों ने भी उसे गोली मारी। उसकी वहीं मौत हो गई। अरविंद की हत्या बागबेड़ा थाना के ठीक पास हुई थी। हत्या की खबर सुनकर जब लोग वहाँ जमा होने लगे तो पुलिस ने जल्दबाजी में उसके शव को टेंपो में लादकर अस्पताल ले जाना चाहा। इसी बीच जुगसलाई फाटक के पास अरविंद के परिजनों और समर्थकों ने पुलिस को घेर लिया और अरविंद की लाश को बागबेड़ा थाना ले जाने को कहा। पुलिस के पास कोई चारा नहीं बचा था। वह अरविंद के शव को बागबेड़ा थाना ले आई। उन दिनों बागबेड़ा थाना के प्रभारी थे, प्रेमनाथ। वे थाना में नहीं थे। शव वहीं पड़ा हुआ था। लोगों की भीड़ बढ़ती जा रही थी। बागबेड़ा उस जमशेदपुर का एक इलाका है, जो झारखंड आंदोलन के दौरान आंदोलनकारियों का गढ़ हुआ करता था। इसलिए अरविंद (प्रखंड अध्यक्ष) की हत्या के बाद वहाँ तनाव फैलने और थाना घेराव की आशंका पहले से ही थी।

जैसे-जैसे बागबेड़ा थाना परिसर में लोगों, खासकर झारखंड मुक्ति मोरचा (जेएमएम) समर्थकों की भीड़ बढ़ती जा रही थी, पुलिस बेचैन होती जा रही थी। पुलिस अधीक्षक (एसपी) रवींद्र कुमार घाटशिला गए हुए थे, इसलिए एएसपी कमल नयन चौबे मोरचा सँभाले हुए थे। अनहोनी से बचने के लिए पुलिस लाइन से कुछ और पुलिसकर्मियों को बुला लिया गया था। बाद में थाना प्रभारी प्रेमनाथ भी पहुँच गए थे। थाना परिसर में जमा लोग थाना प्रभारी को निलंबित करने की माँग कर रहे थे। एसपी के नहीं रहने के कारण एएसपी चौबे कोई निर्णय ले नहीं पा रहे थे। भीड़ का आक्रोश लगातार बढ़ता जा रहा था। स्थिति बेकाबू होती जा रही थी। एएसपी चौबे थाना परिसर में अरविंद के परिजनों से लगातार बात कर रहे थे पर बात बन नहीं पा रही थी। भीड़ थाना पर रह-रहकर पत्थर भी फेंक रही थी। उनके पास पारंपरिक हथियार भी थे। फिर भी वहाँ मौजूद भीड़ थाना पर हमला करने से हिचक रही थी। वहाँ उस समय तक जेएमएम का कोई बड़ा नेता नहीं पहुँचा था।

जमशेदपुर में झामुमो और सीआरपी में संघर्ष, 3 मारे गये

प्रभात खबर, 1 जुलाई, 1990 का अंक

स्टीफन मरांडी जेएमएम के बड़े नेता थे। हुल दिवस कार्यक्रम में भाग लेने के लिए वे उस दिन जमशेदपुर में ही थे और उपायुक्त कार्यालय के सामने हो रहे प्रदर्शन में भाग ले रहे थे। उनके साथ थे चंपई सोरेन। जब इन नेताओं को मालूम हुआ कि बागबेड़ा थाना परिसर में हंगामा हो रहा है तो प्रदर्शन में शामिल सभी लोग ट्रकों पर सवार होकर बागबेड़ा थाना पहुँच गए। तब तक वहाँ पाँच हजार से ज्यादा लोगों की भीड़ जमा हो चुकी थी। स्टीफन मरांडी और चंपई सोरेन दोनों के आने से जेएमएम के कार्यकर्ताओं का मनोबल बढ़ गया। तब तक एसपी रवींद्र कुमार भी घाटशिला से वहाँ पहुँच चुके थे। इस बीच सीआरपीएफ को भी बुला लिया गया था। मामला गंभीर हो चुका था। डीसी थे, बीके हलदर। वे भी बागबेड़ा थाना पहुँच चुके थे। भीड़ अनियंत्रित हो चुकी थी। कोई किसी की नहीं सुन रहा था। इसी बीच किसी ने पुलिसकर्मियों पर पत्थर फेंका। इसके पहले कि पुलिस सँभल पाती, भीड़ में से किसी ने तीर चला दिया। यह तीर एक सिपाही सैमुएल कंगारी (उम्र लगभग 57 साल) की छाती में लगा। वह वहीं पर गिर पड़ा और उसकी मौत हो गई। इस बीच पुलिस ने आँसू गैस के गोले छोड़े। भीड़ की ओर से तीर की बारिश होने लगी। एक तीर तो थाना की दीवार में जाकर घुस गया।

घटनास्थल पर दंडाधिकारी के रूप में प्रेम प्रकाश मौजूद थे। उन्होंने आँसू गैस, फिर हवाई फायरिंग का आदेश दिया। भीड़ पर कोई असर नहीं पड़ा। पुलिस को फायरिंग करने का आदेश दिया गया। पुलिस ने नौ राउंड फायरिंग की जिसमें एक बुजुर्ग समेत दो लोग मारे गए। इस घटना के बाद जमशेदपुर की स्थिति बिगड़ गई। उन दिनों लालू प्रसाद बिहार के मुख्यमंत्री थे। दूसरे दिन उन्हें जमशेदपुर आना पड़ा। जेएमएम सुप्रीमो शिबू सोरेन भी जमशेदपुर पहुँच गए। मुख्यमंत्री से उनकी बात हुई, जिसके बाद इस मामले की न्यायिक जाँच की घोषणा की गई। मारे गए सिपाही के परिजनों को एक लाख और पत्नी को आजीवन पेंशन देने की भी घोषणा की गई। जेएमएम के दबाव में मुख्यमंत्री को घोषणा करनी पड़ी कि पुलिस फायरिंग में मारे गए दोनों लोगों के परिजनों को एक-एक लाख रुपए दिए जाएँगे।

यह पुलिस फायरिंग शायद नहीं होती अगर प्रशासन सतर्क होता। अरविंद की हत्या थाना के ठीक सामने हुई थी, इसलिए लोग ज्यादा उत्तेजित थे। जेएमएम समर्थकों को लग रहा था कि पुलिस की मिलीभगत से अरविंद की हत्या कराई गई है। इसलिए वे लोग थाना प्रभारी के निलंबन की बात कर रहे थे। पुलिस के सभी वरीय अधिकारी वहाँ मौजूद थे पर किसी ने कोई निर्णय नहीं लिया। इसी का नतीजा था बागबेड़ा गोलीकांड।

□

सुवर्णरिखा कांड : 30 जुलाई, 1990

मार डालने का नया तरीका

शहीद

1. सुनील चौधरी, 2. सुभाष मोहंती, 3. पारस, 4. सैन।

30 जून, 1990 को जमशेदपुर शहर के बागबेड़ा थाना पर हुए संघर्ष के बाद जो पुलिस फायरिंग हुई थी, उसका आतंक दो माह बाद भी कम नहीं हुआ था। बागबेड़ा में पुलिस फायरिंग के पहले अरविंद पांडेय की हत्या के विरोध में जेएमएम के कार्यकर्ताओं ने एक सिपाही को तीर से मार डाला था। इस घटना के बाद पुलिस का गुस्सा शांत नहीं हुआ था। वे हर हाल में 30 जून की घटना का बदला लेना चाहते थे। पुलिस को यह मौका मिला 30 जुलाई, 1990 की रात को। इसी दिन पुलिस ने झारखंड मुक्ति मोरचा (जेएमएम) के चार कार्यकर्ताओं को पकड़ लिया था और पीट–पीटकर अधमरा कर बंदूक का भय दिखा कर उसे सुवणरिखा नदी में कूद जाने के लिए विवश कर दिया था। बाद में सभी का शव सुवणरिखा नदी से बरामद किया गया था।

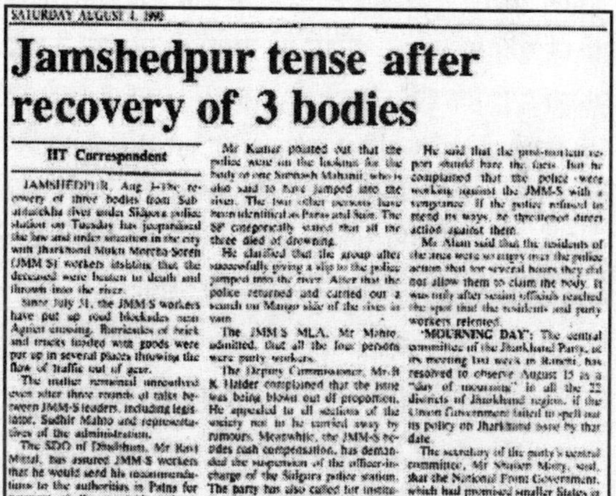
SATURDAY AUGUST 4, 1990

Jamshedpur tense after recovery of 3 bodies

HT Correspondent

JAMSHEDPUR, Aug 3—The recovery of three bodies from Subarnarekha river under Sidgora police station on Tuesday has jeopardised the law and order situation in the city with Jharkhand Mukti Morcha-Soren (JMM-S) workers insisting that the deceased were beaten to death and thrown into the river.

Since July 31, the JMM-S workers have put up road blockades near Agrico crossing. Barricades of brick and trucks loaded with goods were put up in several places throwing the flow of traffic out of gear.

The matter remained unresolved even after three rounds of talks between JMM-S leaders, including legislator, Sudhir Mahto and representatives of the administration.

The SDO of Dhalbhum, Mr Ravi Mittal, has assured JMM-S workers that he would send his recommendations to the authorities in Patna for payment of Rs one lakh each to [illegible]

Mr Kumar pointed out that the police were on the lookout for the body of one Subhash Mahanti, who is also said to have jumped into the river. The two other persons have been identified as Paras and Sain. The SP categorically stated that all the three died of drowning.

He clarified that the group after successfully giving a slip to the police jumped into the river. After that the police returned and carried out a search on Mango side of the river in vain.

The JMM-S MLA, Mr Mahto, admitted that all the four persons were party workers.

The Deputy Commissioner, Mr R K Halder complained that the issue was being blown out of proportion. He appealed to all sections of the society not to be carried away by rumours. Meanwhile, the JMM-S besides cash compensation, has demanded the suspension of the officer-in-charge of the Sidgora police station. The party has also called for institution of a case of murder against him.

He said that the post-mortem report should have the facts. But he complained that the police were working against the JMM-S with a vengeance. If the police refused to mend its ways, he threatened direct action against them.

Mr Alam said that the residents of the area were so angry over the police action that for several hours they did not allow them to claim the body. It was only after senior officials reached the spot that the residents and party workers relented.

'MOURNING DAY': The central committee of the Jharkhand Party, at its meeting last week in Ranchi, has resolved to observe August 15 as a "day of mourning" in all the 22 districts of Jharkhand region, if the Union Government failed to spell out its policy on Jharkhand issue by that date.

The secretary of the party's central committee, Mr [illegible], said that the National Front Government, which had promised smaller States in its election manifesto, was now [illegible]

हिंदुस्तान टाइम्स 4 अगस्त, 1990 का अंक

इस घटना के पहले पुलिस झारखंड आंदोलनकारियों पर फायरिंग किया करती थी।

ऐसी पुलिस फायरिंग के बाद पुलिस पर सवाल उठते थे। राज्य में हंगामा होता था। इसलिए इस बार पुलिस ने मारने का नया तरीका निकाला था। प्रयास यह था कि आंदोलनकारी मारे भी जाएँ और पुलिस पर इसका इल्जाम भी नहीं लगे। 30 जुलाई को पुलिस को सूचना मिली थी कि कुछ लोगों का ग्रुप भुइयाँडीह में शिव मंदिर के पास जमा है। इस ग्रुप में सुनील चौधरी भी था, पुलिस जिसकी तलाश कर रही थी। उस पर मारपीट करने का मामूली आरोप था। सिदगोड़ा पुलिस उसकी गिरफ्तारी के लिए वहाँ पहुँची थी। पुलिस पर नजर पड़ते ही ये लोग वहाँ से भागने लगे। आंदोलन के दौरान ऐसा ही होता था। पुलिस जब किसी को पकड़ने पहुँचती थी, तो आंदोलनकारी भाग जाते थे। यहाँ भी यही हुआ। जब आंदोलनकारी भागने लगे तो पुलिस ने उनका पीछा किया। पुलिस से बचने के लिए आंदोलनकारी नदी में कूद गए और उनकी मौत हो गई। यह पुलिस की कहानी है, जिस पर किसी ने विश्वास नहीं किया। आंदोलनकारियों की जुबानी कहानी कुछ और है। ये चारो लोग बाबूडीह ग्वाला बस्ती में बैठक कर रहे थे। पुलिस वहाँ पहुँच गई। पुलिस को देखते ही इन चारो ने वहाँ से भागने का प्रयास किया। पुलिस इन्हें पकड़ना चाहती थी। भागते-भागते ये चारो स्लैग डंप की ओर पहुँचे और उस पर चढ़ने लगे। पुलिस इनका पीछा कर रही थी। चारो जब स्लैग डंप के शिखर पर पहुँच गए तो वहाँ से भागने का कोई रास्ता नहीं दिखा। कोई रास्ता था भी नहीं। तब तक पुलिस भी वहाँ पहुँच चुकी थी। इन चारो को सिदगोड़ा पुलिस ने पकड़ लिया। फिर सभी की जमकर पिटाई की। जब ये लोग घायल हो गए तो हथियार के बल पर जेएमएम के सभी चार कार्यकर्ताओं को सुवणरिखा नदी में कूद जाने का आदेश दिया। पुलिस की ओर से धमकी दी गई कि नदी में नहीं कूदे तो गोली मार दी जाएगी। स्लग डंप के बगल से ही सुवणरिखा नदी बहती है। पुलिस के भय से चारो नदी में कूद गए। पुलिस ने बाद में सुनील चौधरी, सुभाष मोहंती, पारस और सैन का शव नदी से बरामद किया।

इस घटना के बाद जेएमएम के कार्यकर्ता इतने उत्तेजित थे कि उन्होंने कई घंटों तक पुलिस को शव को हाथ नहीं लगाने दिया। थाना प्रभारी की गिरफ्तारी और उन पर हत्या का मामला दर्ज करने के लिए रोड जाम किया गया। सुधीर महतो ने इस आंदोलन का नेतृत्व किया था। यही सुधीर महतो बाद में झारखंड के उपमुख्यमंत्री भी बने।

घटना के समय जमशेदपुर के एसपी रवींद्र कुमार और एसडीओ रवि मित्तल थे। हत्या के बाद जमशेदपुर के एग्रीको क्रासिंग के पास रोड को आंदोलनकारियों ने जाम कर दिया था। सड़कों पर ईंट-बालू से भरे ट्रकों को खड़ा कर दिया था। इससे पूरे इलाके की यातायात व्यवस्था अस्त-व्यस्त हो गई थी। यह पूरा इलाका सिदगोड़ा थाना के

अंतर्गत आता है। प्रशासन के साथ आंदोलनकारियों ने कई दौर की वार्त्ता की। एसडीओ ने आश्वासन दिया था कि मारे गए सभी लोगों को एक-एक लाख रुपए का मुआवजा देने के लिए बिहार सरकार से अनुशंसा की जाएगी। पर आंदोलनकारी सिदगोड़ा थाना प्रभारी के खिलाफ कार्रवाई पर अड़े रहे थे। पुलिस ने बार-बार यही तर्क दिया था कि सभी लोगों की मौत नदी में डूबने से हुई थी। झारखंड आंदोलन के दौरान कार्यकर्ताओं को इस तरह से मारने के खिलाफ जेएमएम नेता शिबू सोरेन खुद जमशेदपुर गए थे और टिस्को गेट के सामने रोड को जाम कर दिया था। वहाँ उन्होंने भाषण देते हुए कहा था कि अगर स्थिति नहीं बदली तो टिस्को को कच्चे माल की आपूर्ति बंद कर दी जाएगी। बाद में दोषी पुलिसकर्मियों के खिलाफ कार्रवाई की गई, तब जाकर मामला शांत हुआ।

□

विभूति महतो : 11 जून, 1991

राशन माफिया के विरोध का नतीजा

विभूति महतो की प्रतिमा

विभूति महतो मार्क्सवादी समन्वय समिति (मासस) के सक्रिय कार्यकर्ता थे, जिन्होंने अपना पूरा जीवन शोषण के खिलाफ लड़ने में लगा दिया। वे झारखंड अलग राज्य के प्रबल समर्थक थे। 11 जून, 1991 को उस समय पुलिस फायरिंग में मारे गए जब पुलिस ने विधायक आनंद महतो को लक्ष्य कर गोली चलाई थी। गोली आनंद महतो की जगह विभूति महतो को लग गई थी। ये लोग राशन माफिया के खिलाफ प्रदर्शन कर रहे थे।

धनबाद कोयलांचल में एके राय की पार्टी मासस की पहचान अन्याय के खिलाफ संघर्ष करने वाले दल के रूप में हमेशा से रही है। मासस ने कोयलांचल में अलग झारखंड राज्य सहित शोषण मुक्त व्यवस्था के लिए चलाए गए आंदोलनों में सबसे अधिक साथियों को खोया है। उसी कड़ी में विभूति महतो का भी नाम आता है। गरीबों, शोषितों, पीड़ितों के अधिकारों की रक्षा से लेकर अलग झारखंड राज्य तक के आंदोलन में विभूति महतो बढ़-चढ़कर भाग लेते थे। दर्जनों आंदोलनों में मुख्य संगठनकर्ता के रूप में उनकी भूमिका रही। बात 11 जून, 1991 की है। तब अलग झारखंड राज्य नहीं बना था और बिहार की सरकार थी। धनबाद जिले के बलियापुर थाना के सामने जनवितरण की दुकान लगी हुई थी। राशन माफियाओं

की ओर से बलियापुर के ग्रामीणों से निर्धारित दर से अधिक राशि वसूली जा रही थी। मासस कार्यकर्ताओं ने सिंदरी के तत्कालीन विधायक आनंद महतो के नेतृत्व में इसका विरोध किया। काफी हंगामा हुआ। बिहार के नेताओं के झारखंड विरोधी रुख के कारण पुलिस भी झारखंड आंदोलन के समर्थकों से खार खाए रहती थी। जब तत्कालीन विधायक आनंद महतो के नेतृत्व में राशन माफियाओं का विरोध शुरू हुआ, तब पुलिस ने मोरचा खोल दिया। बलियापुर पुलिस ने भीड़ पर गोली चला दी। यहाँ तक कि तत्कालीन विधायक आनंद महतो को लक्ष्य कर गोली चलाई गई, लेकिन गोली उन्हें न लगकर कार्यकर्ताओं को लगी। इसी दौरान एक गोली विभूति महतो को लगी और घटनास्थल पर ही उनकी मौत हो गई। आनंद महतो को पुलिस ने बंदूक के कुंदे से पीटा। वह घायल हो कर गिर गए। विभूति महतो की मौत को लेकर पूरे झारखंड में झारखंड नामधारी व वामपंथी दल एक मंच पर आए और पुलिस जुल्म के खिलाफ मोरचा खोला। बिहार विधानसभा में भी काफी हंगामा हुआ। विभूति महतो बलियापुर के बड़ादाहा गाँव के रहनेवाले थे। आज भी विभूति महतो की याद में बलियापुर में 11 व 12 जून को मेला लगता है। पुलिस जुल्म के खिलाफ उक्त घटना को आज भी याद किया जाता है।

□

खंड-2

माफिया-महाजन के शिकार

कोयलांचल में मजदूरों का शोषण होता था। माफिया और खदान मालिक हावी थे। किसी में विरोध करने की ताकत नहीं थी। पेशे से इंजीनियर एके राय ने नौकरी से दिया इस्तीफा और मजदूरों की लड़ाई लड़ने के लिए कूद पड़े आंदोलन में। उनके आने के बाद मजदूरों का मनोबल बढ़ा और वे माफिया के खिलाफ बोलने लगे। माफिया को यह स्वीकार नहीं था। ऐसे में हुए टकराव। कई मजदूरों को अपनी जान गँवानी पड़ी। इसी प्रकार हजारीबाग-गिरिडीह में शिबू सोरेन ने धान काटो अभियान चलाया था। बाद में यह आंदोलन धनबाद होते हुए संताल परगना तक पहुँच गया। महाजन और सूदखोर नहीं चाहते थे कि उनका एकाधिकार खत्म हो। शिबू सोरेन के आंदोलन को दबाने और आदिवासियों का मनोबल तोड़ने के लिए महाजनों ने कई ग्रामीणों-आंदोलनकारियों की हत्या कर दी। यही हाल रहा विनोद बिहारी महतो के इलाके में। झारखंड के अन्य इलाकों में आंदोलन को दबाने के लिए कई आंदोलनकारियों को मार डाला गया। इस खंड में ऐसी ही हत्याओं का जिक्र है। कैसे माफिया तत्त्वों ने मजदूरों की आवाज को बंद करने का प्रयास किया, कैसे महाजनों ने उन ग्रामीणों और नेताओं को मार डाला जिन्होंने उनका विरोध किया। पुस्तक के इस खंड की शुरुआत तपकरा गोलीकांड से हुई। इस खंड में निर्मल महतो, शक्ति महतो, देवेंद्र माझी, लाल सिंह मुंडा, मछुआ गागराई, आनंद महतो आदि नेताओं-आंदोलनकारियों की हत्या का जिक्र है।

तपकरा गोलीकांड : 2 मार्च, 1946

बाहरी गुंडों ने की अंधाधुंध फायरिंग

शहीद

1. सुखलाल पाहन, 2. जोहनसंगा, 3. संतोष टोपनो, 4. मनसुख मुंडु, 5. सूरज नैनदास गोसाई।

सन् 1946 में मारे गए लोगों की स्मृति में बना स्मारक

आजादी के ठीक पहले जयपाल सिंह के नेतृत्व में आदिवासी महासभा सशक्त संगठन के रूप में सामने आ चुकी थी। अलग झारखंड राज्य के लिए आदिवासी महासभा एकमात्र पार्टी थी। कांग्रेस अलग झारखंड राज्य के विरोध में थी। इसलिए कांग्रेस हर हाल में जयपाल सिंह को कमजोर देखना चाहती थी। कांग्रेस नहीं चाहती थी कि जयपाल सिंह और आदिवासी महासभा का कद बढ़े। 1946 में जब संविधान सभा (कंस्टीट्यूटेंट असेंबली) का सदस्य चुनने लिए चुनाव होने लगा तो आदिवासी महासभा ने खूँटी क्षेत्र से जयपाल सिंह को प्रत्याशी बनाया। उनके खिलाफ कांग्रेस ने पूर्णो चंद मित्र को मैदान में उतारा था। यह चुनाव काफी महत्त्वपूर्ण था, इसलिए कांग्रेस पूरी ताकत से चुनाव लड़ रही थी। वह हर हाल में आदिवासी महासभा को मात देने के लिए

जयपाल सिंह को हराना चाहती थी।

लिएंदर तिरू कांग्रेस के प्रभावशाली नेता थे। 2 मार्च, 1946 को कांग्रेस प्रत्याशी के पक्ष में वे तपकारा क्षेत्र में प्रचार करने पहुँच गए। वे ट्रक पर सवार थे। उनके साथ कांग्रेसियों की फौज थी। आरोप तो यह लगा था कि कांग्रेस ने बाहर से बाहुबलियों को लाया था। लिएंदर तिरू को देखकर आदिवासी महासभा से जुड़े कुछ आदिवासियों ने यह सवाल कर दिया कि आखिर वे (लिएंदर तिरू) क्यों प्रचार में उतरे हैं। अगर प्रचार करना है तो ट्रक से नीचे उतरकर प्रचार कर देखें। इसके बाद तिरू समर्थकों और आदिवासी महासभा के सदस्यों के बीच बहस हो गई। ट्रक पर से कांग्रेसियों ने कुछ आपत्तिजनक बातें कहीं। आदिवासी महासभा के सदस्य एकजुट हो गए और जवाबी कार्रवाई की तैयारी करने लगे। ट्रक पर सवार कांग्रेसियों को लगा कि अब वहाँ रहना खतरे से खाली नहीं है तो वे सभी वहाँ से भाग गए। वे खूँटी बाजार आ गए और अपने समर्थकों को यह कहकर गुमराह किया कि उन लोगों को तपकारा में पीटा गया है। उत्तेजित कांग्रेस कार्यकर्ताओं ने हथियार की व्यवस्था की। उनके पास लाठी और बंदूकें भी थीं। राँची से बाहरी लोगों को भी साथ लिया। ये लोग रात में तपकारा पहुँच गए। तपकारा में जो भी मिला, उस पर हमला कर दिया गया। मार-मारकर अधमरा कर दिया गया। महिलाओं के साथ दुर्व्यवहार किया गया।

हमला करने के दौरान आदिवासियों से पूछा गया कि किसे वोट दोगे। जिसने भी आदिवासी महासभा का नाम लिया, उसे नहीं छोड़ा गया। चारो ओर हंगामा हो गया। कुछ लोग आस-पास के गाँवों से बाजार कर लौट रहे थे। उन्हें भी निशाना बनाया गया। अचानक हुए हमले से आदिवासी घबरा गए और इधर-उधर भागने लगे। हल्ला सुनकर तपकारा, वरदा और कालेब के ग्रामीणों ने समझ लिया कि कुछ अनहोनी हो रही है। वे लालटेन-मशाल और तीर-धनुष लेकर निकले। घायलों को खोजना शुरू किया। 22 घायलों का पता चला, जिसमें महिलाएँ और बच्चे भी थे। हमलावरों ने अंधाधुंध गोलियाँ भी चलाई थीं। कई लोग मारे गए। आरोप तो यह भी लगा कि कई शवों को ट्रक पर लाद कर हमलावर ले गए और जंगलों में फेंक दिया। पर फायरिंग के बाद जो शव बरामद किए गए, उनकी संख्या पाँच थी। मारे गए लोग थे—1. सुखलाल पाहन, (उड़िकेल), 2. जोहन संगा (गोंडरा)। 3. संतोष टोपनो (दियाँकिल बुरुटोली), 4. मनसुख मुंडु (मुरहू), 5. सूरज नैनदास गोसाई (गढ़ दिसम)। बाद में प्रशासन ने सभी शवों का पोस्टमार्टम करवाया, फिर शवों को खूँटी बाजार के पास ही दफना दिया गया। पाँच लोगों को इस मामले में अभियुक्त बनाया गया था। यह मुकदमा एपी मुखर्जी, न्यायायुक्त (छोटानागपुर) की अदालत में चला। सबूत के अभाव में पाँचों अभियुक्तों को रिहा कर दिया गया। हर साल 2 मार्च को तपकारा के आस-पास के गाँवों के लोग जुटते हैं और शहीदों को याद करते हैं। □

धर्माबाँध कांड : 14 फरवरी, 1972

माफिया ने करायी हत्या

शहीद

1. रामबहादुर कुरमी, 2. मंगल धोबी।

रामबहादुर कुरमी

शोषण और माफिया के खिलाफ लड़ाई लड़नेवाले रामबहादुर कुरमी और मंगल धोबी की हत्या 14 फरवरी, 1972 को धर्माबाँध में कर दी गई थी। ये दोनों झारखंड के मूल निवासी नहीं थे पर ये दोनों यहाँ के मजदूरों के शोषण के खिलाफ लड़ाई लड़ते थे। रामबहादुर और मंगल धोबी दोनों बिहार कोलियरी कामगार यूनियन (बीसीकेयू) के बैनर तले आंदोलन करते थे।

रामबहादुर तो युवा थे। सिर्फ 18 साल के। माफिया तत्त्व के खिलाफ लड़ने में हिचकते नहीं थे। मोतिहारी बलुवा बिरता गाँव निवासी रामबहादुर कुरमी का जन्म 1954 में महादेव कुरमी के घर हुआ था। पाँच भाइयों में रामबहादुर चौथे नंबर पर थे। उन्होंने सिर्फ आठवीं तक की पढ़ाई की। इसके बाद गोरखपुर में एक कंपनी में उन्हें नौकरी मिल गई। बाद में वह धर्माबाँध आ गए। वे कंपनी के क्वार्टर में रहते थे। वहीं से अपनी ड्यूटी करते थे। जब उन्होंने देखा कि मजदूरों का शोषण किया जा रहा है और कोई आवाज नहीं उठाता तो उनका खून खौलने लगा। उन्होंने तय कर लिया कि वे संघर्ष करेंगे। रामबहादुर ने बीसीकेयू की सदस्यता ग्रहण कर ली। फिर लाल झंडे के बैनर तले कड़े तेवर में रामबहादुर ने माफिया तत्त्वों को खदेड़ना शुरू कर दिया। जब वर्ष 1971 में कोल कंपनियों का राष्ट्रीयकरण हुआ, तो रामबहादुर बीसीसीएल कर्मी हो गए। इसके बावजूद

उक्त पुरानी कंपनी के गुंडों का आतंक कम नहीं हुआ। एक दिन उसी कंपनी के गुंडे सभी को लंगर में खाना खाने के लिए दबाव देने लगे। इसका रामबहादुर, उनके मित्र मंगल धोबी और अन्य साथियों ने विरोध किया। इन लोगों का कहना था कि जब खदानों का राष्ट्रीयकरण हो गया है तो लंगर में क्यों खाएँगे? खाना होगा तो घर में खाएँगे या फिर मेस में खाएँगे। कंपनी के गुंडों को लगा कि उन्हें चुनौती दी जा रही है। उन्हें यह बात बुरी लगी। वे मौके की तलाश में थे, ताकि अपने विरोधियों को रास्ते से हटा सके।

14 फरवरी, 1972 का दिन था। रामबहादुर अपने साथी मंगल धोबी के साथ क्वार्टर से निकल कर दातुन कर रहे थे। रामबहादुर तो अविवाहित थे पर मंगल धोबी ने शादी कर ली थी। चंपारण (बिहार) निवासी मंगल की उम्र उस समय सिर्फ 22 साल थी। होसिला देवी से उनकी शादी हुई थी। पुत्र ललित रजक सिर्फ चार माह का था। मंगल भी उसी कंपनी में थे। सुबह का वक्त था। कंपनी के गुंडे क्वार्टर तक पहुँच गए। रामबहादुर और मंगल दोनों एक साथ थे। गुंडों ने अंधाधुंध फायरिंग शुरू कर दी। दोनों को गोलियाँ लगीं और उन्होंने वहीं पर दम तोड़ दिया। इस गोलीबारी में 17 अन्य लोगों को भी गोली लगी थी और वे घायल हो गए थे। इस घटना के बाद पूरे धर्माबाँध क्षेत्र में हंगामा हो गया। कई दिनों तक लाल झंडे के साथ आंदोलन होता रहा।

हत्या के 14-15 वर्ष के बाद मंगल धोबी की पत्नी होसिला देवी को नौकरी मिली। बाद में जब होसिला देवी का निधन हो गया तो उनके पुत्र ललित को उनकी जगह पर नौकरी मिली।

रामबहादुर के छोटे भाई लाल बहादुर कुरमी को भी नौकरी के लिए लंबा संघर्ष करना पड़ा। अंततः 1984 में बीसीसीएल ने उन्हें नौकरी दी। पूर्व सांसद एके राय ने प्रबंधन के खिलाफ जमकर आंदोलन चलाया। लंबे समय तक हर वर्ष 14 फरवरी को धर्माबाँध में शहीद मेला लगता रहा। बाद में इसे बंद कर दिया गया।

□

बसुरिया कांड : 2 अप्रैल, 1973

जगदीश, थामी, कादिर मियाँ की हत्या

शहीद

जगदीश मंडल, थामी मंडल और कादिर मियाँ।

कोल खदानों के राष्ट्रीयकरण के बाद माफिया और ठेकेदारों ने कोयलांचल में जमकर उत्पात मचाया था। ये ठेकेदार चाहते थे कि पहले की तरह मजदूर उनके इशारों पर नाचें। शोषण का विरोध नहीं करें। जहाँ कहीं भी मजदूरों ने विरोध किया, उनकी हत्या तक कर दी गई। ठेकेदारों ने ऐसे मजदूर नेताओं को निशाना बनाया था जिन्होंने अन्याय और अत्याचार के खिलाफ मजदूरों को एकजुट किया था। ऐसे मजदूर नेताओं में थे—जगदीश मंडल, थामी मंडल और कादिर मियाँ। 2 अप्रैल, 1973 को बसुरिया की दो नंबर खदान में ठेकेदारों और माफिया ने गोली मारकर इन तीनों की हत्या कर दी थी।

जगदीश मंडल का पुत्र

31 जनवरी, 1973 को खदानों का टेक ओवर हो गया था। पहले कोलियरी के मालिक चनचनी थे। इनसे रामचंद्र सिंह ने ठेका लिया था। बाहर के ठेकेदार और दलाल चाहते थे कि उनके दबंग किस्म के लोगों की खदानों में नियुक्ति हो, ताकि उनका दबदबा बना रहे। मजदूरों ने इसका विरोध किया था और आंदोलन भी चलाया था। 1 अप्रैल, 1973 को रविवार था। ईस्ट बसुरिया फुटबॉल मैदान में कोल माइंस प्रोजेक्टर द्वारा परदे पर गोपी फिल्म दिखाई जा रही थी। ठेकेदार के गुंडों ने उसी समय इन नेताओं की हत्या की साजिश रची थी। उसने प्रयास भी किया था। लेकिन वहाँ काफी भीड़ थी।

अपराधियों को मौका नहीं मिल पाया।

2 अप्रैल, 1973 (सोमवार) का दिन आ गया। हर दिन की तरह कोलियरी की 2 नंबर खदान में 150-200 मजदूर हाजिरी बना रहे थे। माहौल सामान्य था। इसी बीच ठेकेदार के गुंडों ने हथियारों के साथ एकाएक हमला कर दिया। मजदूरों ने उनसे मुकाबला करने का प्रयास किया, पर गोलीबारी के आगे वे टिक नहीं सके। इसी गोलीबारी में छोटा जगदीश मंडल, थामी मंडल तथा कादिर मियाँ को गोली लगी। तीनों की घटनास्थल पर ही मौत हो गई। गोली चलते ही वहाँ भगदड़ मची। इस भगदड़ में 20-25 लोग घायल हुए थे, पर हमला करने के बाद ठेकेदार के गुंडे भागने में सफल रहे।

तीन-तीन हत्या करने के बाद भी ठेकेदारों के मन में भय नहीं था। वे किसी भी कीमत पर मजदूरों को सबक सिखाना चाहते थे। इसलिए एक सप्ताह के बाद ठेकेदार के लोगों ने पुनः खदान पर हमला किया। इस बार मजदूर सतर्क थे। उनकी एकता के कारण ठेकेदार के गुंडे किसी भी मजदूर का कुछ नहीं बिगाड़ सके।

2 अप्रैल के हमले में कोयलांचल ने अपने प्रिय नेता छोटा जगदीश को खो दिया। वे गिरिडीह जिला के पडरमनिया के रहने वाले थे। लोगों से काफी जुड़ाव था। अन्याय के खिलाफ हमेशा खड़ा रहते थे। छोटा जगदीश मंडल की मृत्यु के बाद उनकी पत्नी शनिचरी देवी को नौकरी मिली और उन्होंने घर सँभाला। बाद में शनिचरी देवी की भी मौत हो गई तो उनके पुत्र को नौकरी मिली। इस गोलीकांड में थामी मंडल की भी मौत हुई। थामी और जगदीश दोनों एक ही गाँव के रहनेवाले थे। अपने व्यवहार के कारण

इस्ट बसुरिया मैदान में बना समाधि स्थल

थामी मंडल की अलग ही पहचान थी। थामी की मौत के बाद उनकी पत्नी निरिया देवी को नौकरी मिली। निरिया देवी की मौत के बाद उनके पुत्र ओम प्रकाश मंडल को नौकरी मिली।

ठेकेदार के गुंडों की गोलियों के शिकार तीसरे आंदोलनकारी-मजदूर नेता थे, कादिर मियाँ। वे गिरिडीह के राजधनवार लालबाजार के रहने वाले थे। कादिर मियाँ ईस्ट बसुरिया 1 नंबर कॉलोनी में रहते थे। सातवीं-आठवीं तक पढ़े कादिर मियाँ अत्याचार के खिलाफ आवाज उठाने वाले व्यक्ति थे। उनकी शहादत के बाद पत्नी अजोला खातून की भी मृत्यु कुछ दिन बाद हो गई। उनके दो पुत्र इसराइल मियाँ, मंजूर मियाँ तथा पुत्री शकुना खातुन, सायरा बानू थी। बाद में अनुकंपा के आधार पर बड़े पुत्र इसरायल मियाँ को गोधर में नौकरी मिली।

कोयलांचल हर साल 2 अप्रैल को अपने इन शहीदों की याद में शहादत दिवस मनाता है। बिहार कोलियरी कामगार यूनियन के बैनर तले ईस्ट बसुरिया शहादत स्थल पर यह समारोह आयोजित होता है।

□

राजपुर कोलियरी कांड : 1974

गुलाम माझी को मार डाला

गुलाम माझी के नाती-पोते

कोयलांचल में आज अगर विस्थापित सम्मान के साथ जीवन जी रहे हैं, उन्हें सम्मान मिला है, रोजगार मिला है तो इसमें गुलाम माझी का महत्त्वपूर्ण योगदान है। मजदूरों की लड़ाई लड़ते हुए गुलाम माझी 1974 में शहीद हो गए थे। वे धनबाद जिले के निरसा प्रखंड के छोटे से गाँव कालीमाटी मोहुलबाना के रहनेवाले थे। गुलाम माझी ने झारखंड राज्य की लड़ाई तो लड़ी ही, पर वे विस्थापितों को न्याय दिलाने की लड़ाई लड़ने में भी आगे रहे। उनका कार्यक्षेत्र कोयलांचल था। इसी लड़ाई में गुलाम माझी को शहीद होना पड़ा। 1974 में कोयलांचल में सक्रिय माफिया ताकतों ने गुलाम माझी की हत्या कर दी।

धनबाद और पश्चिम बंगाल के सीमांचल में पड़नेवाले कोयला क्षेत्र में कोल इंडिया लिमिटेड की सहायक कंपनी ईस्टर्न कोलफिल्ड्स लिमिटेड (ईसीएल) की ओर से खनन किया जाता है। 70 के दशक में निरसा के इलाके में ईसीएल की एक नई कोयला खदान खुल रही थी—राजपुरा कोलियरी। प्रावधान है कि कोयला खदानों और परियोजनाओं के लिए जिन ग्रामीणों की जमीन ली जाती है, उन्हें मुआवजा व नौकरी मिलती है। राजपुरा कोलियरी में गुलाम माझी की जमीन ली गई। इसके एवज में गुलाम माझी को ईसीएल ने सुरक्षा गार्ड की नौकरी दी। राजपुरा कोलियरी के लिए ली गई अन्य

ग्रामीणों की जमीन के बदले मुआवजा व नौकरी का मामला लटका हुआ था। कोयला व जमीन माफियाओं की एक लॉबी ईसीएल प्रबंधन को गुमराह करती थी। इस कारण ग्रामीणों को नौकरी देने में ईसीएल प्रबंधन आनाकानी कर रहा था। इसको लेकर ग्रामीण आंदोलनरत थे। गुलाम माझी चाहते तो चैन से नौकरी कर सकते थे, मगर ग्रामीणों का दर्द गुलाम माझी से देखा नहीं गया। ईसीएल में नौकरी करते हुए भी गुलाम माझी ने अन्य ग्रामीणों को नियोजन देने की लड़ाई शुरू की।

उस दौर में लाल—हरा (शिबू सोरेन-विनोद बाबू—एके राय की टीम) मैत्री भी चरम पर थी। साहूकारों, सूदखोरों के खिलाफ धनबाद समेत झारखंड के कई इलाकों में आंदोलन चल रहा था। इसका असर गुलाम माझी पर भी पड़ा था। 1974 में नियोजन की माँग को लेकर ग्रामीणों ने राजपुरा कोलियरी को घेर लिया। ग्रामीणों ने तय किया कि जब तक नियोजन की माँग पूरी नहीं होगी, आंदोलन चलता रहेगा। इससे ईसीएल प्रबंधन घबरा गया। आंदोलन से स्थानीय कोयला व जमीन माफियाओं का एक ग्रुप परेशान हो गया। ये माफिया ग्रामीणों की जमीन के नाम पर सौदेबाजी करते थे। अंतत: इन माफिया ताकतों ने गुलाम माझी को मरवाने की साजिश रची। कोयला काटनेवाले गैंता से गुलाम माझी के सिर पर वार कर उन्हें मार डाला। गुलाम माझी की हत्या की खबर पूरे झारखंड में फैल गई। झारखंड के कोने-कोने से आंदोलनकारी निरसा पहुँचे। पूर्व सांसद् एके राय, शिबू सोरेन, केएस चटर्जी, सरकार मुर्मू आदि वामपंथी व झारखंडी नेताओं ने वहाँ पहुँच कर गुलाम माझी की लड़ाई को और आगे बढ़ाने का संकल्प लिया। बाद में ग्रामीणों को इंसाफ मिला। गुलाम माझी के एकमात्र पुत्र नैना माझी को ईसीएल प्रबंधन ने नौकरी दी। बाद में तालाब में डूबकर उनकी भी मौत हो गई। आज गुलाम माझी की पतोहू मंगली मँझियाइन ईसीएल की लक्खीमाता कोलियरी में नौकरी कर रही है। गुलाम माझी के सात नाती-पोता हैं। ग्रामीण पीएल मुर्मू कहते हैं—गुलाम माझी ने ग्रामीणों को हक व अधिकार दिलाने के लिए जो लड़ाई लड़ी और शहादत दी, वह बेकार नहीं गई। ग्रामीणों को नियोजन मिला। यदि वे लड़ाई नहीं लड़ते, तो शायद ऐसा नहीं हो पाता।

□

मुनीडीह कांड : 23 मई, 1975

वीरबल, बिरजू, हरिपद की शहादत

शहीद

1. वीरबल महतो, 2. बिरजू महतो, 3. हरिपद महतो।

वीरबल महतो और बिरजू महतो

हरिपद महतो और वह मंदिर, जहाँ बलि दी गई थी

1975 के आस-पास कोयलांचल के गाँवों के लोग दो तरह की लड़ाई लड़ रहे थे। उनकी जमीन ली जा रही थी। वे विस्थापित हो रहे थे। इसलिए विस्थापन के खिलाफ ग्रामीण एकजुट होकर लड़ रहे थे। दूसरी ओर पूरे क्षेत्र में महाजनों के आतंक से गाँववालों का रहना मुश्किल हो गया था। गाँव के लोग भले ही दोनों मोरचों पर एक साथ लड़ रहे थे, पर उनका मनोबल ऊँचा था। कारण था कि उस समय तक झारखंड मुक्ति मोरचा का गठन हो चुका था। शिबू सोरेन, एके राय और विनोद बिहारी महतो तीनों का उस क्षेत्र में प्रभाव था। लोगों को इसका लाभ मिल रहा था। वे शोषण के खिलाफ लड़ रहे थे। उन्हें भरोसा था कि स्थिति बिगड़ी तो बड़े नेता सँभाल लेंगे। महाजन भी शक्तिशाली थे और लंबे समय से शोषण कर रहे थे। पहली बार किसी ने उन्हें चुनौती दी थी। वे आसानी से अपना

एकाधिकार छोड़ना नहीं चाह रहे थे। इसलिए उन्होंने भी लोगों का मुँह बंद करने का हर संभव प्रयास किया।

धनबाद के पास है मुनीडीह। इस इलाके में झारखंड मुक्ति मोरचा के गठन के पहले से शिवाजी समाज का प्रभाव था। लोग विस्थापन, सूदखोर के खिलाफ आवाज उठाते थे। यहाँ के मजदूर आंदोलित भी रहते थे। इससे न सिर्फ सूदखोर नाराज रहते थे, बल्कि बीसीसीएल से जुड़े ठेकेदार और बेईमान अफसर, ट्रांसपोर्टर भी बौखलाए रहते थे। ये सब शक्तिशाली हुआ करते थे। कई मुखिया तो इतने दबंग थे कि उनके नाम से ही लोग काँपते थे।

झारखंड मुक्ति मोरचा ने कारीटाँड़ में उच्च विद्यालय की स्थापना को लेकर 23 मई, 1975 को एक बैठक बुलाई थी। बैठक शाम में हुई थी। इस बैठक शक्तिनाथ महतो (सिजुआ), रामधनी महतो (बलियापुर), शंकर महतो (बागड़ा) आदि के अलावा बिरजू महतो, बीरबल महतो एवं हरिपद महतो भी शामिल हुए थे। बैठक में इस बात पर चर्चा हुई थी कि कैसे महाजनों के आतंक को कम किया जाए, कैसे सामना किया जाए। यह बदलाव तो मजदूरों-ग्रामीणों में आ ही गया था कि वे अन्याय के खिलाफ एकजुट हो गए थे, आवाज उठाने लगे थे। इस बैठक की भनक महाजनों-दबंग ठेकेदारों को लग गई थी। इन लोगों ने तय कर लिया कि ऐसा कुछ किया जाए जिससे आंदोलनकारियों की हिम्मत टूट जाए। देर रात बैठक समाप्त कर बिरजू, बीरबल एवं हरिपद अपने-अपने घर लौट रहे थे। रास्ते में पहले से ही घात लगाए बैठे असामाजिक तत्त्वों ने बीरबल एवं हरिपद को आमडील (लखरखवारी) के जंगल में गला रेतकर मार डाला। दोनों के सिर को शरीर से अलग कर दिया गया। बिरजू महतो को बरडुभी स्थित माँ काली मंदिर के प्रांगण में ले जाया गया। वहाँ उनकी सिर काटकर हत्या कर दी गई। तीनों के परिजनों द्वारा रंगदार दीपनारायण सिंह के खिलाफ हत्या करने का मुकदमा किया गया। दीपनारायण सिंह जेल भी गया। बाद में उसकी मौत हो गई।

□

पुरुलिया कांड

माकपा का आतंक

शहीद

1. वृहस्पति महतो, 2. आनंद महतो, 3. रोहिणी महतो, 4. फुलेश्वर महतो, 5. लखन महतो और 6. सोनाराम महतो।

झारखंड आंदोलन के दौरान सिर्फ झारखंड ही नहीं, ओड़िशा और पश्चिम बंगाल में भी पुलिस फायरिंग की घटना घटी थी, आंदोलनकारियों की हत्या की गई थी। जिस क्षेत्र को मिलाकर झारखंड राज्य की माँग की जा रही थी, उसके अंतर्गत छोटानागपुर-संताल परगना के अलावा पश्चिम बंगाल, ओड़िशा और मध्य प्रदेश के भी कुछ जिले थे। पश्चिम बंगाल के पुरुलिया जिले को भी झारखंड में शामिल करने की माँग की जा रही थी। यह इलाका झारखंड से सटा हुआ है और इसमें आदिवासियों की बड़ी आबादी बसती है।

यह इलाका धनबाद, राँची और पूर्वी सिंहभूम से सटा हुआ है। झारखंड मुक्ति मोरचा के गठन के बाद बंगाल में भी आंदोलन चलता रहा। यहाँ तक कि कोलकाता जाकर भी झारखंड मुक्ति मोरचा ने बड़ी रैली की थी। इस रैली में पचास हजार झारखंड समर्थकों ने भाग लिया था।

प्रस्तावित झारखंड में बंगाल के जिस हिस्से को शामिल करने की बात कही गई थी, उनमें पुरुलिया प्रमुख था। इसलिए आंदोलन का केंद्र भी यही हुआ करता था। वहाँ जुलूस-रैली का आयोजन होते रहता था। वृहस्पति महतो झामुमो के नेता थे और लोगों को एकजुट करने में लगे रहते थे। 1977 में जब पहली बार लेफ्ट की सरकार बंगाल में बनी, तो पुरुलिया में माकपा नेताओं का आतंक दिखा। वे अलग राज्य के पक्ष में नहीं थे। ऐसे भी माकपा के नेता नहीं चाहते थे कि उस क्षेत्र में माकपा के अलावा कोई भी संगठन या राजनीतिक दल प्रभावशाली बन पाए। इसके विपरीत वहाँ झारखंड मुक्ति मोरचा लगातार सशक्त होते जा रहा था। सभाओं में भीड़ जमा होती थी। शोषण के

खिलाफ आदिवासी संघर्ष के लिए तैयार रहते थे। माकपा के नेताओं को यह सब पसंद नहीं था। वे किसी भी कीमत पर झामुमो को आगे बढ़ने देना नहीं चाहते थे। इसी क्रम में 1977 में माकपा के नेताओं ने झारखंड मुक्ति मोरचा के प्रभावशाली नेता वृहस्पति महतो की हत्या करवा दी। पुरुलिया के भांगड़ा गाँव और इसके आस-पास के क्षेत्र में माकपा समर्थकों ने लगातार झारखंड समर्थकों पर हमले किए। पुलिस भी माकपा का साथ देती थी। माकपा के समर्थकों ने न सिर्फ वृहस्पति महतो की हत्या की, बल्कि आनंद महतो, रोहिणी महतो, फुलेश्वर महतो, लखन महतो और सोनाराम महतो को भी मार डाला। पुरुलिया के झारखंड आंदोलनकारियों को उस समय निराशा हाथ लगी जब 15 नवंबर, 2000 को झारखंड अलग राज्य बना। इसमें बंगाल का कोई भी हिस्सा शामिल नहीं किया गया था। इसके बावजूद पुरुलिया के अलावा शेष बंगाल में झारखंड समर्थकों ने जो जोरदार आंदोलन किया, जो कुरबानी दी, उसने झारखंड राज्य बनाने में काफी सहायता की।

□

सिजुआ कांड : 28 नवंबर, 1977

शक्तिनाथ महतो की हत्या

शक्तिनाथ महतो

झारखंड आंदोलन के दौरान शहादत देने में कोयलांचल भी आगे रहा है। इस क्षेत्र में अनेक आंदोलनकारियों की एक-एक कर हत्या कर दी गई थी। शिबू सोरेन, एके राय और विनोद बिहारी महतो ने शोषकों के खिलाफ जो अभियान चलाया था, महाजनों के खिलाफ जो धान काटो आंदोलन शुरू किया था, उसका प्रभाव कोयलांचल पर पड़ा था। शोषण और जुल्म के खिलाफ लोग खड़ा हो गए थे। यह इलाका कामरेड एके राय और विनोद बिहारी महतो का रहा है। शिबू सोरेन, विनोद बाबू और एके राय की तिकड़ी ने झारखंड आंदोलन को नई ताकत दी थी। कोयलांचल के लोगों ने तय किया था कि वह अब शोषकों के आगे नहीं झुकेंगे। टकराहट का दौर भी चला। झारखंड आंदोलन के साथ-साथ जब कोयलांचल में शोषकों के विरुद्ध आंदोलन चला तो यह बात सूदखोरों-महाजनों को बुरी लगी थी। उन्हें लगा कि कोई उन्हें चुनौती दे रहा है। इसी दौरान कई जगहों पर आंदोलन को कुचलने का भी प्रयास किया गया था। जो आंदोलनकारी नहीं मानते थे, उनकी हत्या तक कर दी जाती थी।

कोयलांचल में शोषकों के खिलाफ मजबूती से खड़ा होनेवाले ऐसे ही नेता थे, शक्तिनाथ महतो। 28 नवंबर, 1977 को धनबाद के सिजुआ में गोली मार कर उनकी हत्या कर दी गई थी। वे एक बड़े नेता थे। कोयलांचल में उनका अपना नाम था। शक्तिनाथ महतो की हत्या के बाद पूरे कोयलांचल में भूचाल आ गया था। कोयलांचल ने मजदूरों के मसीहा को खो दिया था और झारखंड ने एक आंदोलनकारी को। विनोद बाबू को आदर्श माननेवाले शक्तिनाथ महतो की हत्या का प्रभाव सिर्फ धनबाद ही नहीं,

पूरे झारखंड पर पड़ा था। निर्मल महतो की हत्या के लगभग 10 साल पूर्व हुई शक्तिनाथ महतो की हत्या ने झारखंडियों को झकझोर दिया था।

ऐसे तो पूरे राज्य में झारखंड आंदोलन के शहीदों की भरमार पड़ी है, लेकिन सिंहभूम, धनबाद, हजारीबाग और गिरिडीह कुरबानी देने में सबसे आगे रहा। अन्य जिलों में भी गोलीकांड की घटनाएँ घटीं। जमशेदपुर में निर्मल महतो की शहादत हो, सिंहभूम में देवेंद्र माझी हों, गोमो के सदानंद झा हों, गिरिडीह के वसंत पाठक हों, गोधर (धनबाद) के रसिक हाँसदा, नेपाल रवानी हों, हजारीबाग के सोहर महतो-मोहर महतो हों, चक्रधरपुर के मछुआ गागराई हों या फिर सिजुआ (धनबाद) के शक्तिनाथ महतो, किसी की शहादत किसी से कम नहीं है। सभी ने मिलकर अलग झारखंड राज्य की लड़ाई लड़ी। जाति और धर्म इस लड़ाई में कहीं नहीं रहा। मूलवासी (सदान) और आदिवासी दोनों कुरबानी देने में एक-दूसरे से पीछे नहीं रहे। झारखंड आंदोलन में एक ओर जयपाल सिंह मुंडा, शिबू सोरेन, एनई होरो, बागुन सुंब्रुई, जस्टिन रिचर्ड, स्टीफन मरांडी, देवेंद्र माझी, चंपई सोरेन, रामदास सोरेन, बहादुर उराँव जैसे आदिवासी नेताओं ने अपना सारा जीवन व्यतीत कर दिया, वहीं गैर-आदिवासी नेताओं में विनोद बिहारी महतो, निर्मल महतो, एके राय, शैलेंद्र महतो, टेकलाल महतो, विद्युत महतो, मोहन कर्मकार, शैलेंद्र भट्टाचार्य, शिवा महतो, भुवनेश्वर महतो, सुधीर महतो, दुलाल भुइयाँ, सुनील महतो और शक्तिनाथ महतो ने भी अपना पूरा जीवन आंदोलन में लगा दिया।

जहाँ तक शहीद शक्ति महतो की बात है, झारखंड मुक्ति मोरचा की स्थापना के समय इनकी खास भूमिका रही थी। विनोद बिहारी महतो की तरह ये भी पहले शिवाजी समाज से जुड़े थे। 2 अगस्त, 1948 को तेतुलमुड़ी में गणेश महतो और सधुवा देवी के घर में शक्तिनाथ का जन्म हुआ था। घर के बड़े बेटे थे। जोगता उच्च विद्यालय से पढ़ाई की। पढ़ाई के बाद का समय खेत-खलिहान में बीतता था। स्कूल के अलावा घर पर भी इन्हें शिक्षक पढ़ाते थे। प्राथमिक शिक्षा के बाद हाई स्कूल की पढ़ाई शक्तिनाथ ने गांधी स्मारक विद्यालय, सिजुआ से की। विज्ञान विषय को चुना। खेत में ये पिता के काम में सहयोग करते थे। उस समय इनके साथी प्रेम, सियाराम, बनारसी, संतुराम, अशोक, रामवचन, जीतन महतो आदि थे।

शक्ति अपने समय के अच्छे फुटबॉल खिलाड़ी भी थे। हाई स्कूल की पढ़ाई के बाद उन्होंने आईटीआई, धनबाद में नामांकन कराया और फिटर ट्रेड लिया। आईटीआई से ही शक्तिनाथ का रास्ता अलग हो गया। संस्थान के कुछ बाहुबली छात्रों के अन्याय के खिलाफ बिगुल फूँका। अन्य छात्रों का भी उन्हें सहयोग मिला। उन्होंने बाहुबली छात्रों के खिलाफ मोरचा लिया। स्थानीय छात्रों ने शक्तिनाथ का साथ दिया। अंततः दादा किस्म के छात्रों को बाहर करवाने में शक्तिनाथ को सफलता मिली। पास करने के बाद उन्होंने

कुमारडुबी में प्रशिक्षण लिया। फिर मुनीडीह प्रोजेक्ट में फीटर के पद पर नौकरी मिल गई।

शक्तिनाथ महतो भले ही नौकरी कर रहे थे, पर अलग राज्य नहीं मिलने और समाज में फैली बुराइयों से वे दुखित रहते थे। मन में विद्रोह भी पनप रहा था। वे महसूस करते थे कि झारखंडियों की उपेक्षा हो रही है। उन्हें सम्मान नहीं मिल रहा। नौकरी में रहते हुए भी शक्ति महतो सामाजिक कुरीतियों के खिलाफ लड़ाई लड़ते रहे। उन दिनों विनोद बिहारी महतो शिवाजी समाज के बैनर तले सामाजिक जागरूकता अभियान चला रहे थे। यह आंदोलन धनबाद और उसके आस-पास में फैलता जा रहा था। 21 जनवरी, 1971 को शिवाजी समाज की जोगता थाना कमेटी का गठन विनोद बिहारी महतो के संरक्षण में हुआ था। शक्ति दा इसमें मंत्री चुने गए थे। इसके बाद उनका काम बढ़ता गया। कुड़मी समाज में बाल विवाह, दहेज प्रथा, शराब के नशा के विरोध में उन्होंने मुहिम छेड़ी। उन्होंने गाँव-गाँव जाकर कमेटी का गठन किया और युवाओं को जोड़ा। समाज के लोगों को शिक्षित करने के लिए रात्रि पाठशाला खोला। सच कहा जाए तो विनोद बाबू द्वारा शुरू किए गए कार्यों को शक्ति दा ने गाँव-गाँव तक फैलाया। यह आंदोलन भेलाटाँड़, कपूरिया, परसिया, पुटकी, धोबनी, चिरूडीह, मुनीडीह, कारीटाँड़, बलिहारी, भागाबाँध, लोयाबाद, कनकनी, बाँसजोड़ा, गड़ेरिया, भूली, धारजोरी, राजगंज, पहाड़पुर और तोपचांची तक फैल चुका था। इसका असर यह हुआ कि छोटे-छोटे झगड़े गाँव में ही निबटाए जाने लगे। गाँव में शराब पीनेवालों को शारीरिक दंड भी दिया जाने लगा। बाल विवाह पर रोक लगी। विनोद बाबू द्वारा चलाए गए आंदोलन का असर गाँव-गाँव तक हो गया था। सामाजिक बुराइयाँ कम हो चुकी थीं। अब राजनीति में आने का उनका रास्ता साफ हो चुका था। शक्ति महतो अपना पैर जमा चुके थे। उनकी अपनी पहचान बन चुकी थी।

विनोद बिहारी महतो, शिबू सोरेन और एके राय ने मिलकर झारखंड मुक्ति मोरचा का गठन किया था तो उसमें शक्तिनाथ महतो ने भी महत्त्वपूर्ण भूमिका अदा की थी। कोलियरी क्षेत्र में बिहार कोलियरी कामगार यूनियन के बैनर तले इन्होंने शोषण के खिलाफ आंदोलन चलाया। श्री महतो को मुनीडीह प्रोजेक्ट में सचिव बनाया गया था। उन्होंने मजदूरों की लड़ाई शुरू की। न्यूनतम मजदूरी लागू कराई।

23 मई, 1975 की घटना को कोई भूल नहीं सकता। कारीटाँड़ में मीटिंग रखी गई थी। रात हो गई थी। इसी दौरान श्री महतो की हत्या की योजना थी, लेकिन सौभाग्यवश शक्तिनाथ महतो उस दिन गाँव में ही रुक गए। उनके तीन साथियों बिरजू महतो, हरिपद महतो और बीरबल महतो की हत्या कर दी गई। इस हत्या के विरोध में बहुत बड़ी सभा हुई। धीरे-धीरे शक्तिनाथ महतो का कार्यक्षेत्र बढ़ता गया। उन्हें सिजुआ का भी भार दिया गया। रात्रि पाली में महिलाओं द्वारा काम लिए जाने का उन्होंने विरोध किया। खान के

अंदर महिलाओं को भेजने का भी उन्होंने विरोध किया। इससे प्रबंधन उनसे नाराज था। सूदखोरों के आतंक से पूरा कोलियरी क्षेत्र परेशान था। श्री महतो ने सूदखोरों के खिलाफ अभियान छेड़ दिया।

2 फरवरी, 1975 को एक और घटना घटी जिसने साबित कर दिया कि शक्तिनाथ महतो कितने बहादुर थे। तेतुलमुड़ी में सभा की तैयारी चल रही थी। उनके साथ रामेश्वर सिंह, रामू सोरेन मौजूद थे। वहा ंजोगता कोलियरी और मोदीडीह कोलियरी के मजदूरों की भीड़ थी। एके राय आने ही वाले थे। उसी समय घोषणा की गई कि मीटिंग रद्द कर दी गई है। इसके बावजूद शक्तिनाथ महतो ने मजदूरों को संबोधित किया। फिर वे लौटने लगे। जब वे लोग सेंदरा नदी के पास थे कि विस्फोट की आवाज सुनाई पड़ी। सभी लोग उधर भागे। गाँव का हाल बहुत बुरा था। गाँव पर हमला हुआ था। हमलावर घातक हथियारों से लैस थे।

शक्तिनाथ गाँव पहुँचे। बगैर विचलित हए उन्होंने आदिवासियों को बुलाया और कहा कि तुम्हारी माँ-बहन की इज्जत खतरे में है। तैयार हो जाओ। सिजुआ स्टेशन से सेंदरा नदी तक का क्षेत्र रणक्षेत्र बन गया। दोनों ओर से हमले किए गए। आदिवासी पारंपरिक हथियारों से लैस थे। उसी समय शक्ति दा के भाई कमल को गोली लगी। कमल को उन्होंने घर भेज दिया। एक और आदिवासी को गोली लगी। अंततः हमलावरों को लौटना पड़ा। बिना घबराए शक्तिनाथ महतो ने हमलावरों का मुकाबला किया। आपातकाल के दौरान विनोद बिहारी महतो समेत कई आंदोलनकारियों को गिरफ्तार किया गया था। इसमें शक्तिनाथ महतो भी थे। उन्हें गिरफ्तार कर धनबाद, भागलपुर और मुजफ्फरपुर जेल में रखा गया। 22 माह वे जेल में रहे। जेल में भी शक्तिनाथ महतो अपने पुराने आदर्श पर टिके रहे।

28 नवंबर, 1977 को कोयलांचल के लोग काला दिन के रूप में याद करते हैं। इसी दिन शक्तिनाथ महतो शहीद हो गए थे। जब सारा गाँव खेतों में धान काटने का काम कर रहा था, 10 बजकर 10 मिनट पर शक्तिनाथ महतो की बम और गोली मारकर हत्या कर दी गई। घर में सूचना दी जलेश्वर महतो ने। लोग रो पड़े थे। मजदूरों के हित के लिए, अलग झारखंड राज्य के लिए लड़ाई लड़नेवाला एक मसीहा उठ चुका था। उनकी याद में दर्जनों शैक्षणिक संस्थाएँ चल रही हैं। हर साल 28 नवंबर को सिजुआ में शहादत स्थल पर (जहाँ उनकी मूर्ति लगी हुई है) मेला लगता है, जिसमें पूरे कोयलांचल से लोग आते हैं और झारखंड आंदोलनकारी-शोषण के खिलाफ लड़नेवाले अपने नायक शक्तिनाथ महतो को याद करते हैं।

□

चासनाला में हमला : 28 जनवरी, 1978

यूनियन के हमले में सुरेंद्र महतो शहीद

झारखंड अलग राज्य के साथ-साथ किसानों और विस्थापितों की लड़ाई लड़नेवाले चासनाला के सुरेंद्र महतो की हत्या 28 जनवरी,1978 को कर दी गई थी। उनकी बढ़ती लोकप्रियता से यूनियन और कांग्रेस के नेता नाराज थे और उन लोगों ने शक्ति प्रदर्शन करने का निर्णय लिया था। इसी प्रदर्शन के दौरान यूनियन और कांग्रेस समर्थकों ने सुरेंद्र महतो की बस्ती के पास जाकर उन्हें ललकारा था। जैसे ही सुरेंद्र महतो ललकार का जवाब देने के लिए बस्ती से बाहर आए, उन पर अंधाधुंध फायरिंग कर दी गई। इसी में सुरेंद्र महतो मारे गए थे।

सुरेंद्र महतो की प्रतिमा

सुरेंद्र महतो का जन्म 12 जून, 1955 को चासनाला महतो बस्ती निवासी किसान पोपू महतो के घर हुआ था। घर की माली हालत ठीक नहीं रहने के कारण सुरेंद्र बहुत ज्यादा पढ़ाई नहीं कर सके। सिर्फ चौथी तक पढ़ने के बाद उन्हें पढ़ाई छोड़ने के लिए मजबूर होना पड़ा। वे तीन भाई व दो बहनों में सबसे बड़े थे। उनके पास एचके क्वायरी के निकट खेती लायक जमीन थी। उसी जमीन पर वे खेती करते थे। 1973 में चासनाला वाशरी में उन्हें नौकरी मिल गई थी। नौकरी करते वक्त उन्होंने महसूस किया था कि कैसे मजदूरों का शोषण हो रहा है। इसके बाद वे 1976 में एके राय, विनोद बिहारी महतो और एसके बक्शी के नेतृत्व वाली बिहार कोलियरी कामगार यूनियन से जुड़ गए। विस्थापितों के हक, शोषण व जुल्म के खिलाफ

बीसीकेयू के बैनर तले संघर्ष करते रहे। इस बीच झारखंड आंदोलन में भी वे भाग लेते रहे। झामुमो के स्थापना दिवस समारोह में वे बढ़-चढ़कर हिस्सा लेते थे। फुटबॉल व कबड्डी के अच्छे खिलाड़ी भी थे।

उन्होंने 1977 में किसानों व विस्थापितों के हित में बड़ा आंदोलन किया था। आंदोलन से इस्को प्रबंधन घबरा गया था। आनन-फानन में द्विपक्षीय वार्त्ता कर प्रबंधन ने चासनाला व कांड्रा बस्ती के विस्थापितों को एक मुश्त नियोजन दिया था। इस सफलता के बाद बस्ती और आस-पास के इलाके में सुरेंद्र एक बड़े नेता के रूप में उभर गए थे। जब भी सभा करते, विनोद बिहारी महतो और एके राय का सहयोग मिलता, वे पहुँच जाते।

सुरेंद्र महतो की सक्रियता और लोकप्रियता से यूनियन के नेता नाराज थे। ग्रामीणों को दबाने के लिए तरह-तरह का जुल्म व शोषण करते थे। जहाँ कहीं भी जुल्म-शोषण की शिकायत सुनते, सुरेंद्र महतो पहुँच जाते। वे शोषण व अत्याचार कभी बरदाश्त नहीं करते थे। इससे गाँव में सुरेंद्र महतो का सम्मान बढ़ता गया। इसे यूनियन और कांग्रेसी नेता पचा नहीं सके। इन लोगों ने तय कर लिया कि शक्ति प्रदर्शन कर हर हाल में सुरेंद्र महतो को चुनौती देंगे।

28 जनवरी, 1978 को जमसं और कांग्रेसी समर्थकों ने शक्ति प्रदर्शन किया भी। इसी क्रम में ओंकार सिंह और तपेश्वर सिंह के नेतृत्व में चासनाला से एक जुलूस निकाला गया। हथियार से लैस जुलूस जीएम कार्यालय,चासनाला मोड़ होते हुए एचके क्वायरी पहुँचा। वहाँ से चासनाला महतो बस्ती काफी नजदीक था। यूनियन समर्थकों द्वारा वहाँ से गाली-गलौज कर ग्रामीणों को ललकारा गया। जैसे ही सुरेंद्र महतो को जानकारी मिली कि यूनियन और कांग्रेस समर्थक हथियार से लैस होकर ग्रामीणों को चुनौती दे रहे हैं, वे ग्रामीणों के साथ बस्ती से बाहर निकले। जुलूस की ओर वे बढ़ ही रहे थे कि उन पर गोलीबारी की जाने लगी। सुरेंद्र महतो और अन्य ग्रामीणों ने भी तीर धनुष से मोरचा सँभाला, लेकिन यूनियन वाले भारी पड़े। गोलीबारी में सुरेंद्र महतो, टिकर महतो, बासुदेव महतो, शत्रुघन महतो, मदन महतो समेत पाँच लोग घायल हो गए। इलाज के लिए जाते समय रास्ते में ही दोपहर 2.22 बजे सुरेंद्र महतो की मौत हो गई।

शहीद होने के बाद सुरेंद्र की पत्नी बेला देवी को चासनाला वाशरी में नौकरी मिली। 1987 में पत्नी की भी मौत हो गई। छोटे पुत्र धीरेन महतो को अनुकंपा पर नौकरी मिली। बड़ा पुत्र लखन महतो, कनिष्ठ पुत्र महाबीर महतो को जमीन के बदले नौकरी मिली। एक अन्य पुत्र रंजीत महतो ठेकेदारी का काम करता है। हर साल 28 जनवरी को सुरेंद्र महतो की याद में चासनाला महतो बस्ती ग्राउंड में शहादत दिवस मनाया जाता है।

□

चंदनकियारी हत्याकांड : 17 जनवरी, 1982

तिलकधारी, जयपाल व श्रीप्रसाद की हत्या

महाजनी प्रथा के खिलाफ संघर्ष करते हुए चंदनकियारी के सियालजोरी गाँव के श्रीप्रसाद महतो, तिलकधारी महतो और जयलाल महतो शहीद हो गए थे। 17 जनवरी, 1982 को धोखे से इन तीनों की उस समय हत्या कर दी गई थी जब ये लोग आग बुझाने की तैयारी कर रहे थे। इनमें तिलकधारी महतो और श्रीप्रसाद महतो सगे भाई थे।

चंदनकियारी के इलाके में महाजनी प्रथा जोरों पर थी। सूदखोरों ने भोले-भाले ग्रामीणों को अपने चंगुल में फँसा लिया था। जो ग्रामीण भूख और गरीबी से प्रभावित होकर इनके पास कर्ज के लिए आता, वह हमेशा के लिए उसके चंगुल में फँस जाता। एक बार इनके चंगुल में फँसने के बाद ग्रामीण चाह कर कर भी बाहर नहीं निकल पाते थे। मूल धन से कई-कई गुना ब्याज चुकाने के बावजूद न तो मूलधन घटता और न ही ब्याज।

सियालजोरी गाँव के श्रीप्रसाद महतो, तिलकधारी महतो और जयलाल महतो ने तय किया कि वे सूदखोरों के चंगुल से ग्रामीणों को बचाएँगे। इसके लिए उन्होंने ग्रामीणों को सतर्क करना शुरू किया। इससे सूदखोर बौखला गए। वे मौके की तलाश में थे।

सगे भाई तिलकधारी महतो और श्रीप्रसाद महतो का ऐसा स्वभाव था कि जब भी किसी को जरूरत पड़ती, दोनों साथ खड़ा हो जाते। इसी का फायदा अपराधियों ने उठाया था। सियालजोरी के बगल में ही इजरी नदी के उस पार बनगड़िया गाँव है। यहाँ के कुछ लोग सूदखोरी का काम करते थे। पैसा नहीं चुकाने वालों के साथ जोर जबरदस्ती होती थी। सुबह-शाम परेशान किया जाता था। इनके आतंक और जुल्म से लोग त्रस्त थे। तिलकधारी, श्रीप्रसाद और इसी गाँव के जयलाल महतो से यह सब देखा नहीं गया। ये सभी 30-32 साल के थे।

जब इन लोगों ने महाजनों के खिलाफ मोरचा खोला तो ग्रामीणों ने इनका साथ दिया। वे एकजुट हो गए। ग्रामीणों को अपने मकड़ जाल में फाँस कर मोटी कमाई करने

वाले सूदखोरों के लिए यह सब असहनीय था, इसलिए तीनों के साथ इनकी दुश्मनी हो गई।

महाजनों ने तय कर लिया कि वे इन तीनों को नहीं छोड़ेंगे। एक साजिश के तहत सियालजोरी स्थित पुआल के एक मकान में रात को आग लगा दी गई। इसी मकान में ग्रामीण बैठकर रात को पहरेदारी किया करते थे। आग की खबर लगते ही सभी दौड़े और गाँव के लोग आग बुझाने में जुट गए। इनमें तिलकधारी, श्रीप्रसाद और जयलाल भी थे। महाजनों के लिए हमला करने का बेहतर मौका था। वे जानते थे कि गाँव के लोगों का ध्यान आगे बुझाने में लगा रहेगा। आग बुझाने के दौरान ही अचानक रात के अँधेरे में ग्रामीणों पर महाजनों ने हमला कर दिया। निशाने पर यही तीनों थे। श्रीप्रसाद और तिलकधारी पर फरसा से वार कर दोनों का सिर अलग कर दिया गया। खेत के मेड़ पर गिरे जयलाल को भी नहीं छोड़ा और उन्हें भी काट डाला।

तिलकधारी और श्रीप्रसाद के बड़े भाई बोकु महतो उस घटना को याद करते हुए बताते हैं कि कैसे महाजनों ने उनके परिवार को तबाह कर दिया। तीनों की हत्या के आरोप में चार लोग गिरफ्तार होकर जेल गए पर वे सभी 2005 में रिहा भी हो गए। श्रीप्रसाद को कोई पुत्र नहीं था, उनकी दो लड़की है। दोनों का ब्याह हो चुका है। तिलकधारी और जयलाल के बेटे रेलवे में नौकरी कर रहे हैं। तीनों शहीदों में अब-तक किसी की प्रतिमा स्थापित नहीं हो पाई है।

□

झींकपानी गोलीकांड : 7 अक्तूबर, 1983

मजदूरों का उग्र आंदोलन

झींकपानी में उत्तेजित मजदूरों की भीड़ पर पुलिस ने 7 अक्तूबर, 1983 को फायरिंग की थी। हालाँकि इस पुलिस फायरिंग को सीधे-सीधे झारखंड आंदोलन से नहीं जोड़ा जा सकता। पर इस घटना पर आंदोलन का असर था। 1978 से पूरे क्षेत्र में जो झारखंड आंदोलन तेज हुआ था, उसमें मजदूर भी शामिल थे। ये मजदूर मुखर भी हुए थे। इसलिए झींकपानी की एसीसी सीमेंट फैक्टरी में जब मजदूरों को लगा कि उनका पैसा काटा जा रहा है, कम दिया जा रहा है तो वे उत्तेजित हो उठे। मामला इतना बढ़ गया कि मजदूरों ने अपनी यूनियन के ही एक नेता को पीट-पीटकर मार डाला। इसके बाद उत्तेजित भीड़ की ओर से फायरिंग हुई, जिसमें एक सुरक्षाकर्मी मारा गया। मजदूरों को तितर-बितर करने के लिए पुलिस ने फायरिंग की, जिसमें एक मजदूर मारा गया। यह घटना 7 अक्तूबर, 1983 की। इस प्रकार एक दिन में तीन लोग मारे गए थे।

चाईबासा से 20 किलोमीटर दूर बसा है झींकपानी। रोड से लगभग चार किलोमीटर की दूरी पर है एसीसी सीमेंट कंपनी। छोटा औद्योगिक शहर की तरह। उन दिनों वहाँ लगभग 2500 लोग काम करते थे। मजदूरों को हर माह की सात तारीख को भुगतान हो जाता था। मजदूरी के भुगतान के लिए मुंबई से कागज (सेलेरी शीट) झींकपानी आता था। घटना के एक दिन पहले यानी 6 अक्तूबर को ही सेलेरी शीट पहुँच चुका था। उसमें कई खामियाँ थीं। समय की कमी के कारण उन कमियों को सुधारा नहीं जा सका था। जब मजदूरों को भुगतान शुरू हुआ तो उन्हें लगा कि हर मजदूर को लगभग दो सौ रुपए कम मिल रहे हैं। मजदूरों ने इसका विरोध किया। वे आंदोलन के मूड में थे। मजदूर कंपनी के जनरल ऑफिस तक पहुँच गए। कुछ दिन पहले यूनियन के कुछ नेता वेतन समझौता के लिए मुंबई गए थे। मजदूरों को लगा कि प्रबंधन के साथ मिलकर यूनियन के नेताओं ने साजिश के तहत उनकी मजदूरी कम कर दी है।

मजदूरों की नाराजगी को दूर करने के लिए प्रबंधन ने घोषणा कर दी कि हर मजदूर को फिलहाल ढाई सौ रुपए अधिक का भुगतान कर दिया जाएगा। बाद में हेड ऑफिस

से आए कागज को ठीक कर लिया जाएगा। 7 अक्तूबर, 1983 को यूनियन के नेता सुबह आठ बजे कार्यालय पहुँच चुके थे। वे लोग पर्सनल मैनेजर आरएस प्रसाद से मिले और वेतन शीट में गड़बड़ी होने की शिकायत की। इसी बीच टाइम ऑफिस के पास बड़ी संख्या में मजदूर-कर्मचारी जमा हो चुके थे। मजदूरों को समझाया गया कि किसी कारणवश वेतन शीट में गड़बड़ी हो गई है। उसे सुधारा जा रहा है। पर मजदूर मानने को तैयार नहीं थे। उन्हें लगा कि यूनियन के नेताओं ने प्रबंधन के साथ मिलकर कुछ गड़बड़ी की है। इसी दौरान मजदूरों की नजर आरएस प्रसाद (पर्सनल मैनेजर) पर पड़ी। मजदूरों ने उन्हें पकड़ लिया और घसीटना शुरू किया।

उसी जगह यूनियन के संयुक्त कोषाध्यक्ष बदरूद्दीन थे। उन्होंने मजदूरों की भीड़ से पर्सनल मैनेजर आरएस प्रसाद को बचा लिया। प्रसाद तो बच गए पर मजदूरों का गुस्सा फूट पड़ा यूनियन नेता बदरुद्दीन पर। मजदूरों ने उन पर आक्रमण कर दिया। पीटते-पीटते जनरल ऑफिस गेट तक ले गए। बेहोशी की हालत में मजदूरों ने उन्हें वहीं छोड़ दिया। बाद में बदरुद्दीन को एसीसी अस्पताल ले जाया गया, जहाँ उन्हें मृत घोषित कर दिया गया। बदरुद्दीन को बचा लिया गया होता, अगर एंबुलेंस का ड्राइवर वहाँ पर होता। एक प्राइवेट जीप से भी यूनियन नेता बदरुद्दीन को अस्पताल ले जाने का प्रयास किया गया पर मजदूरों ने जीप को घेर लिया। जब इसकी सूचना झींकपानी पुलिस को मिली तो वह पहुँची। इस बीच चाईबासा से डीएसपी भी पहुँच चुके थे। पुलिस अधिकारी मजदूरों को समझाते रहे पर कोई मानने को तैयार नहीं था। किसी तरह भीड़ को वहाँ से हटाया जा सका।

लंच ब्रेक के बाद लगभग दो बजे पाँच सौ से ज्यादा लोग वहाँ फिर जमा हो गए। मजदूर गुस्से में थे। उनका गुस्सा यूनियन नेताओं पर ज्यादा था। नेताओं की खोज में मजदूर लगे हुए थे। इसी बीच उन्हें खबर मिली कि यूनियन के नेता जनरल ऑफिस में छिपे हुए हैं। मजदूरों ने माँग रखी कि किसी भी हाल में नेताओं को उन लोगों के सामने लाया जाए। उस समय ललित कुमार सिंकू सीमेंट मजदूर यूनियन के महासचिव थे। पुलिस अधिकारी जानते थे कि अगर किसी भी यूनियन नेता को वहाँ लाया गया या मजदूरों को अंदर जाने की अनुमति दे दी गई तो कोई भी यूनियन नेता जिंदा नहीं बचेगा। कुछ मजदूर जबरन पुलिस का घेरा तोड़कर अंदर जाना चाह रहे थे। रोकने पर किसी ने डीएसपी को डंडा भी मार दिया जिसके बाद वे गिर पड़े।

भीड़ की ओर से पुलिस जीप और कार्यालय पर पत्थरबाजी भी होने लगी थी। वहाँ पर सुरक्षाकर्मी भी थे। भीड़ की ओर से किसी ने गोली चला दी, जो एक सुरक्षा गार्ड सरवानंद यादव को लगी। सरवानंद सीमेंट की ग्रील के पीछे थे। गोली लगने से वे गिर पड़े। उन पर पत्थर भी फेंके गए। कुछ देर बाद सरवानंद ने दम तोड़ दिया।

उत्तेजित मजदूरों ने सुबह में मजदूर नेता बदरुद्दीन की हत्या की थी। उसके बाद दोपहर में एक सुरक्षा गार्ड को उन्होंने गोली मार दी। पुलिस भी धैर्य खो चुकी थी। पुलिस ने फायरिंग की। यह गोली कुरपा हांडा नामक व्यक्ति को लगी। उसकी वहीं मौत हो गई। भीड़ ने लाश को अपने कब्जे में कर लिया। फिर वहाँ से लाश को लेकर भाग गई। पुलिस हिम्मत नहीं कर सकी कि वह भीड़ के बीच से लाश को छीनकर ले सके। बाद में कुरपा का शव अस्पताल में मिला। कई दिनों तक पूरे क्षेत्र में तनाव फैला रहा।

□

बंदगाँव में हुई हत्या : 1 नवंबर, 1984

लाल सिंह मुंडा का संघर्ष

शहीद लाल सिंह मुंडा

पश्चिमी सिंहभूम और राँची जिला की सीमा पर बसा है टोकद। इसी जगह समाधि है लाल सिंह मुंडा की। 1978 के जंगल आंदोलन के अगुवा नेता लाल सिंह मुंडा की हत्या 1 नवंबर, 1984 को बाजारटाँड (बंदगाँव, जिला सिंहभूम) में कर दी गई थी। लाल सिंह ने सासनदीरी की जमीन पर हो रहे निर्माण का यह कहकर विरोध किया था कि उस जगह पर पत्थल गाड़ा हुआ है, जो इस बात का सबूत है कि वहाँ आदिवासियों के पूर्वजों को दफनाया गया है। प्रधानमंत्री इंदिरा गांधी की हत्या के ठीक एक दिन बाद हुई लाल सिंह मुंडा की हत्या ने पूरे बंदगाँव क्षेत्र को हिलाकर रख दिया था।

बंदगाव क्षेत्र के आस-पास लाल सिंह मुंडा का बहुत नाम था। सोचा कि लाल सिंह मुंडा के परिवार से मिला जाए। पहुँच गया टिंडा गाँव। यह लाल सिंह का पैतृक गाँव है। शहादत स्थल से तीन-चार किलोमीटर दूर। इसी गाँव में 28 मई, 1946 को लाल सिंह का जन्म हुआ था। वहाँ लाल सिंह मुंडा की पत्नी जोसफीन बारला से मुलाकात हुई। साथ में उनका बेटा भी था। पुरानी घटना के बारे में उनसे जानना चाहा। जोसफीन पढ़ी-लिखी महिला हैं। मैट्रिक पास, वह भी राँची स्थित उर्सूलाइन कॉन्वेंट से। बताने लगीं कि कैसे उनका खुशहाल परिवार बरबाद हो गया, कैसे लाल सिंह मुंडा पहले जमशेदपुर में नौकरी करते थे। फिर बीमार पड़ गए। मजबूरी में बंदगाँव लौटना पड़ा। फिर उनकी हत्या के बाद कैसे संघर्ष कर उन्होंने परिवार को खड़ा किया।

लाल सिंह मुंडा अपनी पत्नी जोसफीन बारला के साथ टिंडा गाँव में रहते थे। वे

पढ़े-लिखे युवा थे। संत मिखाइल मिडिल स्कूल, बंदगाँव से उन्होंने मैट्रिक की परीक्षा पास की थी। फिर इंटर और बीए की पढ़ाई राँची स्थित संत जेवियर कॉलेज (1972 या 1973 में) से की थी। जेवियर कॉलेज में नाम लिखाना ही इस बात का संकेत था कि उन्होंने अच्छे अंक से मैट्रिक की परीक्षा पास की थी। 1973 में लाल सिंह मुंडा की शादी जोसफीन बारला से हुई थी।

प्रारंभ में लाल सिंह मुंडा का झुकाव पढ़ाई-नौकरी की ओर था। झारखंड आंदोलन के बारे में वे ज्यादा नहीं सोचते थे। पारिवारिक जिम्मेवारियों को वे निभाने में लगे थे। इसी क्रम में शादी के कुछ दिनों बाद लाल सिंह मुंडा और जोसफीन जमशेदपुर चले गए। वहाँ अस्थायी रूप से शिक्षक की नौकरी मिली थी। पूरा परिवार खुश था और जिंदगी बेहतर तरीके से कट रही थी। दो साल तक मुंडा परिवार जमशेदपुर में रहा। इस बीच उन्होंने स्कूल भी बदला। यहाँ तक सबकुछ ठीक-ठाक चल रहा था, लेकिन बाद में लाल सिंह मुंडा टीबी के मरीज हो गए। बीमारी गंभीर थी। पैसे की परेशानी होने लगी। लेकिन इस दौरान फादर जेवियर रेड्डी ने मर्सी हॉस्पीटल में उनका इलाज कराया। फादर जेवियर कहा करते थे कि जमशेदपुर में रहकर इलाज कराओ, लेकिन बीमारी से परेशान लाल सिंह सपरिवार अपने पैतृक गाँव टिंडा (बंदगाँव के समीप) लौट गए।

लाल सिह मुंडा शुरू से ही आदिवासियों पर हो रहे अत्याचार से दुःखी रहते थे। राँची जेवियर कॉलेज में पढ़ाई के बाद उनकी आँख और खुल गई थी और वे आदिवासी समाज के लिए कुछ करना चाहते थे। यह अवसर उन्हें जमशेदपुर से लौटने के बाद मिला। तेज-तर्रार तो वे थे ही, मन में कुछ करने की तमन्ना भी थी। उन दिनों एनई होरो की झारखंड पार्टी का ही बोलबाला था। झारखंड आंदोलनकारियों को उस क्षेत्र में एक तेज नेता की तलाश थी। मोरा मुंडा और जॉन हापदगाड़ा दोनों झारखंड आंदोलन के नेता थे। दोनों का लाल सिंह के घर आना-जाना था। क्षेत्र में इन नेताओं की ही पकड़ थी। इन दोनों को भरोसा था कि लाल सिंह मुंडा ही इस क्षेत्र में आंदोलन को मजबूती प्रदान कर सकते हैं। इन दोनों ने लाल सिंह को समझाया और अंततः मुंडा को पार्टी में शामिल करने के लिए राजी कर लिया।

लाल सिंह की पत्नी जोसफीन ने शुरू में अपने पति के निर्णय का विरोध भी किया था। कहा था—आप घर में अकेले हैं, नेता बन जाएँगे तो घर कैसे चलेगा, कौन देखेगा। लाल सिंह नहीं माने थे। उन्होंने साफ-साफ कह दिया था कि बाद का देखो, आज का नहीं। एक न एक दिन झारखंड राज्य बनेगा और तभी सबों का कल्याण होगा।

इसी बीच जंगल आंदोलन शुरू हुआ। लाल सिंह उन तमाम लोगों के विरोधी थे, जो झारखंडियों का शोषण करते थे। इसमें सरकारी अधिकारी भी थे। चिरकूबेड़ा में सभा होती थी। वही आंदोलनकारियों का केंद्र हुआ करता था। जैसे-जैसे जंगल आंदोलन तेज

होता गया, पुलिस का जुल्म भी बढ़ता गया। इस बीच 8 सितंबर, 1980 को गुवा गोलीकांड की घटना घटी। पुलिस चुन-चुनकर आंदोलनकारियों को गिरफ्तार कर रही थी। पुलिस ने लाल सिंह मुंडा की गिरफ्तारी के लिए कई बार छापा मारा था। नोटिस लेने से वे बचते थे, क्योंकि उनका मानना था कि उनकी गिरफ्तारी के बाद उस क्षेत्र के लोग दिशाहीन हो जाएँगे और लक्ष्य से भटक सकते हैं।

इसी बीच एक दिन पुलिस ने उनके घर की कुर्की कर ली। सारा सामान ले गई। परिवार को घर छोड़ना पड़ा। ऐसी स्थिति में गाँव के मुंडा (पतरस मुंडा) ने उनके परिवार को शरण दी। पुलिस ने एक दिन छापामारी की और रात में दो बजे ही उन्हें गिरफ्तार कर लिया। उन्हें चाईबासा जेल में रखा गया था। उन्होंने जेल की कुव्यवस्था के खिलाफ मछुआ गागराई, गुरुचरण हाँसदा, बहादुर उराँव, मोरा मुंडा, भुवनेश्वर महतो, सुखदेव हेंब्रम, ललित हेंब्रम, लखन बोदरा तथा सूला पूर्ति आदि लोगों के साथ मिलकर 84 घंटे की भूख हड़ताल की थी। इस अनशन में लाल सिंह मुंडा तथा मछुआ गागराई दोनों की हालत गंभीर हो गई थी। उसके बाद लाल सिंह मुंडा तथा गुरुचरण हाँसदा को बक्सर तथा गया जेल भेजा गया। वहाँ जगह नहीं रहने के कारण उन्हें हजारीबाग जेल में रखा गया। अंत में उन्हें फिर चाईबासा जेल लाकर सेल में रखा गया। बाद में वे रिहा हो गए।

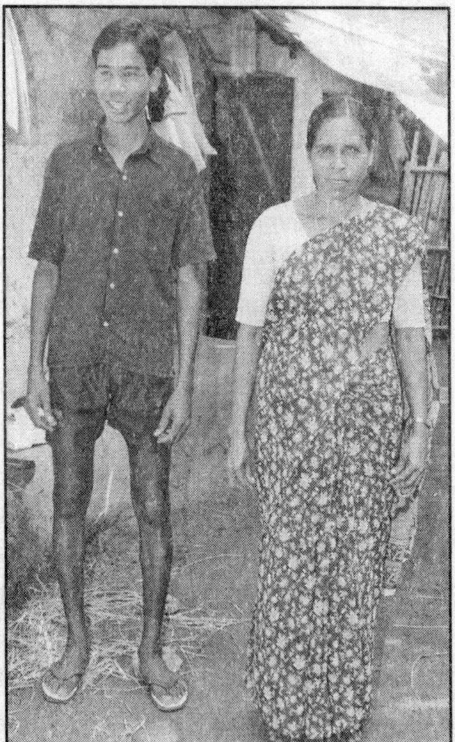

लाल सिंह मुंडा की पत्नी अपने बेटे के साथ

लाल सिंह मुंडा ने मछुआ गागराई के साथ मिलकर आदिवासियों की खूँटकट्टी की जमीन सोंगरा वन क्षेत्र डीपीएफ (कुलजोरी कुप नं। 14-15 क्षेत्र 555 एकड़ बाँझीकुसुम तथा नकटी रंजा क्षेत्र के कुप नं। 16) पर वन अधिकारियों द्वारा अधिसूचना का विरोध किया। इस अधिसूचना के अनुसार, उस खूँटकट्टी जमीन पर वर्षों से रह रहे आदिवासियों को जमीन से बेदखल करने की बात थी।

इधर नकटी हाट मैदान से 15 अगस्त, 1978 (दिन मंगलवार) को जंगल आंदोलन भी शुरू हो चुका था। लाल सिंह मुंडा ने जल, जमीन, जंगल और झारखंड अलग प्रांत के लिए काफी लड़ाई लड़ी।

प्राचीन काल से झारखंड के कोल्हान तथा पोड़ाहाट के सुदूर जंगलों में खूँटकट्टी प्रथा होने के कारण आदिवासी लोग खूँटकट्टी जमीन पर ही घर बनाकर निवास करते थे, खेती कर जीवन निर्वाह करते थे। किसी की मृत्यु हो जाने पर अपने ही आँगन या बाड़ी में शव को दफनाते थे, जिसको सासनदीरी कहते हैं। लेकिन ब्रिटिश सरकार ने 1927 में वन कानून बनाकर खूँटकट्टी जमीन को भी सुरक्षित वन घोषित करने की अधिसूचना जारी कर दी

इधर, बाजारटाँड में सासनदीरी की जमीन पर मंदिर निर्माण का प्रयास किया जा रहा था, जिसका लाल सिंह मुंडा विरोध कर रहे थे। उनका कहना था कि किसी भी हालत में सासनदीरी की जमीन पर मंदिर नहीं बनने देंगे। उन्हें कई बार धमकियाँ भी मिली थीं और उन्हें रास्ते से हटने को कहा गया था। कुछ अधिकारी भी उनके विरोधी हो गए थे। एक बार एक बीडीओ दाउद वुड ने एक बारासिंघा मारा था। मामला गंभीर था। जेल जाने का खतरा भी था। बीडीओ ने लाल सिंह मुंडा से कहा कि वन विभाग के अधिकारियों पर उनकी पकड़ है, समझाकर केस को खत्म कराइए। लाल सिंह ने बीडीओ की सहायता भी की थी, लेकिन बाद में वही बीडीओ लाल सिंह के विरोधी हो गए थे।

इस बीच बंदगाँव क्षेत्र में अपराध भी बढ़ने लगा था। हरियाणा, पंजाब से काम कर कुछ कमाकर बंदगाँव लौटने वाले लोगों को लूटा जाता था। गाँव की लड़कियों की इज्जत से भी कुछ दबंग किस्म के लोगों ने खिलवाड़ करने का प्रयास किया था। इसका लाल सिंह ने विरोध किया था, लेकिन वे लोग प्रभावशाली थे। थाना और प्रखंड में हो रही धाँधली के खिलाफ भी लाल सिंह मुंडा ने आवाज उठाई थी। एक-एक कर सभी अधिकारी और दबंग उनके विरोधी हो गए थे। जिस दिन लाल सिंह मुंडा की हत्या की गई, उसके एक दिन पहले ही गाँव के दबंगों के साथ उनकी बहस हुई थी। उसी रात में लाल सिंह मुंडा को मारने का प्रयास भी किया गया था। कुछ लोग 11 बजे रात में टोकद तक आए भी थे और लाल सिंह के घर का पता भी पूछा था। गाँव के करीब के पीपल के पेड़ तक वे लोग आए थे। तब किसी को आभास भी नहीं था कि ये लोग लाल सिंह को मारने की नीयत से आए थे।

हत्या के दिन यानी 1 नवंबर, 1984 को सवेरे छह बजे लाल सिंह मुंडा घर से अपनी बीमार दीदी से मिलने साइकिल से गए थे। कुछ पैसा भी लेना था। योजना थी कि वहाँ से लौटकर जमशेदपुर जाएँ। लेकिन वे लौट नहीं पाए। उस दिन वे बंदगाँव में फादर से मिले थे, सिस्टर से मिले थे, फिर लुंबै स्थित दीदी के घर गए। वहाँ जाते ही वे फूट-

लाल सिंह मुंडा का स्मारक

फूटकर रोने लगे थे। शायद उन्हें अपनी मौत का एहसास हो गया था और वे समझ रहे थे कि इस जीवन में अपनी बहन से यह उनकी अंतिम मुलाकात है। जब वे लौटने लगे तो हत्यारे रास्ते में सड़क पर ही लेटे थे। एक दिन पहले ही इंदिरा गांधी की हत्या हुई थी, जिसके कारण गाड़ी नहीं चल रही थी। थाना में भी सिर्फ एक सिपाही था।

हत्यारों ने लाल सिंह को रोका, फिर साइकिल छीनी और उनपर हमला कर दिया। शरीर के आठ हिस्सों पर वार किया। यह घटना सुबह साढ़े आठ बजे की है। बाद में लाश को छिपाने का भी प्रयास किया गया था। हत्या के बाद हत्यारे जंगल में भाग गए। गाँव के ही नंदू हाँफता-हाँफता आया और उनकी पत्नी को घटना की जानकारी दी। जोसफीन उन दिनों गर्भवती थी। वह उसी हालत में घटनास्थल पर गई, हालाँकि लोगों ने उन्हें वहाँ उस हालत में जाने से मना किया था। लाल सिंह मुंडा के करीबी राधे सुंब्रुई, देवेंद्र माझी, मोरा मुंडा, बहादुर उराँव, भुवनेश्वर महतो, सोला पूर्ति सभी घटनास्थल पर पहुँचे। बाद में लाल सिंह का अंतिम संस्कार कर दिया गया। इस प्रकार बंदगाँव क्षेत्र में अलग राज्य की लड़ाई को आगे बढ़ानेवाला आंदोलनकारी शहीद हो गया।

□

केदला कोलियरी कांड : 21 जून, 1985

गरीबों के चहेते थे धनीराम माझी

धनीराम माझी हजारीबाग के आस-पास स्थित कोलियरी क्षेत्र में मजदूरों के शोषण के खिलाफ लड़नेवाले योद्धा थे। माँडू प्रखंड के जीतरा टुंगरी में 1958 में बाबूलाल माझी के परिवार में जन्मे धनीराम माझी ने मैट्रिक तक की पढ़ाई की थी। परिस्थिति ने उन्हें आगे की पढ़ाई से रोक दिया। इस दौरान उन्होंने महसूस किया कि मजदूरों का शोषण हो रहा है और कोई डर से उसका विरोध नहीं करता। लोग बँटे हुए थे। उन्होंने तय किया कि वे जाति और धर्म से ऊपर उठकर मजदूरों को एकजुट करेंगे। अलग झारखंड राज्य के लाभ से लोगों को अवगत कराएँगे।

उसके बाद उन्होंने घाटो कोलियरी के आस-पास मजदूरों को शोषण के खिलाफ खड़ा किया। वे मार्क्सवादी समन्वय समिति के सचिव के पद पर थे। जब भी धनी राम को खबर मिलती थी कि कहीं भी गरीबों का शोषण हो रहा है, वे कूद पड़ते थे। सिर्फ आदिवासियों की नहीं, बल्कि हर गरीब के चाहे वह किसी जाति-धर्म का हो, वे लड़ाई लड़ते थे। 21 जून, 1985 को सीएचपी वाशरी, केदला में उनकी गोली मारकर हत्या कर दी गई। उनकी हत्या के बाद पूरे कोलियरी क्षेत्र में मातम मनाया गया। उनके समर्थकों ने केदला में उनकी प्रतिमा लगाई। उनके परिवार में पत्नी सारोमति देवी के अलावा दो बेटियाँ सुनीता देवी व इंदु देवी हैं। दोनों बेटियों की शादी हो चुकी है। धनीराम की मौत के बाद उनकी पत्नी सारोमति देवी को सीसीएल में सुरक्षा गार्ड की नौकरी मिली थी।

□

जमशेदपुर : 8 अगस्त, 1987

निर्मल महतो की हत्या

निर्मल महतो

झारखंड आंदोलन के दौरान अगर किसी सबसे बड़े आंदोलनकारी नेता की हत्या हुई, तो वे थे निर्मल महतो। अलग झारखंड राज्य के लिए संघर्ष करनेवाले सबसे बड़े दल झारखंड मुक्ति मोरचा के केंद्रीय अध्यक्ष थे, निर्मल महतो। उनकी हत्या ने पूरे राज्य को झकझोर दिया था। 8 अगस्त, 1987 को जब निर्मल महतो की जमशेदपुर में हत्या हुई, उस समय झारखंड आंदोलन में बहुत गति दिखाई नहीं दे रही थी। सामान्य आंदोलन की तरह वह चल रहा था। आर्थिक नाकेबंदी-बंद और रैलियों-सभाओं का आयोजन जरूर हो रहा था। पर उन दिनों ऐसा कुछ नहीं हो रहा था जिससे राष्ट्रीय स्तर पर यह आंदोलन चर्चित हो या फिर देश भर के लोग जान सकें कि झारखंड में अलग राज्य का कोई आंदोलन भी चल रहा है। निर्मल महतो की हत्या के बाद पहली बार झारखंड मुक्ति मोरचा को राष्ट्रीय पहचान मिली थी। हत्या के बाद हिंसा भी हुई थी। आजसू के कार्यकर्ताओं ने कड़ा और उग्र तेवर दिखाया था। निर्मल महतो की हत्या के बाद उनके समर्थक इतने उत्तेजित थे कि सिर्फ जमशेदपुर शहर में पाँच लोगों की हत्या कर दी गई थी। पूरे राज्य में तनाव फैल गया था।

25 दिसंबर, 1950 को जमशेदपुर के कदमा इलाके में निर्मल महतो (प्यार से उन्हें लोग निर्मल दा या फिर दादा कहते थे) का जन्म हुआ था। आठ भाई और एक बहन के बीच निर्मल महतो तीसरे नंबर पर थे। बचपन से ही उनमें कुछ करने की तमन्ना थी। पहले उन्होंने टाटा वर्कर्स यूनियन हाई स्कूल से पढ़ाई की। फिर को-ऑपरेटिव कॉलेज

से स्नातक की परीक्षा पास की। स्कूल के दिनों से ही उनमें नेतृत्व का गुण था। न बीड़ी-सिगरेट का शौक और न ही शराब की लत। इन सब से दूर निर्मल महतो संगठन तैयार करने में रुचि रखते। उनका मानना था कि गाँव के विकास से ही राज्य का कल्याण हो सकता है। इसलिए जब भी कॉलेज के दिनों में समय मिलता, वे गाँव की ओर कूच कर जाते।

अपनी जिम्मेवारी को वे बचपन से ही समझते थे, उसे निभाते भी थे। निर्मल महतो अपने भाइयों को काफी प्यार करते थे। भाइयों को नहलाने का भी काम वे ही करते थे। उन्हें तैयार करते। घर के कामों में हाथ भी बँटाते थे। कई बार भाइयों को वह खाना भी खुद ही खिला देते थे। भाइयों में सुशील को वह सबसे ज्यादा मानते थे। एक बार सुशील का पैर कटने के बाद फूल गया था। 3 मार्च (टाटा स्टील का स्थापना दिवस) को पूरा जमशेदपुर सजा हुआ था। उनका भाई भी शहर देखने जाना चाहता था। बस भी नहीं चलती थी। जब इस बात की जानकारी निर्मल महतो को मिली, तो उन्होंने तय कर लिया कि वह छोटे भाई को निराश नहीं होने देंगे। उन्होंने अपनी पीठ पर उसे लिया और सोनारी से जुबिली पार्क होते हुए साकची, बिष्टुपुर तक घुमा दिया। यह उनके दृढ़ संकल्प को दरशाता है।

निर्मल महतो का अपना लक्ष्य था। उन्होंने तय कर लिया था कि वे शोषकों के खिलाफ संघर्ष करेंगे, अलग झारखंड राज्य की लड़ाई लड़ेंगे। यह सब वे तभी कर पाएँगे

निर्मल महतो की शवयात्रा में उमड़ी ऐतिहासिक भीड़

निर्मल महतो का पार्थिव शरीर

जब शादी के बंधन में नहीं बँधेंगे। निर्मल महतो को लगता था कि शादी करने से वे पारिवारिक जिम्मेवारियों में फँस जाएँगे और अलग राज्य के आंदोलन में समय नहीं दे पाएँगे। राज्य उनके लिए महत्त्वपूर्ण था, इसलिए उन्होंने शादी नहीं की। माँ जब भी निर्मल महतो को शादी के लिए कहती, वे चुप्पी साध लेते। लाचार होकर उनके छोटे भाई की शादी कर दी गई।

अन्याय और शोषण के खिलाफ वे मुखर रहते थे। उनका अपना एक ग्रुप बन गया था। जहाँ शोषण की बात सुनते, पहुँच जाते। कई बार तो शोषकों की जमकर पिटाई करते। हॉकी स्टिक उनके ग्रुप का हथियार हुआ करता था। उन दिनों जमशेदपुर में सूदखोरों का आतंक था। महाजन हरिजन मुहल्ला में दलितों को कर्ज देते और पहली तारीख को जब वेतन मिलता तो जबरन पैसा छीन लेते। निर्मल महतो ने तय कर लिया था कि वह कमजोर वर्ग के लोगों पर अत्याचार नहीं होने देंगे। उन्होंने खोज-खोजकर सूदखोरों को पीटना शुरू किया। यहीं से उनकी लोकप्रियता बढ़ती गई। आस्तिक महतो, बाबूलाल सोय, अखिलेश्वर महतो, निर्मल भट्टाचार्य उनके सबसे करीबी थे।

निर्मल महतो जानते थे कि झारखंडियों का विकास तब तक नहीं हो सकता, जब तक वे शराब नहीं छोड़ेंगे। वे खुद भी शराब नहीं पीते थे। शिबू सोरेन की तरह वे भी शराब के सख्त विरोधी थे। वे मानते थे कि झारखंडियों का विकास इसलिए नहीं हो

पाता, क्योंकि वे दारू में पैसा बरबाद कर देते हैं। एक बार तो उन्होंने उत्पाद विभाग के साथ मिलकर सोनारी के आस-पास की नदी पार बस्ती में दारू भट्‌ठी बंद कराने का अभियान छेड़ा था। इस दौरान शराब भट्‌ठी को नष्ट किया गया। लोगों की पिटाई तक की, ताकि लोग दारू छोड़ दें। इसका उस क्षेत्र में काफी प्रभाव पड़ा।

क्योंझर (ओड़िशा) में दबंगों ने चार गाँवों की लगभग पाँच सौ एकड़ जमीन पर कब्जा कर लिया था। गाँववाले परेशान थे। गाँववालों को निर्मल महतो के बारे में जानकारी थी। ग्रामीणों ने निर्मल महतो को बुलाया। वे गए। वहाँ सभा की और एसडीओ को सचेत किया कि वे ग्रामीणों को दखल दिलाएँ वरना अगली बार वे सभा करेंगे और तीर के बल पर लोगों को उनकी जमीन दिलाएँगे। निर्मल महतो वहाँ से लौट गए, लेकिन उस बात को भूले नहीं। कुछ माह बाद फिर गए और वहाँ झामुमो का झंडा गाड़ा, सभा की और गाँववालों को उनकी जमीन वापस कराई। ऐसे अदभुत गुण उनमें थे।

निर्मल महतो की हत्या भले ही 8 अगस्त, 1987 को हुई पर उससे भी काफी पहले 13 जनवरी, 1975 को निर्मल महतो की हत्या की साजिश रची गई थी। उन पर जानलेवा हमला हुआ था, जिसमें उनकी जान तो बच गई थी, लेकिन पीठ पर तलवार और भुजाली के अनेक निशान बन गए थे। यह घटना जमशेदपुर के शास्त्रीनगर में घटी थी।

निर्मल महतो शुरू से ही अलग झारखंड राज्य के पक्ष में थे। इसलिए शुरू-शुरू में वे झारखंड पार्टी में शामिल हो गए। उन दिनों सिंहभूम के इलाके में झारखंड मुक्ति मोरचा का प्रवेश नहीं हुआ था, जबकि एनई होरो की पार्टी झारखंड पार्टी का वहाँ अच्छा-खासा जनाधार था। निर्मल महतो इधर झारखंड पार्टी की राजनीति करते थे, उधर शोषण-जुल्म के खिलाफ लड़ते भी रहते थे।

8 सितंबर, 1980 के गुवा गोलीकांड के बाद शैलेंद्र महतो फरारी का जीवन गुजार रहे थे। तीर-धनुष पर प्रतिबंध लगा था। शिबू सोरेन की सभा होनेवाली थी। प्रचार भी करना था। यह जिम्मेवारी शैलेंद्र महतो पर थी। फरारी की जिंदगी काट रहे शैलेंद्र महतो चक्रधरपुर से ट्रेन से जमशेदपुर आए। उनके दिमाग में निर्मल महतो का नाम गूँज रहा था। बलदेव सिंह को साथ लिया और निर्मल महतो के घर पहुँच गए। उस समय वे घर पर नहीं थे। जब आए तो शैलेंद्र महतो ने अपना परिचय दिया। दोनों ने लगभग दो घंटे तक बात की। उस समय तक निर्मल महतो का झामुमो से कोई लेना-देना नहीं था। फिर भी शैलेंद्र महतो की पूरी मदद की। निर्मल महतो के घर पर शैलेंद्र महतो ठहरे और पास के सोनाली प्रेस में परचा छापा गया, जिसे पूरे राज्य में बाँटा गया। उस समय निर्मल महतो और शैलेंद्र महतो के बीच जो गहरे और पारिवारिक संबंध बने, उसे अंत तक निभाया भी।

28 अक्तूबर, 1980 को एसपीजी मिशन हाई स्कूल मैदान, चाईबासा में झारखंड

निर्मल महतो को अंतिम विदाई देते शिबू सोरेन

मुक्ति मोरचा की विशाल रैली हुई, जिसमें 25 से 30 हजार लोगों ने भाग लिया। कोई हंगामा नहीं हुआ। इस सभा में स्वयं निर्मल महतो भी शामिल हुए। निर्मल महतो और शिबू सोरेन की पहली मुलाकात भी इसी सभा के दौरान हुई। चाईबासा की सभा और शिबू सोरेन से मुलाकात के बाद निर्मल महतो मानसिक तौर पर झामुमो में शामिल हो गए थे। इसी बीच गम्हरिया की एक कंपनी में हड़ताल हो गई। इसमें शैलेंद्र महतो ने निर्मल महतो को कहा कि वे इसमें झामुमो की ओर से नेतृत्व सँभालें। इस घटना के बाद ही निर्मल महतो झामुमो में शामिल हो गए।

निर्मल महतो अचानक 1982 में काफी लोकप्रिय हो गए। 21 अक्तूबर, 1982 को तिरूलडीह पुलिस फायरिंग में अजीत महतो और धनंजय महतो नामक दो कॉलेज छात्रों के मारे जाने के बाद पुलिस का आतंक इतना बढ़ गया था कि दोनों के शव को लेकर कोई उनके गाँव नहीं जाना चाहता था। उस समय निर्मल महतो और उनके साथी अखिलेश्वर महतो आदित्यपुर में थे। उन्हें वहीं पर जानकारी मिली कि तिरूलडीह पुलिस फायरिंग में मारे गए दोनों छात्रों के शव एमजीएम अस्पताल (जमशेदपुर) में पड़े हैं। निर्मल महतो ने पैसे की व्यवस्था की। हरदेवजी यादव के सहयोग से ट्रक मँगवाया। फिर निर्मल महतो,

आस्तिक महतो, मोहन कर्मकार और बाबूलाल एमजीएम गए। शव को उठाया। पारडीह में उन लोगों को गिरफ्तार करने का भी पुलिस ने प्रयास किया। वे लोग जायदा तो पहुँच गए पर पुलिस के डर से बहुत कम लोग ही वहाँ जुट पाए। किसी तरह वहाँ अंतिम संस्कार किया गया। धनंजय महतो को खुद निर्मल महतो ने मुखाग्नि दी। इस घटना के बाद निर्मल महतो झामुमो के वरिष्ठ नेताओं में गिने जाने लगे।

उन दिनों विनोद बिहारी महतो झामुमो के अध्यक्ष और शिबू सोरेन पार्टी के महासचिव थे। 1984 में झामुमो का विभाजन हो गया। विनोद बिहारी महतो ने बिहार मुक्ति मोरचा के अध्यक्ष का पद सँभाल लिया था। वे झामुमो के भी अध्यक्ष थे। इस पर शिबू सोरेन से उनका विवाद बढ़ा। 6 अप्रैल, 1984 को बोकारो के बालीडीह गेस्ट हाउस में झामुमो केंद्रीय समिति की बैठक हुई। विनोद बिहारी महतो को नोटिस जारी किया गया। जवाब नहीं मिलने पर विनोद बाबू को अध्यक्ष पद से हटा दिया गया। निर्मल महतो को अध्यक्ष और शिबू सोरेन को महासचिव चुन लिया गया। शिबू सोरेन जानते थे कि विनोद बाबू के विकल्प के रूप में अगर किसी को लाना है तो वे निर्मल महतो ही हो सकते हैं।

राँची के अधिवेशन में निर्मल महतो को फिर से अध्यक्ष चुना गया। अब झारखंड मुक्ति मोरचा जैसे मजबूत संगठन की पूरी जिम्मेवारी निर्मल महतो पर आ गई थी। पार्टी को आगे बढ़ाना था। वे राजनीति को गहराई से समझते थे। उन्हें मालूम था कि जेएमएम की सीमा क्या है? इसलिए उन्होंने शिबू सोरेन को समझाया कि अगर पार्टी को मजबूत करना है तो मजबूत छात्र संगठन तैयार करना होगा। इसके लिए उन्होंने ऑल असम स्टुडेंट यूनियन (आसू) की तर्ज पर ऑल झारखंड स्टुडेंट यूनियन (आजसू) के गठन का प्रस्ताव किया था। उनके सुझाव को जेएमएम के शीर्ष नेताओं ने मान लिया था। आजसू का गठन 22 जून, 1986 को किया गया। प्रभाकर तिर्की आजसू के अध्यक्ष और सूरज सिंह बेसरा को संस्थापक महासचिव बनाया गया।

शिबू सोरेन और निर्मल महतो में गहरे संबंध थे। दोनों एक-दूसरे का आदर करते थे। दोनों का साथ सिर्फ सात साल का रहा, लेकिन सात सालों के भीतर शिबू सोरेन और निर्मल महतो ने झारखंड आंदोलन को मुकाम तक पहुँचा दिया था। निर्मल महतो पद के लोभी कभी नहीं रहे। उन दिनों बिहार में एमएलसी का एक पद खाली हुआ था। शिबू सोरेन की इच्छा थी कि निर्मल महतो एमएलसी बन जाएँ। इसके लिए नामांकन पत्र लाया गया। शिबू सोरेन ने खुद अपने हाथों से निर्मल महतो का नाम और पूरा फॉर्म भरा। निर्मल महतो ने हस्ताक्षर कर दिया। अंतिम समय में निर्मल महतो ने शिबू सोरेन से आग्रह किया कि किसी और को एमएलसी बना दीजिए। राँची के आस-पास का कोई आदिवासी नेता बेहतर होगा। उन्हें इस बात की जानकारी मिल गई थी कि कुछ लोग नहीं चाहते थे कि वे एमएलसी बने। निर्मल महतो ने राँची के भाई हालेन

कुजूर का नाम भर दिया और कुजूर एमएलसी बन गए। ऐसा उन्होंने पार्टी को एकजुट करने के लिए किया था।

8 अगस्त, 1987 को जमशेदपुर में अवतार सिंह तारी की माँ का श्राद्धकर्म था। उस कार्यक्रम में भाग लेने के लिए सात अगस्त को ही निर्मल महतो, ज्ञानरंजन, सूरज मंडल और बाबूलाल सोय राँची से जमशेदपुर आ गए थे। इन लोगों के ठहरने की व्यवस्था टिस्को के चमरिया गेस्ट हाउस में की गई थी। दो कमरे बुक किए गए थे। कमरा नंबर एक सूरज मंडल और कमरा नंबर दो ज्ञानरंजन के नाम से बुक था। निर्मल महतो सूरज मंडल के साथ कमरा नंबर एक में ठहरे थे। इन लोगों ने रात में बैठक भी की थी।

8 अगस्त, 1987 का दिन। पौने बारह बज रहे थे। निर्मल महतो, ज्ञानरंजन, सूरज मंडल अपने कुछ साथियों के साथ चमरिया गेस्ट हाउस की सीढ़ी से उतर रहे थे। उन्हें अवतार सिंह तारी के घर जाना था। उन्हें इसका आभास भी नहीं था कि नीचे अपराधी उनका इंतजार कर रहे हैं। सीढ़ी पर उतरते समय ही सामने से निर्मल महतो को धीरेंद्र सिंह उर्फ पप्पू और नरेंद्र सिंह उर्फ पंडित ने गोली मारी। वीरेंद्र सिंह ने पीछे से गोली चलाई। ये सभी कार संख्या डीडीए 2544 से चमरिया गेस्ट हाउस कुछ ही देर पहले पहुँचे थे। गोली लगते ही निर्मल महतो वहीं गिर पड़े। सूरज मंडल को भी अंगुली में गोली लगी। दोनों को जीप संख्या बीपीएक्स 281 से टीएमएच ले जाया गया जहाँ चिकित्सकों ने निर्मल महतो को मृत घोषित कर दिया। निर्मल महतो की हत्या की खबर तुरंत पूरे राज्य में फैल गई। पुलिस ने वीरेंद्र सिंह, नरेंद्र सिंह और धीरेंद्र सिंह के खिलाफ एफआईआर दर्ज किया। ये तीनों वहाँ से भाग गए।

वीरेंद्र सिंह कांग्रेस के नेता थे। निर्मल महतो से उनका पहले भी विवाद हुआ था। हत्या के बाद झारखंड मुक्ति मोरचा और आजसू के कार्यकर्ता सड़कों पर उतर आए। जमशेदपुर शहर बंद रहा। कई जगहों पर तोड़-फोड़ हुई। गुस्से में पाँच लोगों को झामुमो-आजसू के कार्यकर्ताओं ने मार डाला। आजसू ने तीन दिनों के झारखंड बंद का आह्वान किया। तब तक शिबू सोरेन भी जमशेदपुर पहुँच गए। बड़ी सभा हुई। फिर शवयात्रा निकली। निर्मल महतो की शवयात्रा में लाख से ज्यादा लोग शामिल हुए। फिर उन्हें जमशेदपुर शहर के उलियान (कदमा) में दफना दिया गया। यहीं पर उनका स्मारक बना हुआ है।

निर्मल महतो झारखंड मुक्ति मोरचा के केंद्रीय अध्यक्ष (सबसे ताकतवर पार्टी के शीर्ष नेता) थे। इसलिए राज्य सरकार चिंतित थी। बिहार सरकार (तब बिहार का बँटवारा नहीं हुआ था और झारखंड राज्य नहीं बना था) ने सीबीआई जाँच की अनुशंसा की थी। उसके बाद 10 नवंबर, 1987 को सीबीआई ने मामला दर्ज कर जाँच अपने हाथ में ले लिया था। वीरेंद्र सिंह को पकड़वाने के लिए पुलिस ने पाँच हजार के इनाम की भी

घोषणा की थी। बाद में वीरेंद्र सिंह पुलिस की गिरफ्त में आ गया था। लगभग 13 साल बाद (1 मार्च, 2001 को) वीरेंद्र सिंह को अदालत ने आजीवन कारावास की सजा सुनाई। उम्रकैद की सजा काटते वक्त 15 फरवरी, 2003 को वीरेंद्र सिंह की मौत जेल से अस्पताल ले जाने के क्रम में हो गई। निर्मल महतो की हत्या में शामिल पंडित और पप्पू को भी 18 साल बाद 14 जुलाई, 2005 को उम्रकैद की सजा सुनाई गई।

हर साल निर्मल महतो के जन्म दिन (25 दिसंबर) और शहादत दिवस (8 अगस्त) पर जमशेदपुर के उलियान (कदमा) में उस जगह बड़े कार्यक्रम होते हैं, जहाँ उनकी समाधि बनाई गई है। हजारों लोग जुटते हैं और अपने दिवंगत नेता को याद करते हैं। उनके छोटे भाई सुधीर महतो इस पूरे कार्यक्रम का आयोजन करते हैं। सुधीर महतो खुद झारखंड मुक्ति मोरचा के बड़े नेताओं में माने जाते हैं। वे झारखंड के उपमुख्यमंत्री तक बने।

निर्मल महतो के जिंदा रहते-रहते झारखंड राज्य का गठन नहीं हो सका। पर सच यह है कि उनकी हत्या के बाद आंदोलन ने जो गति पकड़ी, आजसू ने जो अपना तीखा तेवर दिखाया, उसने झारखंड राज्य बनने का रास्ता खोल दिया।

□

बाँधडीह में नक्सलियों ने किया अपहरण

जीतन बेसरा का शव भी नहीं मिला

जीतन बेसरा की पत्नी लालमणि देवी और उसका पुत्र अर्जुन बेसरा

पश्चिमी टुंडी के बाँधडीह स्थित बरदबँधा पहाड़ी तराई में बसा दो-तीन घरों का छोटा सा कस्बा है। यहीं पर एक फूस के मकान में कड़ी मूँछें और रौबदार आवाज वाले जीतन बेसरा रहते थे। कोई आवाज लगाए, सीधा जवाब मिलता था। यही उनकी पहचान थी। जीतन बेसरा शिबू सोरेन के साथ-साथ ही टुंडी के जंगलों में रहते थे। जीतन को उस समय का लालखंड पसंद नहीं करता था। वे हर चौक-चौराहे पर नक्सली संगठन का विरोध करते थे। जीतन का मानना था कि जिस तरीके से लालखंडी लड़ाई लड़ रहे हैं, वह रास्ता सही नहीं है। इसी बीच 5 नवंबर, 1987 की रात मनियाडीह में धान की खलिहान से उन्हें नक्सलियों ने उठा लिया तथा वहाँ परचा आदि छोड़कर कहा—बदला ले लिया। नक्सलियों को इस बात का शक था कि उनके एक समर्थक की हत्या इन्हीं लोगों ने की थी। इसके बाद से न तो जीतन मिला और न ही उसकी लाश मिली। उसके परिजनों और समर्थकों ने बहुत खोजा। फिर यह अंदाज लगाया गया कि जीतन की हत्या कर दी गई है। उसके परिवार में उसकी पत्नी लालमणी देवी, पुत्र अर्जुन बेसरा तथा छोटे-छोटे बच्चे हैं। एक छोटी सी झोंपड़ी में यह परिवार किसी तरह जीवन बसर कर रहा है। एक-दो बार जीतन का शहादत दिवस मनाया गया। बाद में भुला दिया गया।

□

हाट टैक्स के खिलाफ आंदोलन : 11 दिसंबर, 1989

मछुआ गागराई की शहादत

मछुआ गागराई

चाईबासा-राँची मार्ग पर बंदगाँव घाटी के ठीक नीचे बसा है नकटी। यह वही स्थान है जहाँ 11 दिसंबर, 1989 को जंगल आंदोलन के अग्रणी और जुझारू नेता मछुआ गागराई की हत्या कर दी गई थी। उनका पैतृक गाँव तेंदा है जो नकटी से लगभग छह-सात किलोमीटर की दूरी पर है। जब भी जंगल आंदोलन या झारखंड आंदोलन की चर्चा होती, मछुआ गागराई का नाम आता। मछुआ के बारे में और गहराई से जानने की इच्छा हुई।

इसी सिलसिले में मैं बहादुर उराँव और अपने सहयोगी शीन अनवर के साथ पहुँचा नकटी। उस स्थान पर भी गया जहाँ मछुआ की हत्या कर दी गई थी। फिर मछुआ की पत्नी और बच्चों के बारे में जानना चाहा। इसके लिए तेंदा गाँव जाना पड़ा। वहाँ मुलाकात हुई मछुआ गागराई की पत्नी रंदाई गागराई से। साथ में बेटी जोमा और बेटा सिकंदर भी था। जोमा उस समय चक्रधरपुर के मधुसूदन हाई स्कूल में पढ़ती थी। छात्रावास में रहती थी। आर्थिक संकट था। पर किसी से मुँह नहीं खोलती थी। बातचीत के क्रम में रंदाई ने बताया था कि पति की मौत के बाद बहादुर उराँव को ही वह अभिभावक मानती है। बेटी जोमा की पढ़ाई का पूरा खर्च बहादुर बाबू और छात्रावास के सचिव श्याम सुंदर महतो उठा रहे थे। जोमा को पिता की कमी खल रही थी। कह रही थी कि उसे तो पिता का चेहरा तक याद नहीं है। पर माँ कहती है कि पापा हम लोग को शिक्षक बनाना चाहते थे। हम लोग पापा की इच्छा को जरूर पूरा करेंगे और मैं तो शिक्षिका ही बनूँगी। जिस समय मछुआ की हत्या हुई थी, बेटा सिकंदर सिर्फ दस माह का था। पर अब वह अपने पिता की इच्छा को पूरा करने का वादा करता है।

रंदाई ने पुराने दिनों को याद करते हुए बताया था कि हत्या के बाद कैसे अचानक पूरे परिवार पर संकट आ गया था। कैसे जिंदगी कटेगी, यही सोचकर रात में नींद नहीं आती थी। मछुआ की मौत के बाद उसके अपनों ने भी साथ छोड़ दिया था। परिवार वालों ने भी घर से अलग कर दिया था। मछुआ के पास थोड़ी जमीन थी, उस पर रंदाई ने खेती की, मेहनत मजदूरी की। कुछ दिनों तक आँगनबाड़ी में काम किया और अपने बच्चों को पाला। घर के पास ही मछुआ की समाधि है। वह खुद समाधि के पास के घास को साफ करती है और घटना के बारे में बताती है।

मछुआ बहुत ज्यादा पढ़े-लिखे नहीं थे पर झारखंड के प्रति उनका दृष्टिकोण बिलकुल साफ था। कक्षा नौ या दस तक की पढ़ाई करने के बाद उन्होंने पढ़ाई छोड़ दी थी। बेहद गरीब परिवार के थे मछुआ। उन्होंने नौकरी भी तलाशी, पर कम शिक्षा के कारण उन्हें नौकरी नहीं मिली। विवश होकर मछुआ को एक ठेकेदार के अधीन काम करना पड़ा। ठेकेदार बीके बनर्जी मजदूरों का शोषण करता था। मछुआ ने देखा था कि कैसे काम करा कर लोगों को पैसे के लिए दौड़ाया जाता है। मजदूरों को तंग करते देख मछुआ का खून खौल उठता था। एक दिन उन्होंने ठेकेदार को ही पीट दिया और काम छोड़कर चल दिया।

मछुआ के अंदर एक आग थी। वह अन्याय सहन नहीं करते थे। उन पर जुनून

• *मछुआ गागराई की पत्नी, बेटा और बेटी*

सवार था। कुछ करने के मूड में हमेशा दिखते। उन्हें एक मौका तब मिला, जब 15 अगस्त, 1978 को एनई होरो की झारखंड पार्टी ने अलग झारखंड राज्य के लिए सीधी कार्रवाई की घोषणा की थी। मछुआ गागराई ने ठान लिया कि वे बाजार से टैक्स वसूलने नहीं देंगे। साप्ताहिक हाट की नीलामी की प्रथा थी। जो ठेकेदार नीलामी लेता था, उसे टैक्स वसूलने का अधिकार था। मछुआ ने तय कर लिया था कि सरकार अगर हाट में कोई सुविधा नहीं देती है तो टैक्स किस बात का देंगे? बाजार टैक्स के खिलाफ जब मछुआ ने आवाज उठाई तो उन्हें ग्रामीणों का अपार समर्थन मिला।

सिर्फ टैक्स का विरोध कर मछुआ चुप नहीं बैठे। अपना दायरा बढ़ाया। जंगल आंदोलन के दौरान शैलेंद्र महतो, देवेंद्र माझी जैसे नेताओं के वे करीब आए। उनमें एक अद्भुत गुण था। घूमते खूब थे। उनकी शादी गोइलकेरा के बेड़ादुईया निवासी रंदाई से हुई थी। पत्नी को भी मछुआ नहीं बताते थे कि कहाँ जा रहे हैं, कब लौटेंगे। रंदाई भी आंदोलन से जुड़ी थी। शादी के पहले से ही मछुआ को जानती थी। रंदाई का मायके गोइलकेरा के बेड़ादुईया में है। शादी के बाद भी मछुआ के रहन-सहन में कोई फर्क नहीं पड़ा था। जब घर से निकलते तो गाँव-गाँव का दौरा करते। 15-15 दिन घर से बाहर रहते। जब मन करता, घर लौटते। पत्नी भी उनकी आदत को जान चुकी थी। बहुत ज्यादा पूछती नहीं थी। जानती थी कि जहाँ भी होंगे, झारखंड राज्य के लिए लोगों को एकजुट करने में लगे होंगे।

मछुआ की लापरवाही या आंदोलन के प्रति दीवानापन का दुष्परिणाम मछुआ के परिवार को भुगतना पड़ता था। मछुआ को पता ही नहीं रहता था कि घर में कुछ खाने के लिए है या नहीं। कई ऐसे मौके आए जब परिवार को भूखे पेट सोना पड़ा। इसके बावजूद किसी ने मछुआ से शिकायत नहीं की। पत्नी रंदाई भी चाहती थी कि मछुआ जिस काम में लगे हैं, उसे पूरा करें। एक दिन झारखंड राज्य बनेगा, उसका सपना पूरा होगा। तब ये सारी समस्याएँ दूर हो जाएँगी। मछुआ जब कभी घर आते, पत्नी से बात होती, कहते कि बेटे को शिक्षक बनाना है।

आंदोलन के दिनों में मछुआ तो जंगल में रहते, पुलिस उनकी तलाश करती। कभी-कभी घर आती और मछुआ के बारे में पुलिस पूछताछ करती। किसी को पता ही नहीं होता कि मछुआ कहाँ है, इसलिए बता नहीं पाते। परिवार को पुलिस तंग करती थी। आंदोलन के दौरान मछुआ के घर की कुर्की-जब्ती भी की गई थी। एक तो पहले से कम सामान था। खाना बनाने का जो कुछ बरतन था भी, उसे पुलिस उठाकर ले गई थी। घर में कुछ बचा नहीं था। खाना कहाँ से बने। अनाज कहाँ से आए? खाना बनाने का बरतन कहाँ से लाएँ, यह संकट था। आस-पास के लोगों ने सहयोग किया था, तब जाकर घर में चूल्हा जला था।

मछुआ गागराई का स्मारक

जिस दिन मछुआ की हत्या हुई, उसके कई दिन पहले से वह घर नहीं आए थे। मछुआ की यह आदत थी, इसलिए पत्नी रंदाई ने कोई खोज खबर नहीं ली थी। सोचा था कि किसी जंगल-झाड़ में बैठक कर रहे होंगे। समय मिलेगा तो आएँगे ही। पहले भी सात-आठ दिन तक मछुआ घर नहीं आते थे। सोमवार को रात में मछुआ के दोस्त मान सिंह गागराई, गाँव के मुंडा सकरी मुंडा के साथ पुलिस आई और रंदाई को जानकारी दी कि नकटी में शाम पाँच बजे मछुआ की हत्या कर दी गई है। पूरा परिवार पर पहाड़ टूट पड़ा था। मित्रों के सहयोग से मछुआ के शव को गाँव लाया गया। अंतिम संस्कार किया गया। फिर घर के पास ही मछुआ की समाधि बनाई गई। इस तरह शोषण के खिलाफ लड़नेवाला झारखंड का एक आंदोलनकारी शहीद हो गया। पूरे क्षेत्र में आज भी मछुआ गागराई का नाम सम्मान से लिया जाता है।

□

नेपाल रवानी : 25 फरवरी, 1990

बालू माफिया ने करायी हत्या

नेपाल रवानी

झारखंड आंदोलन के दौरान कोयलांचल भी जल रहा था। राज्य के अन्य हिस्सों की तरह कोयलांचल में भी अलग झारखंड राज्य के लिए धरना-प्रदर्शन, जुलूस और रेल रोको आंदोलन चलते रहता था। धनबाद में संगठन सशक्त था भी। इसके कारण थे। झारखंड मुक्ति मोरचा के जन्मदाता थे शिबू सोरेन, विनोद बिहारी महतो और एके राय। इनमें विनोद बाबू और एके राय दोनों की कर्मस्थली धनबाद ही थी, जबकि धनबाद-हजारीबाग-गिरिडीह के ग्रामीण इलाकों और जंगलों में रह कर ही तो शिबू सोरेन ने महाजनों के खिलाफ संघर्ष किया था। इन्हीं कारणों से कोयलांचल में झारखंड मुक्ति मोरचा ताकतवर था। कोयलांचल में अनेक आंदोलनकारियों की हत्या हुई। यहाँ पुलिस की गोली से कम और माफिया-शोषकों की गोली से अधिक लोग मारे गए। कोयलांचल वह इलाका है जहाँ कोयले पर साम्राज्य को लेकर माफिया तत्त्व लंबे समय से हावी रहे हैं। उनकी समानांतर सरकार चलती थी। धनबाद-झरिया की कोयला खदानों पर भी ऐसे तत्त्व भारी पड़ते थे। झारखंड मुक्ति मोरचा की स्थापना के बाद झारखंडी एकजुट होते गए, इनकी ताकत बढ़ती गई। पहले यहाँ के मजदूर, यहाँ के लोग माफिया के खिलाफ आवाज नहीं निकालते थे। दबे रहते थे। पर संगठन के मजबूत होने के बाद आदिवासियों और मूलवासियों ने माफिया तत्त्वों के एकाधिकार को चुनौती दी। फिर शुरू हो गया हत्या का दौर। इसी क्रम में नेपाल रवानी की हत्या 25 फरवरी, 1990 को कर दी गई।

नेपाल रवानी गोधर में रहते थे। अलग झारखंड राज्य की लड़ाई में खुलकर हिस्सा लेते थे। पहले वे झारखंड मुक्ति मोरचा के कार्यकर्ता थे, लेकिन संगठन बनाने की उनकी

क्षमता को देखते हुए केंद्रीय नेतृत्व ने उन्हें जिला अध्यक्ष बना दिया था। उन्हें यह दायित्व दिया गया था कि वे तेजी से संगठन का विस्तार करें। गोधर क्षेत्र में खदानों में बालू भराई के नाम पर बीसीसीएल में घोटाला किया जा रहा था। नेपाल रवानी ने इसका विरोध किया था। प्रशासन ने भी उनका सहयोग किया था। उन दिनों मदन मोहन झा धनबाद के उपायुक्त हुआ करते थे। बेहद ईमानदार, साफ-सुथरी छविवाले आईएएस अफसर, जो जनता की समस्या को समझते थे। माफिया के खिलाफ वे कार्रवाई भी करते थे। उपायुक्त ने महसूस किया था कि खदानों में बालू भराई में जो गड़बड़ी बीसीसीएल द्वारा की जा रही है, स्थानीय लोगों के सहयोग से ही उस पर अंकुश लगाया जा सकता है। उन्होंने नेपाल रवानी को बुलाया। वे उनसे प्रभावित हुए। उपायुक्त ने स्थानीय लोगों की एक समिति बनाकर बालू ट्रांसपोर्टिंग का काम उन्हें सौंप दिया। इससे बालू माफिया भी नेपाल रवानी से नाराज हो गए। नेपाल रवानी के साथ लोगों का समर्थन था, इसलिए वे लड़ाई में कूद गए थे।

एक बार नेपाल रवानी पर जानलेवा हमला हुआ और चिकित्सकों ने उन्हें मृत भी घोषित कर दिया। लेकिन जब पोस्टमार्टम के लिए उन्हें ले जाया जा रहा था तो उनके शरीर में हलकी हरकत हुई। चिकित्सकों ने फिर से उनका इलाज शुरू किया और नेपाल रवानी स्वस्थ हो गए। मौत के मुँह से निकलने के बावजूद उन्होंने हिम्मत नहीं हारी और फिर से माफिया के खिलाफ लड़ना शुरू कर दिया। वे झारखंड आंदोलन में और तेजी से कूद पड़े। 25 फरवरी, 1990 को बालू माफिया ने गोधर मोड़ पर नेपाल रवानी की गोली मार कर हत्या कर दी।

□

शंकर महतो : 25 अप्रैल, 1991

गरीबों का सहारा

शहीद शंकर महतो

शंकर महतो झारखंड मुक्ति मोरचा के युवा कार्यकर्ता के साथ-साथ एक समाजसेवी भी थे। झारखंड आंदोलन में भाग लेने के साथ-साथ वे गरीब लड़कियों की शादी और बीमार लोगों के इलाज के लिए हमेशा तत्पर रहते थे। इसलिए समाज में उनकी अलग पहचान थी। 25 अप्रैल, 1991 को अपराधियों ने बरमसिया में उनकी उस समय हत्या कर दी थी जब वे मिट्टी कटाई पर लगाई गई रोक का विरोध कर रहे थे।

शंकर महतो की रुचि खेल-कूद में भी थी। पीके राय कॉलेज से इंटरमीडिएट की पढ़ाई पूरी करने के बाद उन्होंने समाज के लिए अपना जीवन समर्पित कर दिया था। पिता चुन्नी लाल महतो रेलवे कर्मचारी थे। 18 सितंबर, 1969 को जन्मे शंकर महतो तीन भाइयों में दूसरे स्थान पर थे। वे धनसार थाना क्षेत्र बरमसिया में अपने मामा के घर रहते थे।

1991 में एक ऐसी घटना घटी जिसमें शंकर महतो की जान चली गई। धनबाद स्टेशन से डेढ़ किलोमीटर दूर एफसीआई गोदाम के पीछे एक छोटा कस्बा था। एक-डेढ़ सौ की आबादी थी। क्षेत्र के विकास के लिए शंकर महतो ने श्रमदान कर कई काम किए थे। विधायक फंड से वहाँ पीसीसी रोड का काम शुरू हुआ था। रोड के लिए मिट्टी की कटाई चल रही थी। उसी पास के एक झोंपड़ी में बाहर के कुछ अपराधी छिपे हुए थे। अपराधियों ने मिट्टी कटाई पर रोक लगा दी। काम कर रहे मजदूरों ने जाकर शंकर महतो

को इसकी सूचना दी। शंकर महतो वहाँ पहुँचे और काम रोकने का कारण पूछा। इसी बात पर अपराधियों से उनका विवाद हो गया। इसी बीच एक अपराधी ने पिस्तौल निकाली और शंकर महतो को पेट में गोली मार दी। यह घटना 25 अप्रैल, 1991 को शाम लगभग चार बजे घटी। गोली की आवाज से पूरा बरमसिया काँप उठा। स्थानीय लोगों ने शंकर महतो को सेंट्रल अस्पताल पहुँचाया जहाँ उनकी मृत्यु हो गई। इसी बीच अपराधी वहाँ से भाग निकले। कुछ लोगों ने अपराधियों को खदेड़ते हुए तेलीपाड़ा तक गए। तेलीपाड़ा में सात में तीन अपराधियों को स्थानीय लोगों ने धर दबोचा। अपराधियों को पुलिस के हवाले कर दिया गया। अपराधियों के पास से पुलिस का रिवाल्वर व कई कारतूस बरामद किए गए।

उनकी शव यात्रा में झामुमो के कई बड़े नेता व हजारों लोग शामिल हुए थे। बाद में शंकर महतो स्मारक समिति का गठन हुआ। एफसीआई गोदाम के पीछे वाले मुहल्ले का नामकरण शंकर महतो के नाम पर किया गया। आज उस मुहल्ला को शंकर नगर के नाम से जाना जाता है। 1991 से हर साल शंकर महतो का शहादत मनाया जाता है। शंकर महतो के शहादत दिवस पर शंकर मैराथन दौड़, स्पोर्ट्स व कई कार्यक्रम कराए जाते हैं।

□

जीवलाल महतो : 7 जुलाई, 1991

वन माफिया के खिलाफ संघर्ष

जीवलाल की पत्नी

तोपचांची प्रखंड के करमाटाँड़ निवासी जीवलाल महतो एक ऐसे आंदोलनकारी थे, जिन्होंने तय कर लिया था कि पढ़ाई के बाद वे नौकरी नहीं करेंगे और जमींदारों के जुल्म के खिलाफ संघर्ष करेंगे। इसी काम में वे लगे हुए थे। अपने क्षेत्र में पेड़ों की कटाई और अवैध उत्खनन को रोकने, पर्यावरण को बेहतर करने में वे जुटे हुए थे। इसलिए वे जमींदारों और लकड़ी माफिया के निशाने पर थे। 7 जुलाई, 1991 को रात में घर जाने के क्रम में उनकी हत्या जमींदारों-लकड़ी माफिया ने घनश्याम महतो के हाथों करवा दी। उस समय उनकी उम्र सिर्फ 36 साल की थी। जीवलाल की हत्या से ग्रामीण और उनके समर्थक इतने गुस्से में थे कि उन्होंने बाद में घनश्याम महतो को भी मार डाला।

जीवलाल ने युवावस्था से ही जुल्म, शोषण, महाजनी प्रथा, जमींदारी प्रथा एवं अवैध लकड़ी के व्यापारियों के विरुद्ध संघर्ष किया। जीवलाल महतो ने इंटर तक की पढ़ाई की थी। तय किया था कि अब वे लोगों को जागरूक और गोलबंद करेंगे। इसी क्रम में उनका अभियान चल रहा था। इसी बीच इनका संपर्क विनोद बिहारी महतो, शक्तिनाथ महतो और शिबू सोरेन से हुआ। इन तीनों का सहयोग मिलने के बाद जीवलाल का उत्साह और बढ़ गया। उन्होंने वन माफिया, शोषण और जुल्म के खिलाफ लोगों को

जीवलाल का स्मारक

गोलबंद करना शुरू किया। इससे जंगल से लकड़ी काटने, पत्थरों का अवैध उत्खनन करने पर अंकुश लगा। इससे लकड़ी माफिया, खनन माफिया उनसे नाराज हो गए और उन लोगों ने जीवलाल को रास्ते से हटाने का निर्णय कर लिया। 7 जुलाई, 1991 को उस समय उनकी हत्या कर दी गई जब वे घर जा रहे थे। उनकी हत्या के बाद झारखंड मुक्ति मोरचा हर साल शहादत दिवस मनाता है। इस अवसर पर हर साल उनके नाम पर मेले का आयोजन किया जाता है। इसमें करमाटाँड़ एवं आस-पास के क्षेत्रों के लोग आते हैं और जीवलाल को श्रद्धांजलि अर्पित करते हैं।

सूदन महतो : 21 मार्च, 1992

नाकेबंदी में गई जान

1992 में झारखंड मुक्ति मोरचा ने अलग झारखंड राज्य की लड़ाई को तेज कर दिया था। केंद्र द्वारा बार-बार विवादास्पद बयान देने से झारखंड मुक्ति मोरचा के नेता नाराज थे। तय हुआ था कि आर्थिक नाकेबंदी की जाएगी। आंदोलन के दौरान आर्थिक नाकेबंदी को बड़ा हथियार माना जाता था। आंदोलनकारियों ने तय किया था कि कोलियरियों में उत्पादन और ढुलाई को ठप कराया जाएगा। कोई काम नहीं होगा। झारखंड के खनिज को बाहर नहीं जाने दिया जाएगा। कोयलांचल में इसका खास प्रभाव पड़ा। सीसीएल और बीसीसीएल की खदानों में इसका असर पड़ता था। आंदोलनकारी रास्ते पर पेड़ काटकर गिरा देते थे ताकि वाहनों का आना-जाना बंद हो जाए। नाकेबंदी के दौरान पुलिस और आंदोलनकारियों के बीच संघर्ष में सूदन महतो की मौत हो गई थी। पुलिस ने उसे गोली मार दी थी। वह बोकारो जिला अंतर्गत चंद्रपुरा प्रखंड के सिजुआ गाँव का रहनेवाला था। बीसीसीएल में नौकरी करते हुए झारखंड आंदोलन में सूदन ने बढ़-चढ़कर भाग लिया था। इसी दौरान 21 मार्च, 1992 की आर्थिक नाकेबंदी को सफल बनाने के लिए जगह-जगह लोग सड़क पर उतरे थे। उनके पास पारंपरिक हथियार भी थे। प्रशासन ने भी पूरी तैयारी कर रखी थी। सूदन महतो के नेतृत्व में भी अलग राज्य के समर्थक नाकेबंदी को सफल बनाने के लिए सड़कों पर उतर चुके थे। इसी दौरान शिवा महतो हाई स्कूल के प्रांगण में सभा हो रही थी। तभी अचानक पुलिस पहुँच गई। आंदोलनकारियों और पुलिस में संघर्ष हुआ। पुलिस ने फायरिंग की जिसमें सूदन महतो की घटनास्थल पर ही मौत हो गई। पुलिस की गोली बैशाख महतो को भी लगी थी, लेकिन वह बच गए। इसके बाद पुलिस ने इस स्थल से 29 लोगों को गिरफ्तार किया था। पूर्व विधायक शिवा महतो के पुत्र कार्तिक महतो भी जेल जाने वालों में थे। सूदन महतो के शहादत दिवस पर हर साल 21 मार्च से 27 मार्च तक यानी एक सप्ताह के शहीद मेला का आयोजन होता है।

□

खानूडीह कांड : 26 जून, 1993

शनिचर ने बालू माफिया का आतंक तोड़ा

शहीद शनिचर महतो

धनबाद की खानूडीह पंचायत के शनिचर महतो ने झारखंड आंदोलन के दौरान न सिर्फ लोगों को एकजुट किया, बल्कि बालू माफिया का एकाधिकार तोड़कर बेरोजगारों को बालू घाट पर कब्जा दिलाया था। उनके पैतृक गाँव में सड़क नहीं थी, बारात नहीं आती थी, अपने प्रयास से उन्होंने रोड बनवाया था। उसी शनिचर महतो की 26 जून, 1993 को बालू माफिया ने हत्या करवा दी थी।

5 अप्रैल, 1958 को उजरियाडीह बस्ती में एक गरीब किसान परिवार में शनिचर महतो का जन्म हुआ था। बचपन से ही उनका जीवन संघर्ष में बीता था। वे ज्यादा पढ़-लिख तो नहीं सके, पर व्यावहारिक ज्ञान काफी था। वे गाँव के विकास में जुटे रहते थे। गाँव की समस्याओं पर प्रशासनिक अधिकारियों को पत्र लिखा करते थे। उजरियाडीह गाँव की गिनती पहले बाघमारा प्रखंड के अत्यंत पिछड़े गाँव में होती थी। गाँव में आने-जाने के लिए सिर्फ पगडंडी थी, जिसके कारण गाँव में शादी करने से लोग हिचकते थे। बारात नहीं आती थी। यह बात उन्हें बहुत खलती थी। उन्होंने प्रयास किया और रास्ता बनवाया।

गाँव में हरि मंदिर का भी उन्होंने निर्माण करवाया। बिजली-पानी के लिए आंदोलन भी किया। बालू घाट पर माफिया का राज तोड़ने के कारण उनकी अलग पहचान बन गई थी और वे लोकप्रिय हो गए थे। मुनिया बालू घाट पर माफियाओं का एकछत्र राज था। शनिचर महतो ने ऐसे माफियाओं के खिलाफ स्थानीय बेरोजगारों को खड़ा किया। इस

तरह बालूघाट बेरोजगारों के कब्जे में आ गया। इस घटना के बाद शनिचर महतो की छवि एक संघर्षशील ग्रामीण नेता के रूप में उभरी।

1990 में वे विनोद बिहारी महतो, टेकलाल महतो और जलेश्वर महतो के संपर्क में आए, उनकी लोकप्रियता बढ़ती गई। बीसीसीएल की मुराईडीह कोलियरी के फिटर ब्रेकर में फिटर के पद पर वे कार्यरत थे। धीरे-धीरे वे मजदूर नेता भी बन गए। इस बीच बालू माफिया से उनकी दुश्मनी बढ़ती गई। 26 जून, 1993 को काम पर जाने के दौरान गभिमकनाली माझी बस्ती के पास उनकी हत्या कर दी गई। पहले लोगों को लगा कि किसी ने उनका अपहरण कर लिया है। सभी जगह उनके परिजनों और समर्थकों ने खोज की। परिजन भटकते रहे। तीन दिनों तक खोजबीन करने के बाद उनका शव मिला था। उनकी पत्नी रतनी देवी को बीसीसीएल ने क्षेत्रीय कार्यालय में नौकरी दी। उन्हें चार लड़की और एक पुत्र हैं। सभी की शादी हो गई है।

□

लालमोहन बेदिया : 28 सितंबर, 1993

एक संघर्षशील नेता का अंत

लालमोहन बेदिया

लालमोहन बेदिया झारखंड आंदोलन के पुराने और दमदार नेता थे। अलग राज्य के लिए कई बार जेल जानेवाले लालमोहन बेदिया की हत्या 28 सितंबर, 1993 को कर दी गई थी। उनका जन्म 1949 में कुरकुट्टा गाँव में एक बेहद गरीब परिवार में हुआ था। वे चार भाइयों में मझले थे। घर की आर्थिक स्थिति कमजोर रहने के कारण वे मात्र तीसरी कक्षा तक ही पढ़ाई कर सके। 20-22 वर्ष की उम्र में ही लालमोहन बेदिया गिद्दी के एक मजदूर नेता जेपी सिंह के साथ राजनीति करने लगे। उनका दिल यहाँ नहीं भरा और 1976-77 से वे झारखंड मुक्ति मोरचा के साथ-साथ मार्क्सवादी समन्वय समिति (मासस) की सक्रिय राजनीति करने लगे। जब 1977-78 में झामुमो जिला कमेटी का गठन हुआ, उसमें उन्हें कार्यकारिणी समिति में सदस्य के रूप में रखा गया। उस कमेटी के जिला अध्यक्ष टेकलाल महतो, सचिव रफत हसन व कोषाध्यक्ष देवचंद महतो थे। उन्होंने लगभग 12 वर्षों तक झामुमो की राजनीति की। झारखंड आंदोलन के दौरान 80 के दशक में वे कई बार जेल गए। उनके नेतृत्व में सड़क जाम, घेराव कार्यक्रम, जेल भरो अभियान सहित कई आंदोलन हुए। वह आंदोलन आज भी लोगों के जेहन में है। वर्ष 1990 के बाद उन्होंने झामुमो से नाता तोड़ लिया और सिर्फ मासस की राजनीति करने लगे। वे मासस के जिला सदस्य थे, पर उन्हें पार्टी की ओर से कई तरह की जिम्मेवारियाँ दी गई थीं। 28 सितंबर, 1993 को कुरकुट्टा गाँव जाने के क्रम में अज्ञात लोगों ने उनकी हत्या कर दी थी। इस संबंध में गिद्दी थाना में एक मामला दर्ज किया गया था। कुरकुट्टा गाँव के जयपाल बेदिया को नामजद आरोपी बनाया गया था। जयपाल बेदिया जेल गया। बाद में छूट भी गया था। लालमोहन बेदिया को हजारीबाग जिले के लोग आज भी झारखंड अलग राज्य आंदोलन के कर्मठ नेता के रूप में याद करते हैं। □

जयवीर महतो : 4 अक्तूबर, 1993

आधी आय दान करते थे

जयवीर महतो

जयवीर महतो हजारीबाग जिले में झारखंड आंदोलन को आगे बढ़ानेवाले सशक्त नेता थे। ऐसे बहुत कम नेता हुए हैं जिन्होंने हर माह अपनी कमाई का आधा हिस्सा गरीबों और जरूरतमंदों को बाँटा हो। जयवीर महतो उनमें से एक थे। कुछ लोग उन्हें झारखंड का दानवीर कर्ण भी कहते थे। अन्याय के खिलाफ खड़ा रहनेवाले और गरीबों की आवाज जयवीर महतो की हत्या 4 अक्तूबर, 1993 को बहेरा काँटा घर के पास कर दी गई थी।

जयवीर महतो का जन्म चनारो गाँव के पारबाद टोला में हुआ था। तीन भाइयों में वह दूसरे नंबर पर थे। बड़े भाई महावीर महतो थे। छोटे भाई ईश्वर महतो हैं। जयवीर महतो ने बहुत ज्यादा पढ़ाई-लिखाई नहीं की थी। सिर्फ तीसरी कक्षा तक की पढ़ाई करनेवाले जयवीर महतो व्यावहारिक ज्ञान में माहिर थे। तभी तो बड़े-बड़े शिक्षाविद् भी समाज के नब्ज को जानने के लिए उनके पास आते थे।

पहले वे कांग्रेस में थे, पर जब उन्हें महसूस हुआ कि अलग झारखंड की लड़ाई वे कांग्रेस में रहकर नहीं लड़ सकते, तो वे झारखंड मुक्ति मोरचा में शामिल हो गए। 1978 में वे प्रमुख बने। हर जाति-धर्म के लोगों के वे चहेते थे। जैसे-जैसे जयवीर महतो की ताकत बढ़ती गई, लोग उनके साथ जुटते गए। उनके विरोधी भी कम ताकतवर नहीं थे। जब उनके विरोधियों को लगा कि जयवीर महतो की बढ़ती ताकत से उन्हें चुनौती मिल रही है तो उन्होंने जयवीर महतो को रास्ते से हटाने का निर्णय लिया। बहेरा काँटा घर के

पास उनका निजी कार्यालय था। 4 अक्तूबर, 1993 का दिन था। वे अपने कार्यालय में थे। उसी समय अज्ञात लोगों ने उनके कार्यालय में घुसकर उनकी हत्या कर दी। हत्या की खबर मिलते ही पूरे कोलियरी इलाके में तहलका मच गया। जयवीर काफी लोकप्रिय थे। इसलिए बहेरा, तापीन, परेज, सीएससी, बसंतपुर, झारखंड कोलियरी से मजदूर वहाँ पहुँच गए। जयवीर महतो को एक पुत्र शिवा महतो है, जो मेहनत-मजदूरी कर अपना जीवन व्यतीत करता है। जयवीर महतो को सात बेटियाँ भी हैं। सभी का विवाह हो चुका है। पत्नी केतरी देवी की मौत 11 अगस्त, 2011 को लंबी बीमारी के बाद हो गई थी।

जयवीर महतो को आज भी पूरा क्षेत्र याद करता है। हर साल 4 अक्तूबर को चरही बिरसा मैदान में शहीद जयवीर महतो के नाम पर फुटबॉल प्रतियोगिता का आयोजन होता है। इस दौरान आस-पास से लोग जुटते हैं और अपने शहीद नेता को श्रद्धांजलि देते हैं। हजारीबाग-राँची रोड (नेशनल हाइवे-33) पर चरही में जयवीर महतो की प्रतिमा स्थापित की गई है।

□

श्यामलाल मुर्मू : 26 मई, 1994

पोखरिया आश्रम के रखवाले की हत्या

श्यामलाल मुर्मू के फोटो के साथ उनकी पत्नी

शिबू सोरेन ने आंदोलन की शुरुआत करते वक्त टुंडी प्रखंड के पोखरिया में एक आश्रम बनाया था। जब तक शिबू सोरेन वहाँ रहें, आश्रम को वे खुद देखते थे। उनके साथ रहते थे श्यामलाल मुर्मू। जब शिबू सोरेन टुंडी के जंगलों में आंदोलन करते थे, तब 20-21 वर्ष का युवक गुरुजी की बातों को बड़ी गंभीरता से सुनता था। उसके बाल भी लंबे-लंबे थे। आकर्षक कद। पोखरिया आश्रम में शिबू सोरेन को बोदोली खाना पकाकर खिलाती थी। जो युवक शिबू सोरेन की सेवा किया करता था, वह था श्यामलाल मुर्मू। साए की तरह हर वक्त गुरुजी के साथ रहने के कारण झामुमो समर्थकों में उनका वर्चस्व स्थापित हो गया था। गुरुजी श्यामलाल पर काफी विश्वास करते थे। 1977 का विधानसभा चुनाव हारने के बाद जब गुरुजी टुंडी छोड़ दुमका जाने लगे, तब आश्रम एवं संगठन की पूरी जिम्मेवारी श्यामलाल पर छोड़कर चले गए। श्यामलाल संगठन विस्तार के अलावा आस-पास के गाँवों के आपसी विवाद का निबटारा बैठक कर किया करता था। इसी क्रम में 26 मई, 1994 को पश्चिमी टुंडी के मछियारा में बैठक कर (पंचायती) वापस पोखरिया लौट रहा था कि घात लगाए नक्सलियों ने उसे घेरकर उसकी हत्या कर दी। इस घटना से आस-

पास के क्षेत्र में सनसनी दौड़ गई। धीरे-धीरे सबकुछ शांत पड़ गया। उसके शहादत दिवस पर आश्रम के सामने शहीद बेदी बना दी गई, जहाँ हर वर्ष झामुमो के नेता आकर श्रद्धासुमन अर्पित करते हैं। काफी दिनों तक बुढ़िया माँ बोदोली जिंदा रही। पाँच-छह वर्ष पूर्व उनकी मृत्यु हो गई। आज श्यामलाल की पत्नी बहाली मुर्मू, पुत्र फूलचंद मुर्मू, प्रदीप मुर्मू एवं प्रकाश मुर्मू आश्रम में ही रहते हैं। स्व. श्यामलाल की बेटी चंदौली मुर्मू का विवाह टुंडी के ही विरंची में कर दिया गया। छूटे हुए सभी शहीदों की एक साथ संग्रामडीह स्थित दुर्गाडीह में शहीद वेदी बना दी गई है, जहाँ प्रतिवर्ष तीन फरवरी को एक साथ श्रद्धांजलि दी जाती है।

श्यामलाल मुर्मू की समाधि

□

गोइलकेरा : 14 अक्तूबर, 1994

देवेंद्र माझी की शहादत

पत्नी जोबा माझी और बच्चों के साथ देवेंद्र माझी

देवेंद्र बाबू यानी देवेंद्र माझी नहीं होते, तो कोल्हान में जंगल आंदोलन सफल नहीं होता। जंगल आंदोलन सफल नहीं होता तो सिंहभूम में झारखंड अलग राज्य का आंदोलन नहीं फैल पाता। जब यह आंदोलन नहीं होता तो शायद झारखंड राज्य मिलने में कुछ और विलंब होता। ये वाक्य देवेंद्र बाबू के लिए सटीक हैं। यह था देवेंद्र बाबू का महत्त्व। उनकी अगुवाई में ही 1978 में कोल्हान में जंगल आंदोलन चलाया गया था। कोल्हान उनका कार्यक्षेत्र था। देवेंद्र बाबू का सपना था कि कैसे जल्द-से-जल्द झारखंड राज्य बने, कैसे जंगल में बसनेवाले लोगों को उनका हक मिले, कैसे जल, जंगल और जमीन पर वहाँ रहनेवाले लोगों का अधिकार हो। सारंडा, कोल्हान और पोड़ाहाट के जंगलों में आदिवासियों को उनकी जमीन पर कब्जा दिलाने के लिए 1978 में उन्होंने जो जंगल आंदोलन शुरू किया था, उसका असर दिखा। पर राज्य बनने के पहले ही अपराधियों ने 14 अक्तूबर, 1994 को गोइलकेरा में उनकी हत्या कर दी। देवेंद्र बाबू झारखंड के धरतीपुत्र थे। यहाँ की माटी के प्रति उनके मन में दर्द था। जंगलों में रहनेवाले लोगों की हालत देखकर देवेंद्र बाबू के मन में शुरू से

गोइलकेरा में इसी स्थान पर देवेंद्र माझी की हत्या की गई थी

ही पीड़ा होती थी। उनका मानना था कि जब तक जंगल पर आदिवासियों का कब्जा नहीं हो जाता, उनका कल्याण और विकास संभव नहीं है। सरकार ने सारंडा, पोड़ाहाट और कोल्हान के दूरदराज के अधिकांश गाँवों को वन क्षेत्र घोषित कर रखा था। लड़ाई इसी की थी। जो कोई भी जंगल में जलावन के लिए लकड़ी काटने जाता था, उसे पकड़कर जेल में बंद कर दिया जाता था। छोटे-छोटे मामलों में आदिवासियों को जेल की सजा काटनी पड़ती थी। देवेंद्र बाबू तो उन्हीं की लड़ाई लड़ते थे। अब वनग्राम को मान्यता मिल रही है। इसका सबसे ज्यादा श्रेय देवेंद्र बाबू को ही जाता है।

15 सितंबर, 1947 को टोंकाटोली चक्रधरपुर में जन्मे देवेंद्र माझी बचपन से ही शोषण के विरोधी थे। कभी किसी के आगे झुकते नहीं थे। उनका पूरा जीवन ही संघर्ष का जीवन रहा। जब वे पाँच साल के थे तब उनके पिता जगत माझी का निधन हो गया। घर की जिम्मेवारी बड़े भाई कालीदास माझी पर आ गई। कुछ ही साल बाद दुर्घटना में बड़े भाई की भी मौत हो गई। माँ कुन्नी माझी को परिवार पालने के लिए घरों से बाहर आना पड़ा। बेटे देवेंद्र को लेकर खेतों और खलिहानों में काम कर उन्होंने परिवार को पाला। देवेंद्र बाबू संघर्ष के उन दिनों को कभी नहीं भूले।

देवेंद्र माझी ने स्कूली शिक्षा चक्रधरपुर मारवाड़ी उच्च विद्यालय से पूरी की। फिर चाईबासा से इंटर की पढ़ाई शुरू की। आदिवासी हितों के लिए शुरू से ही देवेंद्र बाबू लड़ते रहते थे। स्कूल के दिनों में एक बार एक शिक्षक ने कक्षा में ही आदिवासियों के खिलाफ आपत्तिजनक टिप्पणी की थी। छात्र देवेंद्र इसे सहन नहीं कर सके थे और उन्होंने अपने साथियों के साथ उस शिक्षक को पीट दिया था। बाद में शिक्षक ने टिप्पणी के लिए माफी भी माँगी थी।

इसी दौरान उनका झुकाव धीरे-धीरे राजनीति की ओर होने लगा। समस्याओं को वे समझने लगे। वे महसूस करते थे कि जब तक अपना राज नहीं आएगा, लोगों को न्याय नहीं मिलेगा। उन्हें लगता था कि जंगलों में आदिवासियों के साथ जानवर जैसा व्यवहार किया जाता है। लोगों को पेट भर खाना भी नसीब नहीं होता था। रोजगार का कोई साधन नहीं था। जंगल पर आदिवासियों का कब्जा नहीं है, जिसके कारण वन विभाग के अधिकारी और ठेकेदार-माफिया मिलकर जंगल काटते थे और इसका दोष भोले-भाले

आदिवासियों पर मढ़ देते थे। उनके साथ मारपीट तक की जाती थी। केस लाद दिया जाता था। देवेंद्र बाबू इसी चिंता में रहते थे कि कैसे अत्याचार खत्म हो, शोषण बंद हो। वे कुछ करना चाहते थे। इन्हीं समस्याओं से निबटने के लिए उन्होंने अपना एक ग्रुप बनाया था। एक फुटबॉल टीम थी। गंगाधर महतो बेहतर खिलाड़ी थे। देवेंद्र बाबू और गंगाधर महतो ने मिलकर टीम को और मजबूत बनाया था। इस टीम के अधिकांश सदस्य आदिवासियों और मूलवासियों की पीड़ा से अवगत थे। टीम भले ही फुटबॉल की थी पर इसका मकसद कुछ और था। ये लोग खेलने के दौरान टीम को मजबूत करने की रणनीति बनाते थे। आदिवासी ब्वायज छात्रावास में देवेंद्र माझी, मानराय सिंह बोदरा, धांसर सामद, पैरा सामद और गंगाधर महतो जमा होते, आंदोलन पर चर्चा होती। देवेंद्र बाबू जंगलों में पैदल घूम-घूमकर लोगों को एकजुट करते थे। एक दिन ट्रेन में उनकी मुलाकात एक भगोड़े नक्सली असीम भट्टाचार्य से हो गई। उन्होंने देवेंद्र माझी को अपने साथ जोड़ने का प्रयास किया। कुछ किताबें भी दीं। देवेंद्र बाबू ने प्रारंभ में महसूस भी किया कि जिन लोगों ने आदिवासियों का हक छीना है, उससे हर हाल में बदला लेंगे। जंगल पर अपना अधिकार लेकर रहेंगे। कुछ दिनों के लिए उनके विचार में क्रांतिकारी परिवर्तन दिखा। ऐसा लगा कि वे नक्सल आंदोलन से जुड़ सकते हैं। पर जल्द ही देवेंद्र माझी ने महसूस किया कि जिन उद्देश्यों को लेकर वे जंगलों में कूदे हैं, उन उद्देश्यों को नक्सलियों के साथ मिलकर पूरा नहीं किया जा सकता है। अंतत: देवेंद्र माझी ने अपने को अलग कर लिया और अपने रास्ते से शोषण के खिलाफ संघर्ष करने लगे।

उन दिनों चक्रधरपुर और आस-पास का क्षेत्र बीड़ी उद्योग के लिए जाना जाता था। लेकिन बीड़ी मजदूरों की स्थिति दयनीय थी। उनकी मजदूरी काफी कम थी। बीड़ी मजदूरों का शोषण किया जाता था। न्यूनतम मजदूरी भी नहीं मिलती थी। किसी तरह बीड़ी मजदूर पेट भर पाते थे। देवेंद्र बाबू को लगा कि यहीं से वे बड़ा आंदोलन कर सकते हैं। उन्होंने बीड़ी मजदूरों के पक्ष में आंदोलन शुरू किया और शोषण के खिलाफ आवाज उठाई। यह समय था 1969 का। उनका रुख कड़ा था। आंदोलन के दौरान बीड़ी के ट्रकों को फूँका गया। विशाल जुलूस निकाला गया। बीड़ी मजदूरों ने देवेंद्र माझी को अपना नेता मान लिया था। इसी आंदोलन में 250 लोगों को गिरफ्तार कर लिया गया। उन्हें हजारीबाग जेल में रखा गया। बाद में सरकार का ध्यान बीड़ी मजदूरों की समस्याओं की ओर गया और उनकी मजदूरी बढ़ाई गई। यहीं से देवेंद्र बाबू बड़े नेता के रूप में उभरे।

देवेंद्र माझी के साथ जंगल आंदोलन में शैलेंद्र महतो, भुवनेश्वर महतो, मोरा मुंडा, सूला पूर्ति, मछुआ गागराई और बहादुर उराँव भी थे। कई और लोग भी शामिल थे। उन दिनों शोषण की घटनाएँ खूब घटती थीं। जंगल में ठेकेदार गाँव की सुंदर लड़कियों को

पहली बार चुनाव जीतने के बाद विजय जुलूस में बहादुर उराँव और शैलेंद्र महतो के साथ देवेंद्र माझी

अपनी हवस का शिकार बनाते थे। जंगलों में बने वन विभाग के अधिकांश रेस्ट हाउस का इस्तेमाल अय्याशी के लिए किया जाता था। आदिवासियों में इससे काफी आक्रोश था और वे मौके की तलाश में थे। ईंट-भट्ठों में काम कराने के लिए कोल्हान से मजदूरों को बिहार और उत्तर प्रदेश भेजा जाता था। देवेंद्र बाबू और उनके साथी इसके विरोधी थे। इन लोगों ने बाहर भेजनेवाले ठेकेदारों की पिटाई शुरू की थी। बाद में ठेकेदारों ने आना बंद कर दिया और अपने दलाल रखने लगे। एक बार चक्रधरपुर धर्मशाला में घुसकर देवेंद्र बाबू और उनके सहयोगियों ने ठेकेदारों के दलालों को बहुत मारा-पीटा था। इसके बाद उनका आना कम हुआ था। फिर तो स्थिति ही बदल गई।

सारंडा, कोल्हान और पोड़ाहाट के जंगलों को काटकर आदिवासियों ने खेती के लिए जमीन तैयार की थी, जहाँ सासनदीरी था। लोगों का कहना था कि उनके पूर्वज उन स्थानों पर रहते थे। इसका गवाह वहाँ सासनदीरी का होना है। अंग्रेज सरकार ने उन क्षेत्रों को सुरक्षित वन क्षेत्र घोषित कर दिया था और वहाँ से आदिवासियों को विस्थापित कर दिया था। इससे लोगों के मन में गुस्सा था। पूरे वन क्षेत्र में लोगों की आय का साधन खेती और वन उत्पाद था। लेकिन लकड़ी काटने के नाम पर आदिवासियों को पुलिस पकड़कर बंद कर देती थी। अधिकारी और वन माफिया इन्हीं आदिवासियों को लालच देकर लकड़ी कटवाते थे और पकड़ाने पर गरीब आदिवासियों को जेल भेज दिया जाता था। माफिया का कुछ नहीं बिगड़ता था। इन्हीं सब कारणों से आदिवासियों और मूलवासियों में सरकार के प्रति गुस्सा था।

मछुआ गागराई नामक युवक एक ठेकेदार बीके बनर्जी के घर काम करते थे। (बाद में यही मछुआ जंगल आंदोलन के बड़े नेता बने)। बनर्जी के साथ काम करते-करते उन्होंने देखा था कि ठेकेदार कैसे आदिवासियों का शोषण करते हैं। कैसे कम मजदूरी देते हैं। पूरी मजदूरी माँगने पर कैसा व्यवहार किया जाता है। यह सब देखकर

मछुआ के मन में भी ठेकेदार के प्रति गुस्सा था। जब मछुआ से नहीं रहा गया तो वह मजदूरी बढ़ाने के लिए अड़ गए। इसी बात पर ठेकेदार बनर्जी से विवाद हुआ और मछुआ भी देवेंद्र बाबू के साथ जुड़ गए। कंसारा से जो आंदोलन शुरू हुआ, उसमें मछुआ मौजूद थे। फिर पोड़ाहाट से कोल्हान तक के क्षेत्र में यह आंदोलन फैल गया। देवेंद्र माझी के साथ शैलेंद्र महतो, भुवनेश्वर महतो, मछुआ गागराई, आदे मुंडा, चाड़ी गागराई, लोको चांपिया, मोरा मुंडा थे। उधर सूला पूर्ति और लाल सिंह मुंडा भी जंगल आंदोलन से जुड़ गए। कंसारा से निकली यह आग फैलती गई। सरकार ने उन दिनों साल के पेड़ को काट कर उसकी जगह सागवान का पौधा लगाने का काम शुरू किया था। आदिवासी समुदाय में साल पूजनीय पेड़ है जिसका धार्मिक महत्त्व है। इसलिए आदिवासियों ने विद्रोह कर दिया। लोगों ने पेड़ों को काटना प्रारंभ कर दिया। सोंगरा से सेरेंगदा तक यह अभियान शुरू किया गया। प्लांट को उखाड़कर सेरेंगदा की नदी में बहा दिया गया। नर्सरी को नष्ट कर दिया गया। आंदोलनकारी इतने गुस्से में थे कि जंगल में स्थित कई गेस्ट हाउसों को जलाकर राख कर दिया गया। आंदोलनकारियों का कहना था कि ठेकेदार इन गेस्ट हाउस का इस्तेमाल लड़कियों की इज्जत से खेलने के लिए करते हैं, इसलिए इन गेस्ट हाउस को ही जला दो।

आदिवासियों के बीच देवेंद्र बाबू सामाजिक आंदोलन भी चलाते थे। उन दिनों पूरे जंगल इलाके में इलाज के अभाव में अनेक लोगों की मौत होती थी। देवेंद्र बाबू ने इसका भी उपाय निकाला। उन्होंने लोगों से आह्वान किया कि पानी उबाल कर पिएँ। लोगों ने उनकी बात मान ली। इसका असर यह हुआ कि उस क्षेत्र में लोग कम बीमार पड़ने लगे। मौतें कम हुईं। इससे देवेंद्र बाबू के प्रति लोगों में विश्वास और बढ़ गया।

ईचाहातु में ललित हेंब्रम जंगल आंदोलन में सक्रिय थे। लगातार जंगल कटने के बाद सरकार ने कड़ा रुख अपनाया और पूरे जंगल क्षेत्र को पुलिस छावनी में बदल दिया गया। सीआरपीएफ तैनात कर दिया गया। पुलिसवालों ने गाँववालों पर जुल्म ढाहना शुरू किया। आंदोलन के दौरान पुलिसकर्मियों ने ग्रामीणों की मुरगी-बकरी तक लूट ली। इन घटनाओं ने ग्रामीणों को पुलिस के खिलाफ खड़ा कर दिया। पूरे आंदोलन की अगुवाई देवेंद्र माझी कर रहे थे। अब तक उनका नाम पूरे क्षेत्र में फैल चुका था। 1978 से 1980 तक पूरा सिंहभूम जंगल आंदोलन के कारण चर्चित रहा। जंगल आंदोलन के बाद लोगों का विश्वास देवेंद्र माझी पर और बढ़ता गया। धीरे-धीरे जंगल आंदोलन धीमा पड़ने लगा। तब देवेंद्र बाबू ने महसूस किया कि लोगों को हक दिलाने के लिए चुनाव लड़ा जाए। फिर वे सक्रिय राजनीति में उतर गए। इसी दौरान 1982 में जमशेदपुर के बागबेड़ा में रहनेवाली जोबा माझी से उनकी शादी हुई।

जब जयपाल सिंह मुंडा की अगुवाई में 1963 में झारखंड पार्टी का कांग्रेस में

विलय हो गया तो बागुन बाबू, एनई होरो ने सिंहभूम में झारखंड पार्टी को जिंदा रखा। इन लोगों ने अखिल भारतीय झारखंड पार्टी बनाई। 1969 के मध्यावधि चुनाव में चक्रधरपुर से हरिचरण सोय ने चुनाव जीता। 1972 में देवेंद्र माझी ने बागुन सुंब्रुई से टिकट माँगा, लेकिन टिकट मिला हरिचरण सोय को। देवेंद्र माझी चुनाव लड़ने पर अड़े हुए थे। उन्होंने चक्रधरपुर विधानसभा क्षेत्र से युवक झारखंड के बैनर तले चुनाव लड़ा, लेकिन चुनाव हार गए। इस चुनाव में कांग्रेस के थियोडोर बोदरा चक्रधरपुर से जीते। देवेंद्र माझी तीसरे स्थान पर रहे। 1972-73 में मुखिया का चुनाव आया और गंगाधर महतो प्रमुख चुने गए। बाद में उन्हें जिला परिषद् का वाइस चेयरमैन बनाया गया। इसके बाद देवेंद्र माझी और गंगाधर महतो के बीच दूरी बढ़ गई। इसी बीच 1974 में देवेंद्र माझी का संपर्क शैलेंद्र महतो से हो गया। आपातकाल के बाद जब 1977 में चुनाव हुआ तो देवेंद्र माझी ने अखिल भारतीय झारखंड पार्टी के टिकट पर चक्रधरपुर से चुनाव लड़ा, लेकिन चुनाव फिर हार गए। जनता पार्टी के टिकट पर वहाँ से छात्र नेता जगन्नाथ बांकिरा चुनाव जीते। 1980 में जब जून में बिहार विधानसभा का चुनाव हुआ तो देवेंद्र माझी चक्रधरपुर से पहली बार चुनाव जीते और विधायक बने। उस चुनाव में बहादुर उराँव और शैलेंद्र महतो ने देवेंद्र बाबू के पक्ष में बहुत काम किया था।

8 सितंबर, 1980 को गुवा में गोलीकांड हुआ। देवेंद्र माझी को पुलिस खोजने लगी। हालाँकि गोलीकांड के दिन देवेंद्र बाबू गुवा में नहीं थे। इस गोलीकांड के बाद सिंहभूम में पुलिस जुल्म तेज हो गया। तब तक देवेंद्र माझी विधायक बन चुके थे। वे लखन बोदरा के साथ पटना चले गए। इस बीच पुलिस उनकी खोज में उनके घर में कई बार छापा मारती रही। लेकिन उन्हें नहीं पकड़ सकी। एक दिन देवेंद्र बाबू पटना से लौटकर बगल के बगीचे में आराम कर रहे थे। इसी बीच पुलिस उन्हें खोजते आ गई। उनकी माँ उस समय जीवित थी। माँ की आवाज तेज थी। देवेंद्र बाबू को लगा कि शायद पुलिस उनकी वजह से उनकी माँ को तंग कर रही है, इसलिए माँ को परेशानी से बचाने के लिए वे खुद सामने आ गए और अपनी गिरफ्तारी दी। 1981 में गुवा गोलीकांड का पहला शहादत दिवस मनाने को लेकर विवाद हो गया। देवेंद्र बाबू ने सेलाई में शहादत दिवस मनाया। यहीं से झारखंड मुक्ति मोरचा से उनके मतभेद हो गए। 1981 के चक्रधरपुर जिला सम्मेलन में उन्हें झामुमो से अलग कर दिया गया। बाद में 1985 में उन्होंने अपनी पार्टी जेएमएम-डी बनाकर मनोहरपुर विधानसभा क्षेत्र से चुनाव लड़ा और विधायक बने। 1990 में वे फिर चक्रधरपुर आ गए और चुनाव लड़ा, लेकिन अपने पुराने मित्र बहादुर उराँव से हार गए।

देवेंद्र बाबू की जीवनशैली अनूठी थी। सादा जीवन। एक थैला लटकाते थे और जंगल की ओर चले जाते थे। सारा जंगल पैदल ही घूमते थे। पत्नी जोबा माझी चक्रधरपुर

स्थित पैतृक आवास में रहती थी। किसी गाँव से कोई भी आता तो देवेंद्र बाबू उसे खाना खिलाए बिना जाने नहीं देते थे। यह उनका खास गुण था। देवेंद्र बाबू जिद्दी और धुन के पक्के थे। वह किसी को नेता नहीं मानते थे। अपनी विचारधारा, अपना तर्क और काम करने का अपना ढंग था। इसी कारण राजनीति में कई लोगों से उनकी दुश्मनी भी हुई, लेकिन गाँववालों का प्यार भी उन्हें काफी मिला। यही कारण था कि जेएमएम के शीर्ष नेताओं से भी उनके संबंध बहुत अच्छे नहीं थे।

हत्या के एक दिन पहले यानी 13 अक्तूबर, 1994 को देवेंद्र बाबू इस्पात एक्सप्रेस से चक्रधरपुर से सोनुआ गए थे। और उसी से लौट भी आए थे। दूसरे दिन यानी 14 अक्तूबर को सुबह में उन्होंने स्वयं खेतों में हल चलाया था। वह दिन विजयादशमी का था। देवेंद्र बाबू दोपहर में इस्पात एक्सप्रेस से गोइलकेरा चले गए। वहाँ उनका कार्यालय भी था। गोइलकेरा के लोग दुर्गा की प्रतिमा के विसर्जन की तैयारी कर ही रहे थे कि गोइलकेरा हाट बम की आवाज से थर्रा उठा। उस समय दिन के ढाई बज रहे थे। बम से हमला किया गया था देवेंद्र बाबू पर। हमले में वे शहीद हो गए। पूरा इलाका शोकमग्न हो गया था। बिना गाजा-बाजा के दुर्गा की प्रतिमा विसर्जित की गई। फिर देवेंद्र बाबू का शव उनके पैतृक गाँव लाया गया। घर के पास ही उन्हें जलाया गया और वहीं पर उनकी समाधि बनाई गई। गोइलकेरा हाट में हत्यावाले स्थान पर उनका स्मारक बना हुआ है। देवेंद्र बाबू के शहीद होने के बाद उनकी पत्नी जोबा माझी राजनीति में आई, विधायक बनी, मंत्री बनी। देवेंद्र बाबू के काम को आगे बढ़ाया। गोइलकेरा स्थित शहादत स्थल पर जोबा माझी ने देवेंद्र बाबू की मूर्ति लगवाई। इस प्रकार वनभूमि पर आदिवासियों को कब्जा दिलाने की लड़ाई लड़नेवाला योद्धा शहीद हो गया।

□

मनींद्र नाथ मंडल : 17 अक्तूबर, 1994

माफिया ने करवा दी हत्या

मनींद्र नाथ मंडल

मनींद्र नाथ मंडल कोयलांचल के बड़े संघर्षशील मजदूर नेताओं में एक थे, जिन्होंने अलग झारखंड राज्य की लड़ाई में बढ़-चढ़ कर हिस्सा लिया था। 13 अक्तूबर, 1994 को दबंगों ने उन पर हमला कर दिया और उन्होंने चार दिन बाद 17 अक्तूबर को दम तोड़ दिया था। 17 सितंबर, 1949 को धनबाद के सरायढेला कोचा कुल्ही में पंचानन मंडल व बालिका देवी के पुत्र के रूप में उनका जन्म हुआ था। उनके जीवन पर स्कूल के दिनों से ही वाम दलों का प्रभाव था। विद्यार्थी जीवन से ही वे समाज-सेवा के क्षेत्र में आ गए थे। वे 1978 में सरायढेला के मुखिया भी बने। पहले वे मार्क्सवादी समन्वय समिति में सक्रिय रहे और विस्थापितों की लड़ाई लड़ी। बाद में वे विनोद बिहारी महतो के करीब आ गए और झारखंड मुक्ति मोरचा में शामिल हो गए। विनोद बाबू खुद झारखंड के बड़े नेता थे, जिन्होंने शिबू सोरेन और एके राय के साथ मिलकर झारखंड मुक्ति मोरचा की स्थापना की थी।

क्षेत्र में सामाजिक कुरीतियों के खिलाफ आंदोलन चल रहा था। विनोद बिहारी महतो शिवाजी समाज और शिबू सोरेन सोनोत संताल समाज चलाते थे। मनींद्र भी इस सामाजिक आंदोलन से जुड़ गए। बाद में एके राय की मंत्रणा से उन्होंने 23 मार्च, 1980 को दहेज उन्मूलन समिति मंडल (सूड़ी) समाज का गठन किया। काफी संख्या में युवा उनके आंदोलन में साथ रहे। सैकड़ों युवकों ने बिना दान दहेज लिए शादी की। यह संगठन झारखंड के सूड़ी जाति बहुल जिलों के अलावा पश्चिम बंगाल में भी फैला। मंदाकिनी उच्च विद्यालय, बरवाअड्डा में हुए 27 जातियों के सम्मेलन में उनको समन्वय समिति का चेयरमैन बनाया गया। वह अपनी जाति के संगठन में कभी किसी पद पर नहीं रहे।

झारखंड अलग राज्य के वे प्रबल समर्थक थे। अपने समाज के सम्मेलन में मनींद्र ने यह प्रस्ताव पारित कराया कि अलग राज्य का समर्थन करने वाले दल को ही यह समाज समर्थन देगा। मजदूरों की लड़ाई में वे आगे रहते थे। कल–कारखानों में मजदूरों की न्यूनतम मजदूरी के सवाल पर बिहार कोलियरी कामगार यूनियन (सीटू) के बैनर तले उन्होंने कई लड़ाइयाँ लड़ीं। जब झारखंड मुक्ति मोरचा का विभाजन हो गया तो वह विनोद बाबू और एके राय के साथ चले गए। विनोद बाबू के निधन के बाद वह फिर से शिबू सोरेन के साथ हो गए। झारखंड मुक्ति मोरचा में उन्हें जिला अध्यक्ष का भी पद दिया गया।

जब अलग झारखंड राज्य की माँग जोर पकड़ने लगी, पूरे दक्षिण बिहार में आंदोलन हो रहा था, तत्कालीन मुख्यमंत्री लालू यादव ने घोषणा कर दी थी कि उनकी लाश पर झारखंड बनेगा। इस घोषणा से झारखंडवासी काफी आहत थे। बात 1992 की है। बरवाअड्डा में वहाँ के थानेदार के खिलाफ झारखंड मुक्ति मोरचा और मार्क्सवादी समन्वय समिति की संयुक्त सभा हो रही थी। सैकड़ों लोग जमा थे। इसी बीच मुख्यमंत्री लालू प्रसाद जीटी रोड से होकर धनबाद आ रहे थे। सभास्थल से होकर गुजरने के क्रम में मनींद्र ने उन पर हमला बोल दिया। मनींद्र को देख सैकड़ों लोगों ने सीएम के काफिले पर पथराव किया। सभी नारा लगा रहे थे कि झारखंड विरोधियों को मार भगाओ। इस हमले के बाद मनींद्र काफी लोकप्रिय हो गए और लोग उन्हें एक दिलेर नेता के रूप में देखने लगे। झारखंड विरोधियों को उनकी लोकप्रियता बराबर खटकती थी। उनके घर के दरवाजे के पास स्टील गेट में विराट दुर्गा पूजा का आयोजन हो रहा था। इस पूजा के आयोजन में बड़ी भूमिका मनींद्र ही निभाते थे। महाष्टमी की पूजा हो रही थी। लोगों का हुजूम पूजा पंडाल पर उमड़ पड़ा था। 13 अक्तूबर, 1994 का दिन था। माफियों ने उन पर गोली चला दी। वे गंभीर रूप से घायल हो गए। 17 अक्तूबर को केंद्रीय अस्पताल के चिकित्सकों ने उन्हें मृत घोषित कर दिया। हत्या का आरोप माफिया तत्त्वों पर लगा। मनींद्र एक दिलेर नेता थे जो कई बार जेल भी गए। आर्थिक नाकेबंदी के दौरान भी उन्हें गिरफ्तार किया गया था और एक माह से अधिक समय तक उन्हें जेल में रहना पड़ा था। जेल भरो अभियान के दौरान भी वे जेल में रहे। मुख्यमंत्री लालू प्रसाद पर हमला करने के आरोप में भी उन्हें गिरफ्तार कर जेल भेजा गया था। उन्होंने चुनाव में भी अपना भाग्य आजमाया। टुंडी विधानसभा क्षेत्र से मासस और झामुमो के संयुक्त उम्मीदवार के रूप में उन्होंने चुनाव लड़ा पर सिर्फ 177 वोट से हार गए।

□

राजेश आनंद महतो : 10 जून, 1997

जमीन माफिया के विरोधी थे

धनबाद जिले के पुटकी-बलिहारी कोयलांचल की एक छोटी बस्ती बलिहारी में एक किसान परिवार में पैदा हुए राजेश आनंद महतो झारखंड आंदोलन के एक मजबूत सिपाही के रूप में आज भी याद किए जाते हैं। वे झारखंड मुक्ति मोरचा और मार्क्सवादी समन्वय समिति से जुड़े थे। वे गरीबों-मजदूरों के लिए संघर्ष करते रहे। उनकी हत्या भी इसी कारण हुई। गरीबों की जमीन पर कब्जा का उन्होंने विरोध किया तो अपराधियों ने 10 जून, 1997 को उनकी हत्या कर दी।

राजेश आनंद महतो

मंगल महतो व फरनिया महताईन के पुत्र राजेश ने मैट्रिक तक शिक्षा ग्रहण करने के बाद कोयला कंपनी भारत कोकिंग कोल लिमिटेड (बीसीसीएल) में नौकरी की। लेकिन राजेश का जन्म महज नौकरी करने और घर-परिवार को चलाने के लिए नहीं हुआ था। बचपन से ही राजेश में सामाजिक कार्यों के प्रति गहरी रुचि थी। समय के साथ उनका झुकाव-जुड़ाव झारखंड आंदोलन की ओर हुआ। धनबाद के तत्कालीन सांसद और मार्क्सवादी समन्वय समिति (मासस) के सुप्रीमो एके राय से वह बेहद प्रभावित हुए। साथ ही वह झारखंड मुक्ति मोरचा (झामुमो) नेता मथुरा प्रसाद महतो के संपर्क में आए। राजेश धीरे-धीरे मासस व झामुमो की ओर से चलाए जानेवाले आंदोलनों में सक्रिय हुए। शक्ति ग्राम विकास संघ से जुड़कर राजेश ने स्थानीय मूलवासियों में शैक्षणिक जागरूकता की दिशा में कार्य करना शुरू किया। राजेश आनंद मूलवासियों के बीच सक्रिय होकर नशा मुक्ति की दिशा में भी काम करने लगे। गरीबों-किसानों के बच्चे कैसे स्कूल जाएँ और शिक्षा

ग्रहण करें, इसको लेकर राजेश बेहद गंभीर रहे। बाद में राजेश सीटू से संबद्ध बिहार कोलियरी कामगार यूनियन (बीसीकेयू) से जुड़े और एक महत्त्वपूर्ण कोलियरी शाखा के सचिव बने। नेतृत्व कौशल के धनी राजेश ने मजबूत संगठन तैयार किया। नब्बे के दशक में पुटकी-बलिहारी कोयलांचल में झामुमो की ओर से चलाए जाने वाले अलग झारखंड राज्य के आंदोलन से लेकर मासस व बीसीकेयू की ओर से चलाए जाने वाले मजदूर आंदोलन तक का नेतृत्व राजेश करने लगे। राजेश की अगुवाई में बलिहारी में शहीद शक्तिनाथ महतो उच्च विद्यालय की स्थापना हुई। देशवाली स्थान की घेराबंदी कराने में भी राजेश की सबसे महत्त्वपूर्ण भूमिका रही। कोयला क्षेत्र में सक्रिय माफिया ताकतों और सूदखोरों के खिलाफ राजेश ने न सिर्फ दर्जन भर आंदोलन शुरू किए, बल्कि उसे मुकाम तक पहुँचाया।

उनकी शादी काजोली देवी के साथ हुई थी। तीन पुत्र और एक पुत्री के पिता राजेश आनंद ने अपने जीवन का अधिकांश समय आंदोलन को दिया। 10 जून, 1997 को रात करीब 9:30 बजे कच्छी बलिहारी मोड़ से घर आने के क्रम में दास टोला के समीप अपराधियों ने राजेश को गोली मार दी। अस्पताल ले जाने के क्रम में रास्ते में ही उनकी मौत हो गई। हत्या के पीछे जमीन का विवाद था। राजेश के कुछ रिश्तेदार गरीबों-शोषितों की जमीन हड़पना चाहते थे, जिसका वह विरोध कर रहे थे। विभिन्न तरह के प्रलोभन व दबाव के बावजूद राजेश ने सच का साथ नहीं छोड़ा। जान देकर कीमत चुकाई। राजेश की हत्या पुटकी-बलिहारी कोयलांचल में झारखंड आंदोलन व मजदूर आंदोलन के लिए एक अपूरणीय क्षति रही। राजेश की हत्या के मामले में तीन लोगों को अभियुक्त बनाया गया। इस कांड में मथुरा प्रसाद महतो सहित कई अन्य लोगों की गवाही के बाद धनबाद न्यायालय ने तीनों अभियुक्तों को सश्रम कारावास की सजा सुनाई।

□

रतिलाल महतो : 13 जुलाई, 1999

समझौता नहीं करने की सजा

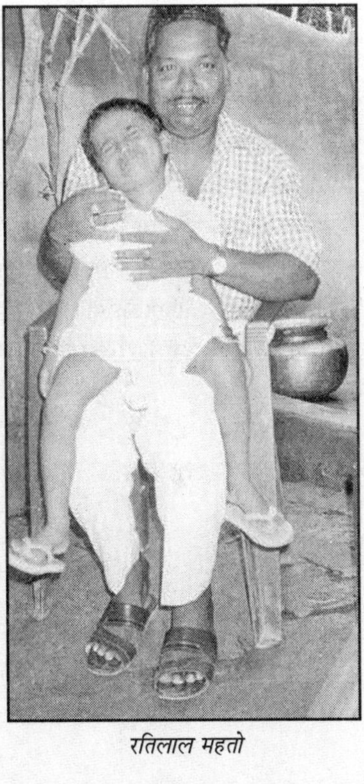

रतिलाल महतो

रति लाल महतो सरायकेला-खरसावाँ जिला के गम्हरिया गाँव के निवासी थे। झारखंड आंदोलन में सरायकेला, गम्हरिया और आस-पास के क्षेत्रों में सक्रिय रहते थे। झारखंड मुक्ति मोरचा के केंद्रीय सदस्य रह चुके थे। बाद में वे मजदूर आंदोलन से भी जुड़ गए। 13 जुलाई, 1999 को गम्हरिया स्थित आवास के पास ही अपराधियों ने उनकी हत्या कर दी थी।

घटना के दिन रतिलाल महतो अपनी बेटी को कार से (नंबर बीपीटी 248) डीएवी पब्लिक स्कूल छोड़कर घर लौट रहे थे। सुबह के लगभग साढ़े छह बज रहे थे। चार अपराधी मोटरसाइकिल और वेस्पा स्कूटर पर सवार होकर इंडेन बोटलिंग प्लांट के पास उनका इंतजार कर रहे थे। जैसे ही रतिलाल वहाँ पहुँचे, अपराधियों ने करीब से उनके सिर, गले, कनपटी और सीने में गोली मारी। घटनास्थल पर ही उनकी मौत हो गई। हालाँकि घटना के तुरंत बाद उन्हें पहले नर्सिग होम और फिर टीएमएच ले जाया गया, पर चिकित्सकों द्वारा उन्हें मृत घोषित कर दिया गया। रतिलाल झामुमो के बड़े नेता थे। मजदूर आंदोलन से जुड़े रहने के कारण आदित्यपुर-गम्हरिया क्षेत्र (यह औद्योगिक क्षेत्र है जहाँ सैकड़ों कंपनियाँ हैं) में उनकी लोकप्रियता काफी थी। हत्या की खबर मिलते ही पूरे क्षेत्र में तनाव व्याप्त हो गया। टाटा-कांड्रा रोड को उनके समर्थकों ने जाम कर दिया।

झामुमो हो या फिर कांग्रेस, भाजपा हो या राजद, सभी दल के लोग सड़क पर उतर गए और अपराधियों की गिरफ्तारी की माँग करने लगे। रतिलाल अखिल झारखंड मुक्ति मोरचा के मजदूर मामलों के प्रभारी थे।

दूसरे दिन यानी 14 जुलाई को उनका पोस्टमार्टम हुआ। फिर भारी वर्षा के बावजूद सैकड़ों वाहनों के साथ लंबी शवयात्रा निकली। पूरे जमशेदपुर शहर में उनकी शवयात्रा घुमी। गम्हरिया स्थित ऊपरबेड़ा में उनका अंतिम संस्कार कर दिया गया। उनके अंतिम संस्कार में झारखंड के कई जिलों से आए लोगों ने भाग लिया। हत्या के विरोध में 15 जुलाई को झारखंड बंद रखा गया था।

हत्या के बाद रतिलाल महतो के भाई सपन कुमार महतो ने तीन लोगों के खिलाफ मामला दर्ज कराया। इसमें पश्चिमी सिंहभूम कांग्रेस कमेटी के महासचिव साधुचरण महतो, सुभाष महतो और सुनील सिंह शामिल थे। पुलिस ने सुभाष महतो और सुनील महतो को घटना के दिन ही गिरफ्तार कर लिया था। पुलिस का तर्क था कि गम्हरिया में इंडेन बाटलिंग प्लांट के लोडिंग और अन लोडिंग की निविदा को लेकर ही रतिलाल और साधुचरण महतो के बीच विवाद हुआ था। रतिलाल इंडियन बोटलिंग प्लांट विस्थापित प्रभावित श्रमिक सहयोग समिति लिमिटेड के नाम से लोडिंग और अनलोडिंग का काम कराते थे। इस समिति के सचिव भी रतिलाल ही थे। साधुचरण ने भी निविदा डाली थी। इसी को लेकर विवाद हुआ था। इस मामले में बाद में साधुचरण महतो को जेल भी जाना पड़ा था। बाद में उन्हें रिहा कर दिया गया था।

□

खंड-3

गैर-आदिवासियों की भूमिका

झारखंड आंदोलन के बारे में लंबे समय तक यह धारणा बनी रही कि यह आंदोलन सिर्फ आदिवासियों का है, जिसे मिशनरियों का खुला समर्थन है। प्रारंभ में ऐसा था भी। अलग झारखंड राज्य की माँग को लेकर जो भी संगठन बन रहा था, उसमें आदिवासी ही रहते थे। गैर-आदिवासी नहीं होते थे। जिस समय 1939 में जयपाल सिंह ने आदिवासी महासभा का नेतृत्व सँभाला था, उसी समय छोटानागपुर अलग राज्य के लिए गैर-आदिवासियों ने डालटेनगंज में संगठन तैयार किया था। आदिवासी महासभा ने तय किया था कि सिर्फ आदिवासी ही उसके सदस्य हो सकते हैं। जस्टिन रिचर्ड ने जब यूनाइटेड झारखंड पार्टी की स्थापना की तो उन्होंने तय किया कि वे अपनी पार्टी में सदानों को भी शामिल करेंगे। रिचर्ड इस बात को समझ चुके थे कि बिना सदानों को साथ लिये अलग झारखंड राज्य पाना संभव नहीं है। रिचर्ड के प्रयोग का अच्छा असर दिखा था। इसलिए आदिवासी महासभा ने भी अपने रुख में बदलाव लाया। जयपाल सिंह दूरदर्शी थे। उन्होंने आदिवासी महासभा की कमियों को पहचान लिया था। 1950 में जब जमशेदपुर में आदिवासी महासभा का अधिवेशन हुआ तो इस पर काफी मंथन हुआ। अंततः पहली बार यह तय किया गया कि इसमें गैर-आदिवासी भी सदस्य बन सकते हैं। इसके बाद गैर-आदिवासियों को संतुष्ट करने और उनका विश्वास जीतने के लिए महासभा के पहले से आदिवासी शब्द हटा दिया गया था। नाम भी बदल कर झारखंड पार्टी कर दिया गया। इधर 7 फरवरी, 1954 को छोटानागपुर संयुक्त संघ का गठन किया गया। बाद में बाबू रामनारायण सिंह इसके अध्यक्ष बनाए गए। छोटानागपुर संयुक्त संघ ने राज्य पुनर्गठन आयोग को 11 जुलाई, 1954 को अलग राज्य की माँग से संबंधित ज्ञापन सौंपा। 8 फरवरी, 1955 को जब आयोग की टीम झारखंड दौरे पर थी, तब राजभवन जाकर छोटानागपुर संयुक्त संघ ने अलग राज्य की वकालत की थी।

जब राज्य पुनर्गठन आयोग की रिपोर्ट पर संसद में बहस होने लगी तो हजारीबाग के

तत्कालीन सांसद और स्वतंत्रता सेनानी बाबू रामनारायण सिंह ने खुलकर अलग राज्य के पक्ष में अपने तर्क दिए। उन्होंने संसद में कहा था कि अलग राज्य क्यों जरूरी है, कैसे बिहार सरकार छोटानागपुर की उपेक्षा करती है। उन्होंने बिहार के कुछ हिस्सों को काटकर बंगाल में देने का भी विरोध किया था। बाबू रामनारायण सिंह के बाद वसंत नारायण सिंह ने भी अलग राज्य के पक्ष में आंदोलन किया था। 1977 में अलग प्रांत संघर्ष समिति का गठन किया गया था। इसमें हनुमान प्रसाद सरावगी को भी शामिल किया गया था।

इसमें कोई दो राय नहीं है कि झारखंड की लड़ाई में आदिवासियों ने बहुत बड़ी शहादत दी है। आदिवासियों के अलावा मूलवासियों की ओर से शहादत देने में कुड़मी (महतो) की संख्या सबसे ज्यादा है। इन दोनों के अलावा झारखंड आंदोलन में मुसलमानों और अन्य जातियों के लोगों का भी काफी योगदान है। खास तौर पर गिरिडीह, धनबाद, जमशेदपुर के इलाके में आंदोलन में गैर-आदिवासी भी काफी सक्रिय रहे। इनमें से कुछ पुलिस फायरिंग में मारे गए और कुछ को महाजनों/माफियाओं ने मार डाला। गैर-आदिवासियों के मारे जाने की अधिक घटनाएँ कोयलांचल और इसके आस-पास घटी। इसके कारण थे। कोयलांचल में बाहर से भी लोग कोयला खदानों में काम करने आए थे। माफिया उनका दमन करते थे। एके राय ने सभी को मजदूर आंदोलन से जोड़ा था। फिर जब एके राय झारखंड मुक्ति मोरचा से जुड़ गए, अलग राज्य के लिए आंदोलन चलाया तो ये सभी लोग झारखंड आंदोलन से भी जुड़ते चले गए। शोषकों के खिलाफ आवाज तेज होती गई। यह बात माफिया, महाजन और शोषक को नहीं पची।

1969 में कोयला खदानों के मालिकों के गुंडों ने रामदेव सिंह को मार डाला था। सदानंद झा भले ही मुंगेर (बिहार) के थे, पर वे शिबू सोरेन के करीबियों में थे। झारखंड आंदोलन में बड़ी जिम्मेवारी निभाते थे। सदानंद झा को 1974 में गोमो में शहीद होना पड़ा। महाजनों ने 1978 में अभय चरण तिवारी को मार डाला। वसंत पाठक झारखंड मुक्ति मोरचा के प्रमुख कार्यकर्ता-नेता थे। जब शिबू सोरेन ने टुंडी में आंदोलन चलाया था, उस समय से वे उनके साथ थे। 1979 में गांडेय में वसंत पाठक की हत्या कर दी गई। 1984 में तेतुलिया में यदुनंदन वर्णवाल को माफियाओं ने मार डाला। वे लाल झंडा के साथ माफिया का विरोध किया करते थे। दुर्गा तिवारी को झारखंडी बाबा के रूप में झारखंड याद करता है। जब गोमिया के पास हत्या की एक घटना में विनोद बिहारी महतो को अभियुक्त बनाया गया, उन्हें जेल भेज दिया गया तो दुर्गा तिवारी ने सारा इल्जाम अपने ऊपर ले लिया था। इसके बाद उन्हें उम्रकैद की सजा सुनाई गई। साड़म के दुर्गा तिवारी झारखंड आंदोलन के बड़े सिपाही थे। उम्रकैद काटने के बाद जब वे रिहा हुए तब भी उनका उत्साह कम नहीं हुआ और झारखंड राज्य के लिए लड़ते रहे। बाद में उनकी मौत हो गई। गुरुदास चटर्जी कोयलांचल में माफिया तत्त्वों के खिलाफ और अलग

झारखंड राज्य के समर्थन में लड़ते रहे। विष्णुगढ़ के महेंद्र प्रताप सिंह को तो सूदखोरों ने 1982 में मार डाला था।

झारखंड आंदोलन में दूसरे प्रांतों से आए कई लोगों ने भी महत्त्वपूर्ण भूमिका निभाई। कई तो शहीद भी हो गए। पंजाब से आए और श्यामपुर कोलियरी में कार्यरत गुरुवचन सिंह की 1987 में हत्या कर दी गई थी। वे बिहार कोलियरी कामगार यूनियन से जुड़े थे। झारखंड पार्टी के नेता सोहन लाल अनेजा को कौन भूल सकता है। वे जमशेदपुर में रहते हैं। जब राज्य पुनर्गठन आयोग की टीम आई तो उस समय झारखंड पार्टी की ओर से जो ज्ञापन सौंपा गया था, उन पर सोहन लाल के हस्ताक्षर थे। एनई होरो के करीबी अनेजा उस समय झारखंड पार्टी के महासचिव थे। झारखंड के बाहर से आकर इन लोगों ने झारखंड आंदोलन में उल्लेखनीय योगदान दिया। केदार पांडेय मूलतः उत्तर प्रदेश के गोरखपुर के रहनेवाले थे। एके राय के साथ आंदोलन में थे। 1978 में उनकी हत्या कर दी गई।

झारखंड आंदोलन में कई ऐसे बुद्धिजीवियों ने महत्त्वपूर्ण भूमिका अदा की जो गैर-आदिवासी थे। उनमें जवाहरलाल नेहरू विश्वविद्यालय, नई दिल्ली के प्रोफेसर वीर भारत तलवार का नाम प्रमुख है। झारखंड आंदोलन के दौरान गाँव-गाँव का दौरा किया। आंदोलन के दौरान आंदोलनकारियों को रणनीति बनाने में सहायता करते रहे। झारखंड पर अनेक किताबें लिखीं और लोगों को झारखंड आंदोलन से अवगत कराते रहे। सीताराम शास्त्री ऐसे ही गैर-आदिवासी बुद्धिजीवी रहे हैं जिन्होंने उन दिनों सिंहभूमि एकता (साप्ताहिक पत्रिका) निकाली, जिन दिनों आंदोलन को एक अखबार की कमी झलक रही थी। इसी पत्रिका के माध्यम से झारखंड की आवाज को बुलंद किया।

हालाँकि कांग्रेस शुरू में अलग राज्य के विरोध में थी, पर कुछ कांग्रेसी नेता ऐसे थे जिन्होंने खुलकर झारखंड की लड़ाई लड़ी। ऐसे ही एक नेता (गैर-आदिवासी) थे ज्ञानरंजन। उन्होंने पार्टी की चिंता किए बगैर झारखंड अलग राज्य की माँग की। इसके लिए कई बार बड़ी-बड़ी रैलियाँ की। 1997 में उन्होंने राँची में झारखंड उलगुलान रैली का आयोजन किया, जिसे राष्ट्रीय पहचान मिली थी।

□

मुसलमानों की भूमिका

यह विषय अधूरा माना जाएगा अगर गैर-आदिवासियों की भूमिका में मुसलमानों की भूमिका की चर्चा नहीं की जाए। आजादी की लड़ाई में भी झारखंड के मुसलमानों ने बढ़-चढ़कर हिस्सा लिया था। शेख भिखारी (चुटुपालू), नादर अली (चतरा), सलामत

अली (चाईबासा), शेखहरू (चाईबासा) को कौन भूल सकता है। झारखंड आंदोलन के पुराने नेताओं में असमत अली, चिराग अली का नाम लिया जाता है। जब अलग झारखंड की लड़ाई चली तो मुसलमान भी पीछे नहीं रहे। जब शहादत देने की बारी आई, तो इसमें भी वे पीछे नहीं रहे। टेबले उराँव के नेतृत्व में जब छोटानागपुर उन्नति समाज का गठन हुआ तो मोमिन कॉन्फ्रेंस ने खुलकर साथ दिया। जनाब हाजी इमाम अली, नेजावत हुसैन, अब्दुल्ला सरदार, फरजंद अली, शेख अली जान, मौलवी दुखु मियाँ, जनाब मोइउद्दीन वकील ने इसमें महत्त्वपूर्ण भूमिका अदा की।

जहूर अली ने जयपाल सिंह और सुशील कुमार बागे के साथ मिलकर झारखंड राज्य का बिगुल फूँका था। बिहार के तत्कालीन मुख्यमंत्री बाबू अनुग्रह नारायण सिंह के साथ झारखंड अलग राज्य पर चर्चा करने के लिए अपने ही आवास पर बैठक कराई थी। 1973 में जब ठेकेदारों के गुंडों ने बसुरिया (धनबाद) में हमला किया तो मुकाबला करते हुए कादिर मियाँ भी शहीद हो गए थे। माँडर में जब पुलिस जुल्म के खिलाफ थाना का घेराव हुआ, पुलिस ने फायरिंग की तो इसमें सरफुल नामक युवक शहीद हुआ था। वह माँडर के पास के ही गाँव का रहनेवाला था। कोयलांचल में मार्क्सवादी समन्वय समिति के बैनर तले माफिया तत्त्व के खिलाफ लड़ाई लड़नेवाले कलीमुद्दीन अंसारी की हत्या कालाडाबर में 15 मई, 1994 को कर दी गई थी। सदान विकास परिषद् के माध्यम से शाहिद हसन ने झारखंड आंदोलन को मजबूती प्रदान की। कई प्रमुख वार्त्ता में वे शामिल रहे। जमशेदपुर के बदरुद्दीन ऐसे ही एक नेता रहे हैं जिन्होंने पुलिस का जुल्म सहा। आर्थिक नाकेबंदी को सफल करने में बदरुद्दीन लगे हुए थे। उन्हें गिरफ्तार कर राइफल के बट से इतना पीटा गया था कि बट टूट गया था। बाद में पुलिस ने उन पर बट तोड़ देने का भी आरोप लगा दिया था।

झारखंड मुक्ति मोरचा की ओर से अबु तालिम अंसारी, हाजी अंसारी, अमीन खान (दुमका), मुमताज खान (राँची) समेत सैकड़ों मुसलिम नेता-कार्यकर्ता आंदोलन में सक्रिय रहे। आजसू और झारखंड कौमी तहरीक ने 1991 में आपस में समझौता किया था। इसके बाद कई मुसलिम आंदोलनकारियों ने खुलकर आजसू के साथ मिलकर आंदोलन को आगे बढ़ाया। नजम अंसारी, एजाज अहमद, मो. जिकरूल, समीउल्लाह अंसारी, एकबाल खान ने चाईबासा में सेमिनार कर आंदोलन में मुसलमानों की भागीदारी पर चर्चा की थी। खालिक अहमद, नजम अंसारी, आफताब जमील, बशीर अहमद, फारूख आजम, अबु तालिम अंसारी, मो. फैजी, सरफराज अहमद, मुश्ताक अहमद, इमरान अंसारी, मोजीबुर रहमान, मो. साजिद, सरवर सज्जद, सोबरन इस्लाम अंसारी, मो. अल्लाउद्दीन अंसारी ने झारखंड आंदोलन में बढ़-चढ़कर हिस्सा लिया।

□

बाबू रामनारायण सिंह

संसद में कहा, हर हाल में झारखंड चाहिए

आजादी के ठीक बाद जब लोकसभा का चुनाव हुआ, जयपाल सिंह झारखंड पार्टी से सांसद बने तो ऐसी ही धारणा थी कि सिर्फ उनकी पार्टी ही झारखंड अलग राज्य के पक्ष में संसद में बोलेगी। कांग्रेस उन दिनों अलग झारखंड राज्य के खिलाफ थी। देश की राजनीति पर बिहार के दिग्गज नेता हावी थे। इस धारणा को तोड़ा था बाबू रामनारायण सिंह ने। वे हजारीबाग के पहले सांसद थे। रामगढ़ राजा कामाख्या नारायण सिंह की पार्टी से चुनाव जीत कर आए थे। संसद में उन्होंने झारखंड राज्य के समर्थन में दहाड़ा था। कई विरोधियों की बोलती बंद हो गई थी। बाबू रामनारायण सिंह कोई सामान्य सांसद नहीं थे, प्रतिभा के धनी थे जिन्होंने आजादी की लड़ाई में बड़ी भूमिका अदा की थी।

बाबू रामनारायण सिंह

18 दिसंबर, 1885 को चतरा के हंटरगंज प्रखंड के तेतरिया गाँव में बाबू रामनारायण सिंह का जन्म हुआ था। हंटरगंज से ही उन्होंने प्राथमिक की पढ़ाई की। 1908 में ये आगे की पढ़ाई के लिए कोलकाता चले गए। संत जेवियर कॉलेज से आईए की परीक्षा पास की। उसी दौरान उनका संपर्क राजेंद्र बाबू से हुआ। वे पटना लौट गए जहाँ उन्होंने लॉ की पढ़ाई पूरी की। पटना में उन्होंने वकालत शुरू की, पर वहाँ मन नहीं लगा। इसके बाद वे चतरा लौट आए और वहीं पर वकालत करने लगे। 1920 में वे महात्मा गांधी के आह्वान पर वकालत छोड़कर आजादी की लड़ाई में कूद पड़े। आजादी की लड़ाई में 1931 से 1947 तक वे आठ बार जेल गए। कड़ी यातनाएँ सहीं। जेल में उन्हें बेड़ी से बाँधकर रखा गया। उनके घर की कुर्की जब्ती हुई। खटिया तक ले जाया गया। 9 नवंबर, 1942 को

जब जयप्रकाश नारायण हजारीबाग सेंट्रल जेल की दीवार फाँदकर भागे थे, उस समय उनके साथ बाबू राम नारायण सिंह भी भागनेवाले थे। स्थानीय होने के कारण उन्हें एक-एक क्षेत्र की जानकारी थी, इसका लाभ जेपी को मिला था।

वे पहले कांग्रेस में थे। पर चतरा में कांग्रेस की स्थानीय कमेटी से दुःखी होकर वे कामाख्या नारायण सिंह की पार्टी में चले गए और हजारीबाग से सांसद बने। उन्हें छोटानागपुर केसरी की उपाधि दी गई थी।

देश के आजाद होने के बाद वे छोटानागपुर के विकास के लिए चिंतित थे। उन्हें लगता था कि संयुक्त बिहार में इस क्षेत्र की उपेक्षा हो रही है। उन दिनों छोटानागपुर और संताल परगना में जयपाल सिंह झारखंड के बड़े नेता थे। झारखंड पार्टी की तूती बोलती थी। लेकिन बाबू रामनारायण सिंह ने तय कर लिया था कि अलग राज्य की माँग के समर्थन में वे संसद में बोलेंगे। इसका मौका उन्हें 16 अगस्त, 1956 को तब मिला जब राज्य पुनर्गठन आयोग की रिपोर्ट लोकसभा में पेश होने के बाद बिहार एवं पश्चिम बंगाल राज्य क्षेत्र स्थानांतरण विधेयक-1956 पर बहस चल रही थी। बाबू रामनारायण सिंह इस विधेयक के विरोध में थे। वे अलग राज्य चाहते थे। जब राज्य पुनर्गठन आयोग की टीम झारखंड आई थी तो उन्होंने टीम से मुलाकात कर अलग राज्य के लिए ज्ञापन भी सौंपा था। इसमें साफ-साफ कहा था—हम छोटानागपुरियों को संसार के किसी व्यक्ति या समाज के साथ रहने में कोई आपत्ति नहीं है, पर कोई व्यक्ति या समाज हमारे कंधे पर सवार होकर हम पर शासन नहीं कर सकता और न हम ऐसा करने देंगे। हर पहलू से देखने पर यह स्पष्ट मालूम पड़ता है कि आज छोटानागपुर बिहार के साथ नहीं, पर बिहार के पैरों तले कराह रहा है। यही कारण है कि छोटानागपुर के लोग बिहार से अलग होना चाहते हैं।

16 अगस्त, 1956 को लोकसभा में बाबू रामनारायण सिंह ने पुरुलिया को बिहार से अलग कर बंगाल में शामिल करने का विरोध करते हुए अलग राज्य के समर्थन में संशोधन प्रस्ताव भी लाया था। उन्होंने अपने भाषण में कहा था—हमारी पार्लियामेंट की हालत बगैर नकेल के ऊँट की तरह है। पता नहीं, वह देश को कहाँ ले जा रही है। बिहार-बंगाल का सीमा विवाद राजनीतिज्ञों की देन है। यदि इस मामले को उस क्षेत्र की जनता पर छोड़ दिया जाए तो वह आपस में इसका समाधान ढूँढ़ लेंगे। छोटानागपुर का निवासी होने के कारण इस मामले में मुझे बोलने का पूरा हक भी है और कर्तव्य भी।

बाबू रामनारायण सिंह इतने पर ही संसद में नहीं रुके थे। आगे उन्होंने कहा था—बिहार के लोग हर तरह से छोटानागपुर का शोषण करना चाहते हैं। इसलिए बहुत दिनों से छोटानागपुर को अलग प्रांत बनाने के लिए आंदोलन चल रहा है। इस आंदोलन के नेता हमारे भाई जयपाल सिंह थे, पर अब वे विपरीत रास्ते पर जाते हुए प्रतीत होते हैं। यह

आश्चर्य और दुःख की बात है। मैं सरकार से आग्रह करता हूँ कि वह इस माँग पर गंभीरता से विचार करे। छोटानागपुर और संताल परगना को अलग प्रांत बनाने के लिए मैंने एक एमेंडमेंट (संशोधन) भी दिया है, और मैं चाहता हूँ कि इसे मंजूर कर लिया जाए। जब ऐसा होगा तभी यहाँ के लोगों के साथ न्याय होगा।

बाबू रामनारायण सिंह ने उस दिन अलग राज्य के समर्थन में जोरदार तरीके से अपनी बात रखी थी। सदन को बताया था कि राज्य बनने दीजिए, छोटानागपुर अपने पैरों पर आर्थिक रूप से खड़ा मिलेगा। इतनी क्षमता है छोटानागपुर में। बिहार सरकार पर भी उन्होंने प्रहार किया था और कहा था कि बिहार कैबिनेट में छोटानागपुर का एक भी मंत्री नहीं होना यह साबित करता है कि छोटानागपुर के साथ कैसा सौतेला व्यवहार हो रहा है।

संसद में बाबू रामनारायण सिंह की इस ऐतिहासिक बहस ने यह साबित कर दिया था कि गैर-आदिवासियों का भी अलग राज्य बनाने में योगदान रहा है। बाबू रामनारायण सिंह का यह भाषण राज्य बनने के 44 साल पहले दिया गया था। इस भाषण का महत्त्व इसलिए और बढ़ गया, क्योंकि दूसरे दिन जब जयपाल सिंह ने भाषण दिया तो उसमें अलग राज्य के लिए धार नहीं दिखा था। जयपाल सिंह ने बंगाल, बिहार और ओड़िशा को मिलाकर एक राज्य बनाने पर जोर दिया था। यह स्थिति तो बंगाल के विभाजन के पहले तो थी ही।

बाबू रामनारायण सिंह में बोलने की अद्‌भुत क्षमता थी। सामने चाहे पंडित नेहरू हों या कोई अन्य, किसी से वे डरते नहीं थे। तभी तो संसद में चेतावनी देते हुए कहा था—जो अन्याय छोटानागपुर के साथ किया जा रहा है, उसे बरदाश्त नहीं किया जा सकता। यदि इसे रोकना संभव नहीं हो तो छोटानागपुर और संताल परगना को अलग कर एक स्वतंत्र प्रांत बना दिया जाए।

□

रामदेव सिंह : 18 सितंबर, 1969

गाड़ी से खींचकर मार डाला

कोयलांचल की कोयला खदानों के मालिकों ने अपने गुंडों के बल पर पूरे क्षेत्र में आतंक मचा रखा था। शोषण के खिलाफ आवाज उठानेवाले मजदूरों या उनके नेताओं की हत्या आम बात हो गई थी। कोयला खदान के मालिकों ने कुछ यूनियन के नेताओं को अपने वश में कर लिया था। इसलिए मजदूरों की आवाज नहीं उठ पा रही थी। खदान मालिकों के खिलाफ आवाज उठानेवाले ऐसे ही नेता थे रामदेव सिंह। मालिकों के गुंडों ने 18 सितंबर, 1969 को मधुबन कोलियरी में उनकी हत्या कर दी थी।

उन दिनों अधिकांश यूनियन पर मालिकों का कब्जा था। एके राय सिंदरी कारखाना में इंजीनियर के पद पर कार्यरत थे। जब उन्होंने देखा कि मजदूरों की आवाज उठाने के लिए कोई सामने नहीं आ रहा है तो उन्होंने नौकरी से इस्तीफा देकर मोरचा सँभाल लिया। मार्क्सवादी कम्युनिस्ट पार्टी के बैनर तले कामरेड एके राय ने मजदूरों को जगाया और अन्याय के खिलाफ लड़ने के लिए तैयार किया। इसकी प्रतिक्रिया में खदान मालिकों ने अपना दमन तेज कर दिया। सरकार और प्रशासन, खदान मालिकों के पक्ष में थे। ये खदान मालिक कितने शक्तिशाली थे, इसका अंदाजा इसी बात से लगाया जा सकता है कि मजदूरों के पक्ष में संघर्ष करनेवाले साधन गुप्ता को आजीवन कारावास की सजा काटनी पड़ी। कामरेड महावीर, कामरेड दुखी प्रसाद और कामरेड गुप्तेश्वर प्रसाद को फाँसी की सजा हुई। 12 अन्य मजदूर नेताओं को आजीवन कारावास की सजा हुई।

इन सबके बावजूद मजदूरों ने अपना संघर्ष जारी रखा। 19 सितंबर, 1969 को नदखरकी कोलियरी में एक सभा थी। इसका प्रचार किया जा रहा था। 18 सितंबर को कामरेड रामदेव सिंह अपने साथियों के साथ प्रचार गाड़ी में थे। उसी दौरान जब यह गाड़ी मधुबन कोलियरी में एक क्वार्टर के पास पहुँची, खदान मालिक के मैनेजर, दीवान और अन्य दबंगों ने रास्ते में खड़ा होकर गाड़ी रोक दी। गाड़ी रुकते ही खदान मालिकों के गुंडों ने प्रचार गाड़ी पर हथियार से हमला कर दिया। गुंडों ने कामरेड रामदेव सिंह को गाड़ी से खींचकर बाहर निकाला। वे गुंडों के चंगुल से छूटकर कुछ दूर तक भागे भी, पर

दौड़ा कर उनकी हत्या कर दी। प्रचार गाड़ी में जो भी रामदेव सिंह के सहयोगी थे, वे बाघमारा थाना पहुँचे और घटना की जानकारी दी। पर पुलिसकर्मियों ने यह कहकर पल्ला झाड़ लिया कि कोई गाड़ी नहीं है। हत्या के बाद रामदेव सिंह का शव बहुत देर तक वहीं पर पड़ा रहा। इस हत्या की तीखी प्रतिक्रिया हुई। 75 हजार लोगों ने इस हत्या के खिलाफ प्रदर्शन किया। धारा 144 लागू होने के बावजूद कामरेड रामदेव सिंह के अंतिम संस्कार में भारी संख्या में लोगों ने भाग लिया। इसके बाद पुलिस ने अपना जुल्म और बढ़ा दिया। उसने अंतिम संस्कार में भाग लेकर लौट रहे मजदूरों को गिरफ्तार किया। जिस स्थान पर रामदेव सिंह की हत्या हुई थी, वहाँ शहीद वेदी बनाई गई। हर साल उन्हें याद किया जाता है।

□

सदानंद झा : 11 मार्च, 1974

विरोधियों ने कर दी थी हत्या

जब झारखंड आंदोलन शुरू हुआ था तो ऐसा माना जा रहा था कि आदिवासी और मूलवासी ही अलग राज्य की माँग कर रहे हैं और वे ही लोग आंदोलन में शामिल होते हैं। बिहार के हिस्से काट कर ही झारखंड राज्य की माँग की जा रही थी, इसलिए ऐसी धारणा बन गई थी कि कोई बिहारी अलग राज्य की माँग का समर्थन नहीं करेगा। इस धारणा को तोड़ा था सदानंद झा ने। वे झारखंड में पैदा नहीं हुए थे पर किसी झारखंडी से किसी मायने में कम नहीं थे।

सदानंद झा की प्रतिमा

एक मई 1946 को मुंगेर जिला के माणिकपुर गाँव में सदानंद का जन्म हुआ था। वे गरीब परिवार से आते थे। बचपन में ही माता-पिता की मौत हो गई थी। गरीबी और बेरोजगारी से लड़ते-लड़ते सदानंद कम उम्र से ही आंदोलनकारी बन गए थे। वर्ष 1965-66 में रेलवे में भरती होकर गोमो आए और मामा के साथ रहते थे। गोमो ईस्टर्न रेलवे का महत्त्वपूर्ण स्टेशन है। धनबाद के अधीन आता है यह स्टेशन। धनबाद का ही एक प्रखंड है तोपचांची, जहाँ वर्कशाप भी है। उन दिनों तोपचांची के आस-पास लोहा चोरों का गिरोह सक्रिय था जो रेलवे की संपत्ति की चोरी किया करते थे। इस गिरोह के लोग काफी दबंग थे और किसी में उनका विरोध करने का साहस नहीं था। जीतपुर गाँव के पुनीत महतो शिवाजी समाज से जुड़े थे। वे झारखंड मुक्ति मोरचा के भी कार्यकर्ता थे। उनके साथ रहते थे सदानंद झा। इसलिए पुनीत के साथ सदानंद भी झामुमो से जुड़ गए।

सदानंद जुझारू तेवर के थे। नेतृत्व क्षमता तो थी ही। जल्द ही मजदूरों ने महसूस किया कि उन्हें आगे की लड़ाई के लिए सदानंद जैसा नेता चाहिए। वे गोमो में मजदूरों के

नेता बन गए। उनके राजनैतिक जीवन की शुरुआत मजदूर आंदोलन से हुई। कई छोटे और बड़े आंदोलन का नेतृत्व किया। वहाँ के हर वैसे अधिकारी और दबंगों का विरोध किया जो मजदूरों के शोषण-अत्याचार में लगे थे। उन्होंने लड़ाई में न कभी पीठ दिखाई और न ही कभी समझौता किया। इस कारण एक खास वर्ग की आँखों की वह किरकिरी बन गए थे।

उन दिनों महाजनी प्रथा के खिलाफ आंदोलन चल रहा था। टुंडी में आदिवासियों के बीच समाज सुधार का काम चल रहा था। शिबू सोरेन द्वारा चलाए जा रहे इस आंदोलन को विनोद बिहारी महतो का भी समर्थन था। धीरे-धीरे सदानंद झा शिबू सोरेन के करीब आ गए। बाद में स्थिति यहाँ तक आ पहुँची कि वे शिबू सोरेन के खास लोगों में गिने जाने लगे। शिबू सोरेन उन पर आँख मूँदकर भरोसा करने लगे। अन्याय, शोषण के खिलाफ जब भी कोई आंदोलन होता, सदानंद झा उसमें शामिल हो जाते।

सदानंद झा का शिबू सोरेन और विनोद बिहारी महतो के अलावा मजदूर नेता इमामुल हई खान और जार्ज फर्नांडीस आदि के साथ बहुत मधुर संबंध था। जब 1973 में आवश्यक वस्तुओं में मूल्य वृद्धि हुई तो उन्होंने इसके विरोध में आंदोलन कर दिया, जिसके कारण उन्हें जेल जाना पड़ा। उनकी गिरफ्तारी की खबर गोमो व निकटवर्ती ग्रामीण क्षेत्रों में जंगल की आग की तरह फैल गई। जनता में आक्रोश फैल गया। उनकी गिरफ्तारी से नाराज हजारों की संख्या में महिला, पुरुष और बच्चों ने रेल का चक्का जाम कर दिया। अंततः जनता के दबाव में आकर धनबाद के तत्कालीन उपायुक्त चंद्र मोहन झा ने उन्हें बिना शर्त रिहा कर दिया।

सदानंद अपने क्षेत्र में काफी लोकप्रिय थे। जहाँ कहीं भी झारखंड राज्य के लिए आंदोलन होता, रैली-सभा होती, सदानंद रेलवे का इंजन लेकर भी पहुँच जाते। आंदोलन के कारण कई बार उन्होंने रेलवे के नियम को तोड़ा, उनके खिलाफ कार्रवाई भी हुई, पर वे कभी नहीं झुके।

रेलवे के ठेके में गड़बड़ी, इसके संसाधनों के दुरूपयोग और अफसरों की मनमानी के खिलाफ भी सदानंद झा ने आंदोलन किया था। लगातार विरोध करने के कारण उनके दुश्मन भी बन गए थे। अपराधियों ने 11 मार्च, 1974 को विद्युत् चालक विश्राम गृह तथा ऑल इंडिया लोको रनिंग स्टाफ एसोसिएशन कार्यालय के बीच गोली मारकर उनकी हत्या कर दी। उनकी हत्या का आरोप तत्कालीन युवा कांग्रेस के कुछ कार्यकर्ताओं पर लगा। पर आंदोलन में उनका साथ देनेवालों ने भी बाद में चुप्पी साध ली। उनके समर्थकों ने 1985 में ऑल इंडिया लोको रनिंग स्टाफ एसोसिएशन कार्यालय के बगल में आदमकद प्रतिमा स्थापित की। उनके नाम पर गोमो स्टेशन के निकट शहीद सदानंद झा रेलवे मार्केट बसा हुआ है। उक्त मार्केट के दुकानदार सदानंद झा

के शहादत दिवस पर स्वेच्छा से अपनी दुकानें बंद रखते हैं। हत्या के बाद गोमो के स्थानीय दुकानदारों ने सदानंद झा के नाम पर बाजार का नामकरण किया। उनकी वहाँ प्रतिमा लगाई। उसके बाद से हर साल उनके शहादत दिवस पर झामुमो द्वारा दस दिनों का मेला लगाया जाता है। झारखंड मुक्ति मोरचा के शीर्ष के नेता भी सदानंद झा की कमी को महसूस करते हैं। खुद शिबू सोरेन भी कहा करते हैं कि सदानंद झा जैसा बहादुर और जुनूनी कार्यकर्ता अब कहाँ मिलनेवाला है।

□

अभय चरण तिवारी : 30 सितंबर, 1978

धोखे से की गई हत्या

अभय चरण तिवारी

अभय चरण तिवारी का नाम उन नेताओं में लिया जाता है जिन्होंने बहादुरी के साथ महाजनों का सामना किया। उनके खिलाफ लंबी लड़ाई लड़ी। हर लड़ाई में जीत हासिल करनेवाले अभय चरण 30 सितंबर, 1978 को उस समय हार गए जब महाजनों ने उनकी हत्या कर दी। वे निरसा प्रखंड के घाघरा निवासी थे।

जब शिबू सोरेन, एके राय और विनोद बिहारी महतो की तिकड़ी सूदखोरों के खिलाफ जोरदार आंदोलन चला रही थी, अभय चरण तिवारी उनकी टीम में थे। अभय चरण तिवारी ने मैट्रिक की परीक्षा पास करने के बाद बीबी कॉलेज आसनसोल से स्नातक तक पढ़ाई की। कॉलेज के समय से ही वे राजनीति में सक्रिय हो गए। बाद में उन्हें चिनाकुड़ी में नौकरी मिली। माइनिंग सरदार की परीक्षा उन्होंने पास की और गोपालीचक कोलियरी में ओवरमैन के पद पर नियुक्त हुए। बाद में ईसीएल के राजपुरा, लक्खीमाता व चापापुर वन में भी काम किया। अभय 1965 से 1970 तक घाघरा पंचायत के मुखिया भी रहे। निरसा विधानसभा के लिए हुए चुनाव में जनसंघ के टिकट पर उन्होंने चुनाव लड़ा। इस चुनाव में भाकपा के निर्मल चटर्जी को उन्होंने कड़ी टक्कर दी। बाद में अभय चरण ने 1975 में बिहार कोलियरी कामगार यूनियन की सदस्यता ले ली। इसके बाद उन्होंने चापापुर के सूदखोर मुकुंद सिंह व मैनेजर श्री बंसल के खिलाफ मुहिम छेड़ दी। उनकी बहादुरी को तब लोगों ने देखा जब चाकलता गाँव में डकैतों के खिलाफ ग्रामीणों के साथ मिलकर उन्होंने तीन डकैतों को मार गिराया और तीन को पकड़कर पुलिस को सौंप दिया। अभय चरण ने ग्रामीणों की

सुरक्षा का भी खयाल रखा और प्रशासन के साथ मिलकर ग्रामीणों को बंदूक का लाइसेंस दिलाया। शराब का उन्होंने विरोध किया, जिसके कारण उनपर फर्जी मामले भी दर्ज किए गए। एमसीसी में रहते हुए उन्होंने गाँवों में पेड़ के नीचे कई बार दाखिल-खारिज शिविर का आयोजन करवाया, ताकि रैयतों को परेशानी नहीं हो।

अभय चरण के काम करने का दायरा लगातार बढ़ता जा रहा था। इससे कई महाजनों को घाटा हो रहा था। 30 सितंबर, 1978 की सुबह वे गाँव से चापापुर के लिए मोटरसाइकिल से निकले। इस समय घनघोर बारिश हो रही थी। उनके विरोधियों ने बारिश का फायदा उठाते हुए उनकी हत्या कर दी। 1 अक्तूबर को जब उनका अंतिम संस्कार किया गया, उसमें एके राय, शिबू सोरेन, विनोद बिहारी महतो, सरकार मुर्मू जैसे उनके साथी के अलावा दस हजार से अधिक लोग जुटे। उनकी मृत्यु के बाद उनके बड़े पुत्र सपन तिवारी को चापापुर कोलियरी में नौकरी मिली। उनकी पत्नी आनंदमयी देवी अपने छह पुत्रों के साथ अभय चरण की याद को जिंदा रखे हुए हैं। 2004 में विधायक अरूप चटर्जी ने स्मारक वेदी का निर्माण गाँव के पास कराया, जहाँ प्रतिवर्ष उन्हें श्रद्धांजलि दी जाती है। आज भी पास के गाँवों के लोग अभय चरण के संघर्ष को याद करते हैं।

□

बसंत पाठक : 22 जून, 1979

दिलेर आंदोलनकारी की शहादत

बसंत पाठक

जोराआम में बसंत पाठक का स्मारक

झारखंड आंदोलन में बसंत पाठक की शहादत का विशेष महत्त्व है। उन दिनों ऐसी धारणा थी कि सिर्फ आदिवासी और मूलवासी ही अलग झारखंड राज्य की माँग कर रहे हैं। गैर-आदिवासी इसके विरोध में हैं। इस धारणा को तोड़ा था बसंत पाठक ने। जब शिबू सोरेन टुंडी और आस-पास के इलाकों में महाजनी प्रथा और सूदखोरी के खिलाफ आंदोलन चला रहे थे, बसंत पाठक उनके साथ थे। वे शिबू सोरेन के विश्वासपात्रों में एक थे और उन्हें मानते भी थे। शिबू सोरेन के निर्देश पर उन्होंने महाजनों के खिलाफ चलाए जा रहे संघर्ष को दूर-दराज के इलाकों तक पहुँचाया।

बसंत गांडेय इलाके के रहनेवाले थे। उनके भाई विशेश्वर पाठक प्रखंड के प्रमुख थे। खुद बसंत की रुचि राजनीति में थी। उनके क्षेत्र में भी महाजनों का आतंक था। काफी कम उम्र से ही उन्होंने महाजनों का आतंक झेला था, इसलिए मन में आग थी। थोड़ा बड़ा होने पर उन्होंने छोटे-छोटे आंदोलनों में भाग लेना प्रारंभ कर दिया था। फिर जब झारखंड मुक्ति मोरचा का गठन हुआ तो उन्होंने इसमें सक्रिय भूमिका अदा की। खुद प्रखंड सचिव बने। शिबू सोरेन बसंत पर बहुत ज्यादा भरोसा करते थे, इसलिए जब भी अलग झारखंड राज्य के लिए बड़ी रैली-सभा होती, बसंत को वे बड़ी जिम्मेवारी सौंपते। रणनीति बनाने में वे बसंत पाठक को साथ

रखते थे। बसंत पाठक का अपने क्षेत्र में दबदबा भी था। इसका लाभ भी उन्हें मिलता था। जब उन्होंने अन्याय-शोषण के खिलाफ खुलकर संघर्ष करना शुरू किया, कई महाजनों के खिलाफ कार्रवाई की तो उनके दुश्मनों की संख्या बढ़ने लगी। इसी दौरान 22 जून, 1979 की रात में जब वे गांडेय स्थित अपने घर में सो रहे थे, दुश्मनों ने उन पर घातक हथियार से हमला कर उनकी हत्या कर दी। गांडेय थाना में प्राथमिकी भी दर्ज कराई गई पर असली हत्यारे नहीं पकड़े गए। उनकी हत्या के बाद जेएमएम के आह्वान पर कई दिनों तक गांडेय बाजार बंद रहा। माहौल तनावपूर्ण हो गया था। जेएमएम के कार्यकर्ताओं ने सरकारी कार्यालयों में कामकाज ठप करा दिया था। तालाबंदी कर दी थी। बसंत पाठक की याद में जोराआम में स्मारक का निर्माण किया गया। हर साल झारखंड मुक्ति मोरचा के कार्यकर्ता-नेता 22 जून को जोराआम में जुटते हैं और अन्याय के खिलाफ लड़नेवाले अपने नेता बसंत पाठक को याद करते हैं।

□

यदुनंदन वर्णवाल : 23 अप्रैल, 1984

माफिया ने बनाया निशाना

लाल झंडा के बैनर तले शोषण के खिलाफ लड़नेवाले यदुनंदन वर्णवाल की माफिया तत्त्वों ने 23 अप्रैल, 1987 को हत्या कर दी थी। यदुनंदन आंदोलनकारी तो थे ही, जीविका के लिए वे राशन दुकान चलाते थे। कोयलांचल में उन्होंने एके राय, शिबू सोरेन और विनोद बिहारी महतो के साथ मिलकर शोषकों के खिलाफ अभियान चलाया था। वे तेतुलिया के एक छोटे से कमरे में रहकर राशन दुकान चलाते थे। मजदूरों के खिलाफ संघर्ष करने के कारण माफिया उनसे नाराज रहते थे और किसी मौके की तलाश में थे। 23 अप्रैल को उनकी हत्या इस प्रकार की गई, ताकि लगे कि यह मामला डकैती का है। वे बीसीकेयू के जाने-माने नेता थे।

यदुनंदन वर्णवाल की हत्या ने कोयलांचल को हिलाकर रख दिया था। वे मूल रूप से नवादा नरेट बाजार के रहने वाले थे और बहुत दिनों से कोयलांचल में रह कर मजदूरों की लड़ाई लड़ रहे थे। उनका जन्म 1945 में हुआ था। जब उन्होंने तेतुलिया में छोटी सी राशन दुकान खोली, तब तेतुलिया,धर्माबाँध व साउथ गोविंदपुर कोलियरी चालू थी और चहल-पहल रहती थी। यदुनंदन आज के राशन दुकानदारों की तरह राशन की कालाबाजारी नहीं करते थे। वे गरीबों और जरूरतमंदों को अपनी दुकान से मदद भी पहुँचाते थे। पर उन दिनों वहाँ माफिया तत्त्वों का साम्राज्य था। यदुनंदन वर्णवाल लाल झंडे के साथ माफिया तत्त्वों के खिलाफ आवाज मुखर करते थे। उन्हें तीन पुत्र व चार पुत्रियाँ थीं। हत्या के बाद किसी प्रकार का कोई मुआवजा नहीं मिला। राशन दुकान चलाने का जिम्मा उनके पुत्र गोपाल वर्णवाल ने सँभाल लिया। दो अन्य भाई सब्जी बेचते हैं।

□

कलीमुद्दीन अंसारी : 15 मई, 1994

चोरों को समझाने की सजा

झारखंड के आंदोलनकारी कलीमुद्दीन अंसारी की हत्या गोविंदपुर के कालाडाबर में अपराधियों ने उस समय कर दी थी जब उन्होंने अपराधियों (चोरों) को समझाने का प्रयास किया था। यह घटना 15 मई, 1994 की है। वे मार्क्सवादी समन्वय समिति से जुड़े हुए थे। पर इस आंदोलनकारी की शहादत को उनके सहयोगियों ने शायद यह समझ कर भुला दिया कि वे आंदोलन करते वक्त पुलिस की गोली या माफिया की गोली से नहीं मारे गए। कलीमुद्दीन अंसारी का सारा जीवन गरीबों के लिए लड़ते गुजरा। वे बहादुर थे। तभी तो जिन अपराधियों (चोरों) ने उन्हें रास्ते में रोका, उसको उन्होंने पहले समझाने और सही रास्ते पर चलाने का भी प्रयास किया।

कलीमुद्दीन सहराज गाँव के रहनेवाले थे, जो धनबाद जिले के तीन प्रखंडों निरसा, टुंडी व गोविंदपुर की सीमा पर बसा है। इसी सुदूर गाँव में वे पैदा हुए और पले-बढ़े। वे संगठन के प्रति समर्पित थे। सांसद एके राय, विनोद बिहारी महतो व शिबू सोरेन के लाल-हरा झंडा से प्रभावित होकर राजनीति में आने वाले कलीमुद्दीन ने झारखंड अलग राज्य की लड़ाई में अहम भूमिका निभाई। पार्टी के हर आंदोलन में वह सक्रिय रहे। कोयला माफियाओं के खिलाफ चले एक दर्जन से अधिक आंदोलनों में कलीमुद्दीन की सक्रिय भूमिका रही। उनकी सक्रियता को देखते हुए सीटू से संबद्ध बिहार कोलियरी कामगार यूनियन की ईस्टर्न कोलफील्ड्स लिमिटेड (ईसीएल) की चापापुर कोलियरी में उन्हें एरिया सचिव की जिम्मेदारी सौंपी गई। यहाँ यूनियन का काम देखने के साथ ही वह गोविंदपुर प्रखंड में मार्क्सवादी समन्वय समिति (मासस) के संगठन के लिए काम करते रहे। संगठन को गाँव-गाँव में फैलाया। उनकी कर्मठता को देखते हुए उन्हें गोविंदपुर प्रखंड मासस का अध्यक्ष बनाया गया। उनके अध्यक्ष रहते कई बार पार्टी का चुनाव हुआ, किंतु बराबर कार्यकर्ता उन्हें ही निर्विरोध अध्यक्ष चुनते रहे। वह हमेशा लोगों को उनका अधिकार दिलाने के लिए लड़ते रहे।

15 मई, 1994 को जब वह बरवापूर्व स्थित मासस कार्यालय में पार्टी की मीटिंग

समाप्त कर राजदूत मोटरसाइकिल से अपने सुदूर गाँव जा रहे थे, तभी गोविंदपुर थाना क्षेत्र के कालाडाबर गाँव के पास मवेशी चोरों ने उन्हें रोका। उसमें कुछ स्थानीय चोर थे। हिम्मतदार कलीमुद्दीन ने चोरों को पहचान लिया और ऐसा काम नहीं करने की नसीहत दी। लेकिन चोरों को लगा कि बात का प्रचार हो जाएगा, इसलिए मोटरसाइकिल के हैंडिल पर रखे कलीमुद्दीन के दोनों हाथों को काट डाला। रात भर वह वहीं छटपटाते रहे। सुबह लोगों ने उनकी लाश देखी। निरसा के तत्कालीन विधायक गुरुदास चटर्जी व सिंदरी के विधायक आनंद महतो के नेतृत्व में विशाल शवयात्रा निकाली गई। भले ही न उनका कोई शहादत स्थल है और न पुण्यतिथि मनाई जाती है, पर जनाजे में उमड़ी भीड़ को लोग आज भी याद करते हैं। लगभग 42 साल के कलीम अपने पीछे माता-पिता, विधवा समेत छह बेटे एवं दो पुत्रियाँ छोड़ गए। उनकी विधवा कहती है कि उनके पति हमेशा लोगों के लिए लड़ते थे। अन्याय-अत्याचार उन्हें बरदाश्त नहीं था।

□

दुर्गा तिवारी

उम्रकैद की सजा काटी

दुर्गा तिवारी उर्फ झारखंडी बाबा

झारखंड अपने उन नायकों को भूल गया है जिनके संघर्ष और बलिदान के दम पर राज्य बना। अधिकांश अभी तक गुमनाम हैं। आज की पीढ़ी उन नायकों को जानती तक नहीं। ऐसा इसलिए हो रहा है, क्योंकि उन नायकों को सम्मान दिलाने का प्रयास ही नहीं किया गया। ऐसे ही एक नायक थे दुर्गा तिवारी उर्फ झारखंडी बाबा।

दुर्गा तिवारी उर्फ झारखंडी बाबा का जन्म बोकारो जिला मुख्यालय से लगभग 50 किमी दूर गोमिया अंचल के साड़म में एक ब्राह्मण परिवार में हुआ था। तीन भाइयों में सबसे छोटे थे। रामेश्वर तिवारी और भुवनेश्वर तिवारी उनसे बड़े थे। साढ़े छह फीट लंबे झारखंडी बाबा झारखंड आंदोलन के उन सपूतों में थे, जिन्होंने आंदोलन से निजी आकांक्षाएँ नहीं पाली थीं। आंदोलन की आड़ में कभी धन-संपत्ति जमा नहीं की। झारखंड की खुशियों के लिए जीवन भर हँसते हुए हर दुःख-दर्द को गले लगा लिया था। उनके मजबूत इरादे और त्याग का पता इसी बात से चलता है कि झारखंड आंदोलन की आँच को सुलगाए रखने और आंदोलन के अन्य प्रमुख नेतृत्वकर्ताओं को बचाने के लिए हत्या का इल्जाम अपने ऊपर ले लिया। यह जानते हुए भी कि इससे उन्हें फाँसी हो सकती है, उन्होंने यह कदम उठाया था। हत्या का एक मामला था। अदालत ने उन्हें उम्रकैद की सज़ा सुनाई। आंदोलन

दुर्गा तिवारी के परिजन

के प्रति अपने त्याग और समर्पण के गहरे भाव के कारण ही दुर्गा तिवारी हमेशा के लिए अमर हो चुके हैं।

जब वे युवा हुए, नौकरी की जरूरत महसूस हुई। ऐसी स्थिति में दुर्गा तिवारी को पश्चिम बंगाल पुलिस में सिपाही की नौकरी मिली थी पर माटी की आवाज पर उन्होंने नौकरी को त्याग दिया। झारखंड आंदोलन का ऐसा जुनून समाया कि घर-परिवार के सदस्यों को भुखमरी के कगार पर छोड़ गाँव दर गाँव घूम-घूमकर झारखंड अलग राज्य का अलख जगाने लगे। वर्ष 1960 के आस-पास वे ईचागढ़ आ गए। बाद में उन्होंने झारखंड पार्टी के टिकट पर चुनाव भी लड़ा। पर जीत नहीं सके। उन्होंने तय कर लिया कि वे और सक्रिय रूप से आंदोलन में भाग लेंगे। फिर वे अपने पैतृक गाँव साड़म चले आए। आक्रामक तेवर वाले झारखंडी बाबा जल्द ही शिबू सोरेन के संपर्क में आ गए। जब भी शिबू सोरेन और विनोद बिहारी महतो धनबाद के टुंडी से लेकर गिरिडीह, हजारीबाग, रामगढ़, राँची, बोकारो आदि के जंगल-पहाड़ों और दूरदराज के गाँवों की यात्रा करते थे, दुर्गा तिवारी उर्फ झारखंडी बाबा उनके साथ होते थे। जब शिबू सोरेन थक जाते थे तो झारखंडी बाबा उन्हें अपने कंधे पर बैठाकर आगे का सफर जारी रखते थे।

झारखंडी बाबा के संघर्ष और त्याग की असली दास्तान वर्ष 1973 से शुरू होती है। उन दिनों महाजनों और दबंगों के शोषण से लोग कराह रहे थे। यहाँ के आदिवासियों की जमीन दबंगों-महाजनों ने कब्जे में कर ली थी। इन जमीनों को मुक्त कराने के लिए झारखंड मुक्ति मोरचा के बैनर तले धान काटो आंदोलन शुरू किया गया था। आंदोलन के इसी क्रम में नावाडीह प्रखंड के गरीब किसानों को उनकी जमीनें दबंगों से मुक्त कराकर उन्हें दिलाने का संघर्ष शुरू हो चुका था। गोनियाटो गाँव के कुछ आदिवासियों की जमीन को खोखा बाबू ने अपने कब्जे में कर लिया था।

27 नवंबर, 1973 का दिन था, जब यह आंदोलन खोखा बाबू की जमीन पर पहुँचा, तो उन्होंने इसका विरोध कर दिया। परिणाम यह हुआ कि दोनों पक्षों के बीच संघर्ष शुरू हो गया इसमें खोखा बाबू की मृत्यु हो गई। इस कांड में तीनों नेता (शिबू सोरेन, विनोद बिहारी महतो और दुर्गा तिवारी) नामजद बनाए गए, लेकिन मुकदमे की सुनवाई के दौरान झारखंड आंदोलन में शिबू सोरेन और विनोद बिहारी महतो के नेतृत्व के महत्त्व को देखते हुए झारखंडी बाबा ने कत्ल के इल्जाम को अपने सिर पर ले लिया। इसके बाद उन्हें उम्रकैद की सजा हो गई।

आठ साल गिरिडीह जेल और लगभग 12 साल हजारीबाग सेंट्रल जेल में गुजारने के बाद 1993 में बाहर निकले। पूरी जवानी जेल में बीत गई। पत्नी उनके वियोग में मर गई। अपने हाथों बेटी का कन्यादान नहीं कर सके। उनके जेल में रहते उनकी बेटी की शादी हुई थी। जेल से जब बाहर आए उस वक्त उनकी उम्र 60 के आस-पास रही होगी। शरीर कमजोर पड़ चुका था पर हौसले पहले की तरह ही बुलंद थे, तभी तो जेल से निकल कर भी घर पर नहीं बैठे और झारखंड आंदोलन में फिर से सक्रिय हो गए। झारखंडी बाबा ने बहुत सारी यातनाएँ सही पर उन्हें इसका कोई अफसोस नहीं था। शायद तभी, जेल से निकलने के बाद भी आंदोलन का हिस्सा बन गए। वर्ष 1997 में ओड़िशा में झारखंड मुक्ति मोरचा की बैठक में भाग ले रहे थे। उसी समय उनकी मौत हो गई।

साड़म में दुर्गा तिवारी के परिजन अभी भी रहते हैं। घर में प्रवेश करते ही इस बात का एहसास हो जाता है कि इस आंदोलनकारी ने कभी परिवार की चिंता नहीं की थी। पैसा नहीं बनाया था। दुर्गा तिवारी के भतीजे लाल बहादुर तिवारी कहते हैं—चाचा (दुर्गा तिवारी) के जेल चले जाने के बाद पूरा परिवार अस्त-व्यस्त हो गया। घर की आर्थिक स्थिति चरमरा गई। पूरा परिवार आर्थिक तौर पर दुर्गा तिवारी पर ही निर्भर था। उनके नाम तीन तालाब थे और एक दुकान थी। इसी से पूरा परिवार चलता था। उनके जेल जाने से कुछ भी सँभल नहीं सका। दोनों भाइयों को मजदूरी कर परिवार का भरण-पोषण करना पड़ा। आज भी यह परिवार फटेहाल जीवन गुजार रहा है।

□

गुरुदास चटर्जी : 14 अप्रैल, 2000

माफिया के शिकार बने

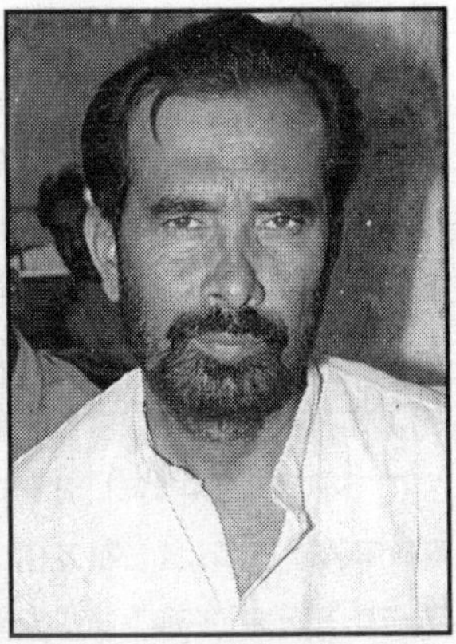

गुरुदास चटर्जी

गुरुदास चटर्जी छात्र जीवन में ही राजनीति में उतर गए थे। वे नक्सल आंदोलन के दौरान अपने पैतृक आवास चारपेटिया (पुरुलिया) को छोड़कर निरसा आ गए थे। यहाँ आकर उन्होंने ईसीएल में नौकरी कर ली। परंतु उनके दिल में दबे कुचले लोगों, मजदूरों की स्थिति में सुधार की तमन्ना थी। वे बेचैन रहते थे। कुछ दिनों तक वे भाकपा माले के महासचिव विनोद मिश्र के साथ भी जुड़े रहे और उनके भूमिगत आंदोलन में साथी बने। प्रारंभ में केएस चटर्जी के साथ भी उनकी खूब छनी। जनता से उनका जुड़ाव बना रहा। फिर एके राय से वह काफी प्रभावित हुए। उनके अलग राज्य के आंदोलन में उन्होंने अहम् भूमिका निभाई। अलग राज्य चाहने वाले वाम दलों को मिला कर उन्होंने झारखंड अलग राज्य वाम जनवादी संघर्ष समिति बनाई, जिनका उन्हें चेयरमैन बनाया गया। माले विधायक महेंद्र सिंह व दीपांकर भट्टाचार्य, आनंद महतो भी उक्त कमेटी में थे। समन्वय समिति ने अलग राज्य के लिए कई आंदोलन भी किए। झारखंड के लोगों को वह किस तरह से चाहते थे, वह इस बात से ही पता चलता है कि जीटी रोड निरसा में आदिवासी की जमीन पर निरसा के एक माफिया परिवार ने पेट्रोल पंप खोल लिया, जिसे गुरुदास ने मुक्त करा कर जमीन के मालिक आदिवासी को हक दिलाया। यह घटना काफी चर्चित रही। गुरुदास तत्कालीन बिहार में छाए रहे, लेकिन गुरुदास की इस पहचान के कारण प्रतिक्रियाशील शक्तियों की बौखलाहट बढ़ने लगी। अलग राज्य गठन के सात माह पूर्व 14 अप्रैल, 2000 को गोविंदपुर देवली के सुनसान जीटी रोड पर गोली मारकर उनकी हत्या कर दी गई। आरोप उसी माफिया परिवार पर लगा। न्यायालय ने बजाप्ता सजा भी सुनाई। □

महेंद्र प्रताप सिंह : 1982

महाजनों ने लिया बदला

महेंद्र प्रताप सिंह

महेंद्र प्रताप सिंह एक ऐसे नेता थे जो न सिर्फ ग्रामीणों को महाजनों के चंगुल से छुड़ाते थे, बल्कि उन्हें बसाते भी थे। उनके लिए जगह-जमीन तक की व्यवस्था करते थे। सैकड़ों लोगों को उन्होंने महाजनों से बचाया और बाद में हजारीबाग जिले के विष्णुगढ़ प्रखंड में उन्हें बसाया। इस गाँव का नाम रखा गया मुक्ति दूधमनिया। वे आजीवन सूदखोरों के खिलाफ संघर्ष करते रहे। वे पढ़े-लिखे थे, राँची विश्वविद्यालय से उन्होंने अंग्रेजी में एमए तक की पढ़ाई की थी। चाहते तो कहीं सरकारी नौकरी कर पूरा जीवन आराम से व्यतीत कर सकते थे। पर ऐसा नहीं किया। पढ़ाई के बाद वे आंदोलन में कूद पड़े चतरा के नेम गाँव में उनकी ननिहाल थी। वहीं से उन्होंने प्रारंभिक पढ़ाई की थी। टेकलाल बाबू के वे करीबी थे। दोनों का आंदोलन साथ-साथ चलता था। टेकलाल बाबू पूरे क्षेत्र में विनोद बिहारी महतो और शिबू सोरेन को बुलाते थे, बड़ी-बड़ी सभा करते थे। इससे विष्णुगढ़ के आस-पास के गाँवों में महाजनों के प्रति लोग एकजुट हो चुके थे। महेंद्र प्रताप सिंह का मानना था कि महाजनों ने जिसकी जमीन ली है, उसे मुक्त तो कराया जाएगा पर उसकी सुरक्षा को देखते हुए उसे अकेले नहीं छोड़ा जाएगा। ऐसे लोगों को एक जगह पर बसाया जाएगा ताकि फिर कोई महाजन उनकी जमीन पर कब्जा करने की हिम्मत नहीं कर सके। इसलिए उन्होंने मुक्त हुए लोगों के लिए मुक्ति दूधमनिया गाँव बसाया। झारखंड में ऐसा दूसरा उदाहरण नहीं है। उनके आंदोलन से सूदखोर तबाह हो रहे थे। एक दिन जब वे हजारीबाग जा रहे थे तो रास्ते में होलंग के पास सूदखोरों ने 1982 में उनकी हत्या करवा दी। उस समय उनकी उम्र सिर्फ 36 साल की थी और उनके बच्चे काफी छोटे थे। उन्होंने 15 साल तक लगातार शोषण के खिलाफ संघर्ष किया।

□

गुरुवचन सिंह : 1987

मजदूरों के हितैषी

झारखंड आंदोलन की लड़ाई में दूसरे प्रांतों से आए लोगों ने भी महत्त्वपूर्ण भूमिका अदा की थी। ऐसे कई लोग रोजगार-नौकरी के कारण कोयलांचल आए थे। कोयला खदान होने के कारण देश के अन्य हिस्से से लोग काम करने कोयलांचल आए, यहाँ के मजदूरों के साथ रहे। उनके दुःख-दर्द को देखा, सहभागी बने। जब देखा कि मजदूरों का शोषण होता है, तो बाहर से आए लोगों ने भी यहाँ के मजदूरों का साथ देना शुरू कर दिया। ऐसे ही एक नेता-कार्यकर्ता थे गुरुवचन सिंह। पंजाब से झारखंड आए थे। वे श्यामपुर कोलियरी में काम करते थे। इसके साथ-साथ वे बिहार कोलियरी कामगार यूनियन और मार्क्सवादी समन्वय समिति (मासस) में भी सक्रिय थे। एके राय के साथ रहते-रहते उन्होंने मजदूरों की समस्या को जाना-समझा था। उन्होंने देखा था कि कैसे कोयलांचल के मजदूरों का दमन किया जाता है। उन्होंने तय कर लिया था कि संघर्ष करेंगे। यूनियन में समर्पण का ही नतीजा था कि 70 के दशक में उन्हें यूनियन का कोषाध्यक्ष चुन लिया गया था। बेहद ईमानदार छवि के गुरुवचन सिंह ने अपने प्रयास से श्यामपुर फाटक के पास यूनियन का कार्यालय बनवाया, जो आज भी विद्यमान है।

सामाजिक कामों में भी वे भाग लेते थे। उन्होंने फाटक के पास ही एक बड़ा मंदिर भी बनवाया। उस समय श्यामपुर के आस-पास घना जंगल हुआ करता था। 1975 में जब देश में आपातकाल लगा तो उन्होंने भी इसका विरोध किया और आंदोलन में शामिल हो गए। पुलिस उन्हें तलाश रही थी। आपातकाल के दौरान गुरुवचन सिंह और उनके साथियों का ठिकाना यही श्यामपुर क्षेत्र हुआ करता था। मासस के निरसा प्रखंड सचिव गोपाल दास उस समय काफी छोटे थे और कड़ी के रूप में कार्य करते थे। लगातार आंदोलन में रहने के कारण उनके कुछ विरोधी भी हो गए थे। 1987 में विरोधियों ने इस मजदूर नेता की हत्या कर दी। यूनियन और मासस दोनों के लिए यह एक बड़ा झटका था। उनकी हत्या के बाद पूरा परिवार निरसा छोड़कर चला गया।

□

केदार पांडेय : 1978

कांग्रेस नेता से मतभेद भारी पड़ा

केदार पांडेय निरसा क्षेत्र में मजदूरों के मसीहा के रूप में विख्यात थे। 11 नवंबर, 1978 को उनकी हत्या कर दी गई थी। ऐसे तो वे झारखंड के नहीं थे, पर काम के सिलसिले में उनका कोयलांचल आना हुआ था। वे मूल तौर पर गोरखपुर (उत्तर प्रदेश) के रहनेवाले थे। कोयलांचल आने के बाद वे मजदूरों के आंदोलन में कूद पड़े। केदार पांडेय पहले केएस चटर्जी के साथ रहते थे। जनवादी संग्राम समिति के बैनर तले उन्होंने कई आंदोलनों में भाग लिया। ये आंदोलन मजदूरों के अलावा अलग झारखंड राज्य से भी जुड़े थे। 1978 में केदार पांडेय और केएस चटर्जी को भागलपुर जेल में डाल दिया गया था। जमानत मिलने के बाद पहले केदार पांडेय जेल से बाहर आए। पुलिस उन्हें लगातार तंग करती थी। इससे वे परेशान हो गए थे। कांग्रेसी उनकी ताकत को पहचानते थे। उन्हें प्रलोभन दिया गया कि अगर वे कांग्रेस में शामिल होते हैं तो पुलिस उन्हें तंग नहीं करेगी। केदार पांडेय ने पहले बंगाल के कांग्रेसी नेता टीएन शुक्ला से संपर्क किया। बात नहीं बनने पर धनबाद में बीपी सिन्हा से बात की। यहाँ उनकी बात बन गई और वे कांग्रेस में शामिल हो गए। कांग्रेस में उनका जोरदार स्वागत किया गया। कांग्रेस के टिकट पर केएस चटर्जी चुनाव जीत गए। इसके बाद केदार पांडेय और केएस चटर्जी में मनमुटाव प्रारंभ हो गया। केदार पांडेय ने कांग्रेस से इस्तीफा दे दिया। वे भले ही किसी दबाव में कांग्रेस में चले गए थे पर उनका वहाँ मन नहीं लगता था। उनके विचार कांग्रेस से मेल नहीं खाते थे। अंततः वे कांग्रेस से त्याग-पत्र देकर माकपा में शामिल हो गए। इसके कुछ दिनों के बाद 11 नवंबर, 1978 को उनकी हत्या हो गई। इसमें कई लोगों पर आरोप लगा, परंतु बाद में सभी बरी हो गए। निरसा क्षेत्र में यह पहली राजनीतिक हत्या थी। मजदूरों के वे चहेते थे पर प्रबंधन के लिए अप्रिय।

□

खंड-4

महिलाओं की महत्त्वपूर्ण भूमिका

दुनिया का कोई भी आंदोलन महिलाओं-बालिकाओं के बगैर सफल नहीं हो सका है। इतिहास इस बात का गवाह है कि महिलाओं/बालिकाओं ने अपनी वीरता से आंदोलन-युद्ध की तसवीर बदल दी है। यह काम आदिकाल से जारी है। हम्मीर-माता, सूर्य-परमाल, सरदारबाई, लालबाई, मेडलीन (कनाडा), जेन (अमेरिका), मरीचि, चंचल कुमारी, बाला पद्मा, मानबा, चंपा, रत्नावती, वीरमती, भगवती, कृष्णा जैसी वीर बालिकाएँ इसी धरती पर पैदा हुईं। लक्ष्मीबाई, कल्पना दत्त, अमृत कौर, भीकाजी रुस्मतजी कामा, दुर्गाबाई देशमुख, अरुणा आसफ अली, रुक्मिणी लक्ष्मीपति, सरोजिनी नायडू, तिल्लैयाडी

वल्लीयम्मै, एस अंबुजम्माल को कौन नहीं जानता, जिन्होंने भारत की आजादी की लड़ाई में निर्णायक भूमिका अदा की। कुछ ऐसा ही देखने को मिला झारखंड आंदोलन में। हालाँकि भारत की आजादी की लड़ाई और झारखंड अलग राज्य की लड़ाई में बहुत अंतर है।

झारखंड आंदोलन लंबे समय तक चला। भले ही यह कहा जाता रहा हो कि इस दौरान महिलाओं की ओर से कोई बड़ा नेतृत्व आंदोलन के दौरान नहीं उभरा। पर सच यह है कि आंदोलन में महिलाओं की महत्त्वपूर्ण भूमिका रही। सिर्फ झारखंड आंदोलन में ही नहीं, बल्कि जब बाहरी आक्रमणकारियों या अंग्रेजों के खिलाफ लड़ाई लड़ी जा रही थी, उन दिनों भी झारखंड की महिलाओं ने बहादुरी का परिचय दिया था। झारखंड की महिलाओं के संघर्ष का इतिहास बहुत पुराना है। इस झारखंड ने अनेक वीर महिलाओं को जन्म दिया।

रोहतासगढ़ पर जब तुर्क सेना का आक्रमण हुआ था, उस समय वहाँ के पुरुष सेंदरा के लिए जंगलों में गए थे। ऐसी स्थिति में रुईदस राजा की पुत्री सिनगी दई, कैली दई और चंपा दई ने महिलाओं को संगठित किया और पुरुषों का वेश धारण कर दुश्मनों से मुकाबला किया था। आक्रमणकारियों को लौटना पड़ा था। पहाड़िया विद्रोह में रमना मरांडी नामक आदिवासी युवक ने महत्त्वपूर्ण भूमिका अदा की थी। जब उसकी हत्या कर दी गई तो हत्या का बदला लेने के लिए उसकी पत्नी खुद मैदान में उतरी थी। बाबा तिलका माझी के नेतृत्व में जब संतालों ने विद्रोह किया तो इसमें पैका मुर्मू की माँ और लाल बाबा मरांडी की माँ फूलमणि मझियाइन ने मालगुजारी नहीं देने का नारा लगाते हुए अंग्रेजों के खिलाफ मोरचा खोल दिया था। भूखन सिंह की अगुवाई में जब चेरो विद्रोह हुआ तो इसमें चेरो किसानों के घरों की महिलाओं ने भी मोरचा सँभाला था। 1831 के कोल विद्रोह में जब दो भाई बिंदराय और सिंदराय लड़ाई लड़ रहे थे, उस समय उनकी दो बहनें भी महिलाओं को एकत्रित कर मोरचा सँभाले हुए थीं। बाद में अंग्रेजों ने इन दोनों बहनों का अपहरण कर लिया था।

1855 में जब भोगनाडीह में सिद्धू-कान्हू, चांद-भैरव की अगुवाई में संताल विद्रोह हुआ तो उनकी दो बहनें फूलो और झानो ने 21 अंग्रेजों को मौत के घाट उतार कर अपनी वीरता का परिचय दिया। संताल महिलाएँ जंगलों में जातीं और अंग्रेजों से लड़ रहे संतालों को खाना और हथियार पहुँचाती थीं। बिरसा मुंडा के आंदोलन में भी महिलाएँ सक्रिय रहीं। इनमें नागी थिगी, माहि, लेंबू, बनकन मुंडा की पत्नी, मझिया मुंडा की पत्नी, डुंडग मुंडा की पत्नी और साली प्रमुख थीं। इस बात को नहीं भूलना चाहिए कि बिरसा मुंडा के दाहिना हाथ गया मुंडा की गिरफ्तारी के लिए जब अंग्रेजों ने उनका घर घेर लिया था तो गया मुंडा की पत्नी माकी और अन्य लोगों ने पुलिस पर धावा बोल दिया था। माकी को तीन माह की सजा सुनाई गई थी। टाना भगत के आंदोलन में 400

से ज्यादा महिलाओं ने भाग लिया था, जिसकी नेता देवमनिया उर्फ बंधनी थी। रोबेन सोरेन नामक संताल महिला ने भी कोल्हान में महिलाओं को एकजुट किया था।

स्वतंत्रता आंदोलन में भी झारखंड की महिलाओं ने अपनी भूमिका अदा की। नमक सत्याग्रह में शशिभूषण राय और उनकी पत्नी ने सक्रियता दिखाई। रामनारायण सिंह के आंदोलन में सरस्वती देवी को आज भी याद किया जाता है। जब गोमिया के बोरीबोरा गाँव में बोगम माझी को गिरफ्तार कर लिया गया तो उनकी पत्नी ने आंदोलनकारियों का हौसला बढ़ाया। आजादी की लड़ाई में इंद्राणी मुखर्जी, चंदा टुडू, वीरानी मझियाइन, प्रेमा देवी, शारदा देवी जैसी सैकड़ों महिलाओं की भूमिका रही। झारखंड का अतीत रहा है कि यहाँ की महिलाओं ने अन्याय के खिलाफ सिर नहीं झुकाया है, संघर्ष किया है, इसलिए जब झारखंड आंदोलन चला, तो महिलाएँ इसमें पीछे नहीं रहीं।

झारखंड आंदोलन में जब भी राज्य के लिए कोई बड़ी सभा हुई, कोई रैली हुई, धरना हुआ, अपना घरेलू कामकाज करते हुए महिलाओं ने इसमें भाग लिया। इतिहास इस बात का गवाह है कि आंदोलन के दौरान कई महिलाओं/लड़कियों की जान भी गई। जब कभी थाना का घेराव होता, महाजनों के गुंडों का हमला होता, पुलिस जुल्म का विरोध करने की बारी आती, महिलाएँ-छात्राएँ आगे की पंक्ति में मिल जाती थीं। 1968 में चैनपुर में पुलिस फायरिंग में दो स्कूली छात्राएँ भिलानी टोपो और जेम्मा टोपो का मारा जाना यह साबित करता है कि राज्य बनने के 32 साल पहले के आंदोलनों में भी महिलाएँ/लड़कियों की भागीदारी होती थी। इस बात को भी नहीं भूलना चाहिए कि जमशेदपुर में पुलिस फायरिंग के दौरान दुलाल भुइयाँ को बचाते वक्त सबिता भुइयाँ मारी गई थी और रंगीनी भुइयाँ को एक पैर गँवाना पड़ा था। सेरेंगदा (1978) में अगर राहिल डांग और अजरमनी लुगून नामक दो बहनों ने बहादुरी नहीं दिखाई होती, पुलिस पर हमला कर राइफल की नोंक को ऊपर नहीं किया होता तो शैलेंद्र महतो और थामस भुइयाँ शायद नहीं बच पाते। 1994 में जब जंगल आंदोलन के नेता और पूर्व विधायक देवेंद्र माझी की हत्या कर दी गई तो उनकी पत्नी जोबा माझी आंदोलन में कूद पड़ीं। अभियान को आगे बढ़ाया। अलग झारखंड और जंगल पर आदिवासियों के अधिकार को लेकर आंदोलन किया। बाद में वे मंत्री भी बनीं।

धान काटो अभियान के दौरान आंदोलनकारी महाजनों के खेतों में लगी फसल को काटते थे। जब पुलिस आती थी तो पुरुष आंदोलनकारी जंगलों/पहाड़ियों में शरण ले लेते थे पर इसका खामियाजा महिलाओं को भुगतना पड़ता था। जब महाजन या पुलिस का उनके घरों पर हमला होता था, घर जलाते थे, लूटपाट करते थे तो ये महिलाएँ विरोध करती थीं। कई अवसरों पर तो पुलिस ने उनके साथ दुष्कर्म तक किया। कई महिलाओं की सामूहिक दुष्कर्म के बाद मौत तक हो गई थी। बेल्डीहा, पकड़िया और पड़रिया की

घटना इसके उदाहरण हैं। कोल्हान में जब पुलिस आदिवासियों के घरों को तोड़ती थी, जलाती थी, तो महिलाएँ चुप नहीं बैठती थीं। गुस्से में पुलिस मार-मारकर हाथ-पैर तोड़ देती थी। बोरटा (नोवामुंडी) में 21 जनवरी, 1983 को पुलिस ने रामपूर्ति की पत्नी को पीट-पीटकर बेहोश कर दिया था। उसका हाथ तोड़ दिया था। गोइलकेरा के टोरकोटकोचा में 25 फरवरी, 1983 को पुलिस ने बराई मुंडा की पत्नी सुशीला को उस समय जम कर पीटा जब उसने घर तोड़ने का विरोध किया। बच्चे के साथ उसे धूप में घंटों खड़ा रखा गया। गुटुवा मुंडा की पत्नी सलोमो को पुलिस ने टाँगी के हैंडल से पीटा था। बिरुआ मंडल की पत्नी को पुलिस ने इतना पीटा था कि 15 दिनों तक वह चल नहीं सकी थी। बाइबेरा में जंगल आंदोलन के बड़े नेता सूला पूर्ति की पत्नी को पुलिस ने बहुत पीटा था। एक सिपाही ने उसका हाथ पकड़ा था, जबकि दूसरा लाठी से पीटते जा रहा था। महिलाओं ने सबकुछ सहा तो सिर्फ अलग झारखंड राज्य के लिए। यह योगदान भी कम नहीं है।

आंदोलनकारी घरों में समय नहीं दे पाते थे, कुछ जंगलों में भागे रहते थे। इस दौरान पूरे परिवार का जिम्मा महिलाएँ उठाती थीं। इसी दौरान उन्हें विरोधियों से भी निबटना पड़ता था। जब भी मौका आता था, पीठ पर बच्चे को बाँधकर रैलियों में निकल पड़ती थीं। अनेक ऐसे अवसर आए जब तीर-धनुष लेकर महिलाएँ पुलिस का रास्ता रोकती थीं। कोल्हान में जंगल आंदोलन के दौरान नंदी कुई नामक युवती ने अपने सहयोगियों के साथ तीर के बल पर सीआरपीएफ को घंटों रोके रखा था। मनोहरपुर के पास रहनेवाली मरियम चेरोवा ने झारखंड आंदोलन के कारण शादी तक नहीं की। गाँव-गाँव घूमकर महिलाओं को एकजुट करती थी। आंदोलनों में भाग लेती थी। शकुंतला टुड्डू, मालती किचिंग्या, ज्योत्सना तिर्की, किरण मिंज ने तो महिलाओं की ओर से आंदोलन का नेतृत्व ही सँभाल लिया था। धनबाद जिले के टुंडी के पोखरिया की बदोली मुर्मू की भूमिका को कौन नकार सकता है। बदोली मुर्मू अब नहीं रहीं। 1971 में शिबू सोरेन ने महाजनों के खिलाफ टुंडी के पोखरिया से ही आंदोलन की शुरुआत की थी। उन दिनों शिबू सोरेन बदोली मुर्मू के घर पर ही रहते थे। वे वहाँ दो साल तक रहे। उसके बाद 1973 में वहाँ उन्होंने शिबू आश्रम खोला था। उन दिनों बदोली मुर्मू शिबू सोरेन को बेटे की तरह मानते हुए खाना बनाती, खिलाती और उनका खयाल रखती थीं। उनके बेटे श्यामलाल मुर्मू शिबू सोरेन के साथ रहा करते थे। 1980 में जब शिबू सोरेन टुंडी से दुमका चले गए तो श्यामलाल मुर्मू को ही आश्रम की जिम्मेवारी सौंपी गई थी। बाद में श्यामलाल की हत्या कर दी गई थी और बदोली मुर्मू का बुढ़ापे का सहारा छिन गया था।

कई महिलाओं ने झारखंड आंदोलन के बारे में गोष्ठी कर, एनजीओ के माध्यम से,

सेमिनार कर या फिर लोक संगीत के जरिए लोगों को जागरूक किया। गुनी उराँव, उर्मिला सिंह, मिनी सोय, ज्योत्सना, लाड़ो जोंको, सिस्टर जेम्मा, सुकुर हेंब्रम, मिरू मार्डी, कांदिन मार्डी जैसी हजारों महिलाओं ने झारखंड आंदोलन में किसी-न-किसी रूप में योगदान दिया। झारखंड आंदोलन के साथ-साथ शोषण और विस्थापन के खिलाफ भी आंदोलन चला। इसमें भी महिलाओं का योगदान रहा। नेतरहाट फील्ड फायरिंग रेंज का आंदोलन इसका उदाहरण है। संघर्ष के बल पर रामगढ़, भुरकुंडा के आस-पास झारखंड मजदूर किसान पार्टी की कई महिला कार्यकर्ता और नेताओं ने अपनी खास पहचान बनाई। इसमें आइती, मीना और सीमा चौधरी का नाम प्रमुख है। इसी दौरान राँची और इसके आस-पास दयामनी बारला, मालंच घोष, वासवी, रोज केरकट्टा ने महिलाओं को सशक्त करने का जो अभियान चलाया, उसका लाभ भी झारखंड आंदोलन को मिला। इसलिए इस आंदोलन में महिलाओं की बड़ी भूमिका से कोई इनकार नहीं कर सकता।

□

जमशेदपुर की सबिता भुइयाँ

दुलाल को बचाने में हो गई शहीद

झारखंड आंदोलन में महिलाओं–छात्राओं ने भी महत्त्वपूर्ण भूमिका अदा की। सेरेंगदा में दो बहनों ने ही शैलेंद्र महतो की जान बचाई थी। बाइपी गोलीकांड में नंदी कुई ने सीआरपीएफ के खिलाफ संघर्ष किया था। चैनपुर में भिलानी टोप्पो और जेमा टोप्पो ने शहादत दी थी। जमशेदपुर शहर में जब दुलाल भुइयाँ को पकड़ने के लिए पुलिस ने पूरी बस्ती को घेर लिया था तो महिलाएँ उन्हें बचाने के लिए आगे आ गई थीं। पुलिस ने फायरिंग कर दी थी जिसमें सबिता भुइयाँ की मौत हो गई थी, जबकि रंगीनी भुइयाँ के पैर में एक गोली लगी थी। बाद में रंगीनी का पैर काटना पड़ा था। रिश्ते में सबिता दुलाल भुइयाँ की मामी थी। इस घटना के प्रत्यक्षदर्शियों का कहना है कि अगर सबिता भुइयाँ और रंगीनी भुइयाँ दुलाल भुइयाँ के सामने नहीं आ गई होतीं तो दुलाल पुलिस फायरिंग में मारे जाते। सबिता ने अपनी शहादत देकर दुलाल की जिंदगी बचा ली थी।

कृत्रिम पैर से चलती हैं रंगीनी भुइयाँ

दुलाल भुइयाँ, जिन्हें बचाने में मारी गई सबिता भुइयाँ

घटना 1992-93 की है जब आर्थिक नाकेबंदी चल रही थी। दुलाल भुइयाँ की अगुवाई में आंदोलनकारियों ने भुइयाँडीह पुलिया के पास सीमेंट ट्रक में आग लगा दी थी। इससे पुलिस प्रशासन काफी नाराज था। दुलाल की गिरफ्तारी के लिए पूरी भुइयाँडीह बस्ती को रातो-रात घेर लिया गया था। इधर दुलाल की अगुवाई में सैकड़ों आंदोलनकारी तीर-धनुष के साथ बाहर निकल कर पुलिस को ललकार रहे थे। इसी बीच पुलिस ने दुलाल की ओर फायरिंग कर दी। दुलाल को पुलिस की गोली से बचाने के लिए उनकी मामी सबिता भुइयाँ आगे आ गईं। गोली उन्हें लगी और उनकी मौत हो गई। दूसरी गोली दुलाल की एक और मामी रंगीनी भुइयाँ को लगी और वह घायल हो गई। उनके पैर में गोली लगी थी। बाद में पैर काटना पड़ा। उसके बाद वह वैशाखी के साथ ही चलती है।

पुलिस दरअसल में दुलाल को ही मारना चाहती थी। दुलाल पर आंदोलन के दौरान 60 से 70 मामले दर्ज हुए। वे झारखंड मुक्ति मोरचा के सक्रिय कार्यकर्ता-नेता थे। उन्होंने न सिर्फ अलग झारखंड राज्य के आंदोलन में बढ़-चढ़कर हिस्सा लिया, बल्कि महाजनों के खिलाफ संघर्ष भी किया। दो-दो बार (1988 और 1991 में) दुलाल भुइयाँ पर क्राइम कंट्रोल ऐक्ट (सीसीए) लगाया गया। दोनों ही बार वे मुक्त हो गए। दो बार उनके घर को बुल्डोजर से ढाह दिया गया था। फिर भी दुलाल ने हार नहीं मानी।

1988 में उन्होंने पूँजीपति व महाजन प्रथा के खिलाफ आंदोलन चलाया। जून 1988 में 10 हजार डंप मजदूर, गाड़ी मजदूर, लोडिंग-अनलोडिंग मजदूर, आदिवासी सोसाइटी के गरीब मजदूरों ने शोषण, अत्याचार के खिलाफ भुइयाँडीह दुर्गापूजा मैदान से जुलूस निकाल कर गोविंदपुर-राहरगोड़ा पहुँचकर महाजन गंगा सेठ, मानिक, तारा सिंह, छोटेन, नंदलाल सिंह के खिलाफ सभा की थी। सभा के बाद राहरगोड़ा स्थित महाजन गंगा सेठ के घर का घेराव किया। उग्र मजदूरों को देख गंगा सेठ मोटरसाइकिल से भाग निकले। इस मामले में दुलाल को 27 माह तक जेल में रहना पड़ा।

दुलाल पुरानी बातों को याद करते हैं। कहते हैं—सीसीए लगाने के बाद जब पुलिस ने उन्हें बेड़ी व रस्सी लगाने का प्रयास किया तो उन्होंने इसका विरोध किया। इसके बाद उन्हें बहुत पीटा गया। जमशेदपुर से बाँकीपुर (पटना) सेंट्रल जेल ले जाया गया। इस बीच जब पुलिस ने बेड़ी पहनानी चाही, मारपीट तक की नौबत आ गई। तत्कालीन जेलर महजीत खान ने बीच-बचाव किया। जमशेदपुर से पटना जेल ले जाने

के बाद 15 दिनों तक दुलाल को मानसिक एवं शारीरिक प्रताड़ना दी गई। खाने को एक रोटी मिलती थी। हमेशा दो-चार पुलिसवाले बैठे रहते थे। नींद आने पर कभी झापड़ मारा जाता था, तो कभी छाती पर लात से प्रहार किया जाता था। पैसे के अभाव में वकील नहीं रख पाया था। जज को स्वयं सारी बातों का जवाब देते थे। जज ने उनकी बातों से सहमत होकर सीसीए से मुक्त कर दिया था। साथ में जमशेदपुर जाने के लिए भाड़े की भी व्यवस्था की थी।

1992 में दुलाल भुइयाँ और रामदास सोरेन को घोड़ाबाँधा से गिरफ्तार किया गया था। दुलाल की बहुत पिटाई की गई थी। जब उनके घर को बुल्डोजर से ध्वस्त किया जा रहा था तो उनकी गर्भवती पत्नी अंजना भुइयाँ ने विरोध किया था। उस अवस्था में भी पुलिस ने अंजना भुइयाँ की पिटाई की थी। घटना की सूचना पाकर तत्कालीन मंत्री सुबोधकांत सहाय, शिबू सोरेन, सूरज मंडल, स्टीफन मरांडी, शैलेंद्र महतो आदि दुलाल के घर का जायजा लेने पहुँचे थे। दुलाल आज भी पटना जेल में उनके साथ हुए पुलिसिया अत्याचार को याद कर फूट पड़ते हैं।

□

चैनपुर फायरिंग : 27 अक्तूबर, 1968

मारी गईं दो छात्राएँ

चैनपुर गोलीकांड को दो स्कूली छात्राओं की शहादत के रूप में भी जाना जाता है। झारखंड आंदोलन के दौरान यह पहला गोलीकांड था जब पुलिस की गोली से दो लड़कियों की मौत हुई थी। आम तौर पर यह माना जाता है कि पुलिस लड़कियों पर फायरिंग नहीं करती है, पर चैनपुर की घटना यह बताती है कि गुस्से में पुलिस क्या कुछ नहीं कर सकती है। 27 अक्तूबर, 1968 की घटना थी। ऐसे तो पुलिस रिकॉर्ड के अनुसार, इस गोलीकांड में दो छात्राओं समेत कुल तीन लोग मारे गए थे, पर प्रत्यक्षदर्शियों ने यह संख्या इससे कहीं ज्यादा बताई।

हेलेना लकड़ा, जिन्हें सन् 1968 की पुलिस फायरिंग में लगी थी गोली

झारखंड पार्टी का कांग्रेस में विलय होने के बाद झारखंड आंदोलन में जो खालीपन आया था, उस कमी को दूर करने के लिए बिरसा सेवा दल नामक संगठन तेजी से उभरा था। गुमला, सिमडेगा, राँची, खूँटी और लोहरदगा के क्षेत्र में बिरसा सेवा दल का संगठन ज्यादा सक्रिय था। बड़ी संख्या में लोग इससे जुड़ते जा रहे थे। बिरसा सेवा दल के काम करने का तरीका अलग था। इसके अधिकांश कार्यकर्ता–नेता उग्र आंदोलन, तीखे तेवर में विश्वास रखते थे। ललित कुजूर बिरसा सेवा दल का नेतृत्व करते थे। 27 अक्तूबर, 1968 को पुलिस ने चैनपुर

प्रत्यक्षदर्शी दयाल कुजूर

थाना का घेराव कर रही भीड़ (इसमें बिरसा सेवा दल के कार्यकर्ताओं और स्कूली छात्राओं की संख्या अधिक थी) पर फायरिंग की थी। इस फायरिंग में तीन लोग मारे गए थे।

27 अक्तूबर को गुमला जिला (तब राँची जिला का हिस्सा था) के चैनपुर में चर्च के सामने के मैदान में धार्मिक सभा का आयोजन किया गया था। इसे इस्राइल यात्रा का नाम दिया गया था। यह पूरा इलाका ईसाई बहुल है। घटना के दिन इस धार्मिक सभा में पाँच हजार लोग जुटे थे। इस सभा में स्कूली छात्र और छात्राएँ भी शामिल थे। सभा समाप्ति के बाद लोग अपने-अपने घर जाने लगे। इस बीच बिरसा सेवा दल की प्रचार गाड़ी से मेले में शामिल सभी लोगों को थाना कूच करने का आह्वान किया गया।

पुलिस फायरिंग में एक गोली चैनपुर प्रखंड मुख्यालय निवासी 61 वर्षीय हेलेना लकड़ा को भी लगी थी। उस वक्त वह सिर्फ 17 वर्ष की थीं। हेलेना बताती हैं-पुलिस की गोली मेरे बाएँ पैर में धँस गई थी। उस समय के बरियातु हॉस्पिटल में 8 दिन बेहोश रहने के बाद मुझे होश आया तो मैंने अपने आपको पुलिस संरक्षण में अस्पताल के बेड पर पाया। चैनपुर में कमला मेडिकल हॉल के नाम से आयुर्वेदिक दवा दुकान की संचालिका हेलेना बताती हैं—चैनपुर प्रखंड के टोंगो ग्राम में ख्रीस्त राजा पर्व के अवसर पर हम सभी जमा हुए थे। वहाँ यह बताया गया कि कुछ बेकसूर युवकों को पुलिस ने थाने में बंद कर दिया है। हम सभी, वे युवक निर्दोष हैं यह बताने के लिए चल पड़े। हम दो दलों में विभक्त थे। एक दल थाना रोड की ओर से और दूसरा दल चर्च रोड की ओर से थाने की ओर बढ़ रहा था। सैकड़ों लोगों की भीड़ थी। जब हमारा दल थाने के समीप बने ग्रीन गोला ऑफिस कार्यालय के पास पहुँचा, तभी थाने द्वारा आगे नहीं बढ़ने की चेतावनी दी गई। उसके बाद अचानक फायरिंग शुरू हो गई। जिसको जहाँ मौका मिला भागने लगा। मैंने भी भागने की कोशिश की, लेकिन तभी पुलिस की गोली मेरी बाईं जाँघ में लगी और में गिरकर बेहोश हो गई।

एक और प्रत्यक्षदर्शी रैनटोली निवासी दयाल कुजूर बताते हैं कि चैनपुर हॉस्पिटल परिसर में एक डॉक्टर रहते थे। गलती से एक वृद्ध मरीज उनके घर में चला गया। इससे वे डॉक्टर गुस्से में आ गए और उस वृद्ध को एक थप्पड़ मार दिया। यह अपमान था। उन्होंने इसकी शिकायत छात्र संघ से की। छात्र संघ के नेताओं ने चिकित्सक को पीट दिया और उसे चैनपुर छोड़ने के लिए कहा। तत्कालीन सीओ पीतांबर झा ने उस डॉक्टर को चैनपुर से बाहर भेज दिया।

पुलिस ने उस समय के छात्र नेता इशाक, क्रिस्तोफर कुजूर, जोन कुजूर और शांति प्रकाश तिग्गा को डॉक्टर को पीटने के जुर्म में थाना में बंद कर दिया। उस दिन ख्रीस्त राजा का पर्व था। सभी लोग टोंगों में जमा थे। युवकों को थाने में बंद करने की जानकारी मिली। सैकड़ों लोग थाने की ओर चल पड़े। जब वे लोग थाने के निकट पहुँचे तो उन्हें

रुकने को कहा गया। पाँच हजार लोग थाने के पास पहुँच चुके थे। थाने का घेराव करने के बाद वहाँ स्थिति तनावपूर्ण हो गई थी। घेरनेवालों में स्कूली छात्र-छात्राओं के होने से पुलिस की परेशानी और बढ़ गई थी। ये लोग गिरफ्तार युवकों की रिहाई की माँग कर रहे थे। तब तक शाम हो चुकी थी। थाने पर पथराव शुरू हो चुका था। पुलिस और वहाँ मौजूद लोग आमने-सामने थे। पुलिस इस भीड़ को बार-बार धमकी दे रही थी कि वह वहाँ से हट जाए वरना कार्रवाई की जाएगी। पुलिस रह-रहकर लोगों को खदेड़ने का भी प्रयास कर रही थी। इसी बीच किसी ने भीड़ की ओर से गोली चला दी। पुलिस को मौके की तलाश थी। गोली चलाते ही पुलिस आक्रामक हो गई। इसी बीच तत्कालीन मजिस्ट्रेट आरआर प्रसाद ने फायरिंग का आदेश दे दिया। पाँच हजार की भीड़ को तितर-बितर करने के लिए पुलिस लगातार फायरिंग करती रही। पुलिस की ओर से कुल 17 राउंड फायरिंग की गई। पुलिस की गोली से स्कूली छात्रा भिलानी टोप्पो (वर्ग 10 की छात्रा), जेम्मा (वर्ग सात की छात्रा) और एक बालक सामुएल तिर्की की घटनास्थल पर ही मौत हो गई। भिलानी और जेम्मा की उम्र लगभग 14 से 17 वर्ष के बीच थी। ये दोनों छात्राएँ संत अन्ना गर्ल्स स्कूल की थीं। पुलिस फायरिंग में कई अन्य लोगों को भी गोली लगी। पुलिस फायरिंग में हेलेना लकड़ा (वर्ग 10), कथेरिन टोप्पो (वर्ग 10), बखला (वर्ग 9), अरविन वेग (वर्ग 6), विमला तिर्की (वर्क 10) और अजीला तिर्की (वर्ग 8) भी घायल हो गई थीं।

घटना के बाद पूरे इलाके में तनाव फैल गया। कई दिनों तक यह तनाव बरकरार रहा। यह मामला बाद में राजनीतिक भी बन गया। राज्य में कांग्रेस की सरकार थी। घटना के बाद केबी सहाय को राँची आना पड़ा। उन्होंने कांग्रेसी नेताओं के साथ बैठक भी की। जयपाल सिंह मुंडा उन दिनों कांग्रेस में ही थे। जयपाल सिंह ने इस गोलीकांड में अप्रत्यक्ष रूप से बिरसा सेवा दल का नाम लिया और बयान दिया कि ये लोग चुनाव में फायदे के लिए क्षेत्र में हंगामा कर रहे हैं। कांग्रेस के नेताओं ने धीरे-धीरे रणनीति के तहत बिरसा सेवा दल के आंदोलन की दिशा ही बदल दी।

□

राहिल-अजरमनी

सेरेंगदा में बचाई शैलेंद्र की जान

राहिल डाँग : बहादुरी का परिचय

25 नवंबर, 1978 को सेरेंगदा में राहिल डाँग और अजरमनी लुगून नहीं होतीं, तो झारखंड आंदोलन का इतिहास ही अलग होता। शैलेंद्र महतो को पुलिस उसी दिन मार चुकी होती। शैलेंद्र महतो के साथी थामस भुइयाँ भी पुलिस के शिकार बन गए होते। पुलिस शैलेंद्र महतो और थामस भुइयाँ की कनपट्टी पर राइफल ताने हुई थी। इसके पहले कि पुलिस फायरिंग करती, राहिल और अजरमनी नामक दो बहनें गुरिल्ला जैसी फुरती दिखाते हुए कूद पड़ी थीं। दोनों बहनों की बहादुरी से ही शैलेंद्र महतो और थामस भुइयाँ बच गए थे। शैलेंद्र महतो जंगल आंदोलन के बड़े नेता थे। उनके साथ थे थामस भुइयाँ। पुलिस ने 25 नवंबर, 1978 को दोनों को सेरेंगदा बाजार में पकड़ लिया था। इसके बाद उन्हें स्कूल में रखा गया था। पूरे बाजार में यह बात फैल चुकी थी कि शैलेंद्र महतो और थामस भुइयाँ को पुलिस पकड़ चुकी है। जिस जगह दोनों को रखा गया था, वहाँ भीड़ बढ़ती जा रही थी। पुलिस खतरा महसूस कर रही थी। लोगों का आक्रोश बढ़ता जा रहा था। पुलिस ने शैलेंद्र महतो और थामस भुइयाँ की कनपट्टी पर राइफल तान रखी थी।

अगल-बगल में पुलिस और ग्रामीणों के बीच बहस हो रही थी। वहाँ भीड़ जमी थी। इसी भीड़ में कातिंगकेल गाँव की दो बहनें राहिल डाँग और अजरमनी लुगून भी

थीं। दोनों युवा थीं। ये झारखंड आंदोलन के जुलूस-प्रदर्शन में सक्रिय रहती थीं। दोनों बहनों ने एक-दूसरे की ओर देखा। उस जगह के करीब आ गईं जहाँ सिपाही शैलेंद्र महतो और थामस भुइयाँ की कनपट्टी पर राइफल ताने खड़े थे।

थामस भुइयाँ : बच गई जान

पुलिस का गुस्सा बढ़ता जा रहा था। ऐसा लग रहा था कि पुलिस शैलेंद्र और थामस को मारने के मूड में आ चुकी थी। इसी बीच दोनों बहनों ने एक साथ झुककर पुलिस पर हमला किया। दोनों ने पुलिसकर्मियों के करीब आकर नीचे से राइफलों को ऊपर (छत की ओर) धकेल दिया। एक राइफल से फायरिंग भी हुई, पर गोली स्कूल की छत को पार करती निकल गई। हमला और फायरिंग के बीच वहाँ भगदड़ मच गई। पुलिस कुछ समझ नहीं सकी। इसी का फायदा उठाते हुए शैलेंद्र महतो और थामस भुइयाँ वहाँ से भाग गए। फिर वे पुलिस की पकड़ से बाहर जा चुके थे। इस प्रकार राहिल और अजरमनी की सूझबूझ और बहादुरी ने शैलेंद्र महतो और उनके सहयोगी थामस भुइयाँ की जान बचाई।

□

नंदी कुई

जब तीर से बीएमपी को रोका

नंदी कुई

नंदी कुई झारखंड आंदोलन की उन चंद महिला आंदोलनकारियों में हैं, जिन्होंने तीर-धनुष के बल पर बिहार मिलिटरी पुलिस से सीधा मुकाबला किया था। आंदोलन में इस प्रकार की संघर्षशील महिलाओं की संख्या बहुत कम थी। चक्रधरपुर के चिरूबेड़ा स्थित रोसकोवा धरमसाई गाँव की नंदी वही वृद्ध महिला है जिसने युवा अवस्था में 7 अक्तूबर, 1980 को कासीजोवा में बिहार मिलिटरी पुलिस और सीआरपीएफ को घंटों रोक रखा था। उन दिनों रणधीर वर्मा सिंहभूम के आरक्षी अधीक्षक हुआ करते थे। नंदी उन दिनों झारखंड आंदोलन में कूदी थी, जब महिलाएँ इसमें भाग लेने से कतराती थीं। अब नंदी लगभग 60 साल की हो चुकी हैं, पर कासीजोवा की घटना आज भी उन्हें याद है।

बात उन दिनों की है जब जंगल आंदोलन को दबाने के लिए पुलिस और प्रशासन ने सारंडा-पोड़ाहाट और कोल्हान के जंगलों में अभियान चला रखा था। 8 सितंबर, 1980 को गुवा में पुलिस फायरिंग के बाद पूरे क्षेत्र में तनाव फैला हुआ था। बड़े पैमाने पर पूरे इलाके की घेराबंदी कर उसे पुलिस छावनी में तब्दील कर दिया गया था। पुलिस की अपनी रणनीति भी थी। जिन आंदोलनकारियों को पकड़ना होता था, उसके खिलाफ कहानी गढ़कर एफआईआर दर्ज किया जाता था। फिर उसे गिरफ्तार करने के लिए पुलिस जाती थी। इसी क्रम में ग्रामीणों के साथ पुलिसकर्मियों की मुठभेड़ होती थी। पुलिस का तर्क होता था कि आंदोलनकारियों ने तीर से उस पर हमला किया, कोई रास्ता नहीं बचा तो पुलिस को फायरिंग करनी पड़ी। ऐसा ही एक मामला था कासीजोवा का।

कासीजोवा में पुलिस ने 7 अक्तूबर, 1980 को ग्रामीणों पर चार राउंड फायरिंग की

थी। कोई घायल नहीं हुआ था। जंगल आंदोलन को देखते हुए सोनुआ, गोइलकेरा, बरकेल्ला, बरकुट्टी में दंडाधिकारी के साथ सुरक्षा बलों को तैनात किया गया था। बरकुट्टी से लगभग दो किलोमीटर की दूरी पर बसा है कासीजोवा गाँव। यह गोइलकेरा थाने के अंतर्गत आता है। 6 अक्तूबर को ही पुलिस ने एफआईआर दर्ज किया कि तिलाईकुट्टी गाँव में कुछ लोगों ने एक स्थानीय व्यक्ति से जुर्माना के रूप में 50 रुपए की वसूली की है। साथ में वे तीन बकरी भी ले गए हैं।

एफआईआर में नामजद अभियुक्तों की गिरफ्तारी के लिए दूसरे दिन यानी 7 अक्तूबर को सुबह में पुलिस कासीजोवा के लिए रवाना हो गई। दो टीम बनाई गई। पहली टीम में एसडीओ बिरसा उराँव और दूसरी में खूँटपानी के बीडीओ जोगेश्वर भगत थे। साढ़े छह बजे सुबह ही पुलिस ने कासीजोवा गाँव को घेर लिया। पुलिस के पहुँचने के ठीक पहले गाँववालों को इसकी भनक लग चुकी थी। डुगडुगी बजाकर लोग जमा हो चुके थे। महिलाओं और बच्चों ने मोरचा ले लिया था। गाँव के पुरुष पेड़ों की ओट से नजर रख रहे थे।

पुलिस आगे जाना चाह रही थी। इधर महिलाएँ तीर लेकर सामने खड़ी थीं। जैसे ही पुलिस आगे बढ़ी, महिलाओं ने पुलिस को घेर लिया। महिलाओं का नेतृत्व नंदी कुई कर रही थी। वह तीरों की वर्षा कर रही थी। पुलिस आगे बढ़ नहीं पा रही थी। गुवा गोलीकांड के बाद रणधीर वर्मा को एसपी बनाकर सिंहभूम भेजा गया था। वह एक कड़े आईपीएस अधिकारी माने जाते थे। एसपी खुद भी तीर के कारण आगे नहीं बढ़ पा रहे थे। जब कई घंटे बीत गए तो पुलिस ने आँसू गैस के गोले छोड़े और फिर चार राउंड गोलियाँ चलाई। इस पुलिस फायरिंग में कोई भी ग्रामीण घायल नहीं हुआ, पर महिलाओं ने कई घंटों तक पुलिस को जो रोके रखा, उसे झारखंड के आंदोलनकारी याद करते हैं। दो दिन बाद पुलिस गाँव के मुंडा को लेकर फिर उसी गाँव में आई और लोगों को समझाने का प्रयास किया कि पुलिस गाँववालों की विरोधी नहीं है।

□

मरियम चेरोवा

महिलाओं को देती थी ट्रेनिंग

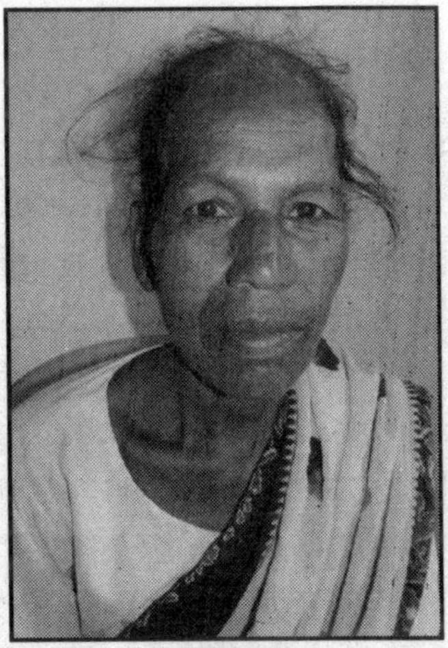
मरियम चेरोवा

1978 में जब सारंडा, पोड़ाहाट और कोल्हान में जंगल आंदोलन तेज हो गया था, आंदोलनकारियों को रोकने के लिए बड़ी संख्या में पुलिस के जवान तैनात किए गए थे, तो पुलिस को रोकने के लिए बड़ी संख्या में महिलाएँ भी कूद गई थीं। महिलाओं को तीर-धनुष और अन्य जानकारी के लिए प्रशिक्षण देने का जिम्मा सौंपा गया था, मरियम चेरोवा को। वह गोइलकेरा प्रखंड के कायदा गाँव में रहती है। चार भाई (जुरा चेरोवा, साका चेरोवा, काँटे चेरोवा व गंगाधर चेरोवा) और तीन बहनों (मरियम, मंदुई चेरोवा व बालेमा चेरोवा) में सबसे बड़ी मरियम का शुरू से ही झारखंड आंदोलन की ओर झुकाव हो गया था। अब वे बुजुर्ग हो गई हैं, पर अभी भी वही तेवर बरकरार है जो आंदोलन के दिनों में था।

आंदोलन के बारे में मरियम बताती हैं—1978-80 की घटना है। सारंडा, कोल्हान व पोड़ाहाट समेत जंगलों को साफ-सुथरा कर वहाँ रह रहे लोगों को वन विभाग के गार्ड, फॉरेस्टर, रेंजर समेत कई अधिकारी तंग कर रहे थे। जंगल से लकड़ी व दातून तक ले जाने पर प्रतिबंध लगा दिया गया था। जंगल में रह रहे लोगों को पकड़ लिया जा रहा था। तब मैंने उस वक्त अपने साथियों के संग पैदल चाईबासा जाकर जमीन का रिकॉर्ड देखा। उसी समय हमने तय कर लिया कि जब जमीन हमारी है, जंगल हमारा है तो वन विभाग कौन होता है पकड़नेवाला। इसके बाद हम लोग आंदोलन में कूद गए। कई साथी मारे गए पर हम लोग पीछे नहीं हटे। हमने अपने साथी इंदु लुगून, नरेश चांपिया, गिरगुन हाँसदा को भी खो दिया, पर हार नहीं माने। हक की लड़ाई लड़ते रहे। वह बताती हैं—

जब शादी की उम्र थी, तब आंदोलन में रहे। समय नहीं था। शादी नहीं की। जब समय मिला तो कुचाई प्रखंड के कारालोट निवासी महावीर सोय से शादी की। तब तक उम्र काफी हो चुकी थी। कोई संतान नहीं हुई। पति की भी मौत हो गई।

गुवा गोलीकांड के बाद मरियम महिलाओं को तीर-धनुष चलाने का प्रशिक्षण देने में जुट गईं। उन्हें ही प्रशिक्षक नियुक्त किया गया था। वह गाँव-गाँव जातीं और प्रशिक्षण देतीं। प्रशिक्षण के बाद मरियम की टीम में रादी सुरीन, चाँदू सुरीन, देसांगी सुरीन, सोमवारी चांपिया, नंदी कुई, दिकिर चेरोवा, मेम मिस्टेस पीलर, मादु कुई, नितिमा, फुलमनी, मंदुई, डिकरी चेरोवा, नागुरी चेरोवा, सुकुमार सिद्दु और कई महिलाएँ शामिल हो चुकी थीं। जब पुलिस गाँवों में घुसती, तो ये उनका रास्ता रोकती थीं। हमला बोलती थी।

मरियम ने शिबू सोरेन को पत्ता पर खाना भी खिलाया है। आंदोलन के हर कार्यक्रम में वह भाग लेती थीं। एक बार तो चाईबासा डीसी का घेराव करना था, वह पैदल ही चाईबासा चली गईं। इसी आंदोलन में पहलवान गागराई व सोमा केराई के घरों की कुर्की जब्ती हुई। दोनों वर्षो जेल में रहे। मरियम के नाम भी वारंट जारी हुआ। 1981 में मरियम के घर की कुर्की जब्ती हुई।

मरियम चेरोवा ने आंदोलन में सोनुवा, सेताहाता, लोंजो, हांडीमारा, सरजोमहातू, गोइलकेरा, सेरेंगदा, कुईड़ा, नरसंड़ा, बाईपी, नगड़ी, सायबा, पेटापीटी, चाईबासा, सुरगुईंया, टिमरा, लेंबरा, कुंबिया, जामकुंडिया, जोजोगुट्टु, गगंदा, घाटकुड़ी, गुवा, छोटानागरा, सरजोमबेड़ा, सोनापी, हतनाबुरु, छोटापोंगा, बड़ापोंगा, होलंगहोली, उसरुईंया, सेतारुईया, डाकादुर, किरीबुरु आदि स्थानों पर कई बैठकें कीं। लोगों को जोड़ा। फिर दुमका के जंगल में भी कई दिनों तक काम किया। आंदोलन के दौरान मरियम के साथियों में सूला पूर्ति, देवेंद्र माझी, मछुवा गागराई, भुवनेश्वर महतो, पारो हाँसदा, माखारी सुंडी, चंद्रेश्वर उराँव, जूरा चेरोवा, रायसिंह गागराई, सोमा केराई, कुँवर सिंह सोय, रामसिंह चेरोवा होते थे।

बुजुर्ग हो चुकी और लंबी लड़ाई लड़ चुकी मरियम चाहती हैं कि जंगल में निवास करने वालों को परचा पट्टा दिया जाए। आंदोलनकारियों को सम्मान-पेंशन व जीविकोपार्जन का साधन उपलब्ध कराया जाए।

□

लाड़ो जोंको

सिंहभूम की आयरन लेडी

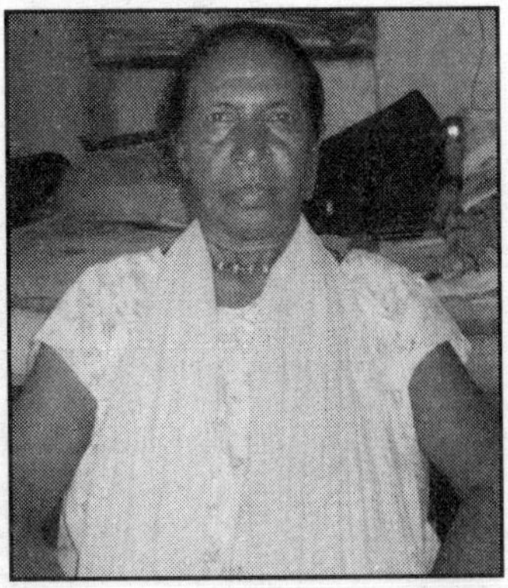

लाड़ो जोंको

लाडो जोंको झारखंड की एक ऐसी जुझारू महिला हैं जिन्होंने न सिर्फ अलग झारखंड राज्य के आंदोलन में भाग लिया, बल्कि सिंहभूम के मजदूरों के हक की लड़ाई में पूरा जीवन ही व्यतीत कर दिया। 37 सालों से लड़ते रहने के बावजूद अभी भी लाड़ो जोंको में वही उत्साह और तेवर है जो 1975 में हुआ करता था।

चक्रधरपुर की रहनेवाली लाड़ो अब उम्रदराज हो चुकी हैं। 1975 में उन्होंने खदान मजदूर, बीड़ी मजदूरों और वन मजदूरों के हक की लड़ाई शुरू की थी। वे मिनरल वर्कर्स यूनियन से जुड़ गई थीं, जिसकी अगुवाई महासचिव पी मजूमदार करते थे। किसी समय चक्रधरपुर बीड़ी का बड़ा केंद्र हुआ करता था। इस व्यवसाय से बड़ी संख्या में मजदूर जुड़े थे। उनका शोषण हुआ करता था। इसके खिलाफ लाड़ो जोंको ने लड़ाई लड़ी और उन्हें न्याय दिलाया।

उन्होंने करमपदा, चिरीबुरू, रोड़ा, झींकपानी, दूरदूर, बोड़ा, नूरदा, हाटगम्हरिया, चिरिया आदि खदान के मजदूरों को एक मंच पर लाया और उनके हक के लिए लड़ाई लड़ी।

1978 के आस-पास वे बँधुआ मजदूरी के खिलाफ भी मुखर हुई थीं। कई बच्चों को अपनी टीम के साथ मिलकर मुक्त भी कराया था और उनके पुनर्वास की लड़ाई लड़ी थी। लगातार तीन साल तक मजदूरों की लड़ाई लड़ने के बाद 1978 में वह झारखंड आंदोलन से जुड़ गईं। उसी साल कोल्हान में जंगल आंदोलन शुरू हुआ था और वे तमाम नेता झारखंड आंदोलन से जुड़ चुके थे जो मजदूरों की लड़ाई लड़ते थे। खुद पी मजूमदार ने यह कहते हुए लाड़ो को झारखंड आंदोलन में कूद जाने के लिए कहा कि

राज्य बनने के बाद झारखंडियों का स्तर बेहतर हो जाएगा। उनका शोषण नहीं होगा। अपने महासचिव के आदेश का पालन करते हुए वे जंगल आंदोलन से जुड़ गईं। गाँव-गाँव में बैठक कर लोगों को जोड़ा और आंदोलन को फैलाया। बहादुर उराँव के साथ वे झारखंड आंदोलन की बैठकों में भाग लेती थीं। आंदोलन के साथ-साथ वे खदानों के मजदूरों की लड़ाई भी लड़ती थीं। 1990 के बाद आंदोलन के दौरान उन्होंने भाकपा के बैनर तले खरसावाँ से दो बार तथा चक्रधरपुर विधानसभा से तीन बार चुनाव लड़ा। लेकिन चुनाव जीत नहीं सकीं। पी मजूमदार के निधन के बाद यूनियन की कमान खुद लाड़ो जोंको ने सँभाल रखी हैं। राज्य बनने के बाद शोषण व भ्रष्टाचार के खिलाफ लड़ाई लड़ने में वे जुट गई हैं।

□

सिस्टर मेरी ज्योत्सना

आंदोलन को दी आवाज

सिस्टर मेरी ज्योत्सना

पश्चिम सिंहभूम के इलाके में आंदोलन के दौरान एक जाना-माना नाम था सिस्टर मेरी ज्योस्तना का। उन्होंने झारखंड आंदोलन में कई तरह की भूमिका अदा की। मूल तौर पर केरल निवासी ज्योत्सना ने झारखंड आंदोलन के दौरान जागरूकता फैलाने का काम किया। साप्ताहिक अखबार निकाला, स्कूल में शिक्षिका बनीं, आदिवासियों को एकजुट कर उन्हें समझाया-पढ़ाया, कुष्ठ रोगियों की सेवा की। बाद में वह केरल लौट गईं, जहाँ की वह मूल निवासी थीं।

उन दिनों आंदोलनकारियों को ऐसा महसूस होता था कि मीडिया में झारखंड आंदोलन या फिर इस क्षेत्र में हो रही घटनाओं और पुलिस जुल्म की खबरों को कम जगह मिल रही है। उन्हें एक अखबार की कमी खल रही थी। ऐसे अवसर पर मेरी ज्योत्सना ने अपने सहयोगियों के साथ मिलकर 'सिंहभूमि एकता' नामक साप्ताहिक अखबार निकाला था। इसे झारखंड आंदोलनकारियों का अखबार कहा जाता था। इसमें सिंहभूम में हो रही गतिविधियों और पुलिस कार्रवाई की पूरी जानकारी होती थी। ज्योत्सना इसी अखबार के जरिए ग्रामीणों को झारखंड आंदोलन के बारे में जागरूक करती थीं। कई ऐसे अवसर आए जब ज्योत्सना पर आरोप भी लगे। ऐसा कहा जाने लगा कि वह धर्म प्रचार के लिए सिंहभूम में सक्रिय थीं। बागुन सुंब्रुई से उनकी कभी नहीं बनी। एक बार तो बागुन ने उन पर गंभीर आरोप लगाए, जिसके बाद मामला अदालत में चला गया था।

सिस्टर ज्योत्सना केरल की रहनेवाली एक ईसाई युवती थी। सिस्टर बनने के तुरंत बाद ही वह चाईबासा आईं। फिर इंग्लैंड चली गईं। आठ साल के बाद वह फिर झारखंड लौट आईं और स्कूल में पढ़ाने लगीं। इसी दौरान उन्होंने अपनी छात्राओं के साथ गरीब आदिवासी महिलाओं और लड़कियों को शिक्षित करने, जागरूक करने और रास्ता दिखाने

का काम शुरू किया। क्षेत्र के प्रभावशाली लोगों (माइंस ओनर्स) को यह रास नहीं आया और उन्होंने इसका विरोध किया। लोगों ने स्कूल प्रबंधन पर दबाव बनाया कि स्कूल की छात्राओं को ऐसे कामों में नहीं लगाया जाए। ज्योत्सना पर इस घटना का गहरा असर पड़ा। उन्होंने सिस्टर पद त्याग दिया और क्ले माइन वर्कर्स के लिए काम करना शुरू कर दिया। कुछ दिनों के लिए सिस्टर ज्योत्सना का झुकाव समाज-सेवा की ओर हुआ था और वह बंगलोर की एक सामाजिक संस्था से जुड़ गईं। लेकिन वहाँ उनका मन नहीं लगा और फिर झारखंड आ गईं। ज्योत्सना ने इसके बाद धनबाद के एक अस्पताल में कुष्ठ रोगियों की सेवा भी की थी।

ज्योत्सना धर्म प्रचार का काम भी करती थीं, पर इसके लिए उनकी टीम अलग थी। उन्होंने खानों में काम करनेवाले मजदूरों की लड़ाई लड़ने का निर्णय लिया था। मजदूरों को उन्होंने एकजुट किया। जब खदान मालिकों को लगा कि ज्योत्सना के कारण उनकी परेशानी बढ़ रही है तो उन्होंने मजदूरों को ज्योत्सना के बारे में भड़काया भी। इसके बावजूद मजदूर उनके साथ रहे। एक बार तो ज्योत्सना को मार डालने की भी साजिश की गई थी।

कुछ झारखंड के नेताओं ने भी ज्योत्सना का विरोध किया। यह आरोप लगा कि कम पैसे में पत्रिका निकालने और आंदोलन के लिए पैसे कहाँ से आ रहे हैं। कुछ लोगों ने विदेश से पैसा आने की भी बात कही। विवाद बढ़ता गया। बागुन सुंब्रुई के साथ उनके मतभेद बढ़े। मामला आगे बढ़ गया। अदालत तक जा पहुँचा। ज्योत्सना को दिल्ली जाना पड़ा। वहाँ से वह कानूनी लड़ाई लड़ीं। इस तरह कोल्हान में आंदोलन को सहयोग करनेवाली ज्योत्सना को झारखंड छोड़ने के लिए मजबूर होना पड़ा।

□

ज्योत्सना तिर्की

एमबीबीएस नहीं, आंदोलन

ज्योत्सना तिर्की

झारखंड आंदोलन में एक ऐसी भी छात्रा थीं जिनका चयन एमबीबीएस में हुआ था, पर उन्होंने झारखंड अलग राज्य की लड़ाई की खातिर एमबीबीएस में नाम नहीं लिखाया। वह छात्रा थी ज्योत्सना तिर्की। वह उन दिनों राँची के काँके में रहती थीं। ज्योत्सना पुरानी बातों को याद करते हुए बताती हैं—क्या करती डॉक्टर बनकर। सिर्फ नौकरी ही तो करती। अब कम-से-कम संतोष तो होता है कि झारखंड बनाने में उनका योगदान था। अगर सब लड़की डॉक्टर-इंजीनियर बनने के लिए सोचती तो लड़ाई में कौन उतरता। संत कोलंबस कॉलेज, हजारीबाग से पढ़ाई करने के दौरान ही उनमें झारखंड राज्य की लड़ाई लड़ने की इच्छा जागी थी। प्रभाकर तिर्की, देवशरण भगत जैसे नेताओं से उनका परिचय पहले से था। उसी समय उन्होंने तय कर लिया कि अगर लड़कियाँ घर से बाहर निकल कर राज्य की लड़ाई नहीं लड़ेंगी तो राज्य कैसे मिलेगा? 1988 में वह आंदोलन से जुड़ गईं। वे आजसू की केंद्रीय कमेटी में थीं। पिता आलेन तिर्की जब संत पाल के छात्र थे, उसी समय से वे आंदोलन से जुड़े थे। इसी बीच ज्योत्सना के पिता का तबादला चाईबासा हो गया। वहाँ ज्योत्सना ने आईटीआई में नामांकन करवा लिया। इसी दौरान उन्होंने पहली बार झारखंड का नक्शा बनाया।

चाईबासा में वे आजसू के कार्यक्रमों में भाग लेने लगी। बोलने में तेज रहने के कारण संगठन में उनका खास स्थान था। वे कॉलेज-कॉलेज घूमतीं और छात्राओं को झारखंड आंदोलन के बारे में बतातीं, महिलाओं और लड़कियों के साथ बैठकर रणनीति तय करती थी। दूर-दराज के इलाकों में जाकर महिलाओं को जोड़ने का काम उनका था। आंदोलन के दौरान जब रेल पटरी उड़ाने की बात होती, उनका जोर होता कि सिर्फ

अवरोध करना है, किसी की जान नहीं जानी चाहिए। एक बार मनोहरपुर में गुप्त बैठक हो रही थी। पुलिस को इसकी भनक लग गई थी। रात भर वे पूरी टीम के साथ स्थान बदलती रही, लेकिन पुलिस की पकड़ में नहीं आईं। उनके साथ थे दामू वानरा, दीपक बिरुआ, मंगल सिंह बोबोंगा। पुलिस इन लोगों को पकड़ना चाहती थी। किसी तरह मालगाड़ी से लौटीं।

आंदोलन के दौरान उनके साथ चाईबासा में सविता सिंकू, सावित्री बिरूली, मंजू तियू हुआ करती थीं। बोलने की कला उन्होंने मालती से सीखी थी। राज्य बनने के बाद उन्होंने चाईबासा के ही आंदोलनकारी दामू वानरा से शादी कर ली। झारखंड बनने के बाद भी वे चुप नहीं बैठीं। अब भी वे महिलाओं के हक की लड़ाई लड़ती हैं।

□

मालती किचिंग्या

छात्राओं पर पकड़

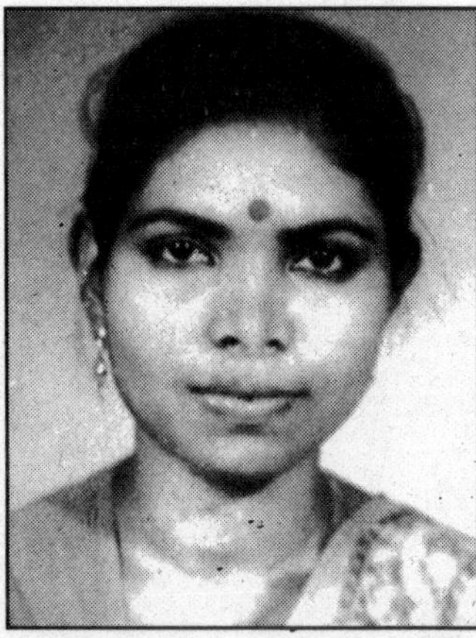

मालती : आंदोलन के दिनों की तसवीर

आजसू के गठन के बाद बड़ी संख्या में छात्राओं का झुकाव झारखंड आंदोलन की ओर हुआ। इनमें से कुछ के पास तो नेतृत्व करने और संगठन को फैलाने की अद्‌भुत क्षमता थी। इनमें एक थी मालती। संगठन में इनका काम ही था कॉलेज से छात्राओं को निकाल कर आंदोलन से जोड़ना। भाषण देने और समझाने की क्षमता के कारण मालती को कई जिम्मेवारियाँ मिलीं। नाना फादर पीटर शांति का प्रभाव मालती पर दिखा। अभी वे केंद्रीय विद्यालय, दीपाटोली में शिक्षिका हैं।

जब मालती राँची में दीपशिखा हॉस्टल में रहती थीं, उन दिनों वासंती कुमारी इंचार्ज थी। वे मालती को प्रोत्साहित करती थीं। यह 1988 की घटना है। एक बार उन्हें जब साउथ जाने का मौका मिला तब वहाँ उन्हें बताया गया कि अपने राज्य बिहार (तब बँटवारा नहीं हुआ था) का नाम न लेना, बल्कि राँची से आई हूँ, यही कहना। यह बात मालती के दिमाग में घुस गई। उसी समय उन्होंने तय कर लिया कि अपना राज्य होगा, अपनी पहचान होगी, इसके लिए जो भी आंदोलन हो रहा है, उसमें वह भाग लेगी। फिर वह आजसू में कूद पड़ी। गुमला, लोहरदगा, राँची उनका कार्यक्षेत्र रहा।

जिस परिवार से वह आती हैं, उसमें एसपी-डीएसपी भी हैं। इसलिए जब भी वे आंदोलन में भाग लेती थीं, लगता था कि कहीं उनके परिवार के ही लोग सामने न पड़ जाएँ। जीटी रोड जाम के कार्यक्रम में मालती ने रात भर जंगलों में रह कर काम किया था। दूसरे दिन पुलिस ने उन्हें पकड़ कर रखा था। आंदोलन के दौरान जब बिहार सरकार

से 2 जून, 1989 को वार्त्ता हुई थी, तब वे भी टीम में थीं। उनके साथ अभियान में मंती कुमारी (बाद में जिन्होंने झारखंड आंदोलनकारी प्रवीण उराँव से शादी की थी) भी होती थीं। इतने साल बीत जाने के बावजूद मालती के बोलने की क्षमता पर कोई असर नहीं पड़ा है। बाद में मालती ने अनिल महतो (आंदोलनकारी) से शादी की। अब वह राँची में ही रहती हैं।

□

शकुंतला टुडू

थप्पड़ का जवाब थप्पड़ से

शकुंतला टुडू

झारखंड आंदोलन के दौरान शकुंतला टुडू एक तेज-तर्रार और बहादुर महिला कार्यकर्ता रही। तभी तो 1988 में जमशेदपुर के सोनारी थाना प्रभारी ने जब उन्हें एक थप्पड़ मारा तो वह चुपचाप नहीं रही। तुरंत ही थप्पड़ का जवाब थप्पड़ से दिया था। इसके बाद बड़ी संख्या में आंदोलनकारी थाना पहुँच गए थे। विवश होकर पुलिस को शकुंतला को छोड़ देना पड़ा था।

शकुंतला 1987 में तब आजसू से जुड़ गई जब वह घाटशिला कॉलेज में पढ़ रही थी। आजसू की स्थापना हुए एक साल ही हुआ था। उस क्षेत्र में सूरज सिंह बेसरा और आजसू का प्रभाव था। लक्ष्मण टुडू ने उन्हें आजसू में आने को कहा था। शकुंतला को लगा था कि उन्हें भी इस आंदोलन से जुड़ना चाहिए। अगर वह खुद आजसू से जुड़ जाएँगी, सहयोग करेंगी तो अलग राज्य का सपना जल्द साकार होगा। उसके बाद उन्होंने छात्राओं और महिलाओं को एकत्रित करना शुरू किया। मानगो, करनडीह, सुंदरनगर की छात्राएँ व महिलाएँ आंदोलन में तेजी से शामिल होने लगीं। शकुंतला न सिर्फ घाटशिला-जमशेदपुर में काम देखती थी, बल्कि दूसरे राज्यों में भी जाती थी। उनकी टीम में झाड़ग्राम की सुप्रीति (जिन्होंने बबलू मुर्मू से शादी की थी), राँची की मालती (जिन्होंने अनिल महतो से शादी की),चाईबासा की ज्योत्सना तिर्की (जिसने दामू वानरा से शादी की) और करनडीह की सीता हेंब्रम रहती थीं।

आंदोलन के दौरान रायरंगपुर में किसी के घर में शकुंतला, सुप्रीति और एक अन्य महिला छिपी हुई थीं और बारिश हो रही थी। उसी समय रात में पुलिस उस घर में पहुँची तो वहाँ के लोगों के सहयोग से बगल में ही एक जंगल में चली गई और बारिश में ही

रात भर पेड़ के ऊपर चढ़कर रात बिताई। शकुंतला के विरुद्ध रायरंगपुर थाना में प्राथमिकी दर्ज हुई थी। वहाँ एक रैली थी, जिस पर ओड़िशा सरकार ने रोक लगा दी थी। बाद में शकुंतला व अन्य लोगों को ओड़िशा पुलिस ने गिरफ्तार कर लिया था। वर्ष 1990 में शकुंतला ने आजसू के संस्थापक सदस्य लक्ष्मण टुडू से विवाह कर लिया। अब वह गृहिणी है।

□

उर्मिला देवी

हर आंदोलन में सक्रिय

उर्मिला देवी

अलग झारखंड राज्य के लिए चल रहे आंदोलन में बहुत दिनों तक महिलाएँ खुलकर सामने नहीं आती थीं। आंदोलन में आनेवाली महिलाओं की संख्या बहुत कम रहती थी। धरना-प्रदर्शन और रैलियों में भले ही वे आ जाती थीं, पर नेतृत्व सँभालने के लिए शायद ही कोई महिला सामने आती थी। ऐसे समय में उर्मिला देवी झारखंड आंदोलन में कूद पड़ी थीं। 1942 में हजारीबाग के खीरगाँव में जन्मी उर्मिला देवी का विवाह 1958 में कम्युनिस्ट नेता रामलखन सिंह के साथ हुआ था। पहले वे भाकपा से जुड़ीं और 60 के दशक में ही बेरमो कोयलांचल से राजनीति की शुरुआत की। वे शुरू से ही अलग झारखंड राज्य की हिमायती रहीं। झामुमो के गठन के बाद अलग झारखंड आंदोलन में ज्यादा सक्रिय हो गईं। पार्टी ने भी उन्हें सम्मान दिया। वे झारखंड मुक्ति मोरचा की केंद्रीय कमेटी व हजारीबाग जिला कमेटी की सदस्य कई वर्षों तक रहीं। राजनीतिक प्रतिबद्धता व तेवर से उर्मिला ने कम ही समय में लोगों के बीच अपनी राजनीतिक पहचान बना ली थीं। हर कार्यक्रम में बड़ी जिम्मेवारी निभाने में पीछे नहीं रहती थीं। वे भले ही झामुमो से जुड़ गई थीं, पर लाल झंडे को भी साथ रखा था। कोलियरी क्षेत्र में मजदूरों पर अगर कोई जुल्म होता, उर्मिला देवी सबसे पहले विरोध करने आती थीं। हजारीबाग जिले में 70 व 80 के दशक में अलग झारखंड राज्य के लिए सड़क जाम सहित अनगिनत आंदोलन हुए थे। इन सभी आंदोलनों में उर्मिला देवी ने बढ़-चढ़कर हिस्सा लिया था। गिद्दी सी वाशरी कॉलोनी में रहने वाली उर्मिला देवी का निधन जून 2012 में हो गया। □

रोज केरकट्टा

महिलाओं को सशक्त किया

रोज केरकट्टा

झारखंड में रोज केरकट्टा ने गाँव-गाँव में महिला समिति बनाकर महिलाओं को उनका हक दिलाने का अभियान चलाया। उन्होंने महिला कोर्डिनेटर के रूप में अपनी सेवा दी। झारखंड आंदोलन के दौरान यह महसूस किया जा रहा था कि महिलाओं की जितनी ज्यादा भागीदारी होगी, आंदोलन उतना ही सशक्त होगा, राज्य बनाने में इससे आसानी होगी। उन्होंने महिलाओं की ताकत बढ़ाने का भी काम किया। राजनीतिक दलों पर महिला समिति के जरिए यह दबाव बनाया कि वे अपने संगठन में अधिक-से-अधिक महिलाओं को रखें। महिलाओं की अधिक-से-अधिक भागीदारी हो।

रोज केरकट्टा ने गाँवों में बैठक की। जिनमें संभावना दिखी, उन्हें चुना। उन्हें जिला स्तर पर लाया, फिर राज्य स्तर पर। इसके बाद झारखंड महिला मुक्ति समिति का गठन किया। इस समिति ने जिला स्तर पर भी बैठक की, गाँवों में भी गई और महिलाओं को सशक्त बनाने में बड़ी भूमिका अदा की। इन्होंने महिलाओं को ताकतवर बनाकर, उन्हें जागरूक कर, आंदोलन के लिए घरों से बाहर निकाल कर झारखंड आंदोलन को सहयोग किया। रोज केरकट्टा के दिल में उन झारखंडी लड़कियों के प्रति भी सहानुभूति थी जिनका शोषण हो रहा है। लड़कियों के पलायन, कम मजदूरी के खिलाफ भी उन्होंने लड़ाई लड़ी। कानूनी प्रशिक्षण भी दिया। महिलाओं को ऐसा प्रशिक्षण दिया, ताकि वे खुलकर बोल सकें। उन्होंने आदिवासी समाज में फैली सामाजिक बुराइयों के खिलाफ भी लड़ाई लड़ी।

□

मालंच घोष

जन आंदोलन को दी ऊर्जा

मालंच घोष

झारखंड आंदोलन में झारखंड मुक्ति मोरचा, और आजसू से जुड़ी महिलाएँ तो सक्रिय थीं ही, अन्य संगठन भी पीछे नहीं थे। आईपीएफ की मालंच घोष ने कोयलकारो परियोजना के विरोध में महिलाओं को एकजुट किया। इसके अलावा झारखंड राज्य का समर्थन करते हुए जनांदोलन किया। मालंच घोष का पूरा परिवार ही आंदोलन से जुड़ा रहा। अन्याय के खिलाफ संघर्ष करता रहा। झारखंड की लड़ाई में भाग लेता रहा। उनके पति त्रिदीव घोष आईपीएफ के राष्ट्रीय स्तर के नेता रहे हैं। 1982 में दिल्ली सम्मेलन में ही मालंच घोष को आईपीएफ की महिला सेल का सदस्य बनाया गया था। उन्होंने जन आंदोलन में भाग लेने के लिए कई प्रकार से महिलाओं को प्रेरित किया। बड़े कद की नेता मालंच घोष बौद्धिक तौर पर काफी संपन्न रही हैं। उन्होंने अखबारों में अपने लेखों के जरिए अलग झारखंड की आवाज को बुलंद किया, महिलाओं को उनकी शक्ति का एहसास कराया और आंदोलन से जोड़ा। उन दिनों झारखंड मजदूर किसान पार्टी झारखंड राज्य के लिए आंदोलन कर रही थी, उसकी रैलियों में पूरे राज्य से बड़ी संख्या में लोग जुटते थे, उन रैलियों में मालंच घोष की बड़ी भूमिका होती थी। मालंच घोष कहती रही हैं कि झारखंड की भी अपनी भाषा होनी चाहिए, अपनी संस्कृति की रक्षा के लिए लड़ाई लड़नी चाहिए। आंदोलन के दौरान उनका काम महिलाओं को संगठित करना और उन्हें सही दिशा देना था। उन्होंने 1986 में मातृभाषा आंदोलन का नेतृत्व किया। उन्होंने महिलाओं को इस बात का एहसास कराया कि अलग झारखंड राज्य में महिलाओं की तभी बड़ी भूमिका होगी जब वे साक्षर होंगी, पढ़ी-लिखी होंगी। आंदोलन के दौरान उनकी अपनी टीम थी, जो ग्रामीण क्षेत्रों में भी काम करती थी। यह जुझारू टीम थी। □

खंड-5

जज्बा-जोखिम और नतीजा

झारखंड आंदोलन के दौरान एक ऐसा भी समय आया था, जब आंदोलनकारियों ने महसूस किया था कि सरकार उनकी बात को तब तक नहीं सुनेगी जब तक हिंसा नहीं होगी। असम, गोरखालैंड के आंदोलन का परिणाम आंदोलनकारी देख चुके थे। 1986 में जब ऑल झारखंड स्टुडेंट यूनियन (आजसू) का गठन हुआ, तो यह काम आजसू ने सँभाल लिया। प्रभाकर तिर्की और सूरज सिंह बेसरा संस्थापक अध्यक्ष और महासचिव थे। पुस्तक के इस खंड में आजसू के आंदोलन, उसके तेवर, हिंसा, तोड़-फोड़ और घटनाओं का जिक्र है। इसमें उन आंदोलनकारियों का भी उल्लेख है जिन्होंने आंदोलन के दौरान विस्फोट में हाथ या पैर गँवा दिया। विस्फोट आम बात थी। इस खंड

में उन आंदोलनकारियों की कहानी भी है जो राज्य बनने के बाद या उसके पहले आर्थिक अभाव में चल बसे। ये वे लोग हैं/थे, जिनके आंदोलन के बल पर झारखंड बना। इसी खंड में ऐसे भी आंदोलनकारियों का जिक्र है जिनका इस आंदोलन में बहुत ज्यादा योगदान रहा है, जिन्होंने कुरबानी दी है। डॉ. राम दयाल मुंडा को कुलपति का पद त्यागना पड़ा, बहादुर उराँव को दो बेटों को खोना पड़ा, हरिशंकर महतो को हथेली और नारायण साहू को अपना पैर गँवाना पड़ा। बबलू मुर्मू, मनमथ बास्के (दोनों आजसू) और सिदू तियू को इलाज के अभाव में अपनी जान गँवानी पड़ी।

इसमें कोई दो राय नहीं कि आंदोलन के दौरान आजसू ने हिंसा का रास्ता अपना लिया था। उसके पास घातक हथियार तक पहुँच गए थे। इसका आजसू कार्यकर्ता इस्तेमाल भी करते थे। पटरियों और बिजली के टॉवरों को वे ज्यादा निशाना बनाते थे। आजसू के नेता मानते थे कि आंदोलन में सब जायज है। यह सही है कि आजसू ने अगर आक्रामक तेवर नहीं अपनाया होता तो केंद्र सरकार वार्त्ता के लिए तैयार ही नहीं होती। हो सकता कि राज्य बनने में कुछ और विलंब होता।

आर्थिक नाकेबंदी, जाम, बंद के दौरान झामुमो और आजसू के नेता-कार्यकर्ताओं में जज्बा दिखता था, वे जोखिम लेते थे। इसी क्रम में कई आंदोलनकारियों की जान भी गई। इन लोगों ने झारखंड के लिए जान दी, शरीर का हिस्सा गँवाया, परिवार की परवाह नहीं की, पर झारखंड बनने के बाद ये हाशिए पर चले गए। इस खंड में कुछ ऐसे आंदोलनकारियों का जिक्र है।

□

आजसू की भूमिका

स्थापना काल से अब तक आजसू के कई चेहरे सामने आए। इसकी भूमिका भी बदलती रही। कभी कड़ा एवं लड़ाकू तेवर, कभी निष्क्रिय एवं गैर नियंत्रित संगठन तो कभी जिम्मेवार राजनीतिक पार्टी के रूप में। शुरुआती दौर में प्रभाकर तिर्की-सूरज सिंह बेसरा की अगुवाई में आजसू ने झारखंड आंदोलन में छात्रों को जोड़ा। बाद में देवशरण भगत, बबलू मुर्मू, विनोद भगत, राजेंद्र महतो की जोड़ी ने इसे आगे बढ़ाया। राज्य बनने के बाद सुदेश महतो की अगुवाई में आजसू (आजसू पार्टी) ने अपने आप को पुनर्गठित किया। अब वह संगठित होकर नई भूमिका में सामने है। हालाँकि सुदेश महतो की आजसू पार्टी झारखंड आंदोलन के दौरान बनी आजसू से अलग है। पर इस आजसू पार्टी में 1986-1989 वाली आजसू के कई नेता सक्रिय हैं, अपनी भूमिका निभा रहे हैं। एक छात्र संगठन के दायरे से निकलकर आजसू ने एक राजनीतिक पार्टी के रूप में अपनी पहचान बनाई है।

आजसू की पुरानी सशक्त टीम : विनोद भगत, आनंद, प्रभाकर, सूरज सिंह बेसरा, हरिशंकर (बैठे हुए)

विद्युत महतो

1986 में जब आजसू की स्थापना की गई थी तो उसके पीछे कारण थे। झारखंड मुक्ति मोरचा के तत्कालीन अध्यक्ष निर्मल महतो ने महसूस किया था कि झामुमो का अपना एक छात्र संगठन होना चाहिए। जो काम झामुमो नहीं कर सकता, वह काम आजसू के माध्यम से कराने की योजना थी।

फैसला भले ही झामुमो कार्यकारिणी का था, लेकिन इसके पीछे दिमाग था निर्मल महतो का। निर्मल महतो ने एक जून 1986 को सूरज सिंह बेसरा को छात्र संगठन बनाने के लिए संयोजक बनाया। घाटशिला कॉलेज में झारखंड छात्र यूनियन के बैनर तले बेसरा ने चुनाव जीता था। यह नाम उनके दिमाग में पहले से था। निर्मल महतो आसू (ऑल असम स्टुडेंट यूनियन) से प्रभावित थे। असम में छात्रों ने प्रफुल्ल महंती और भृगु फूँकन की अगुवाई में लंबा आंदोलन चलाया था। 1985 में ही वह आंदोलन खत्म हुआ था, इसलिए आसू की तर्ज पर आजसू बनाने पर सहमति बनी थी। 22 जून, 1986 को विधिवत आजसू का गठन हो गया। प्रभाकर तिर्की अध्यक्ष और बेसरा महासचिव बने।

आजसू उन दिनों भले ही बन गई थी, लेकिन अपनी पहचान नहीं बना पाई थी। जल्द ही आजसू और झामुमो के बीच मतभेद नज़र आने लगे थे। आजसू लड़ाकू तेवर में थी। 8 अगस्त, 1987 को जमशेदपुर में जब झामुमो के तत्कालीन अध्यक्ष निर्मल महतो की हत्या हो गई, उसके बाद आजसू पहली बार चर्चित हुई थी। पूरे राज्य में आजसू ने बंदी की घोषणा की। तीन दिनों तक झारखंड बंद रहा। हत्याएँ भी हुई थीं। पहली बार आजसू ने ताकत दिखाई थी। जमकर हिंसा भी की थी। आजसू की छवि ही बवाल करनेवाले संगठन के रूप में बन गई थी। लोग डरते भी थे।

रामदास सोरेन

आजसू को तरीके से निर्मल महतो ने तैयार किया था। प्रशिक्षित किया था। 23 जुलाई, 1986 को उन्होंने आजसू नेता सूरज सिंह बेसरा, हरिशंकर महतो और बबलू मुर्मू को असम और गोरखालैंड भेजा था, ताकि वे आसू और गोरखालैंड नेशनल लिबरेशन फ्रंट (जीएनएलएफ) प्रमुख सुभाष घीसिंग से लड़ाई के गुण सीख सकें। पहाड़ी क्षेत्रों में छापामार युद्ध कैसे लड़ा जाता है, यह घीसिंग ने बताया था। 1987 में आजसू ने जो रंग दिखाया था, वह 1989 तक जारी रहा। वह आजसू के इतिहास का स्वर्णिम समय था। उन दिनों अलग

झारखंड राज्य की आवाज दिल्ली तक पहुँचती ही नहीं थी। पहला काम था केंद्र तक इस आवाज को दमदार तरीके से पहुँचाना। आजसू की टीम में उन दिनों प्रभाकर, बेसरा, बबलू, देवशरण के अलावा विनोद भगत, राजेंद्र मेहता, खेलाराम महली, आनंद उराँव, हरिशंकर महतो, सुनील महतो (दिवंगत सांसद), रामदास सोरेन, विद्युत महतो, वीर सिंह सोरेन, बाबूलाल मुर्मू, सुदामा मरांडी, सुदर्शन भगत, विमल कच्छप, ललित महतो, कमल किशोर भगत, दामू, लक्ष्मण टुडू, साइबा सुशील हाँसदा, प्रवीण प्रभाकर, प्रवीण उराँव, सुकरा जैसे नेता थे। सुनील महतो, बबलू मुर्मू और सुदर्शन भगत की मौत हो चुकी है। बाकी लोग कई राजनीतिक दलों में चले गए। आजसू के पुराने कार्यकर्ताओं में से कुछ तो माओवादी संगठन से भी बाद में जुड़ गए।

1989 में आजसू कार्यकर्ताओं ने झारखंड में जोरदार आंदोलन चलाया। रेल ट्रैक को निशाना बनाया। राँची-सिल्ली और राँची-लोहरदगा लाइन प्रमुख थी। बंबई-हावड़ा मेनलाइन पर देश की कई प्रमुख ट्रेनों को उड़ाने का प्रयास किया था, ताकि दिल्ली तक आवाज गूँजे। हुआ भी यही। सुमति उराँव की पहल पर आजसू नेताओं को बूटा सिंह ने वार्त्ता के लिए दिल्ली बुलाया। पहली बार लगा कि आजसू की ताकत को केंद्र ने महसूस किया है। बूटा सिंह से वार्त्ता के लिए प्रभाकर तिर्की, सूरज सिंह बेसरा, देवशरण भगत, आनंद उराँव और हरिशंकर महतो दिल्ली गए थे।

दिल्ली वार्त्ता के बाद आजसू के तेवर में नरमी आ गई। आजसू के नेतृत्व में भी बदलाव आया। नीतियाँ बदलीं। इधर झामुमो भी आंदोलन चला रहा था। 1990 के बिहार विधानसभा चुनाव में आजसू ने प्रत्याशी खड़ा किया। सूरज सिंह बेसरा घाटशिला से जीते। बाद में जब अलग राज्य के मुद्दे पर बिहार सरकार से उनका विवाद हुआ, बेसरा ने विधायक पद से इस्तीफा दे दिया। यह बड़ी कुरबानी थी। किसी सांसद-विधायक ने झारखंड के सवाल पर इससे पहले न तो इस्तीफा दिया था और न इस घटना के बाद।

सुदेश महतो

फिर राज्य बना। आजसू बिखरती गई। 1989 से 1993 तक स्थिति यह हो गई थी कि आजसू की रैली के दौरान शहर की दुकानें बंद हो जाती थी। उत्पात अधिक होते थे। छवि भी बिगड़ गई थी। धीरे-धीरे आजसू का वह तेवर भी खत्म होने लगा था। आजसू कमजोर होने लगी थी। इसी बीच 2000 में झारखंड राज्य बन गया।

राज्य बनने के बाद सुदेश महतो ने आजसू को पुनर्गठित करने का प्रयास किया। आजसू की ताकत बढ़ती गई। आजसू को इसी झारखंड में सत्ता में रहने का मौका मिला।

1991 से ही सुदेश महतो आजसू से जुड़ गए थे। सिल्ली में तोड़-फोड़ के आरोप में उन्हें गिरफ्तार किया गया था। तीन माह तक सुदेश पुरूलिया जेल में रहे। राज्य बनने के बाद वे उपमुख्यमंत्री बने। अब आजसू पार्टी का संगठन पुनः मजबूत हो गया है।

आजसू सत्ता में रही। कई गलतियाँ भी हुईं। यह हर कोई जानता है कि अलग राज्य के लिए हुए आंदोलन में आजसू के हजारों कार्यकर्ताओं पर मुकदमे हुए। उनमें से कुछ उठे। आज भी आजसू नेता कोर्ट का चक्कर लगा रहे हैं। कुछ तो जेल भी गए। पैसे और साधन के अभाव में कई आजसू नेताओं ने दम तोड़ दिया। आजसू का एक दमदार नेता आज दिल्ली में मजदूरी करता है। सिर पर बालू-गिट्टी ढोता है, यह शर्मनाक है। सत्ता में रहने के बावजूद आजसू अपने उन पुराने कार्यकर्ताओं के लिए कुछ नहीं कर सकी। सुदेश महतो युवा हैं। कम उम्र में उन्होंने पार्टी को अकेले मजबूती प्रदान की है, लेकिन अनेक दिग्गजों को पार्टी से जोड़े बगैर आगे की राह उनके लिए आसान नहीं होगी।

राज्य पाने में आजसू की बड़ी भूमिका रही है। पुरानी घटनाएँ इसकी गवाह हैं। 1993 में सर्वदलीय संघर्ष समिति द्वारा आर्थिक नाकेबंदी कार्यक्रम चलाया जा रहा था। आजसू के कुछ नेता मार्च में अनशन पर बैठे थे। अनशन को जबरन खत्म कराया गया था। उसके बाद जो नाकेबंदी कार्यक्रम चलाया गया, उसमें जमकर हिंसा हुई थी। 9 अप्रैल, 1993 को तेनु-बोकारो नहर को डाइनामाइट से उड़ा दिया गया था। उसी दिन पतरातू-चांडिल विद्युत लाइन को डाइनामाइट से उड़ाने का प्रयास किया गया। घाघरा में आंदोलनकारियों ने ट्रक पर बम से हमला किया। हिंडाल्को के फोरमैन हमले में मारे गए। जिला प्रशासन ने इस घटना के बाद नवाडीह गाँव पर सामूहिक जुर्माना लगाया था। हिंसक कार्रवाई लगातार तेज हो रही थी। झारखंड आंदोलन के इतिहास में शायद यह पहला मौका था जब राँची-लोहरदगा रेललाइन पर एक यात्री ट्रेन चपेट में आ गई और 15 यात्रियों की मौत हो गई थी। हालाँकि यह विवाद बना रहा कि यह सामान्य दुर्घटना थी या फिर आंदोलनकारियों ने फिश प्लेट खोल दिया था, जिससे ट्रेन दुर्घटना हुई थी। रेलवे और जिला प्रशासन के बीच यह विवाद का विषय बना रहा था। यह घटना टांगरबसली-नरकोपी के बीच बिरहोड़ा के पास 20 अप्रैल, 1993 को घटी थी। इस घटना का असर दिखा था। प्रधानमंत्री नरसिंह राव के आश्वासन पर उसी दिन आर्थिक नाकेबंदी कार्यक्रम को 10 दिनों के लिए स्थगित कर दिया गया था।

इस खंड में कुछ घटनाओं का जिक्र किया गया है, जो यह बताती है कि आंदोलन में आजसू की कैसी और कितनी महत्त्वपूर्ण भूमिका रही थी।

□

नारायण साहू

पैर काटना पड़ा नारायण साहू का

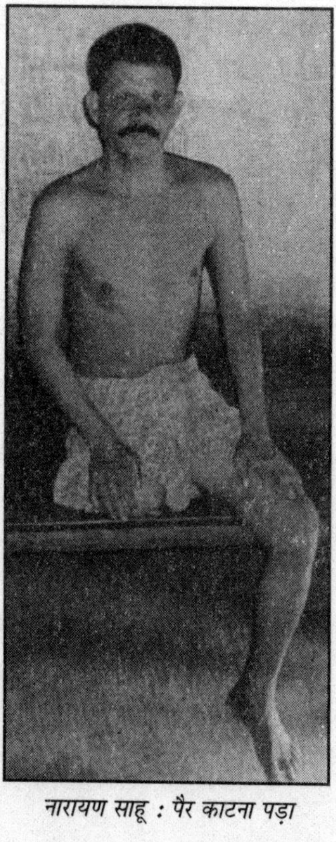

नारायण साहू : पैर काटना पड़ा

झारखंड आंदोलन के दौरान बंदी, आर्थिक नाकेबंदी कार्यक्रम को सफल बनाने के लिए आंदोलनकारी जी-जान से जुट जाते थे। केंद्र सरकार का ध्यान झारखंड आंदोलन की ओर दिलाने के लिए कुछ समय तक आंदोलनकारियों ने हिंसक आंदोलन किया था। इसमें ऑल झारखंड स्टुडेंट यूनियन (आजसू) द्वारा तय किए गए कार्यक्रमों में हिंसा कुछ ज्यादा ही होती थी। आंदोलनकारियों में जुनून इतना था कि वे रेलवे ट्रैक को उड़ाने के लिए हाथ में बम लेकर जोखिम उठाते थे। इसमें कई मौकों पर घटनाएँ भी घटीं।

ऐसे ही एक आंदोलनकारी रहे हैं नारायण साहू। आंदोलन में पैर गँवा दिया। सरायकेला-खरसावाँ जिले के राजनगर प्रखंड के गोपालपुर निवासी गोपाल चंद्र साहू के पुत्र नारायण ने बहुत ज्यादा पढ़ाई-लिखाई नहीं की। वे पहले आदित्यपुर में पेट्रोल पंप में मैनेजर के पद पर कार्यरत थे। 1989 में वे झारखंड मुक्ति मोरचा से जुड़ गए। शुरुआत की थी राजनगर में सड़क जाम से। फिर आर्थिक नाकेबंदी में भाग लिया। गोविंदपुर की घटना में भी सक्रिय थे। जब चंपई सोरेन के नेतृत्व में टिस्को में आंदोलन किया गया तो उसमें नारायण साहू की महत्त्वपूर्ण भूमिका रही थी। गम्हरिया के मजदूर आंदोलन से भी वे जुड़े रहे।

सितंबर 1993 में जब शिबू सोरेन ने आर्थिक नाकेबंदी को ऐतिहासिक रूप से

सफल करने का आह्वान किया तो नारायण साहू भी इस आंदोलन में कूद गए। आंदोलनकारी कांड्रा के मनीकुई में रेल पटरी उड़ाने की तैयारी कर रहे थे। इसी दौरान बम फट गया और उनके दो साथियों की घटनास्थल पर ही मौत हो गई। इसी दिन चांडिल एवं एनटीपीसी विद्युत् मेन टावर को उड़ाने के लिए बम भेजा जा रहा था। इसी क्रम में कहीं चूक हो गई। चार बम भेजे जानेवाले थे। उनमें से एक बम अचानक फट गया। इस घटना में नारायण साहू के सहयोगी गम्हरिया के देवाशीष गोस्वामी, सरायकेला के चंद्र मोहन टुडू तथा राजनगर के डॉन माझी की घटनास्थल पर ही मृत्यु हो गई। नारायण साहू भी उन्हीं लोगों के साथ थे पर किस्मत ने उनका साथ दिया। बम विस्फोट के कारण नारायण साहू का दाहिना पैर जख्मी हो गया।

तीन आंदोलनकारियों की मौत के बाद पुलिस सक्रिय हो गई थी। पुलिस से बचने के लिए बिना इलाज के महुलडीह के समीप एक बाँस के जंगल में नारायण एक दिन छिपे रहे। दूसरे दिन हालत गंभीर होने पर आंदोलनकारी उन्हें जुगसलाई के एक नर्सिंग होम में ले गए। वहाँ उनका प्राथमिक इलाज किया गया। फिर जमशेदपुर के एमजीएम अस्पताल ले जाया गया। वहाँ जब सही इलाज नहीं हुआ तो सुधीर महतो उन्हें टीएमएच ले गए। जिंदगी बचाने के लिए इलाज के दौरान नारायण साहू का दाहिना पैर काटना पड़ा।

इस बीच पुलिस उन्हें पकड़ चुकी थी। उनकी हालत में सुधार होने पर उन्हें सरायकेला जेल भेज दिया गया। सरायकेला जेल में वे 1993 से 1995 जनवरी तक रहे। 1995 फरवरी में जेल से बाहर निकले। 1997 में राजनगर के बड़ा कादल निवासी सनकुनी से उन्होंने शादी की। नारायण बताते हैं कि वे अविभाजित सिंहभूम के झामुमो के जिला कोषाध्यक्ष भी रहे। बाद में आर्थिक परेशानी में रहे। नारायण कहते हैं—चंपई सोरेन के अलावा किसी ने भी मदद नहीं की। चंपई ने ही 2005 में उन्हें एक मोटरसाइकिल दी थी। आज भी उन्हें इस बात का अफसोस है कि आंदोलन में उन्होंने जान जोखिम में डाल कर कई अभियान को सफल बनाया, पैर भी खोया। पर इसकी कोई कीमत नहीं है। अभाव में जीना पड़ रहा है।

□

हरिशंकर महतो

बम से हथेली उड़ गई

हरिशंकर महतो अपनी हथेली दिखाते

हरिशंकर महतो झारखंड आंदोलन के उन नेताओं में शामिल हैं, जिन्होंने बहुत कुछ खोया है। झारखंड आंदोलन को सफल बनाने के लिए आंदोलनकारियों को प्रिय और अप्रिय दोनों प्रकार के कदम उठाने पड़ते थे। ऐसा ही एक अप्रिय कदम था रेलवे ट्रैक उड़ाना। यह काम हरिशंकर महतो को सौंपा गया था। रेलवे ट्रैक पर बम लगाते समय ही बम फट गया था और उनकी हथेली का एक हिस्सा उड़ गया था।

चाकुलिया के घोड़शोल गाँव निवासी झारखंड आंदोलनकारी हरिशंकर महतो आजसू के बड़े नेता थे। संगठन को उन पर इतना भरोसा था कि निर्मल महतो ने उन्हें असम आंदोलन के शीर्ष नेताओं से मिलने और रणनीति बनाने के लिए भेजा था। जब बूटा सिंह ने वार्त्ता के लिए आजसू को आमंत्रित किया था, उस समय आजसू के प्रतिनिधि के रूप में हरिशंकर महतो भी गए थे।

हरिशंकर 1984 में जब छात्र थे, तभी से वे झारखंड मुक्ति मोरचा से जुड़ गए। 1986 में जब आजसू का गठन किया गया तो उन्हें संयोजक बनाया गया। सूरज सिंह बेसरा और बबलू मुर्मू के साथ श्री महतो असम गए थे और आसू (ऑल असम स्टुडेंट यूनियन) के शीर्ष नेताओं के साथ मुलाकात की थी। उनके खिलाफ धालभूमगढ़, घाटशिला, मुसाबनी समेत अन्य थाने में 12 से अधिक मामले दर्ज हुए।

एक घटना का वे जिक्र करते हैं। 1993 में आर्थिक नाकेबंदी चल रही थी। घाटशिला अनुमंडल में आंदोलन चरम पर था। यह योजना बनी थी कि रेलवे ट्रैक को उड़ाया जाएगा। साथ ही पुलिस पर हमला भी किया जाएगा। इसी योजना को अंतिम रूप देते समय हरिशंकर के हाथ में बम फट गया, जिससे उनके दाहिने हाथ की हथेली का

कुछ हिस्सा उड़ गया। इसके बाद पुलिस उनके पीछे पड़ गई। इधर-उधर छिपकर उन्होंने अपने हाथ का इलाज कराना शुरू किया। परंतु जख्म बढ़ता ही गया। तब जमशेदपुर में एक चिकित्सक के पास इलाज हुआ। 1995 में श्री महतो ने बहरागोड़ा विधानसभा क्षेत्र से झामुमो उम्मीदवार के रूप में चुनाव भी लड़ा। परंतु हार गए। झारखंड आंदोलन में कभी बड़ी-बड़ी भूमिका निभानेवाले हरिशंकर अब राजनीति से दूर हो गए हैं। उन्हें इस बात का अफसोस है कि राज्य बनने के बाद आंदोलनकारियों और शहीदों को पर्याप्त सम्मान नहीं मिला।

□

माझी सोय

गुरिल्ला युद्ध का प्रशिक्षक

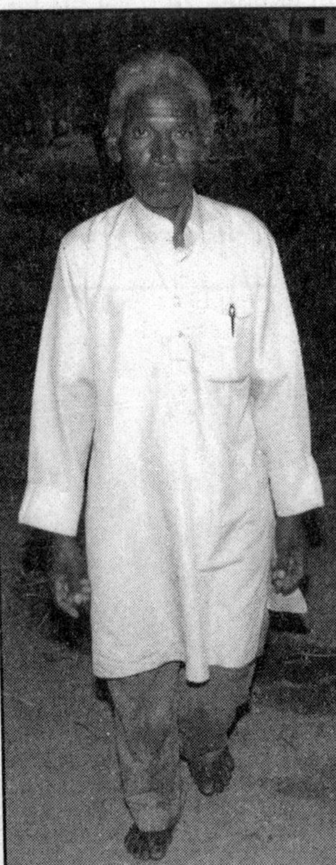

माझी सोय

पोड़ाहाट में जंगल आंदोलन चल रहा था। मछुआ गागराई और चाड़ी गागराई ने कंसारा से इस आंदोलन की शुरुआत की थी। बाद में इस आंदोलन से और नेता जुड़ते गए। यह आंदोलन पूरे पोड़ाहाट में छा गया। इसी आंदोलन से जुड़ गए माझी सोय। 13 जुलाई, 1955 को जनमे टांको सोय के पुत्र माझी सोय ने युवा अवस्था से ही अपनी ताकत को दिखाना शुरू कर दिया था। 1973 में मैट्रिक की परीक्षा पास की थी। दिमाग में यह बात आई कि जंगल आंदोलन को पोड़ाहाट से निकाल कर कोल्हान और फिर सारंडा में फैलाया जाए। दरअसल देवेंद्र बाबू (देवेंद्र माझी) ने ही माझी सोय को इस आंदोलन को कोल्हान में फैलाने का जिम्मा सौंपा था। माझी सोय की वीरता की कहानी बहुत सुनी थी। कैसे उन्होंने कासीजोवा में सीआरपीएफ को आगे बढ़ने नहीं दिया था। इसके अलावा उन्होंने बाइपी में महत्त्वपूर्ण भूमिका अदा की थी। माझी सोय से मिलने और आंदोलन के बारे में विस्तृत जानने की इच्छा थी।

माझी पश्चिमी सिंहभूम के चक्रधरपुर के मुरहातु में रहते हैं। उनका घर पहाड़ी पर ही है। झारखंड राज्य बनने के कुछ साल बाद ही मैं उनसे मिलने पहाड़ी पर पहुँच गया था। मुलाकात हुई। जब उन्हें बताया कि मैं क्यों मिलने आया हूँ, वे घर के अंदर गए। लाल कपड़ा में बाँधा हुआ कुछ कागज निकाला। रविवार पत्रिका में छपी एक रिपोर्ट निकाली, जिसमें

एक युवक महिलाओं को युद्ध कला की जानकारी दे रहा है। देखने में गुरिल्ला लगता था। वह युवक कोई और नहीं, खुद माझी सोय ही था। रविवार में छपी वह रिपोर्ट हरिवंश की थी, जो बाद में प्रभात खबर के प्रधान संपादक बने।

माझी से बात होने लगी। बताने लगे कि पुलिस उन्हें तलाश रही थी। उन्हें लगा था कि झारखंड के लिए झारखंडियों की अपनी फौज होनी चाहिए। इसलिए उन्होंने झारखंड मुक्ति फौज बनाई। खुद इसके चीफ कमांडर थे। सिदू जामुदा उनके कमांडर थे। वे आंदोलनकारियों को बताते थे कि कैसे पुलिस के हमले से बचना है और कैसे पुलिस पर हमला करना है। सारी योजना वे खुद बनाते थे। कासीजोवा में पुलिस के साथ उनकी मुठभेड़ हुई थी। घंटों पुलिस को रोके रखा था। वह बिहार पुलिस नहीं बल्कि सीआरपीएफ थी, जिसे इस प्रकार के युद्ध का प्रशिक्षण प्राप्त रहता है। माझी सोय को खतरनाक मानते हुए सिंहभूम जिला प्रशासन ने उन पर 10 हजार का इनाम घोषित कर रखा था। कई बार पुलिस ने उन्हें घेरने का प्रयास किया पर हर बार वे बच निकलते रहे। गजब की फुरती थी उनमें।

माझी सोय ने अपनी कहानी इस प्रकार बताई थी—उन्होंने तुइया (बरकेला) से आंदोलन शुरू किया था। सिदू जामुदा, सोनियाजोजो और नंदी कुई उनके साथ थे। लोगों

प्रशिक्षण देते झारखंड मुक्ति फौज के चीफ कमांडर माझी सोय

ने जंगल काटना शुरू किया। एक तरफ जंगल कटता गया, दूसरी तरफ लोग वहाँ बसते गए। इस बीच वे झारखंड आंदोलन में लगातार सक्रिय रहे। अनेक घटनाओं में वे शामिल रहें। हजारों लोगों को पुलिस से बचने के लिए प्रशिक्षित किया। इससे झारखंड आंदोलन को आगे बढ़ाने में उन्हें सहायता मिली। झारखंड मुक्ति फौज में उनके पास पाँच हजार लोग थे। ये लोग दो सौ-चार सौ के ग्रुप में बँटे होते थे। हर क्षेत्र के लिए अलग-अलग टीम बनाई गई थी। गुवा गोलीकांड के बाद जब चाईबासा में 28 अक्तूबर को शिबू सोरेन की पहली सभा हुई थी तो प्रशासन के तमाम प्रयास के बावजूद वे 16 हजार आंदोलनकारियों को लेकर मिशन मैदान में घुस गए थे। जंगल आंदोलन जब थम गया तब भी वे चुप नहीं बैठे। जंगल पर आदिवासियों के अधिकार को लेकर वे आंदोलन करते रहे। वे बाइपी, ईचाहातु व पी साई गोलीकांड में भी शामिल रहे।

बात करते-करते वे कहने लगे कि 33 साल तक जंगलों में भटकने का उतना अफसोस नहीं है जितना झारखंड बनने के बाद हुई कुर्की जब्ती का। 13 जुलाई, 2003 को उनके घर की कुर्की जब्ती हुई थी। माझी की शिकायत थी कि आंदोलन के दौरान जो कुछ हुआ, वह आंदोलन का हिस्सा था। जो कुछ किया, अलग राज्य के लिए किया। इसलिए जब अलग झारखंड राज्य का गठन हो गया तो पुराने मामले को खत्म कर देना चाहिए था। ऐसा नहीं किया गया और पाँच मामले उनके खिलाफ चलते रहे।

□

मनमथ बास्के : 24 जून, 1995

पुलिस पिटाई से मौत

मनमथ बास्के

पूर्वी सिंहभूम के डुमरिया प्रखंड में एक गाँव है कुंडालुका। झारखंड आंदोलन में इस गाँव की बड़ी भूमिका रही है। इस गाँव के कई युवकों ने आजसू के बैनर तले झारखंड आंदोलन में भाग लिया। इसी गाँव में 10 फरवरी, 1956 को मनमथ बास्के का जन्म हुआ था। उन्हें कारू बास्के भी कहते थे और इसी नाम से उन्होंने 1977 से आईसीसी में नौकरी भी की। मुसाबनी की न्यू कॉलोनी में उनका ठिकाना था। 1979 में मनमथ ने शादी कर ली। पाँच बेटियों के पिता भी बने। आजसू के गठन के बाद मुसाबनी और डुमरिया का पूरा क्षेत्र जब आंदोलित हो गया तो मनमथ भी झारखंड आंदोलन में कूद पड़े। 1987 में झामुमो अध्यक्ष और आजसू के जन्मदाता निर्मल महतो की हत्या के बाद आजसू नए तेवर से आंदोलन कर रही थी। 1989 में यह आंदोलन और भी हिंसक हो गया था। आस-पास के इलाकों में ट्रेन पटरियों को उड़ाने की कई घटनाओं को आजसू कार्यकर्ताओं ने अंजाम दिया था। मनमथ आजसू में बहुत सक्रिय थे। उनकी पत्नी को पता नहीं था कि मनमथ का अधिकांश समय आंदोलन में बीत रहा है। मनमथ जानते थे कि पत्नी को आंदोलन में भाग लेने की बात अगर उन्होंने बता दी तो शायद वह उन्हें आंदोलन में भाग लेने से मना कर देगी। इस तरह परिवार से छिपा-छिपाकर मनमथ झारखंड आंदोलन में एक गुमनाम सिपाही की तरह भाग लेते रहे। पारिवारिक जिम्मेवारियों की ओर वे बहुत ध्यान नहीं दे पाते थे। इसी तरह समय बीतता गया।

26 जनवरी, 1995 का दिन था। आजसू ने घोषणा की थी कि वह गणतंत्र दिवस समारोह का बहिष्कार करेगी। मनमथ पूरे मन से आंदोलन से जुड़ चुके थे। जिस काम में

ज्यादा-से-ज्यादा खतरा होता था, उसे मनमथ स्वयं करते थे। इसलिए जब यह तैयारी की गई कि गणतंत्र दिवस के दिन प्रखंड कार्यालयों में काला झंडा फहराया जाएगा तो यह काम भी उन्होंने अपने हाथ में लिया। उन्होंने डुमरिया प्रखंड कार्यालय में 26 जनवरी को काला झंडा फहरा दिया। इस घटना के बाद पुलिस ने उन्हें मुसाबनी स्थित न्यू कॉलोनी से गिरफ्तार कर लिया। उन दिनों आंदोलन के दौरान जो भी पकड़ा जाता, पुलिस उसकी जमकर पिटाई करती थी। मनमथ के साथ भी ऐसा ही हुआ। पुलिस ने मनमथ को काफी यातनाएँ दीं और इतनी बुरी पिटाई की कि मनमथ उसे सह नहीं सका। पिटाई के बाद उन्हें अधमरा कर जमशेदपुर स्थित साकची जेल भेज दिया गया। जेल में मनमथ की स्थिति बिगड़ने लगी तो 14 मई, 1995 को उन्हें इलाज के लिए एमजीएम, जमशेदपुर में भरती कराया गया। मनमथ की स्थिति खराब होने की सूचना उनके पिता को भी दी गई। इस बीच मनमथ का थोड़ा इलाज होता रहा, पर 24 मई, 1995 की सुबह उन्होंने अस्पताल में ही दम तोड़ दिया। 25 मई को पोस्टमार्टम के बाद शव को उनके परिजनों को सौंप दिया गया। जब मनमथ का शव कुंडालुका पहुँचा तो भारी भीड़ उमड़ पड़ी। शंख नदी के किनारे मनमथ का अंतिम संस्कार किया गया। बेटे के गम में पिता की भी मौत हो गई। इस प्रकार अलग झारखंड राज्य के लिए जान जोखिम में लेकर लड़नेवाला मनमथ पारिवारिक जिम्मेवारियों को निभाए बगैर दुनिया से चल बसा।

□

फेटल सिंह : 30 दिसंबर, 1957

वनों को बचाने की लड़ाई

पलामू का इतिहास बड़ा समृद्ध रहा है। स्वतंत्रता आंदोलन में पलामू ने बढ़-चढ़कर हिस्सा लिया था। नीलांबर-पीतांबर की शहादत को कौन भूल सकता है। इसी पलामू में कई ऐसे योद्धा हुए, जिन्होंने अन्याय और शोषण के खिलाफ संघर्ष किया। सामाजिक आंदोलन चलाए। इन्हीं लोगों में एक बड़ा नाम है फेटल सिंह का। हर साल 30 दिसंबर को पलामू के रंका में उन्हें याद किया जाता है।

फेटल सिंह का जन्म खरवार समुदाय में हुआ था। उनके पिता छोटे किसान थे। खुद फेटल सिंह ने पढ़ाई नहीं की थी। उनके पूर्वजों ने बंजर भूमि को ठीक कर उसे खेती लायक बनाया था। फिर वे स्वतंत्रता आंदोलन से भी जुड़ गए। फेटल सिंह ने सीधे तौर पर अलग झारखंड राज्य के लिए आंदोलन नहीं किया, पर उन्होंने जंगल पर आदिवासियों का वास्तविक अधिकार दिलाने के पक्ष में और जमींदारी प्रथा व शोषण के खिलाफ लड़ाई लड़ी। ये दोनों मामले भी तो झारखंड आंदोलन के हिस्सा थे। फेटल सिंह एक खरवार आदिवासी नेता थे। पलामू में खरवार की आबादी अच्छी है। 1930 के आस-पास आदिवासी बहुल क्षेत्र में भारतीय राष्ट्रीय कांग्रेस ने वन सत्याग्रह चलाया था। इसका मुख्य उद्देश्य आदिवासियों को वनों पर अधिकार दिलाना था। पलामू में कांग्रेस ने खरवार आदिवासियों को स्वतंत्रता आंदोलन से जोड़ दिया था। खरवार समुदाय तत्कालीन प्रशासन से नाराज था और उसे लगा कि कांग्रेस से जुड़ने के बाद उनकी समस्याओं का निदान होगा। फेटल सिंह खरवार समुदाय की अगुवाई करते थे। देश के आजाद होने के बाद फेटल सिंह ने जिन मुद्दों को लेकर आंदोलन किया, उनमें एक बड़ा मुद्दा था जंगल बचाने का मुद्दा। झारखंड आंदोलन के दौरान भी जंगल बचाने के लिए कई जगहों पर आंदोलन होते रहे। इसी क्रम में कई लोगों ने शहादत भी दी।

1950 में जमींदारी प्रथा के उन्मूलन के बाद खरवार किसानों को थोड़ी राहत हुई,

पर वनों पर जो अधिकार आदिवासियों को मिलना चाहिए था, वह वास्तव में नहीं मिल पाया था। जंगल पर पारंपरिक रूप से तो आदिवासियों का कब्जा माना जाता है, पर जब ये आदिवासी जंगल में जाते तो जंगल के ठेकेदार उन्हें सताते थे। इससे खरवार आदिवासियों में शासन के प्रति नाराजगी फैलती गई। आजादी के 10 साल बाद फेटल सिंह को महसूस हुआ कि यह असली आजादी नहीं है। कांग्रेस से भी उनका मोह भंग हो गया। फेटल सिंह सोचने लगे कि उन्मूलन का निर्णय करने के बावजूद जमींदारी प्रथा कायम है। खेतों को पानी नहीं मिलता, खेती नहीं होती और अकाल पड़ता है। लोग मरते हैं। ऐसे में फिर से आंदोलन करने की जरूरत है। वे किसान राज के पक्षधर थे। ऐसे भी पलामू पर अकाल की छाया मँडराती रही है। 1957 में भी ऐसी ही स्थिति उत्पन्न हो गई थी। बारिश नहीं हुई थी। अकाल पड़ चुका था।

फेटल सिंह ने महसूस किया था कि कांग्रेस ने वन पर अधिकार को लेकर जो वादा किया था, उसे वह पूरा नहीं कर रही है। कांग्रेस ने वादा किया था कि आदिवासियों को वनों और गैर-मजरुआ जमीन पर बिना किसी प्रतिबंध के उत्पादन करने की अनुमति दी जाएगी और उन्हें लगान भी नहीं देना पड़ेगा। पर ऐसा नहीं हुआ। इसके विरोध में फेटल सिंह ने खरवारों को संगठित करना शुरू कर दिया। उन्होंने मध्य प्रदेश के खरवारों को भी जोड़ा। फेटल सिंह के समर्थकों ने बलियागढ़ जंगल पर भी कब्जा कर लिया और ठेकेदारों व उनके श्रमिकों को वहाँ से हटने पर मजबूर कर दिया। इसी बीच खरवारों में भगत दल बन चुका था। इस दल ने प्रचारित करवा दिया कि आदिवासियों का वन पर अधिकार है। वे जो चाहें, कर सकते हैं। जंगल उनका है। जंगल साफ कर या बंजर भूमि को खेती लायक जो जमीन तैयार कर ली गई है, उस पर कोई भी किसी प्रकार का टैक्स नहीं देगा। फेटल सिंह ने पूरे इलाके में इस बात को फैला दिया कि देश भले ही आजाद हो गया हो, पर अंग्रेज अभी गए नहीं हैं। जमींदार के रूप में मौजूद हैं। गरीब लोग खेतों में काम करते हैं, श्रम करते हैं और लाभ लेते हैं जमींदार। ऐसा नहीं चलेगा। उन्होंने घोषणा कर दी थी कि किसी भी ठेकेदार को जंगल में घुसने नहीं दिया जाएगा। उन्होंने कह दिया था कि दंडाधिकारी और पुलिस पर उन्हें भरोसा नहीं है। अगर ये किसी आदिवासी पर प्रहार करेंगे तो इसका बदला लिया जाएगा। जहाँ भी फेटल सिंह सभा करते, लोकगीतों के जरिए शोषण के खिलाफ खड़ा होने का आह्वान किया जाता। एक तरह से उन्होंने अपने इलाके में अपनी सरकार चलाने का आह्वान कर दिया था। इस प्रकार फेटल सिंह ने आदिवासियों के आंदोलन को एक मुकाम तक पहुँचा दिया था। उधर मध्य प्रदेश में भी चुन्नी गोंद की अगुवाई में खरवारों का आंदोलन चल रहा था।

चुन्नी गोंद के 150 समर्थकों ने पुलिस बल को क्षेत्र छोड़ देने को कहा। पुलिस द्वारा ऐसा नहीं करने के बाद उनपर पारंपरिक हथियारों से हमला कर दिया गया। पुलिस ने फायरिंग की जिसमें दो लोग मारे गए।

इस घटना के विरोध में फेटल सिंह ने हड़ताल का आह्वान किया था। चारों ओर यह बात फैल गई कि फेटल सिंह जंगल के ठेकेदारों पर हमला करने के लिए संगठन तैयार कर रहा है। उस समय जगदीश साव की अगुवाई में वनों को काटने का काम चल रहा था। फेटल सिंह और उनके साथियों को लगा कि वनों की कटाई के कारण ही बारिश नहीं हो रही है, अकाल पड़ रहा है और इसके लिए जगदीश साव दोषी है। उन्होंने जगदीश साव के खिलाफ आंदोलन छेड़ दिया। वनों की कटाई पर रोक लगा दी। फेटल सिंह के साथी आस-पास के गाँव-गाँव में फैल गए और जंगल काटनेवालों को पकड़ने लगे। उन्होंने वन विभाग के खिलाफ भी मुहिम छेड़ दी। फेटल सिंह मानते थे कि अगर वन विभाग के अधिकारी अपनी जिम्मेवारी निभाते तो वन नहीं काटा जाता। लगातार चल रहे अभियान से वन माफिया बेचैन हो गए। पुलिस से इनकी साँठ-गाँठ रहती ही थी। फेटल सिंह और उनके छह साथियों के खिलाफ एफआईआर (राइटिंग केस यू/एस/47 आईपीसी) दर्ज किया गया।

पुलिस फेटल सिंह को गिरफ्तार करने के लिए लगातार छापामारी करती थी। तीन दिनों तक 50 पुलिसकर्मी उन्हें खोजते रहे। 30 दिसंबर, 1957 का दिन था। लगभग दो सौ जवानों ने फेटल सिंह के घर को दूर से घेर लिया। फेटल सिंह के साथ लगभग पाँच सौ समर्थक थे। उन्होंने अपने समर्थकों को आदेश दे रखा था कि उनके घर के 51 डेग के भीतर पुलिस को किसी भी हाल में नहीं आने दें। पुलिस आगे बढ़ रही थी और फेटल सिंह के समर्थक उसका विरोध कर रहे थे। पुलिस के पास भारी मात्रा में हथियार था। पुलिस ने लोगों पर पहले पथराव किया। ग्रामीणों ने भी पत्थर का जवाब पत्थर से दिया। जब दोनों ओर से पत्थरबाजी होने लगी तो वहाँ का माहौल बिगड़ गया। पुलिस गोली चलाने लगी। एक गोली फेटल सिंह के भतीजे कुंभकर्ण सिंह को लगी और उसने वहीं पर दम तोड़ दिया। दूसरी गोली सोमारू सिंह की जाँघ में लगी और वह घायल हो गया।

इस गोलीचालन के बाद अफरातफरी मच गई और लोग भागने लगे। भाग रहे ग्रामीणों को पुलिस ने दौड़ा-दौड़ाकर पीटा। इसी दौरान पुलिस ने फेटल सिंह तथा उनके मुख्य सलाहकार महादेश सिंह और ठाकुर प्रसाद सिंह को गिरफ्तार कर लिया। सभी को गढ़वा जेल भेज दिया गया। जेल में फेटल सिंह का स्वास्थ्य लगातार

बिगड़ता गया। उनके परिजनों ने उन्हें रिहा करने की अपील की। बाद में अच्छे व्यवहार के कारण फेटल सिंह को बॉण्ड पर जेल से रिहा कर दिया गया। बाद में फेटल सिंह और उनके आठ साथियों की सजा माफ करने का निर्णय लिया गया। 1976 में उनकी मौत हो गई। उनकी याद में हर साल 30 दिसंबर को रंका के बाहाहार में बड़ी सभा होती है, जिसमें आस-पास के गाँवों के हजारों लोग भाग लेते हैं। इस दिन को फेटल सिंह दिवस कहा जाता है।

□

सिदू तियू : 9 सितंबर, 1987

इलाज के अभाव में मौत

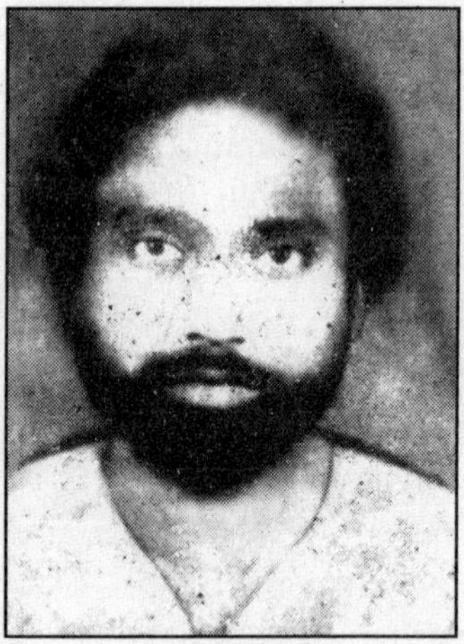

सिदू तियू

फौज की नौकरी छोड़ने के बाद जब गंगा राम कालुंडिया ने कुजू डैम के विरोध में आंदोलन चलाना शुरू किया था, उनके सहयोगी थे सिदू तियू। काफी तेज-तर्रार सिदू विस्थापितों के मसीहा माने जाते थे। जब वे ज्ञानचंद जैन कॉमर्स कॉलेज के छात्र थे, उसी समय से आंदोलन से जुड़ गए थे। इसलिए जब सुवणरिखा परियोजना के अंतर्गत खरकई नदी पर कुजू डैम के निर्माण का विरोध होने लगा तो बाँध विरोधियों ने सिदू तियू को अपना नेता चुन लिया। विस्थापितों ने खरकई बाँध संघर्ष समिति का गठन किया था। इसका अध्यक्ष सिदू तियू को चुना गया था, जबकि गंगाराम कालुंडिया इसके महासचिव थे। नदी के इस पार यानी इलीगढ़ा की ओर का जिम्मा गंगाराम सँभाल रहे थे। बीटा की ओर यह काम कर रहे थे सिदू तियू। रणनीति बनाने और पुलिस को चकमा देने में वे माहिर थे। उनकी क्षमता का इससे बेहतर उदाहरण और क्या हो सकता है कि जिस सिदू तियू को पुलिस 1982 से खोज रही थी, उन्हें जीवन के अंतिम दिन (9 सितंबर, 1987) तक कभी पकड़ नहीं सकी।

4 अप्रैल, 1982 को जब गंगाराम कालुंडिया की हत्या हुई थी, उससे ठीक 13 दिन पहले यानी 22 मार्च, 1982 को शाम में पाँच बजे 11 वाहनों पर सवार होकर पुलिसकर्मी सिदू तियू के गाँव बीटा (राजनगर) पहुँचे थे। ये लोग सिदू को खोज रहे थे। उनको पहले ही इसकी भनक लग गई थी और वे फरार हो गए थे। सिदू के घर में नहीं मिलने पर पुलिस ने वहाँ काफी आतंक मचाया था। पुलिसकर्मियों ने सिदू के घर में 20 मिनट

तक तोड़-फोड़ की। पूरा गाँव वहाँ जमा हो गया था पर किसी ने विरोध नहीं किया। वहाँ महिलाओं की संख्या ज्यादा थी। सिदू के घर में तोड़-फोड़ करने के बाद जब पुलिस ने उसके चाचा के घर को तोड़ना चाहा तो महिलाओं ने पुलिस का विरोध कर दिया। इस विरोध के बाद पुलिसवाले चाचा का घर तोड़ना बंद कर वहाँ की महिलाओं पर टूट पड़े और उनकी पिटाई शुरू कर दी। 18 साल की महिला से लेकर 70 साल की बूढ़ी महिला तक को पीटा गया। पुलिस ने सिदू की बहन को पीटा और उनकी माँ के साथ दुर्व्यवहार किया। गाँव की महिलाओं को पीटने में राइफल के कुंदों का इस्तेमाल किया गया था।

आधे घंटे तक महिलाओं को पीटने के बाद पुलिसकर्मी बाँध समिति के एक सदस्य सूरा पूर्ति के घर गए। वह भी पुलिस के हाथ नहीं लगा। मन मार कर पुलिस को लौटना पड़ा। इस घटना का गुस्सा पुलिस ने 13 दिन बाद निकाला जब उसने गंगाराम कालुंडिया को मार डाला।

सिदू जानते थे कि पुलिस अब उनके पीछे पड़ेगी। इसलिए उन्होंने अपना कार्यक्षेत्र बदल दिया। उन्होंने जमशेदपुर शहर के महुलडीह, बेड़ाडीपा और गम्हरिया को अपना ठिकाना बनाया। इन क्षेत्रों पर चंपई सोरेन, कृष्णा मार्डी, सुनील महतो, विद्युत महतो जैसे नेताओं की पकड़ थी। इसलिए पुलिस उन्हें इन क्षेत्रों में पकड़ नहीं सकी। सिदू तियू की मौत के लगभग 19 साल बाद उनके गाँव और उन ठिकानों पर जाने का मौका मिला, जहाँ वे रहते थे। उनके मित्र ठाकुर हाँसदा से मुलाकात हुई थी। बताया था कि सिदू में जबरदस्त नेतृत्व क्षमता थी। टीम बनाने में वे माहिर थे। उन्होंने झारखंड मुक्ति मोरचा को गाँव-गाँव तक पहुँचाया था। पुलिस जब तक उनके ठिकानों पर छापामारी करती, उससे पहले ही वे वहाँ से फरार हो जाते थे। यह उनके नेटवर्क का ही कमाल था। 8 अगस्त, 1987 को जब निर्मल महतो की हत्या हुई थी, वे बहुत बेचैन हो गए थे। अंतिम दिनों में उन्होंने अपना ठिकाना भी बदल दिया था और सांगाजाटा में रहने लगे थे।

सिदू आंदोलन में इतने रम गए थे कि उन्होंने शादी नहीं की थी। बाद के दिनों में उनका झुकाव अध्यात्म की ओर हो गया था। वे चिंतक भी हो गए थे। उनका मानना था कि आध्यात्मिक शक्ति के बल पर भी आंदोलन को दिशा दी जा सकती है। सितंबर 1987 में वे बीमार पड़े। फरारी का जीवन काट रहे थे, इसलिए खुलकर इलाज भी नहीं करा सकते थे। डायरिया के कारण शरीर का पानी निकल चुका था। इलाज के अभाव में 9 सितंबर, 1987 को उगडीमुंडी में उनका निधन हो गया था। उनके करीबियों में चंपई सोरेन के अलावा डॉक्टर टुडू, इंद्रजीत सिंकू, सोमेश मुर्मू थे।

सोमेश से सिदू के बारे में जो जानकारी मिली थी, उसके अनुसार, वे समाजवादी विचारधारा के व्यक्ति थे। फरारी के दौरान उसी घर में ठहरते थे, जहाँ सबसे ज्यादा गरीबी देखते थे। वही खाते थे, जो वहाँ के लोग खाते थे। जिस घर की छत से पानी टपकता

था, वहीं ठहरते थे। ऐसा वे इसलिए करते थे ताकि असली पीड़ा को वे महसूस कर सकें। सिदू का रवैया सहयोगात्मक था। कई बार वे ठाकुर हाँसदा के खेत में हल भी चला देते थे। सिदू झारखंड आंदोलन के वैसे सिपाहियों में थे जिन्होंने अपना पूरा जीवन लड़ाई में लगा दिया। उनकी मौत के बाद घाघीडीह जेल के पास उनकी प्रतिमा लगाई गई। जावेद मार्डी, लखन हाँसदा, धनराज सोरेन, मारकोडो सोय, किशुन हेंब्रम, छोटे सोरेन सिदू को अपना आदर्श मानते हैं। इन लोगों ने सिदू की याद में हर साल एक फुटबॉल प्रतियोगिता का आयोजन करने की परंपरा डाली है।

□

सोहर-मोहर, बोधराम, केवल : 4 अप्रैल, 1997

असमय मौत के मुँह में चले गए

झारखंड आंदोलन के दौरान जुलूस और रैलियों का दौर चलता था। इन कार्यक्रमों में बड़ी संख्या में लोग जुटते थे। इसी तरह के कार्यक्रम में भाग लेने के लिए 4 अप्रैल, 1997 को आंदोलनकारी वाहन से चुंबा जा रहे थे। वाहन खचा-खच भरा था। यह वाहन जैसे ही हजारीबाग-विष्णुगढ़ सड़क पर टाटीझरिया के निकट पहुँचा, वाहन पलट गया, जिसमें बोंधराम महतो, केवल महतो, सोहर महतो और मोहर महतो की मौत हो गई। चारो युवा थे। उनकी याद में स्मारक बनाया गया है।

जिस समय बोधराम महतो की मौत हुई, उस समय उनकी उम्र सिर्फ 18 साल थी। उन्होंने विष्णुगढ़ हाईस्कूल से मैट्रिक की परीक्षा पास की थी। उनकी शादी भी हो गई थी। कम उम्र होने के बावजूद उनमें आंदोलन के प्रति काफी उत्साह था।

सोहर महतो-मोहर महतो का घर

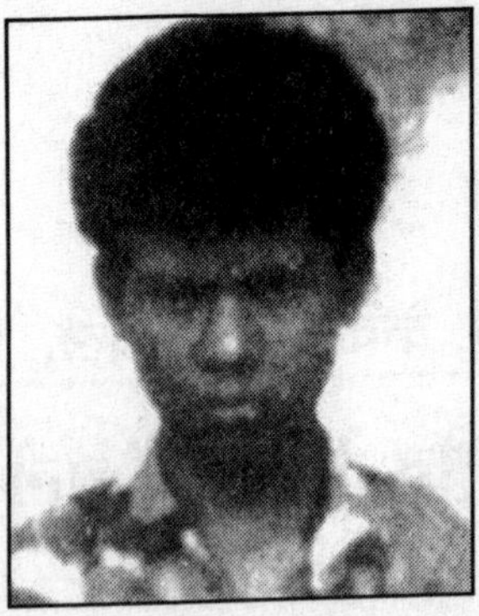

बोधराम महतो

केवल महतो

केवल महतो भी युवा ही थे। सिर्फ 25 साल के थे। बलकमक्का प्राथमिक विद्यालय से उन्होंने शुरुआती पढ़ाई की थी। बाद में इंटर तक की शिक्षा ग्रहण की। कम उम्र में ही इन्होंने सोनिया दावी से शादी कर ली थी। उनका पुत्र दीपचंद बोकारो में शिक्षा ग्रहण कर रहा है।

इस दुर्घटना में मारे गए सोहर महतो सिर्फ 22 साल के थे। प्राथमिक विद्यालय बलकमक्का से पाँचवीं तक की पढ़ाई की थी। उन्होंने शादी कर ली थी पर उन्हें कोई संतान नहीं थी। मोहर महतो तो उस समय सिर्फ 18 साल के थे जब वाहन दुर्घटना में उनकी जान गई थी।

□

डॉ. रामदयाल मुंडा

भाषा-संस्कृति को बचाना होगा

बिनु बोले झनझनाए
बात बीतल सनसनाए
अंखियाँ भी छूटल
दुनिया विरागी।

डॉ. रामदयाल मुंडा

यह करमा गीत का वह अंश है जिसे सुनने के बाद लोगों की आँखों में आँसू आ गए थे। बीपी केसरी तो रो पड़े थे। इस गीत को खुद गा रहे थे डॉ. रामदयाल मुंडा। करमा के एक दिन पूर्व इस बोल को उन्होंने बिस्तर पर लेटे-बेटे खुद कंपोज किया था और करमा के गीत में जोड़ा था। लोगों की आँखों में आँसू इसलिए थे, क्योंकि गंभीर रूप से अस्वस्थ (वे कैंसर से पीड़ित थे) डॉ. मुंडा व्हीलचेयर पर बैठकर इस गाने को गाने का प्रयास कर रहे थे।

झारखंड या देश ने पहले कभी भी अपने नायक, पदमश्री डॉ. रामदयाल मुंडा को व्हीलचेयर पर नहीं देखा था। करमा में डॉ. मुंडा नृत्य नहीं करें, खुद ढोल या माँदर नहीं बजाएँ तो करमा अधूरा लगता था। लेकिन इस बार डॉ. मुंडा व्हीलचेयर पर थे, नृत्य करने से लाचार। इच्छा थी पर शरीर साथ नहीं देता। लगाव इतना गहरा था कि करमा महोत्सव के दिन अस्पताल में रह नहीं सकते थे। निर्णय किया और अस्पताल से घर होते हुए पहुँच गए थे करमा महोत्सव में। काँपते हाथों से गीत को लिखा था और थरथराते होंठों से गाना गाने का प्रयास किया था। गीत के बोल का अर्थ सबको रुला गया। यह घटना 8 सितंबर की है, जिस दिन करमा था। क्षेत्रीय एवं जनजातीय विभाग में यह उत्सव मनाया जा रहा था। रात में जब यह तसवीर आई, हम लोग स्वयं को रोक नहीं

सके। दूसरे दिन अखबार में भावविह्वल करनेवाली उस तसवीर को छापने के बाद अपने सहयोगी विनय भूषण के साथ पहुँच गया डॉ. रामदयाल मुंडा के घर। उनका घर राँची कॉलेज के ठीक पीछे है। 26 साल से मैं डॉ. मुंडा को देखता-जानता रहा हूँ। हर रूप में। कभी कुलपति-शिक्षाविद् के रूप में, कभी आंदोलनकारी (झारखंड समन्वय समिति, झारखंड पीपुल्स पार्टी) के रूप में, कभी देशज मुद्दों पर गंभीर चिंतन करनेवाले विद्वान् के रूप में। सभी तसवीरें एक-एक कर दिमाग में फिल्म की तरह घूमने लगीं। कैसे वे अमेरिका से लौटे थे, कैसे उन्होंने राँची विश्वविद्यालय में कुलपति का पद सँभाला था, कैसे उन्होंने क्षेत्रीय एवं जनजातीय विभाग की स्थापना की थी, कैसे उन्होंने झारखंड की संस्कृति की रक्षा के लिए अभियान छेड़ा था, शायद ही कोई ऐसा वाद्य यंत्र हो जिसे वे न बजाते हों। इतना ही नहीं, कैसे उन्होंने उस डुंबारी हिल के गुंबद को अपने प्रयास से बनवाया था, जहाँ बिरसा मुंडा ने अंग्रेजों के खिलाफ अंतिम लड़ाई लड़ी थी। अन्ना हजारे ने भ्रष्टाचार के खिलाफ 12 दिनों का अनशन कर पूरे देश को आंदोलित कर दिया था। ठीक उसी प्रकार डॉ. मुंडा ने अलग झारखंड राज्य के लिए 1993 में आमरण अनशन किया था। विरोध के बावजूद आठवें दिन (20 मार्च, 1993) पुलिस ने उन्हें जबरन उठाकर अस्पताल में भेज दिया था।

इतनी कुरबानी-योगदान देनेवाले डॉ. रामदयाल मुंडा को व्हीलचेयर पर लाचार देखा तो आँखों में आँसू आना स्वाभाविक है। यही तो मनुष्य का स्वभाव है। डॉ. मुंडा को केंद्र सरकार ने पदमश्री सम्मान दिया। यह सम्मान उन्हें ऐसे ही नहीं मिला। बेड पर पड़े रहते हुए भी वे झारखंड की चिंता करते हैं। वही विनम्रता। आँखें बंदकर आराम कर रहे थे, लेकिन जब हम लोग मिलने पहुँचे, जोहार किया तो दोनों हाथ को जोड़ते हुए (यह उनकी आदत में है) जवाब दिया। बैठने को कहा। पूछने गया था हालचाल। ईश्वर से कामना करने गया था कि वे उन्हें जल्द स्वस्थ करें। लेकिन डॉ. मुंडा की हिम्मत देखकर दंग रह गया। सर, कैसे झारखंड ठीक होगा। मैंने यह सवाल किया और चुप हो गया। (हो सकता है कि किसी के मन में यह सवाल आए कि कैंसर से गंभीर रूप से पीड़ित डॉ. मुंडा से मिलने के बाद उनके स्वास्थ्य पर चर्चा न कर झारखंड पर चर्चा करना, सवाल तक करना कहाँ तक उचित था? पर मेरे मन में भी कुछ चल रहा था। मैं उनका ध्यान कुछ मिनटों के लिए ही सही, बीमारी पर से हटाना चाहता था। इसलिए बीमारी पर बात ही नहीं की। इसके अलावा उनके मन में झारखंड के प्रति जो पीड़ा थी, उसे मैं उनके दिल से निकलवाना चाहता था।) मेरे सवाल के जवाब में उन्होंने जो जवाब दिया था, उसका पहला वाक्य था—झारखंड की भाषा-संस्कृति को बचाना होगा। भाषाओं का सम्मान करना होगा। वे

धीरे-धीरे ही सही, बोलते जा रहे थे। लगा कि उनके अंदर बहुत कुछ है जो वे बताना चाह रहे थे। उन्होंने कहा भी कि टैगोर (रवींद्रनाथ टैगोर) की 150वीं जयंती मनाई जा रही है। यह ऐतिहासिक अवसर है जब झारखंड सरकार टैगोर हिल का कायाकल्प करे। इससे संस्कृति समृद्ध होगी। पहले टैगोर हिल को बचाओ, ओपन थिएटर बनाने की घोषणा हुई है तो उस पर जल्द काम हो। जब झारखंड में भाषा को लेकर इतना विवाद हो रहा है, उस समय डॉ. मुंडा जैसे कद का व्यक्ति ही ऐसी बात कर सकता है। बिस्तर पर लेटे-लेटे मन जब ऊब जाता है तो वे राँची के विकास की योजना भी बनाते हैं। एक कागज पर खुद डाइग्राम बनाते हैं। उस समय वे एक आर्किटेक्ट नजर आते हैं। कहाँ पर राँची लेक है, कहाँ से रिंग रोड बन रहा है, कहाँ पर सुतियाँबे है। वे बताते हैं कि हाल में राँची पहाड़ी से अतिक्रमण हटाने का काम तो हुआ है, इससे पहाड़ी तो बचेगी ही। कुछ काम तो हुआ ही है। लेकिन राँची लेक (बड़का तालाब) को भी बचाना होगा। यह ऐतिहासिक लेक है। पूरे राँची का कूड़ा-कचड़ा उसमें जा रहा है। उसे बचाना ही होगा।

डॉ. मुंडा को सुतियाँबे के पहाड़ की भी चिंता है। बताते हैं कि आकाश से जब उसे देखने का मौका मिलता है, कितना सुंदर लगता है। इसे तो पर्यटन स्थल के रूप में विकसित करना चाहिए। लोग दूर-दूर से झारखंड की संस्कृति को देखने आएँगे। आप तो झारखंड के लिए काफी लड़े, अनशन किया, सड़कों पर उतर कर भी आंदोलन किया, तब आज कहाँ है राज्य? यह पूछने पर डॉ. मुंडा की पीड़ा झलकती है। कहते हैं काम करना होगा सरकार को। कुछ काम तो हुए हैं, लेकिन सच यह है कि झारखंड बनने के बाद लूट बहुत हुई। ऐसे में राज्य कैसे बनेगा। बेईमानों के साथ सरकार को कड़ाई करनी चाहिए। अच्छे संस्थान विकसित करे, पुराने को बचाए, लोगों को शिक्षित करे, पढ़ाई के अवसर झारखंड में ही मिले, लोगों को इलाज के लिए राज्य के बाहर नहीं जाना पड़े, यहीं बेहतर अस्पताल खुले, बच्चों के लिए बेहतर स्कूल बने। इन सब बातों पर ध्यान देना होगा। सबसे जरूरी है कि झारखंड के लोगों की जरूरत को समझना। क्या उनके हित में है क्या नहीं, इसका फर्क करना होगा।

क्या है आपका सपना, यह पूछने पर डॉ. मुंडा पहले तो चुप लगाते हैं, फिर कहते हैं—झारखंड को झारखंड ही बनाइए। कभी सुनता हूँ कि यह जापान बनेगा, कभी मलेशिया तो कभी कुछ। यहाँ तो सबकुछ है, विजन के साथ काम किया जाए तो झारखंड सबकुछ कर सकता है। राजनीति से ऊपर उठकर मिल कर राज्य के लिए वैसा ही प्रयास करें जैसा प्रयास झारखंड लेने के लिए किया था, तो राज्य का कल्याण हो जाएगा। बात करते-करते मैंने महसूस किया कि डॉ. मुंडा थक गए थे। फिर भी हिम्मत

नहीं हार रहे थे। बात कहते ही जा रहे थे। झारखंड के हालात से वे चिंतित थे। उन्हें विश्वास नहीं हो रहा था कि घोषणाएँ पूरी होंगी। अंत में उन्होंने कहा—करमा वाला फोटो मढ़वाकर मंत्री-अधिकारियों के कार्यालय में भेजवा दीजिए। यह उन्हें किए गए वायदों को याद कराता रहेगा।

(मेरी यह रिपोर्ट प्रभात खबर के 11 सितंबर, 2011 के अंक में छपी थी। 30 सितंबर को डॉ. मुंडा हमारे बीच नहीं रहे, आगे पढ़िए उन्हें श्रद्धांजलि अर्पित करता हुआ एक लेख)।

□

...और यूँ ही चुपके-चुपके चल दिए

एक बुरी खबर आई। डॉ. मुंडा (पद्मश्री डॉ. रामदयाल मुंडा) नहीं रहे। भरोसा नहीं हुआ इस खबर पर। अभी हाल में ही तो मिलकर लौटा था। 10 सितंबर को। सिर्फ 19 दिन ही तो हुए थे। करमा के दूसरे दिन घर पर मिला था। कैंसर से पीड़ित जरूर थे, लेकिन ऐसा नहीं लगा था कि इतनी जल्दी साथ छोड़ जाएँगे। सोचा था कि थोड़ा वह स्वस्थ हो जाएँ, तो झारखंड पर उनसे इस बार लंबी बातचीत करूँगा। मौत ने वह मौका छीन लिया। सिर्फ यादें रह गई हैं। अब करमा-सरहुल के मौके पर झारखंड डॉ. मुंडा के माँदर की थाप नहीं सुन पाएगा। बाँसुरी के जरिए झारखंड के दर्द या वीरता की कहानी झारखंडियों को अब कौन सुनाएगा, झारखंड को अब कौन जगाएगा। झारखंड की भाषा और संस्कृति की रक्षा के लिए राज्य-देश में कौन लड़ाई लड़ेगा। सच तो यह है कि बिरसा मुंडा की अंतिम लड़ाई का गवाह डुँबारी हिल भी यह सोच कर रोएगा कि अब उसे कौन बचाएगा।

कुछ साल पहले एनई होरो ने साथ छोड़ा। चंद दिनों पहले टेकलाल बाबू चले गए और अब डॉ. मुंडा भी नहीं रहे। झारखंड राज्य के लिए अपना पूरा जीवन दे दिया और जब इस झारखंड को ठीक करने का समय आया, तो दर्द को सीने में समेटते हुए चुपके से चल दिए।

अमेरिका रवाना होने से पहले बेसरा से अस्पताल में यह कहना कि झारखंड में बहुत काम करना बाकी है, कैसे होगा, उनकी पीड़ा का बखान करता है। उनकी मौत की खबर से पीड़ा इसलिए और अधिक हुई, क्योंकि डॉ. मुंडा के मन में कई योजनाएँ थीं। अपने लिए नहीं, झारखंड के लिए, झारखंडियों के लिए। अधूरे कामों को वह पूरा करना चाहते थे। वक्त कम था, फिर भी तेजी से चीजों को निबटा रहे थे। मौत की आहट को वे पहचान रहे थे। बीमार होने के बावजूद वे राँची-झारखंड के विकास का खाका खींच रहे थे। जब अखबार में करमा के दूसरे दिन उनकी मार्मिक तसवीर छपी, तो उन्होंने कहा भी था—इस तसवीर को मढ़वाकर (फ्रेमिंग करवाकर) झारखंड के नेताओं के कमरे में टँगवा देना, ताकि जब वे देखें, उन्हें मेरी याद आती रहे। मेरे सपने याद आते रहे, वे बहके नहीं, राज्य का भला तो सोचें। एक तरह से उन्होंने अपनी मौत के प्रति सबको आगाह कर दिया था।

झारखंड के लिए वैसी पीड़ा-बेचैनी किसी और दूसरे नेताओं में कभी नहीं दिखी, जो डॉ. मुंडा में थी। डॉक्टर जवाब दे चुके थे, लेकिन डॉ. मुंडा एक-एक पल झारखंड के लिए जी रहे थे, सोच रहे थे। बिस्तर पर पड़े-पड़े कागज पर लिखते थे, डायग्राम बनाते थे, आँखें जवाब दे रही थीं, हाथ काँप रहे थे पर हिम्मत-लगाव और आत्मविश्वास वही 25-30 साल पहलेवाला।

यही तो वह व्यक्ति थे, जिन्होंने झारखंड राज्य के लिए सबसे लंबा अनशन किया था। अंतरराष्ट्रीय स्तर पर झारखंड की समृद्ध संस्कृति को पहुँचाया था। जब ऐसे व्यक्ति को बेड पर पड़े देखा, तो उनकी तबीयत देखकर मन बेचैन जरूर हो गया था। 17 सितंबर को मैं दादा (बीपी केसरी) के घर अचानक पिठौरिया पहुँच गया। डॉ. मुंडा के बारे में बात की। पूछा कि क्या होगा, क्या करना चाहिए। दादा भी उदास थे। कहा—मुंडाजी बोले हैं कि ठीक हो जाएँगे, तो आपके घर पर आकर मीट-छिलका खाएँगे। डॉ. मुंडा चाहते थे कि उनके गीतों के संग्रह को एक किताब के रूप में छापा जाए। एक दिन उन्होंने केसरीजी को बुलाया भी था। बात की थी। जबरन हाथ में पैसे थमाए और कहा कि हर हाल में दिल्ली जाइए, किताब छपवाने की व्यवस्था करिए। समय कम था, किताब छप नहीं सकी। 15 नवंबर को उस किताब का वह विमोचन करवाना चाहते थे।

डॉ. मुंडा ने स्वरचित गीतों-वाद्य यंत्रों के जरिए झारखंड को पूरी दुनिया में पहुँचाने का अद्भुत काम किया। लेकिन उन गीतों के संकलन का उनका सपना अधूरा रह गया। डॉ. मुंडा ने एक ऐसे गीत की रचना की थी, वे चाहते थे कि उसे झारखंड का राजकीय गीत माना जाए। इसमें हर झारखंडी भाषा के शब्द थे। हर भाषा, हर जाति, हर धर्म का सम्मान। मुंडाजी चाहते थे कि साल में एक दिन झारखंड के सारे लोग ठीक उसी तरह नाचे-कूदे, खुशी मनाएँ, जिस प्रकार मैक्सिको में लोग खुशियाँ मनाते हैं। वह तारीख तय हो और पूरा राज्य सड़कों पर दिखे। यह सपना भी अधूरा रह गया। झारखंड डॉ. मुंडा को सदियों तक याद करेगा। एक नहीं, अनेक रूप में। एक विद्वान्-शिक्षाविद् के रूप में, झारखंड के सांस्कृतिक जागरण के अगुवा के रूप में, झारखंड के आंदोलनकारी के रूप में और एक चिंतक के रूप में। डॉ. मुंडा कुलपति के पद पर रहने के बावजूद झारखंड के लिए संघर्ष कर रहे थे। सरकार इसे बरदाश्त नहीं कर रही थी, चेतावनी भी मिली थी। उन्हें इसकी कीमत भी चुकानी पड़ी। पद से हटा दिया गया, लेकिन उन्होंने राज्य के लिए संघर्ष नहीं छोड़ा। यह था उनका झारखंड प्रेम-त्याग।

सच यह है कि डॉ. मुंडा नहीं होते, तो शायद झारखंड राज्य के निर्माण का रास्ता इतना सुगम नहीं होता। शायद यह आंदोलन भटक भी जाता, बहुत ज्यादा हिंसक हो सकता था। आंदोलन के दौरान सिर्फ बौद्धिक खुराक ही नहीं देते थे, दिशा ही नहीं देते थे, खुद आंदोलनकारियों के साथ सड़कों पर उतरते भी थे। याद कीजिए 20 मार्च, 1993

का दिन। झारखंड राज्य के लिए लगातार आठवें दिन अनशन पर थे डॉ. मुंडा। उनके साथ थे डॉ. देवशरण भगत। तत्कालीन मुख्यमंत्री लालू प्रसाद का जब अनशन स्थल पर फोन आया था, डॉ. मुंडा ने हँसते-हँसते कहा था—आप राजेश पायलट को लेकर राँची आ जाएँ, यहीं बातचीत हो जाएगी। आपसे तो 11 माह बात की, आपने भी तो कुछ नहीं किया। सरल स्वभाव, मृदुभाषी, धैर्यवान डॉ. मुंडा को उसी दिन पुलिस ने जबरन अनशन स्थल से उठाकर अस्पताल में भरती कराया था।

झारखंड के वर्तमान हालात से वे दुःखी थे। चाहते थे कि भ्रष्टाचार खत्म हो, नेता लूटना बंद करें, यहाँ की संस्कृति की रक्षा हो, यहाँ की धरोहरों की रक्षा हो, सुतियाँबे, टैगोर हिल, राँची झील को पर्यटन स्थल के रूप में विकसित किया जाए। यही तो उनका सपना है। उनके गीत-लेख झारखंड के लिए प्रेरणा स्रोत बने रहेंगे। *(प्रभात खबर 1 अक्तूबर, 2011 को प्रकाशित)*।

□

बबलू मुर्मू : 11 मार्च, 2000

फरारी जीवन में दम तोड़ा

बबलू मुर्मू

ऑल झारखंड स्टुडेंट यूनियन (आजसू) नेता बबलू मुर्मू ने झारखंड आंदोलन के दौरान सिंहभूम का भार सँभाला था। झारखंड आंदोलन में तेवर के साथ बड़ी भूमिका अदा करनेवाले बबलू मुर्मू अलग झारखंड राज्य देख नहीं सके। राज्य बनने के लगभग आठ महीने पहले 11 मार्च, 2000 को उनका निधन हो गया। झारखंड आंदोलन के दौरान जब भी किसी बड़ी घटना को अंजाम देना होता था, आजसू नेता सिंहभूम में यह जिम्मेवारी बबलू मुर्मू को ही देते थे। पुलिस भी उन्हें अपने लिए सबसे बड़ा सरदर्द मानती थी, इसलिए लगभग हर घटना से बबलू मुर्मू का नाम जोड़ दिया जाता था। यही कारण है कि बबलू पर आंदोलन से जुड़े 22 मामले दर्ज किए गए थे। कई साल उन्हें जेल में बिताना पड़ा था। बबलू मुर्मू पर सीसीए तक लगाया गया था। उसके बाद वे एक साल तक जेल में थे। बबलू की शादी 1990 में सुप्रीति मुर्मू से हुई थी। वह झाड़ग्राम में कॉलेज की छात्रा थी और झारखंड आंदोलन में भाग लिया करती थी। बबलू आंदोलन के दिनों में 1987 से लेकर 1990 तक लगातार बंगाल के दौरे पर भी रहते थे। इसी दौरान उनकी पहचान आंदोलनकारी छात्रा सुप्रीति से हुई थी, जो बाद में शादी में तब्दील हो गई। उनके दो बच्चे भी हुए।

आजसू केंद्रीय नेतृत्व के लिए बबलू का महत्त्व कितना था, इसका पता इसी बात से चलता है कि आजसू ने केंद्र से वार्त्ता का प्रस्ताव ठुकराते हुए कह दिया था कि जब तक बबलू को जेल से रिहा नहीं किया जाता, वार्त्ता नहीं होगी। जेल से रिहा होने के बाद बबलू ने बुरुडीह डैम निर्माण का विरोध शुरू कर दिया। उसके बाद फिर उनके खिलाफ

मामला दर्ज किया गया। पुलिस उन्हें तलाश रही थी। बबलू फरारी का जीवन जी रहे थे। अधिकांश समय जंगल में गुजारते थे। इसी बीच उन्हें मलेरिया हो गया। पुलिस उन्हें खोज रही थी, इसलिए शहर आकर इलाज भी नहीं करा सकते थे। इलाज के अभाव में 11 मार्च, 2000 को उनकी मौत हो गई।

□

बहादुर उराँव

जुड़वाँ बेटे की शहादत

बहादुर उराँव : आंदोलन में दो बेटे शहीद

झारखंड आंदोलन के दौरान ऐसे तो अनेक आंदोलनकारी शहीद हुए हैं, पर कुछ ऐसे भी आंदोलनकारी हैं, जो खुद तो जीवित हैं, पर आंदोलन में अपना सबकुछ खो चुके हैं। बहादुर उराँव ऐसे ही आंदोलनकारी हैं। आंदोलन में अपना जुड़वाँ बेटा खो दिया, पर किसी को बताया तक नहीं। इस राज को अपने सीने में 23 साल तक छिपाए रखा। बहादुर उराँव झारखंड आंदोलन के दौरान कोल्हान के बड़े संघर्षशील नेता रहे हैं। चक्रधरपुर में रेलवे में नौकरी करते थे। जब उन्हें महसूस हुआ कि रेलवे कर्मचारियों की समस्याओं को कोई सुनता नहीं है तो उन्होंने उन कर्मचारियों की आवाज बनने का निर्णय कर लिया। आंदोलनकारी, जुनूनी और धुन के पक्के बहादुर उराँव चक्रधरपुर के आसनतालिया में रहते हैं। बीड़ी आंदोलन से नेता बनकर उभरे बहादुर बाबू गुवा गोलीकांड में चर्चा में आए थे। पुलिस ने बहादुर उराँव को गुवा में 1980 में पकड़ लिया था, जिसके बाद वहाँ मौजूद हजारों लोगों ने पुलिस पर हमला बोलकर उन्हें छुड़ा लिया था। फिर पुलिस और आंदोलनकारियों के बीच संघर्ष हुआ था जिसमें चार पुलिसकर्मी मारे गए थे। इस घटना की प्रतिक्रिया में गुवा अस्पताल में पुलिसकर्मियों ने 8 आदिवासियों को खड़ा कर गोलियों से भून दिया था पर बहादुर बाबू बच गए थे। पुलिस के कब्जे से छूटते ही चकमा देकर जंगल में घुस गए थे। बाद में वही बहादुर बालू चक्रधरपुर से झारखंड मुक्ति मोरचा के टिकट पर विधायक बने। बाद में ये भाकपा माले से जुड़ गए। इन्हें अब भी सादगी–जिद्दीपन के लिए जाना जाता है।

बहादुर बाबू अपनी निजी जिंदगी के बारे में ज्यादा कुछ किसी को बताते नहीं थे, पर उनकी आँखें (डबडबाई) बहुत कुछ कहती थीं। 2003 की घटना है—मैं बहादुर बाबू के साथ चक्रधरपुर से गोइलकेरा जा रहा था। हम लोग जीप पर सवार थे। समय काटने के लिए झारखंड आंदोलन की पुरानी बातों को याद कर रहे थे। इसी क्रम में मैंने उनसे पूछ लिया कि बहादुर बाबू, इतने दिनों में आपको मैंने कभी हँसते नहीं देखा। हमेशा चिंतित और दुखित या कभी-कभी आक्रोशित मुद्रा में देखता हूँ। क्या कारण है? मेरे सवाल के जवाब में बहादुर बाबू चुप हो गए। मुझे लगा कि शायद उन्हें मेरी बात बुरी लगी हो। बेहद निजी सवाल था। इसके पहले कि मैं बात को सँभालते हुए कुछ कहता, बहादुर बाबू ने जुबान खोल दी। कहने लगे—जिस व्यक्ति ने आंदोलन में जुड़वाँ बेटे को खोया हो, उसके चेहरे पर कैसे हँसी आ सकती है? मेरी हँसी उसी दिन खत्म हो गई, जब आंदोलन के दौरान पुलिस जुल्म में मेरे दो-दो बच्चों की मौत हो गई। दोनों मासूम थे, उनका कसूर क्या था? मैं चौंक गया था। अवाक-स्तब्ध था। बहादुर बाबू से मेरा कई सालों का परिचय था, पर पहली बार उन्होंने उस घटना का जिक्र किया था। मेरे मन में बात आई कि बहादुर बाबू के बेटे भी आंदोलन में होंगे और शायद पुलिस फायरिंग के शिकार हो गए होंगे। बहादुर बाबू के दर्द को उस दिन उनके चेहरे, उनकी आँखों से समझा सकता था। कहने लगे कि मैंने जिंदगी में इस बात को कभी प्रचारित नहीं किया, किसी को नहीं बताया कि मैंने आंदोलन में दो-दो बेटों को खोया है। बोलते-बोलते रो पड़े थे। वे बोलते जा रहे थे। कह रहे थे कि 23 साल पहले की बात है। गुवा गोलीकांड के बाद पुलिस इनकाउंटर करने के लिए उन्हें खोज रही थी। वे किसी तरह गुवा से भाग कर जंगल-पहाड़ होते हुए जोजोगुट्टु गाँव (छोटानागरा के पास) में जाकर छिप गए थे। वहाँ लालू सोरेन नामक एक युवक ने उनकी सहायता की थी। उसी गाँव में एक कच्चे मकान में उन्होंने छिपकर रात बिताई थी। सुबह-सुबह उन्हें लालू सोरेन और अन्य दो युवकों ने जंगल-पहाड़ होते हुए ओड़िशा पहुँचाया था। पुलिस उनकी तलाश कर रही थी। किसी तरह बचते-बचते वे ट्रेन से धनबाद पहुँच गए। पुलिस उन्हें (बहादुर बाबू को) खोजने के लिए चक्रधरपुर के आसनतलिया उराँव बस्ती स्थित आवास पर गई। वहाँ उनकी पत्नी लखमनी उराँव घर में थीं। उनके जुड़वाँ बेटे थे। इनसे बड़ी तीन बेटियाँ भी उनके साथ थीं। जुड़वाँ बेटों की उम्र करीब तीन-चार माह की होगी। पुलिस ने परिवार को तंग किया और घर का सामान निकाल कर फेंक दिया, घर गिराने लगी। वह पुलिस से आग्रह करती रही कि खाना बनाने का बरतन और बच्चों का कपड़ा छोड़ दे, पर उन्हें जवाब मिला-जमीन पर खाना बनाओ, जमीन पर सो जाओ। जब कोई चारा नहीं बचा तो उनकी पत्नी अपने बच्चों के साथ जाड़े के मौसम में खुले आकाश के नीचे आ गई थी। पुलिस ने बच्चों की गद्दी (बिस्तर) को भी साथ नहीं लाने दिया। दोनों बेटों

को उनकी पत्नी ने जमीन पर (मिट्टी) लिटा दिया था। पत्नी चाहती तो जगन्नाथपुर स्थित मायके जा सकती थी, लेकिन माटी से लगाव ने उन्हें कहीं जाने नहीं दिया और वह पुलिस का अत्याचार झेलती रही।

बहादुर बाबू एक लय में बताते जा रहे थे। कह रहे थे कि धनबाद में उन्हें किसी से यह जानकारी मिली कि उनके बच्चे बीमार हैं और तत्काल उन्हें इलाज और कपड़े की जरूरत है। उन्हें यह भी पता नहीं था कि पुलिस ने उनकी पत्नी और बेटों को घर से निकाल दिया है। खबर सुनकर वे खुद धनबाद से चक्रधरपुर जा रहे थे। टाटानगर स्टेशन पर उन्हें द्वारिका प्रसाद मिश्र मिल गए। वे चक्रधरपुर के कांग्रेसी नेता थे। उन्होंने बहादुर बाबू को यह कह कर रोक दिया कि वहाँ पुलिस इनकाउंटर कर सकती है। वे (बहादुर बाबू) अपने परिवार की स्थिति को सुनकर चिंतित हो उठे थे। कोई चारा नहीं बचा था। खुद जाते तो पुलिस जान ले लेती। उन्होंने जो कपड़ा खरीदा था, वह द्वारिका बाबू को दे दिया, ताकि उनके परिवार तक वह गरम कपड़ा, स्वेटर पहुँच सके। जब द्वारिका बाबू बहादुर बाबू के घर पहुँचे तो देखा कि घर के बाहर भीड़ लगी है, चारो ओर मातम है। दरअसल, दोनों बेटे इलाज के अभाव में और खुले आकाश में ठंड के कारण दो दिन पहले ही दम तोड़ चुके थे। उनकी पत्नी लखमनी अपने टूटे घर के सामने बेबस बैठी हुई थी। यह हादसा-दृश्य किसी को भी हिला सकता था। बाद में जब स्थिति सामान्य हुई तो वे (बहादुर बाबू) अपने घर चक्रधरपुर लौटे। पत्नी के साथ दुःखों को बाँटने का प्रयास किया। तीन बेटियों (सावित्री), सरिता और सीमा उराँव के बाद ही दोनों बेटों (जुड़वाँ) का जन्म हुआ था, पर उसे भी ईश्वर ने छीन लिया।

पूरी घटना का जिक्र करने के बाद उस दिन बहादुर बाबू ने मुझसे यह आग्रह किया था कि इस घटना (बेटों की मौत) का कहीं जिक्र नहीं करें। जो चला गया, वह लौटनेवाला नहीं है। ईश्वर की यही मरजी थी। यही कहते रहे। पर मुझे लगा कि बहादुर बाबू और उनकी पत्नी ने इतनी बड़ी कुरबानी दी है। यह बात देश-राज्य के लोगों को जानना चाहिए। सबके सामने आना चाहिए। उन झारखंडी नेताओं को भी जानना चाहिए जो लंबे-चौड़े दावा करते हैं। वादा तोड़ते हुए दूसरे दिन के अखबार (8 मई, 2003) में मैंने यह रिपोर्ट छाप दी। सुबह-सुबह ही बहादुर बाबू का फोन आ गया। कहने लगे कि आपने यह क्या कर दिया। मेरी पत्नी का रोते-रोते बुरा हाल है। 23 साल पुराना जख्म ताजा हो गया। कह रही है कि बेटे जिंदा होते तो आज 23 साल के होते। समझाना मुश्किल हो गया है। मैंने बहादुर बाबू को समझाते हुए रिपोर्ट छापने की मंशा बताई। थोड़ी देर बाद बहादुर बाबू सामान्य हो गए, कहने लगे-आपने अपना धर्म निभाया, सही किया। इस खबर के छपने के बाद गुरुजी (शिबू सोरेन) का फोन आया। कहने लगे कि बहादुर बाबू, झारखंड राज्य के लिए आपने इतना बड़ा दुःख झेल लिया, इतनी बड़ी

कुरबानी दी और हम लोग को बताया तक नहीं। कई और पुराने सहयोगियों ने याद किया। सम्मान दिया। बहादुर बाबू कहते रहे कि 23 साल बाद ही सही, इस घटना के सामने आने के बाद लोगों की जो सहानुभूति मुझे मिली, उससे मुझे ताकत मिली।

ऐसे आंदोलनकारी रहे हैं बहादुर बाबू। अगर उस दिन बहादुर बाबू रास्ते में इस घटना का जिक्र नहीं करते तो शायद देश यह नहीं जान पाता कि बहादुर बाबू और उनकी पत्नी ने इस आंदोलन में क्या-क्या खोया है। यह घटना इतिहास का हिस्सा भी नहीं बन पाती। बहादुर बाबू का अभियान कभी खत्म नहीं होता। राज्य बनने के बाद उन्होंने शहीदों के परिजनों को नौकरी-सम्मान और झारखंड आंदोलनकारियों को पेंशन देने के लिए चाईबासा में अनशन किया। इसी मुद्दे पर उन्होंने विधानसभा चुनाव भी लड़ा। झारखंड विधानसभा के सामने भी अनशन किया। आंदोलनकारियों और शहीदों के परिजनों के प्रति ऐसा सम्मान है बहादुर बाबू का।

□

उमेश, गणेश, जीतेंद्र : 2 फरवरी, 1983

दुर्घटना में गई जान

कोयलांचल में झारखंड आंदोलन को और तेज गति मिल गई होती, अगर तीन प्रमुख आंदोलनकारी उमेश कुमार महतो, गणेश राय और जीतेंद्र गोस्वामी की 1983 में असामयिक मौत न हो गई होती। राज्य के एक हिस्से कोल्हान में आंदोलनकारी जहाँ पुलिस के खिलाफ मोरचा सँभाले हुए थे, दूसरी ओर कोयलांचल में लाल-हरा मैत्री के बैनर तले शोषण के खिलाफ आंदोलन चल रहा था। कोयलांचल में माफिया तत्त्व हावी था। एके राय की अगुवाई में लंबे समय से मजदूरों के पक्ष में लड़ाई लड़ी जा रही थी। जैसे ही शिबू सोरेन और विनोद बिहारी महतो के साथ एके राय की जोड़ी बन गई, यह आंदोलन और तेज हो गया। लाल झंडा (कामरेड एके राय का ग्रुप) और हरा झंडा (शिबू सोरेन) जैसे ही एक हुआ, कोयलांचल का माहौल ही बदलने लगा। मजदूर मुखर होने लगे। छात्र सामने आने लगे। इसी दौरान माफिया तत्त्वों से आंदोलनकारियों का मतभेद बढ़ने लगा।

2 फरवरी, 1983 का दिन था। उमेश कुमार महतो, गणेश राय और जीतेंद्र गोस्वामी चास जा रहे थे। उनके साथ हजारों लोगों का जुलूस भी चल रहा था। ये तीनों एक ट्रक पर सवार थे। इन लोगों को जोधाडीह मोड़ में झारखंड छात्रावास के कार्यक्रम में भाग लेना था। जब जुलूस लोहापट्टी चौक के समीप पहुँचा, ट्रक उलट गया। तीनों की वहीं मौत हो गई। पदुगोड़ा निवासी झरी महतो का पुत्र उमेश महतो उस समय केबीआर उच्च विद्यालय का छात्र था। अति उत्साही था, झारखंड आंदोलन के प्रति जोश और जज्बा था। स्कूल में पढ़ने के बावजूद वह एके राय के संगठन से जुड़ा था।

इस घटना में गणेश राय की भी मौत हो गई थी। गणेश मजदूर आंदोलन से जुड़े थे। खुरडीह तोपचांची निवासी गणेश राय अपने मामा के घर सिंगड़ा (महुदा) में रहकर महुदा कोलवाशरी में मजदूरी करते थे। वे भी लाल झंडे के साथ जुड़कर झारखंड आंदोलन में भी सक्रिय थे। इस दुर्घटना में मारे गए तीसरे कार्यकर्ता थे पाथरडीह निवासी जीतेंद्र गोस्वामी। महुदा में रहकर मजदूरी करते थे। लाल झंडा से जुड़कर मजदूरों की

पदुगोड़ा में उमेश महतो, गणेश राय और जीतेंद्र गोस्वामी का स्मारक

आवाज बुलंद करते थे और अलग झारखंड राज्य के लिए चल रहे आंदोलन को मजबूती प्रदान करते थे।

इन तीनों की मौत से आंदोलनकारियों को झटका लगा। साथियों ने यह तय किया कि हर साल उनकी याद में समारोह का आयोजन होगा। 1984 से लगातार हर साल श्रद्धांजलि समारोह का आयोजन होता है। पदुगोड़ा में तीनों शहीदों की याद में स्मारक स्थल का निर्माण कराया गया है। जब तक विनोद बिहारी महतो जीवित थे, शहादत समारोह में आते रहे। एके राय भी घटनास्थल पर जाकर अपने वीर साथियों को श्रद्धांजलि देते रहे।

□

विनोद बिहारी महतो की गिरफ्तारी का विरोध

शिबू सोरेन ने गिरिडीह शहर को घेरा

झारखंड आंदोलन के दौरान कई ऐसी घटनाएँ घटीं, जो यह साबित करती हैं कि आंदोलन कितना सशक्त था। 1973 की घटना है। गोमिया के गोनियाटो गाँव में एक महाजन परिवार रहता था। यह आदिवासी बहुल गाँव था। इसने अपना पूरा जाल फैला रखा था। धोखा से आदिवासियों की जमीन पर कब्जा कर लेता था। कर्ज देने के नाम पर आदिवासियों का शोषण करता था। आदिवासियों ने मन बनाया था कि उस महाजन को सबक सिखाएँगे। इस बात की भनक महाजन को लग चुकी थी। उसके गुंडों ने आदिवासियों को डराने-धमकाने के लिए गोलियाँ चलाईं। आदिवासी वहाँ से भाग गए और एक जगह जमा हो गए। इसी बीच फिर वहाँ महाजन के गुंडे आ गए और आदिवासियों पर हमला कर दिया। फिर गोलियाँ चलाईं। आदिवासी वहाँ से भागते गए। बचाव में तीर भी चलाया। रात में कई बार ऐसी घटनाएँ घटीं।

झारखंड मुक्ति मोरचा के ताकतवर नेता थे दुर्गा तिवारी। जब उन्हें मालूम हुआ तो वे पहुँच गए। उनके पहुँचने के बाद आदिवासियों का मनोबल बढ़ा। इस बीच महाजनों की ओर से जब फिर हमला किया गया तो आदिवासियों ने तीर से एक व्यक्ति को मार गिराया।

इस मामले में विनोद बिहारी महतो को भी नामजद अभियुक्त बनाया गया। उन्हें आत्मसमर्पण कर जेल जाना पड़ा। जैसे ही यह खबर फैली कि विनोद बाबू को गिरिडीह जेल भेज दिया गया है, उनके समर्थकों में उत्तेजना फैल गई। उन दिनों गोमिया गिरिडीह जिला के तहत था। शिबू सोरेन ने लोगों से गिरिडीह शहर को घेर लेने का आह्वान किया। 40-50 किलोमीटर दूर-दूर से झारखंड समर्थक अपने हथियार के साथ गिरिडीह पहुँच गए। तीर-धनुष और पारंपरिक हथियार के साथ मोरचा के लोगों ने पूरे शहर को घेर लिया। शहर से बाहर जानेवाले हर रास्ते को सील कर दिया। न कोई शहर से बाहर जा सकता था और न ही अंदर आ सकता था।

पूरा गिरिडीह शहर दहशत में था। दुकानें बंद कर दी गई थीं। जिस क्षेत्र से जेएमएम

का जुलूस जा रहा था, लोग खिड़कियाँ तक बंद कर रहे थे। तय हुआ था कि जेल से जबरन विनोद बाबू को छुड़ा लिया जाएगा। नारेबाजी भी हो रही थी-जेल का फाटक टूटेगा, विनोद बिहारी छूटेगा। यह खबर जिला प्रशासन को मिल चुकी थी। प्रशासन पहले ही विनोद बाबू को चुपके से हजारीबाग सेंट्रल जेल भेज चुका था।

शिबू सोरेन की अगुवाई में जेएमएम के समर्थक अपने साथ कुदाल, गैंता भी ले गए थे, ताकि जेल की दीवार को गिरा सकें। पर जैसे ही उन्हें मालूम हुआ कि विनोद बाबू गिरिडीह जेल में नहीं हैं, उन्होंने अपना इरादा बदल दिया। फिर गिरिडीह में विशाल सभा की। इस कांड में बाद में विनोद बाबू को बरी कर दिया गया पर दुर्गा तिवारी समेत कई आदिवासियों को आजीवन कारावास की सजा हो गई। जेल में ही आदिवासियों की मौत हो गई पर दुर्गा तिवारी ने पूरी सजा काटी।

□

एक आंदोलन ऐसा भी

विष्णुगढ़ में हुक्का-पानी बंद

झारखंड आंदोलन में हजारीबाग के विष्णुगढ़ प्रखंड की बहुत भूमिका रही है। टेकलाल महतो झारखंड के बड़े नेता थे। वे इसी क्षेत्र के निवासी थे। इसलिए झारखंड आंदोलन के दौरान विष्णुगढ़ में शिबू सोरेन, विनोद बिहारी महतो और एके राय का आना लगातार बना रहता था। विष्णुगढ़ की माटी ने कई दिग्गज आंदोलनकारियों को जन्म दिया। शहादत देने में भी विष्णुगढ़ पीछे नहीं रहा है। झारखंड आंदोलन के दौरान विष्णुगढ़ के कई लोग शहीद हो गए। उन्हें आज भी याद किया जाता है।

आंदोलन के दौरान विष्णुगढ़ में कई रोचक घटनाएँ घटीं। यहाँ आंदोलन करने का तरीका भी अलग था। 1989 में विनोद बिहारी महतो की सभा चल रही थी। झारखंड अलग राज्य नहीं बन रहा था। उन्होंने मंच से घोषणा कर दी कि जब झारखंड राज्य नहीं बन रहा है तो कोनार नदी पर बन रही परियोजना को भी पूरा नहीं होने देंगे। उन्होंने नहर को भर देने का आह्वान कर दिया। विनोद बाबू की बात का तुरंत असर हुआ। हजारों आंदोलनकारी वहाँ गैंता, कुदाल लेकर पहुँच गए और नहर को भर दिया, वहाँ रखी करोड़ों की मशीन को जला दिया। विनोद बाबू ने विरोध करने का यह तरीका निकाला था। झारखंड आंदोलन में ऐसे उदाहरण बहुत कम मिलेंगे।

1989 में ही आर्थिक नाकेबंदी का कार्यक्रम चल रहा था। झारखंड मुक्ति मोरचा ने रोड जाम किया था। उन दिनों विष्णुगढ़ के थाना प्रभारी प्रभु गोप थे। उन्होंने जबरन रोड जाम हटवा दिया। फिर एक निर्दोष शिक्षक को पकड़कर थाने में बंद कर दिया। शिक्षक की गिरफ्तारी का जोरदार विरोध हुआ। हजारों लोगों ने थाने का घेराव कर दिया। टेकलाल बाबू ने घोषणा कर दी कि थाने का हुक्का-पानी बंद रहेगा। हुक्का-पानी बंद करने का अर्थ था पुलिसकर्मियों को किसी प्रकार का कोई सहयोग नहीं करना, अपनी दुकान से कोई चीज उन्हें नहीं देना, होटलों में चाय-नाश्ता बंद, बाजार में पुलिसकर्मियों को चावल-दाल-सब्जी-नमक भी बंद। इसी क्रम में एक रोचक घटना घटी। थाना प्रभारी सैलून में दाढ़ी बनाने चले गए। नाई गाँव का था। उसे हुक्का-पानी बंद आदेश का पालन

करना था। उसने थाना प्रभारी की दाढ़ी में साबुन तो लगाया पर दाढ़ी बनाने से इनकार कर दिया। अंततः थाना प्रभारी को उसी स्थिति में लौट जाना पड़ा। एक ओर जब आंदोलनकारी कड़े तेवर के साथ हिंसा पर भी उतर आते थे, दूसरी ओर इस प्रकार के असहयोगात्मक आंदोलन का भी सहारा लेते थे।

□

खंड-6

पुलिस जुल्म

झारखंड आंदोलन के दौरान पुलिस फायरिंग आम बात हो गई थी। अपनी माँगों को मनवाने के लिए आंदोलनकारी रास्ता जाम करते, थानों का घेराव करते, कभी-कभी तोड़-फोड़ की भी घटनाएँ घटतीं। पुलिस पर पथराव भी होता। यह सब आंदोलन का हिस्सा होता। पुलिस इसे दबाने का प्रयास करती थी। इसी क्रम में अनेक अवसर आए जब पुलिस लोगों पर बहुत ज्यादा जुल्म ढहाती थी। कोल्हान में आंदोलनकारी थोड़ा उग्र थे। जब वे पुलिस की पकड़ में नहीं आते थे, तो पुलिस, सीआरपीएफ या बिहार मिलिट्री पुलिस (बीएमपी) के जवान गाँवों में जाते थे, आंदोलनकारियों के घरों में जाकर तोड़-फोड़ करते थे, आग लगा देते थे, कई घरों में लूटपाट भी करते थे, विरोध करनेवाली महिलाओं या पुरुषों की पिटाई करते थे। पुलिस हिरासत में मौत हो जाती थी, महिलाओं के पैर-कमर तोड़ दिए जाते थे। सारंडा में ऐसी घटनाएँ अधिक होती थीं। संताल में मामला अलग था। वहाँ जब धान काटो अभियान चला, तब संताल खेतों में लगे धान को काट लेते थे तो महाजन पुलिस की सहायता से गाँवों में जाते थे। पुरुष तो भाग जाते थे, पर महिलाएँ इसका शिकार हो जाती थीं। गाँव की महिलाओं के साथ पुलिस-बल सामूहिक दुष्कर्म करते थे। कई महिलाओं की मौत भी इसमें हुई थी। बिहार विधानसभा में पुलिस जुल्म के मामले उठाए जाते थे। पुलिस ने बेल्डीहा, पकड़िया और पड़रिया में सामूहिक दुष्कर्म किया था। पुस्तक के इस खंड में ऐसी ही घटनाओं का विवरण है। ये तो चंद उदाहरण हैं, जहाँ बड़ी-बड़ी घटनाएँ घटीं। अधिकांश मामले तो दबे ही रह जाते थे। लोक-लाज से महिलाएँ दुष्कर्म की घटना का खुलासा नहीं करती थीं।

1. बेल्डीहा सामूहिक दुष्कर्म : दो महिलाओं की मौत
2. पकड़िया सामूहिक दुष्कर्म : लड़की को गायब किया
3. पड़रिया सामूहिक दुष्कर्म : बच्ची को भी नहीं छोड़ा
4. छामड़ागुटू : वृद्ध तक को पीटा
5. सिंहभूम : घरों को जला दिया

बेल्डीहा सामूहिक दुष्कर्म : 30 दिसंबर, 1978

पुलिसिया जुल्म की कहानी

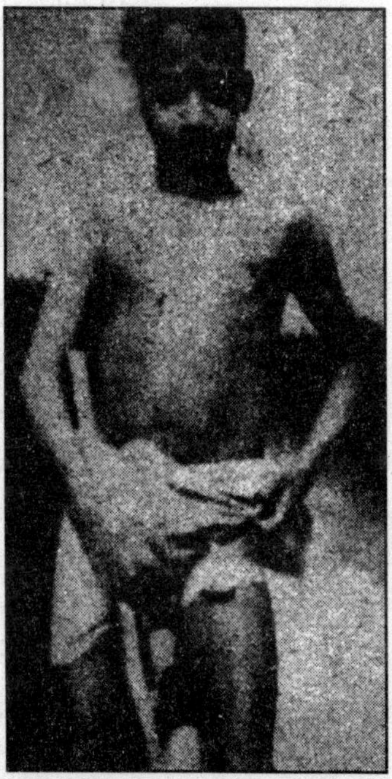

बारह साल का प्राण मरांडी जिसकी जाँघ में पुलिस ने राइफल भोंक दी थी

गोड्डा से दो किलोमीटर की दूरी पर बसा है बेल्डीहा गाँव। यह पूरी बस्ती संतालों की है। 1978 में गाँव की आबादी 300–400 के बीच थी। इसी गाँव में सीआरपीएफ के लगभग 150 जवानों ने 30 दिसंबर, 1978 को आतंक मचाया था, महिलाओं के साथ सामूहिक दुष्कर्म किया था, उन्हें मारा-पीटा और यातनाएँ दी थीं। गाँव के पुरुषों को पहले ही भगा दिया गया था। जो बच गए थे, उन्हें गिरफ्तार कर लिया गया था। पुलिस जुल्म और दुष्कर्म की शिकार कम-से-कम दो महिलाओं की एक साल के अंदर मौत हो गई थी।

पूरा मामला महाजनों से जुड़ा था। महाजनों ने संतालों की जमीन पर कब्जा कर रखा था। शिबू सोरेन की अगुवाई में संताल परगना में भी धान काटो अभियान चला था। मूल जमीन तो संतालों की थी जिस पर महाजनों ने कब्जा कर रखा था। इसे वापस लेने के लिए संताल आंदोलनरत थे। इसी क्रम में संतालों ने उन खेतों में अनाज भी रोप दिया था।

इस गाँव में एक महाजन था भगवान सिंह। पूरे गाँव में अकेला वह गैर-संताल था। बस्ती में ही रहता था। उसके पास कुछ बीघा जमीन थी। नवंबर में संतालों ने उसके खेत को जोतकर उसमें बीज बो दिया था। उस समय महाजन ने कुछ नहीं किया। लगभग एक माह बाद उसने पुलिस से शिकायत की। 30 दिसंबर को चार बजे सीआरपीएफ

के लगभग 150 जवान गाँव में आए। गाँव के पुरुषों को पीट-पीटकर बाहर भगा दिया। एक महिला ने जब हल्ला सुनकर दरवाजा खोला तो उसे सीआरपीएफ के लोगों ने पकड़कर घर के अंदर धकेल दिया। उसकी सास को बाहर निकाल दिया। छोटे बच्चे को जमीन पर फेंक दिया। फिर उसके साथ चार जवानों ने दुष्कर्म किया।

ये जवान हर घर में घुसे। चार-पाँच जवानों का एक ग्रुप हर घर में घुसा, महिलाओं को पीटा और सबसे कम उम्र की जो महिला उनकी पकड़ में आ जाती, उसके साथ दुष्कर्म करते। एक बूढ़ी महिला को इतनी बुरी तरह से पीटा गया था कि घटना के एक साल बाद तक किसी अपरिचित को देखकर चिल्लाती थी—मैंने कुछ नहीं किया, मुझे छोड़ दो, मुझे मत मारो। इसी बीच जवानों ने एक ऐसी महिला के साथ दुष्कर्म किया जिसने कुछ दिन पहले ही एक बच्चे को जन्म दिया था। उसके साथ पाँच जवानों ने दुष्कर्म किया। इस घटना के 20 दिन बाद दुष्कर्म की शिकार महिला मूंगा सोरेन (नाम बदला हुआ) की मौत हो गई। एक दूसरी महिला टुल्ला हेंब्रम (नाम बदला हुआ) को पहले सीआरपीएफ के जवानों ने पीटा और बाद में उसके साथ दुष्कर्म किया। उसे इतना आघात लगा कि वह लंबे समय तक सिर दर्द से कराहती रही। एक साल बाद जनवरी 1980 में उसकी मौत हो गई।

हिंदी पत्रिका 'दिनमान' ने अपने 4-10 फरवरी, 1979 के अंक में औरत का जिस्म शीर्षक से पूरी घटना पर विशेष रिपोर्ट प्रकाशित की थी। इसमें इस बात का उल्लेख था कि कैसे जवानों ने वहाँ चार घंटे तक तांडव किया। इस दौरान 17 महिलाओं के साथ दुष्कर्म किया। 36 पुरुषों को गिरफ्तार किया। जब पुलिस ने वहाँ हमला किया तो गाँव का 12 साल का एक बालक प्राण मरांडी पेड़ पर चढ़ गया और वहाँ से लोगों को एकजुट करने का प्रयास करने लगा। इसी बीच जवान वहाँ पहुँच गए। उसे पेड़ से उतारा और उसके दोनों पैर में राइफल की संगीन भोंक दी। जो पुरुष गाँव के बाहर भाग गए थे, उन्होंने दूर से ही तीर से पुलिस पर हमला करने का प्रयास किया। पर पुलिस ने फायरिंग कर दी। इसमें एक युवक घायल हो गया। इस प्रकार बेल्डीहा की महिलाओं के साथ दुष्कर्म करने के बाद सीआरपीएफ के जवान वहाँ से निकल गए।

इस घटना के एक दिन पहले गोड्डा से 17 किलोमीटर दूर पोड़ैयाहाट अंचल के डोगाबाँध में भी पुलिस की छह गाड़ियाँ गई थीं। वहाँ भी पुलिसवालों ने बेल्डीहा जैसा ही आतंक मचाया था। 11 महिलाओं के साथ वहाँ भी पुलिसवालों ने दुष्कर्म किया था। डोंगाबाँध से एक किलोमीटर दूर शामपुर और दो किलोमीटर दूर आमगाछी में भी पुलिस ने मारपीट की, महिलाओं के साथ दुष्कर्म किया और सामान लूटकर ले गए। पूरे क्षेत्र में एक ओर संताल अपनी मूल जमीन पर लगी फसल को काटने के लिए अडिग थे, दूसरी ओर महाजनों ने पुलिस के सहयोग से आतंक का दौर चला रखा था। उन दिनों पूरे

गोड्डा अनुमंडल में सात प्रमुख महाजन थे। ये संपन्न थे और इनके इशारे पर प्रशासन और पुलिस के लोग काम करते थे। बेल्डीहा और इसके आस-पास के गाँवों में पुलिस ने दुष्कर्म की जो घटना की, उसकी शुरुआत 21 दिसंबर से ही हो गई थी। उस दिन पोड़ैयाहाट में महाजनों के संबंधियों ने कुछ आदिवासी महिलाओं के साथ छेड़छाड़ की थी। जब आदिवासियों ने इसका विरोध किया था तो महाजनों ने गोलियाँ चलाई थीं। इसमें तीन आदिवासी घायल हो गए थे।

संताल महिलाओं के साथ पुलिस द्वारा किए गए सामूहिक दुष्कर्म की घटना पर बिहार विधानसभा में हंगामा हुआ। जाँच समिति भी बनी। पर जाँच समिति के घटनास्थल दौरे के ठीक पहले आदिवासियों को डराया-धमकाया गया। बाद में यह मामला प्रधानमंत्री तक गया। सात सांसदों ने प्रधानमंत्री को पत्र लिखकर इस घटना पर नाराजगी जताई थी। इस पत्र में इस बात का उल्लेख था कि दक्षिण बिहार में आदिवासियों पर कैसे-कैसे जुल्म ढाहे जा रहे हैं।

□

पकड़िया सामूहिक दुष्कर्म : 17 मार्च, 1979

शायद ही कोई बच पाई थी

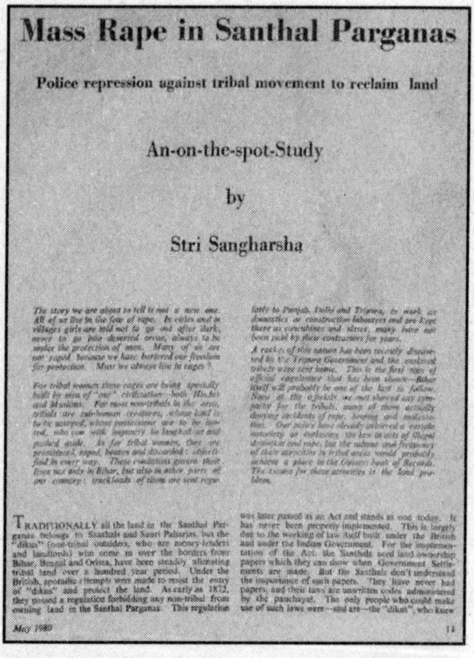

Mass Rape in Santhal Parganas

Police repression against tribal movement to reclaim land

An-on-the-spot-Study

by

Stri Sangharsha

The story we are about to tell is not a new one. All of us live in the fear of rape. In cities and in villages girls are told not to go out after dark, never to go into deserted areas, always to be under the protection of men. Many of us are not raped because we have bartered our freedom for protection. Must we always live in cages?

For tribal women these cages are being specially built by men of "our" civilization—both Hindus and Muslims. For most non-tribals in the area, tribals are sub-human creatures, whose land is to be usurped, whose possessions are to be looted, who can with impunity be laughed at and pushed aside. As for tribal women, they are prostituted, raped, beaten and discarded: [illegible] in every way. These conditions govern their lives not only in Bihar, but also in other parts of our country: truckloads of them are sent regularly to Punjab, Delhi and Tripura, to work as domestics or construction labourers and are kept there as concubines and slaves, many have not been paid by these contractors for years.

A racket of this nature has been recently discovered by the Tripura Government and the enslaved tribals were sent home. This is the first sign of official cognizance that has been shown—Bihar itself will probably be one of the last to follow. None of the officials we met showed any sympathy for the tribals, many of them actually denying incidents of rape, beating and molestation. Our police have already achieved a veritable notoriety as [illegible] the law in [illegible] of illegal detention and rape; but the volume and frequency of their atrocities in tribal areas would probably achieve a place in the Guinness book of Records. The excuse for these atrocities is the land problem.

Traditionally all the land in the Santhal Parganas belongs to Santhals and Sauri Paharias, but the "dikus" (non-tribal outsiders, who are money-lenders and landlords) who come in over the borders from Bihar, Bengal and Orissa, have been steadily alienating tribal land over a hundred year period. Under the British, sporadic attempts were made to resist the entry of "dikus" and protect the land. As early as 1872, they passed a regulation forbidding any non-tribal from owning land in the Santhal Parganas. This regulation was later passed as an Act and stands as one today. It has never been properly implemented. This is largely due to the working of law itself both under the British and under the Indian Government. For the implementation of the Act, the Santhals need land-ownership papers which they can show when Government Settlements are made. But the Santhals don't understand the importance of such papers. They have never had papers, and their laws are unwritten codes administered by the panchayat. The only people who could make use of such laws were—and are—the "dikus", who knew

May 1980 13

संताल परगना में जब शिबू सोरेन की अगुवाई में धान काटो अभियान चला तो महाजनों ने पुलिस के साथ मिलकर ग्रामीणों पर कहर बरपाया था। वे किसी भी हाल में अपना हक छोड़ना नहीं चाहते थे। संताल परगना में भी महाजनों ने संतालों की जमीन हड़प ली थी। हड़पी हुई अपनी ही जमीन पर जब संताल कुछ उपजाते थे, उसे महाजन ले लिया करते थे। स्थिति तय थी कि अगर कोई ग्रामीण कद्दू का एक बीज किसी महाजन से लेता तो इसके एवज में वह एक पूरा कद्दू ले लिया करता था। शोषण का यह दौर लंबे समय से चलता आ रहा था। किसी ने बड़े पैमाने पर विरोध नहीं किया था। पर जब शिबू सोरेन ने महाजनों के खिलाफ लोगों को एकजुट किया, मोरचा खोला और धान काटो अभियान शुरू किया तो महाजनों ने इसे स्वीकार नहीं किया। उन्होंने पुलिस के बल पर इस आंदोलन को कुचलना चाहा। ग्रामीणों को सबक सिखाने की नीयत से पुलिस ने महिलाओं के साथ सामूहिक दुष्कर्म तक किया। ऐसी घटना बेल्डीहा में घट चुकी थी।

बेल्डीहा की घटना के ठीक तीन माह के बाद पकड़िया में ऐसी ही घटना घटी। पकड़िया भी गोड्डा अनुमंडल का ही हिस्सा है। इसी गाँव में आदिवासियों (संताल)

और ब्राह्मणों के बीच जमीन विवाद चल रहा था। उन दिनों संताल परगना के कई इलाकों में गैर-आदिवासियों ने संतालों की जमीन को हड़पकर दूसरों को खेती करने के लिए दे दिया था। ऐसी ही लगभग डेढ़ बीघा जमीन संतालों की थी जिस पर उसी गाँव के ब्राह्मणों ने अपना दावा किया था। उस जमीन को खेती के लिए उन्होंने दलितों को दे दिया था। यह जमीन पकड़िया की सीमा के करीब सराइकीता में थी।

16 मार्च, 1979 को संताल, हरिजन और ब्राह्मण तीनों खेत में पहुँचे। संताल और दलित एक साथ थे, जबकि ब्राह्मण पुलिस को साथ लाए थे। पुलिस के पास कोई वारंट नहीं था। गोड्डा के एसडीओ भी बाहर गए हुए थे। इसलिए बगैर प्रशासनिक सूचना के पुलिस वहाँ पहुँच गई थी। जैसे ही संतालों ने फसल को काटना शुरू किया, पुलिस ने विरोध किया और फायरिंग कर दी। 11 साल का एक बच्चा इस घटना को देख रहा था, उसकी दो अंगुलियाँ गोली लगने से उड़ गईं। एक और संताल को गोली लगी और उसकी वहीं मौत हो गई। इस प्रकार की पुलिस फायरिंग के लिए संताल तैयार नहीं थे, इसलिए वे भागने लगे। संताल दो किलोमीटर दूर चले गए और वहाँ पर एकजुट होने लगे।

शाम होते-होते पूरी पकड़िया बस्ती जलने लगी। ब्राह्मण इसलिए नाराज थे, क्योंकि संतालों के साथ दलित चले गए थे। ब्राह्मणों ने दलितों के घरों में आग लगा दी और यह प्रचारित कराया कि संतालों ने दलितों के घरों को फूँक दिया है। वहाँ मौजूद दलितों और संताल दोनों ने इस आरोप को गलत बताया। संतालों को फँसाने के लिए ब्राह्मणों ने कुछ अपने घरों में भी आग लगा दी, ताकि लगे कि संतालों ने दलितों के घरों को जलाने के बाद उनके घरों को भी नहीं छोड़ा। यह संतालों और दलितों को आपस में लड़ाने की साजिश थी। तीर-धनुष से लैस संताल गाँव के बाहर से तमाशा देख रहे थे।

17 मार्च का दिन था। नौ बजते-बजते सीआरपीएफ की पूरी टीम ट्रकों पर सवार होकर पकड़िया पहुँच गई। संताल जाकर खेतों और पहाड़ियों में छिप गए थे, लेकिन दलित वहीं पर थे। उन्हें जवानों ने जमकर पीटा। आगजनी के बाद जो भी उनके सामान बच गए थे, उसे भी पुलिसवालों ने लूट लिया। सीआरपीएफ और ब्राह्मण संतालों की खोज में घर-घर गए। आस-पास के गाँवों में भी सीआरपीएफ के जवान गए और निर्दोष ग्रामीणों की पिटाई की। दो दिनों तक यह सिलसिला चलता रहा।

सीआरपीएफ जवान केरवार गाँव गए। इसी गाँव में आदिवासियों के एक प्रमुख नेता रहते थे। वे नहीं मिले। सभी आदिवासी पुरुष तो गाँव छोड़कर भाग गए। गाँव में सिर्फ महिलाएँ रह गई थीं। उन महिलाओं के साथ पुलिस के जवानों ने दुष्कर्म किया। पुलिस को देखकर पाँच आदिवासी महिलाएँ बखड्डा की ओर भागी जा रही थीं। सीआरपीएफ के आठ जवानों ने पाँचों को पकड़ लिया और उन सभी के साथ दुष्कर्म किया। इन महिलाओं के साथ पुलिसकर्मियों ने लाठी से मारपीट भी की। उनके शरीर पर

जो भी जेवर थे, उसे छीन लिया। इसके बाद वे पाँचों महिलाएँ वहाँ से भागीं। पाँचों तीन दिनों तक बिना खाना-पानी के पहाड़ी में छिपी रही। जब सीआरपीएफ का आतंक खत्म हुआ तो वे गाँव लौटी। स्त्री संघर्ष द्वारा 'मास रेप इन संताल परगना' शीर्षक से एक स्टडी मई 1980 में प्रकाशित की गई थी। इसमें पुलिस जुल्म की कहानी कही गई थी। इसमें इस बात का जिक्र है कि कैसे एक गाँव-टोला में दुष्कर्म करने के बाद पुलिसकर्मी शांत नहीं बैठते थे। वे दूसरी जगह महिलाओं को निशाना बनाने की ताक में रहते थे। तभी तो केरवार में दुष्कर्म करने के बाद सीआरपीएफ की टीम बखड्डा पहुँच गई। वहाँ एक महिला की गोद से एक बच्ची को छीनकर जमीन पर फेंक दिया। वह बच्ची सिर्फ छह दिन की थी। फिर उस महिला के साथ सीआरपीएफ के जवानों ने दुष्कर्म किया। दोपहर होते-होते केरवार और बखड्डा से सीआरपीएफ के जवान लौट आए। इनकी संख्या 150 के करीब थी। गाँव की महिलाएँ एक पीपल पेड़ के नीचे खड़ी थीं। जवानों ने उन महिलाओं को पीटना शुरू किया और कहने लगे कि धर्मशाला है जो यहाँ जमा हो। जो भी महिला पकड़ी गई, उसके साथ दुष्कर्म किया गया। शायद ही कोई बच पाई थी। दो महिलाएँ तो घर में ही रह गई थीं। उन्हें पहले पीटा गया। फिर उनके साथ दुष्कर्म किया गया। इस पूरी घटना के दौरान एक लड़की गायब हो गई। वह न तो जिंदा मिली और न ही उसका शव मिला। दुष्कर्म और पुलिस जुल्म की इन घटनाओं पर विधानसभा में हंगामा हुआ, कमेटियों का गठन किया गया। बाद में रिपोर्ट को दबा दिया गया।

□

पड़रिया सामूहिक दुष्कर्म : 18 फरवरी, 1988

बच्ची को भी नहीं छोड़ा

देवघर से 15 किलोमीटर की दूरी पर बसी है पड़रिया बस्ती। यह किसानों और खेतिहर मजदूरों की बस्ती है। यही वह बस्ती है जहाँ 18 फरवरी, 1988 की रात में 30-40 पुलिसकर्मियों ने आतंक का वह खेल खेला था, जिसे सुनकर आज भी लोग काँप उठते हैं। पुलिस ने पहले गाँव के युवकों-बुजुर्गों और बच्चों को पीट-पीटकर घायल कर दिया, उसके बाद गाँव की महिलाओं, यहाँ तक कि बच्चियों के साथ पुलिसकर्मियों ने सामूहिक दुष्कर्म किया था। जिसने विरोध किया, उनको मार-मारकर अधमरा कर दिया गया था। इस शर्मनाक घटना का पूरे देश में विरोध हुआ था। अटल बिहारी वाजपेयी, वीपी सिंह और हेमवतीनंदन बहुगुणा जैसे सीनियर नेता पीड़ितों का दर्द जानने पड़रिया आए थे।

11 फरवरी को रामप्रसाद राय नामक सिपाही तीन चौकीदारों एकलाल पासवान, रेवा तूरी और बैजू पासवान को लेकर पड़ोस के गाँव बाघमारी में विनोद मरांडी नामक युवक को गिरफ्तार करने गया था। विनोद पर कुछ गंभीर आरोप पुलिस ने लगाए थे। वह घर पर नहीं मिला। इससे बौखलाई पुलिस ने उसके पिता मंगल मरांडी को गिरफ्तार करने की धमकी दी। मंगल से पुलिस ने चार सौ रुपए भी ले लिए थे। इसी पैसे से शराब का दौर भी चला था। सिपाही और चौकीदार नशे में थे। इसी दौरान देवी महतो नामक एक व्यक्ति वहाँ आया और उसने पुलिस से शिकायत की कि पड़रिया गाँव का योगेंद्र यादव उसकी बेटी को पुनासी हाट से जबरदस्ती उठा कर ले गया है। यह सुनते ही चौकीदार समेत सिपाही तड़के चार बजे पड़रिया गाँव पहुँच गए। ये लोग योगेंद्र यादव के घर गए। चौकीदार की आवाज सुनकर जैसे ही योगेंद्र के पिता ने दरवाजा खोला, पुलिस ने उसे पीटना शुरू कर दिया। पुलिसवाले नशे में थे। हल्ला सुनकर गाँववाले जमा हो गए और सिपाही व चौकीदारों को डाँटकर वहाँ से भगा दिया। गाँववालों का कड़ा रुख देखकर सिपाही-चौकीदार उस समय जान बचा कर भाग गए। ये लोग थाना पहुँचे और वहाँ मामले को बढ़ा-चढ़ाकर पेश किया। इन लोगों ने इस मामले को पुलिस की इज्जत से

जोड़ दिया और बदला लेने के लिए अपने साथियों को उकसाया।

पुलिस ने फर्जी बयान पर जसीडीह थाना में एक मामला दर्ज कराया था। देवी महतो की पत्नी की ओर से जबरन एफआईआर कराया गया था। सच इसके विपरीत था। देवी महतो शराबी था और दामाद से पैसे लिया करता था। पैसा नहीं देने पर वह बेटी को ससुराल नहीं जाने देता था। घटना के दिन देवी की बेटी को योगेंद्र यादव जबरन नहीं ले गया था। दोनों की मुलाकात हुई और देवी की बेटी अपनी ससुराल चली गई। जब देवी को पता चला कि उसकी बेटी अपनी ससुराल चली गई है तो वह आग बबूला हो गया। उसने दामाद को मजा चखाने के लिए पुलिस को गलत सूचना दी। पुलिस तो पहले से ही गाँववालों से नाराज थी। उसे मौका मिला और उसने बदला निकाल लिया।

18 फरवरी को पुलिस का वहशीपन चरम पर था। पड़रिया में जब पुलिस घुसी, मारपीट करने लगी तो कई महिलाओं ने घर के दरवाजे की कुंडी बंद कर दी। पुलिसकर्मियों ने दरवाजा तोड़ा, छत को उजाड़ दिया और घर में कूद गए। पुलिस ने 65 साल के जयराम महतो को उस समय मार-मारकर अधमरा कर दिया, जब उन्होंने अपनी बेटी की इज्जत से नहीं खेलने के लिए पुलिसकर्मियों के सामने हाथ-पैर जोड़े। स्थिति यह थी कि अगर किसी व्यक्ति को बचाने के लिए उसकी बेटी सामने आती थी, तो पुलिसकर्मी उस युवती पर टूट पड़ते थे। युवती चिल्लाती रहती। 40 साल की एक महिला और उसकी दो नाबालिग बेटियों (उम्र 13 साल और 16 साल) के साथ पुलिसकर्मियों ने दुष्कर्म किया। छोटी बेटी की शादी हाल ही में हुई थी और वह पहली बार ससुराल जानेवाली थी। एक महिला के साथ तो छह पुलिसकर्मियों ने दुष्कर्म किया।

पुलिसकर्मियों को जहाँ मन किया, जिसके साथ मन किया, हथियार के बल पर उसे अपना शिकार बनाया। इसमें 13 साल की बच्ची से लेकर 50-55 साल की महिलाएँ भी थीं। इसके बाद पुलिसकर्मियों ने घरों में लूटपाट भी की। बरतन, गहने और कपड़े लूट कर अपने साथ लेते गए। 14 ग्रामीणों को भी पुलिस अपने साथ लेती गई। इनमें से चार बच्चे भी थे, जिन्हें दूसरे दिन छोड़ दिया गया।

इस सामूहिक दुष्कर्म की घटना का तात्कालिक कारण भले ही देवी महतो द्वारा की गई शिकायत हो, पर इसके पीछे की कहानी अलग है। झारखंड आंदोलन के कारण पुलिस पहले से ग्रामीणों के खिलाफ थी। वहाँ पुनासी योजना का विरोध हो रहा था। पुनर्वास और मुआवजा की माँग ग्रामीण करते थे, जबकि योजना के ठेकेदार इन ग्रामीणों को सबक सिखाने के मूड में थे। ये ठेकेदार पुलिस से मिले हुए थे। घटना के एक दिन पहले ही धनबाद के एक ठेकेदार ने अपने गुंडों को गाँव भेजकर उन्हें यह चेताया था कि काम में बाधा डाली गई तो अंजाम बुरा होगा। इसी ठेकेदार को जलाशय के मुख्य बाँध के निर्माण का जिम्मा मिला था।

पुलिस और ठेकेदार की मिलीभगत का खुलासा इसी बात से होता है कि देवी महतो की पत्नी के नाम से जो फर्जी एफआईआर कराया गया था, उसमें उन लोगों को ही अभियुक्त बनाया गया था जो विस्थापित थे और जिन्होंने पुनासी परियोजना का विरोध किया था। उन दिनों बिहार में भागवत झा आजाद की सरकार थी और वे चार दिन पहले ही मुख्यमंत्री बने थे। वे पड़रिया पहुँचे और पीड़ितों के दर्द पर मरहम लगाने का प्रयास करते हुए 14 पुलिसकर्मियों का निलंबित करने का आदेश दिया।

□

छामड़ागुट्टू

बेसरा के गाँव में जुल्म

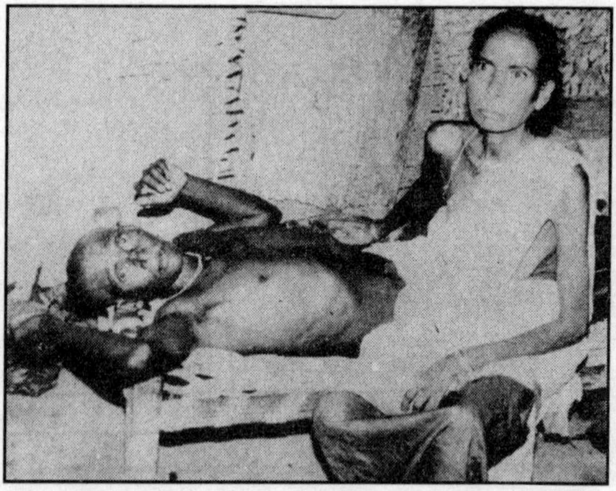

पुलिस की पिटाई से घायल वृद्ध कुशल महाली अपनी पत्नी के साथ

1987 में जब झारखंड मुक्ति मोरचा के अध्यक्ष निर्मल महतो की हत्या के बाद पूरे राज्य में आंदोलन तेज हो गया था, आंदोलनकारी खासकर आजसू के कार्यकर्ताओं की चलती थी, उन दिनों भी पुलिस का आतंक कम नहीं हुआ था। पुलिस हर हाल में आंदोलनकारियों का मनोबल तोड़ना चाहती थी। उसे सिर्फ मौके का इंतजार था। पुलिस ने यह आतंक मचाया था पूर्वी सिंहभूम जिला के डुमरिया प्रखंड के छामड़ागुट्टू गाँव में।

निर्मल महतो की हत्या हुई थी 8 अगस्त, 1987 को। इसके बाद पूर्वी सिंहभूम में प्रतिहिंसा हुई थी। आजसू के कार्यकर्ताओं ने उत्पात भी मचाया था। पर इसी उत्पात ने आंदोलन को तेवर भी दिया था। इसी दौरान डुमरिया के बेसरपहाड़ी के वनरक्षी प्रयाग पासवान की हत्या हुई थी। हत्या का आरोप आजसू कार्यकर्ताओं पर लगा था। जिस क्षेत्र में वनरक्षी की हत्या हुई थी, वह आजसू का गढ़ रहा है। डुमरिया वह प्रखंड है जहाँ से आजसू के कई बड़े नेता निकले हैं। आजसू के संस्थापक महासचिव सूरज सिंह बेसरा भी डुमरिया प्रखंड के छामड़ागुट्टू के ही रहनेवाले हैं। निर्मल महतो की हत्या के 25 दिन बाद पुलिस ने अपनी रणनीति के तहत 3 सितंबर को छामड़ागुट्टू गाँव में छापामारी की थी। पुलिसकर्मियों की संख्या 60 के आस-पास थी। पुलिस ने उस दिन सूरज सिंह

बेसरा के भाई रवि बेसरा और एक अन्य युवक कुनू को गिरफ्तार कर लिया था। उस दिन पुलिस ने किसी ग्रामीण के साथ मारपीट नहीं की थी।

एक दिन बाद यानी 5 सितंबर, 1987 को 70-80 पुलिसकर्मी सुबह चार बजे छाबड़ागुट्टू गाँव पहुँचे। उस समय लोग सो रहे थे। पुलिसकर्मियों ने एक-एक घर का दरवाजा पीट-पीटकर खुलवाया। दरवाजा खोलने के क्रम में जो भी सामने पड़ा, उसकी जमकर पिटाई की गई। पुलिसकर्मियों ने घरों की तलाशी भी ली। जब पुलिस गाँव के पुरुषों को पीट रही थी, महिलाओं ने उन्हें रोकना चाहा। पुलिसकर्मियों ने महिलाओं को भी पीटा। भीरू सोरेन और दुर्गी सोरेन समेत सात-आठ महिलाएँ घायल भी हो गईं। पुलिस ने बच्चों को भी नहीं छोड़ा। उन्हें भी पीटा। आठ साल के बच्चे मंगल को पुलिस ने जूते से मारा तो उसका होंठ फट गया। दस साल के एक बच्चे को भी पीटा। पुलिस का आतंक बढ़ गया था। बुजुर्गों पर भी पुलिस को दया नहीं आई। कुशल महाली नामक एक वृद्ध को घर से घसीट कर बाहर निकाला और पीटा। वह बीमार था। पिटाई में वह बेहोश हो गया।

पुलिस आतंक का विरोध वहाँ के प्रमुख शेख सिराजुद्दीन ने किया था। वे डीएसपी से मिलने गए थे। उन दिनों वहाँ के डीएसपी थे जगलाल चौधरी। उन्होंने बात सुनने से इनकार कर दिया था। डीएसपी ने सिर्फ इतना स्वीकारा कि पुलिस ने वहाँ छापामारी की थी। इस दौरान पुलिस ने कहानी भी गढ़ ली थी। पुलिस ने उलटे ग्रामीणों पर आरोप लगा दिया कि छापामारी के लिए जब पुलिस गाँव गई तो पुलिस पर पत्थरों से हमला कर दिया गया। पुलिस की कार्रवाई के बाद लंबे समय तक वहाँ के लोग भयभीत थे। बाद में आजसू के शीर्ष नेताओं ने वहाँ का दौरा किया था और घायलों को इलाज के लिए अस्पताल पहुँचाया था। इस प्रकार अलग झारखंड राज्य के आंदोलन में छामड़ागुट्टू गाँव के युवक समेत बच्चों और बुजुर्गों ने भी बड़ी भूमिका अदा की थी।

□

सिंहभूम का सच : 1981-83

400 घरों को जला दिया

झारखंड आंदोलन के दौरान आंदोलनकारियों को पकड़ने के नाम पर कोल्हान के गाँवों में पुलिस ने काफी जुल्म ढाहा था। पुलिस को तो एक तरह से फायरिंग का लाइसेंस मिला हुआ था। जब जहाँ मन किया, कर दी फायरिंग, कर दिया केस। फिर शुरू होती थी गाँवों में आतंक की कहानी। पुलिस गाँवों में जाती थी। आंदोलनकारी भाग कर जंगल में घुस जाते थे। फिर पुलिस अपना काम करती थी। महिलाओं पर, बच्चों पर, बुजुर्गों पर अत्याचार करती थी। उनके घरों को जला देती थी, वहाँ तोड़-फोड़ करती थी। खाने के लिए घर में पड़े अनाज को जला देती थी या लूट कर ले जाती थी। इतना ही नहीं, पुलिस घरों में रखे गए खाना बनाने के बरतन को भी नष्ट कर देती थी, ताकि उनके यहाँ चूल्हा नहीं जले। पुलिस छापेमारी के बाद ऐसे हालात भी पैदा हो जाते थे कि ग्रामीणों को भूखे सोना पड़ता था। घर तोड़ने का विरोध करने पर लोगों को पकड़ कर पीटा जाता था, कई को तो जेल में बंद कर दिया जाता था।

जब सिंहभूम में पुलिस फायरिंग की घटनाएँ बहुत ज्यादा होने लगीं, पुलिस जुल्म की कहानी बढ़ने लगी तो देश के बुद्धिजीवियों की नजर इधर पड़ी। सिर्फ सिंहभूम जिले पर एक अध्ययन हुआ था। विद्या ज्योति दिल्ली के छात्र माइकल तिर्की और थामस ने टाटा कॉलेज चाईबासा के वीर सिंह सिंकू के साथ मिलकर मई 1983 में गाँव-गाँव का दौरा किया था। जिन गाँवों में यह टीम नहीं जा सकी, वहाँ के बारे में मीडिया की रिपोर्ट को शामिल किया था। इससे जो तसवीर बनी थी, वह बड़ी भयावह थी। 1981 से 1983 के बीच सिर्फ तीन साल में सिंहभूम के 48 गाँवों में पुलिस और वनरक्षकों ने 400 घरों को जला दिया था। आदिवासियों के घरों में लूटपाट भी की गई थी। फर्जी मुकदमे तक किए जाते थे। पाँच साल में पाँच हजार आदिवासियों पर 1250 से ज्यादा फॉरेस्ट केस दर्ज किए गए थे। कुछ घटनाओं का यहाँ जिक्र किया जा रहा है, ताकि पता चल सके कि किस गाँव में पुलिसकर्मियों ने ग्रामीणों पर कैसे-कैसे अत्याचार किए थे। इस केस

स्टडी का यहाँ उल्लेख इसलिए किया जा रहा है, ताकि पता चल सके कि दूरदराज के गाँवों में लोगों की आवाज को दबाने के लिए पुलिस ने कौन-कौन सा रास्ता अपनाया था। आज अगर देश के कई हिस्सों में अशांति है, आदिवासियों में पुलिस के प्रति आक्रोश है, वे भटक रहे हैं, तो कहीं-न-कहीं अतीत में घटी ऐसी घटनाएँ भी इसके लिए जिम्मेवार हैं। प्रयास किया जा रहा है कि अधिक-से-अधिक घटनाओं का संक्षिप्त विवरण यहाँ दिया जाए।

1. बोरटा : महिला का हाथ तोड़ा

नोवामुंडी प्रखंड का एक गाँव है बोरटा। पुलिस ने 21 जनवरी, 1983 को इस गाँव में छापेमारी की थी और आदिवासियों के 10 घरों में आग लगा दी थी। कानू के घर में तीन बोतल केरोसिन तेल था। पुलिस ने उन बोतलों के तेल को घर पर उड़ेल कर आग लगा दी थी। घर राख हो गया था। सात क्विंटल धान भी जल कर राख हो गया था। इस आगजनी में कानू के घर के कपड़े, छह सौ रुपए का सेबई घास भी बरबाद हो गया था। पुलिस ने ककूइटा गाँव के गैब्रियल सिंकू को पीटा भी था। इसके बाद उसे नंगा कर उसके कपड़े को पुलिस ने जला दिया था। फिर उसे उसी हाल में वहाँ से भगा दिया गया था। रामू पूर्ति की पत्नी (बुजुर्ग) ने जब घर के सामने खड़ा होकर पुलिस को घुसने से रोका तो उसकी पिटाई कर दी गई। पुलिस की पिटाई से वह बेहोश हो गई थी। पुलिस उसे पीटती रही थी। पीट-पीटकर उस महिला का हाथ पुलिस ने तोड़ दिया था। कई घरों में खाना बनाने के बरतन तोड़ दिए गए थे और अनाज को फेंक दिया गया था। कुसनू पूर्ति की पत्नी अपने दो बच्चों के साथ घर में थी। एक बच्चा तो कुछ माह का ही था। उसने पुलिस ने गुहार लगाई थी कि अगर उसके घर को जला दिया जाएगा तो छोटे-छोटे बच्चे को लेकर वह कहाँ जाएगी, पर किसी भी पुलिसकर्मी को उस पर तरस नहीं आया। उसके घर को जला दिया गया। अनाज के जलने से कई परिवार के सामने भुखमरी की स्थिति पैदा हो गई थी। बीज भी जल गया था जिसके कारण अगले साल खेती भी नहीं कर सकते थे।

2. तंसेरा : पुलिस हिरासत में मौत

टोंटो प्रखंड के तंसेरा गाँव को पुलिस ने चार-चार बार निशाना बनाया। 18, 22 और 29 मई 1982 को पुलिस ने इस गाँव में छापेमारी की। दिन में की गई इन छापेमारियों के दौरान आंदोलनकारियों को पहाड़ी में जाकर छिपना पड़ा था। पुलिस ने इस गाँव के

30 घरों को तोड़ दिया था। घर में जो भी धान, तिसी, मसूर, खेसारी आदि अनाज थे, उसे या तो पुलिस अपने साथ ले गई या फिर उसे नष्ट कर दिया गया। इस दौरान पुलिस ताँबे—पीतल के बरतन और कीमती सामान के अलावा बतख, बकरी और मुरगी को भी अपने साथ ले गई। जब पुलिस आई थी तो मुक्त कोराई अपने घर के दरवाजे पर खड़ी थी। उसके सिर पर पुलिस ने मारा और कमर में खोंस कर रखा गया पैसा भी छीन लिया। सिर पर चोट इतनी गहरी थी कि उसे डेढ़ माह के लिए अस्पताल में भरती कराना पड़ा। उसके बाद उसे चार माह के लिए जेल भेज दिया गया। एक बुजुर्ग विधवा महिला को भी पुलिस ने पीट दिया। इस दौरान पैछिरिया हेंब्रम नामक व्यक्ति अपने घर से हटने को तैयार नहीं था। पुलिस ने उसे पीटा और चाईबासा जेल भेज दिया। पुलिस ने उसकी इतनी पिटाई की थी कि पुलिस हिरासत में ही उसकी मौत हो गई। उसके शव को उसके परिजनों को भी नहीं सौंपा गया। दोषी पुलिस अफसरों के खिलाफ कोई कार्रवाई भी नहीं हुई थी।

3. संगाजट्टा : 24 घरों को जला दिया

गोइलकेरा प्रखंड स्थित संगाजट्टा गाँव पुलिस जुल्म का सबसे ज्यादा शिकार हुआ। दो बार पुलिस ने इस गाँव में छापेमारी की और 24 घरों को नष्ट कर दिया। 16 जनवरी 1983 को दो वाहनों में सवार होकर पुलिसकर्मी और फॉरेस्ट गार्ड आए। इन लोगों ने गाँव पर हमला कर दिया। लूटपाट की और तीन घरों में आग लगा दी। 31 जनवरी को पुलिस फिर आई और 21 अन्य घरों में तोड़-फोड़ की। इन 24 घरों में चार घर ऐसे थे जिनमें सिर्फ अविवाहित युवती रहती थीं। इन लोगों के घरों के सारे सामान नष्ट हो गए थे। पुलिस इनके घरों से बकरी तक ले गई थी।

4. बोरोई : दरवाजा-खिड़की को तोड़ा

गोइलकेरा प्रखंड स्थित बोरोई गाँव में 30 जनवरी, 1983 को पुलिस ने छापेमारी की थी और आठ घरों को नष्ट कर दिया था। पुलिस के आते ही ग्रामीण जंगलों में भाग गए थे। पुलिस ने घर का सारा सामान नष्ट कर दिया था। दरवाजे-खिड़की तक को तोड़ दिया था।

5. बुंडू : गोली भी चलाई

टोंटो प्रखंड के गाँव बुंडू में दो बार पुलिस ने छापामारी की थी। पहली बार 1981

में एक घर को उसने तोड़ डाला था। दूसरी बार 7 जुलाई, 1982 को पुलिस आई और चार अन्य घरों में तोड़-फोड़ की थी। इस दौरान पुलिस ने हवा में कुछ गोलियाँ भी चलाई थी, ताकि कोई उनका विरोध नहीं कर सके। पुलिस तो खटिया तक उठाकर ले गई थी।

6. अगरोवन : 25 घरों को जलाया

टोंटो प्रखंड का गाँव है अगरोवन। 16 जनवरी, 1983 को पुलिस ने गाँव पर धावा बोला था। देव नदी के किनारे स्थित है यह गाँव। दो ट्रक और आठ जीप पर सवार होकर लगभग डेढ़ सौ जवान वहाँ आए थे। इस गाँव के लोग अन्य गाँवों की तुलना में ज्यादा गरीब हैं। पुलिस ने 25 घरों को जला दिया था। सिर्फ चार घर ऐसे थे जिन्हें पुलिस ने हाथ नहीं लगाया था। ये लोग काफी गरीब थे, इसलिए घरों में अनाज भी नहीं के बराबर था। जो था भी, उसे भी पुलिस ने जला दिया था। किसी-किसी घर में एक या दो मुरगी थी, जिसे पुलिसवाले साथ लेते गए थे।

7. कासिया : पुरोहित के बरतन को तोड़ा

मनोहरपुर के कसिया गाँव में 19 जुलाई, 1982 को पुलिस गई थी। तीन घरों को पुलिस ने नष्ट कर दिया था और जो भी कीमती सामान मिला (बरतन), उसे या तो चूर-चूर कर दिया या साथ लेते गए। गाँव के पुरोहित के बरतन को भी पुलिसकर्मियों ने तोड़ दिया था।

8. बाँकी : मुखिया के घर को जलाया

17 फरवरी, 1983 को टोंटो प्रखंड के बाँकी गाँव में पुलिस ने छापामारी की थी। गाँव के मुखिया सोमा कोराई के घर को पुलिस ने जला दिया था। कुछ सामान को पुलिस लूट ले गई थी। मुखिया की साइकिल, धान, 25 मुरगियाँ और 1800 रुपए सभी चले गए। बाद में उन्होंने अपना नया घर बनाया।

9. पुकुरीबुरू : अनाज को भी जला दिया

टोंटो प्रखंड के पुकुरीबुरू में पुलिस ने 17 जनवरी, 1983 को धावा बोला और दोरेया तुबिद के घर को जला दिया। दूसरे दिन पुलिस फिर आई और पाँच अन्य घरों को जला दिया। 18 पुलिसकर्मी गाँव आए थे और एक-एक कर घरों में रखे अनाज के बोझों में आग लगा दी थी। जैसे ही अनाज में आग लगी, घरों में यह आग फैलती गई। एक

गरीब के घर सिर्फ दो बकरियाँ थीं, उसे भी पुलिसवाले लेते गए।

10. बंदेबेड़ा : बुजुर्ग को जेल में भरा

टोंटो प्रखंड के बंदेबेड़ा गाँव में पुलिस कोल्हान रक्षा संघ के एक बड़े नेता की तलाश में आई थी। वह जब नहीं मिले तो इसका खामियाजा गरीब आदिवासियों को मिला। दो बार पुलिस और बीएमपी के जवानों ने इस गाँव में छापेमारी की। 13 घरों को नष्ट कर दिया गया। पहली बार पुलिस ने मार्च 1982 में इस गाँव पर धावा बोला था जिसमें धान, बकरी और घरेलू बरतन लूट लिए थे। 22 मई को पुलिस फिर आई थी। इस बार बंदेबेड़ा के लोग एकजुट होकर विरोध करने लगे। पुलिस को चार राउंड फायरिंग करनी पड़ी थी। एक बुजुर्ग व्यक्ति को पकड़ कर जेल में भर दिया गया था। चाईबासा और गुवा से भी पुलिस को बुला लिया गया था। बड़ी संख्या में पुलिस बल को देखकर जब लोग भाग गए तो पुलिसवालों ने लूटपाट की।

11. पोकारिया : जाँघ की हड्डी तोड़ी

नोवामुंडी प्रखंड का एक गाँव है पोकारिया। इस गाँव को पुलिस ने दो बार निशाना बनाया। 12 जनवरी, 1983 को गाँववालों ने गुवा थाने को खबर दी कि कुंदरीजोर के एक व्यक्ति का अज्ञात लोगों ने अपहरण कर लिया है। कुछ दिनों के बाद पुलिस पोकारिया गाँव आई और सात घरों में आग लगा दी। 22 जनवरी को इसी गाँव में दोबारा पुलिस पहुँच गई और 10 अन्य घरों को भी जला डाला। इसमें से एक घर तो ग्राम प्रधान का था। दो घंटे तक पुलिस गाँव में उत्पात करती रही। आग की इस घटना में कई मवेशी भी जल कर मर गए। धान, बाजरा और अन्य अनाज भी जल गए। मवेशियों के लिए जो घास रखी गई थी, उसे भी नहीं छोड़ा गया। उसमें भी आग लगा दी गई। दो पुलिसकर्मियों ने लंका गोप को बुरी तरह पीटा। उसकी जाँघ पर राइफल से वार किया गया, जिससे उसकी जाँघ की हड्डी टूट गई। बाद में उसे पकड़ कर जेल भेज दिया गया।

12. रेंगराबेड़ा : महिलाओं को पीटा

गोइलकेरा प्रखंड के रेंगराबेड़ा गाँव को पुलिस जुल्म का दो-दो बार शिकार होना पड़ा। 27 अक्तूबर, 1982 को पुलिस ने इस गाँव के मुरगा अंगरैया के घर की तीन महिलाओं को उस समय पीटा जब ये महिलाएँ अपना घर तोड़ने का विरोध करने लगीं। 29 जनवरी, 1983 को तीन ट्रकों पर सवार होकर पुलिस आई और चार घरों में तोड़फोड़

की। घर के सामान को भी उठा कर ले गई। अन्य घरों में भी पुलिस ने लूटपाट की।

13. बेराडुईया : जूठा बरतन भी पुलिस ले गई

गोइलकेरा प्रखंड के बेराडुईया गाँव में 2 फरवरी, 1983 को दो जीप और एक ट्रक पर सवार होकर गए सीआरपीएफ और बीएमपी के जवानों ने तबाही मचाई थी। वहाँ पहुँच कर पुलिस ने पहले विजय कोड़ा के पुत्र टुंगरी कोंड़ा को गिरफ्तार किया था। वीरंग कुई (जूनियर), वीरंग कुई (सीनियर), मल्ली कुई, जोंगा कुई और रंधाई कुई नामक महिलाओं को पुलिस ने धमकी दी और उनका पीछा भी किया। दो घरों को पुलिस ने नष्ट कर दिया और पाँच घरों में लूटपाट की। ताँबा के बरतन को पुलिस साथ लेती गई। अनाज को नष्ट कर दिया। बकरी और बतख को भी पुलिसवाले साथ लेते गए। पास में नदी है। उस नदी में बरतन साफ कर रही महिलाएँ पुलिस को देखते ही भागने लगी। पुलिसवालों ने वहाँ से बरतन भी उठा लिया। जाते-जाते पुलिसकर्मियों ने साधो कोड़ा, जूरिया कोड़ा, दोसरू लागुरी और नंदू कोड़ा को गिरफ्तार कर लिया। ये लोग रोड पर टहल रहे थे। पुलिस इन्हें पीटते-पीटते ले गई। बाद में इन लोगों को चाईबासा जेल भेज दिया गया। ये चारो दूसरे गाँव के थे और माघे पर्व मनाने के लिए बेराडुईया जा रहे थे।

14. कुरकुट्टैया : हेडमास्टर के घर को लूटा

गोइलकेरा के कुरकुट्टैया गाँव में पुलिस ने 1982 और 1983 में छापामारी की थी। 1982 के नवंबर माह में पुलिस ने वीर सिंह हेंब्रम, दुर्गा चरण सोय, सिदू हेंब्रम और दरपंड हेंब्रम के घरों को नष्ट कर दिया था। इनके घरों के सामान को भी पुलिस साथ लेती गई थी। 29 जनवरी, 1983 को पुलिस ट्रकों पर सवार होकर आई थी और दयानंद हेंब्रम के दो घरों को लूट लिया था। वे अरहासा मिडिल स्कूल के हेडमास्टर थे। उनकी दो पत्नियाँ थीं, इसलिए उन्होंने दो घर रखे थे। दोनों घरों में पुलिस गई थी। जब हेडमास्टर ने पुलिस को आते देखा तो उन्होंने पत्नियों और बच्चों को भाग जाने को कहा। उन्हें खबर मिली थी कि गत वर्ष पुलिस ने रोंगराबेड़ा गाँव की तीन महिलाओं के साथ छेड़छाड़ की थी। इसके बाद हेडमास्टर खुद पेड़ की आड़ में छिप गए। पुलिस ने उनके घर में पड़े धान-मकई के 11 बोझों को जला दिया। कुछ सामानों को नष्ट कर दिया, कुछ साथ ले गई। इसी बीच गलती से हेडमास्टर का भाई वहाँ पहुँच गया। पुलिस ने उससे कई बार उठक-बैठक कराई।

15. टोरकोटकोचा : शव पड़ा था, पुलिस तोड़ रही थी घर

गोइलकेरा प्रखंड के अंतर्गत है टोरकोटकोचा गाँव। इसी गाँव में 25 फरवरी, 1983 को दिन में साढ़े ग्यारह बजे दो ट्रकों पर सवार होकर पुलिस आई और छह घरों को नष्ट कर दिया। पुलिस के साथ फॉरेस्ट गार्ड भी थे। ये गार्ड्स छतों पर चढ़ गए और कुल्हाड़ी-टाँगी से खपड़ों को तोड़ दिया। दरवाजा-खिड़की को भी इन लोगों ने तोड़ दिया। बराई मुंडा की पत्नी सुशीला अपने घर के दरवाजे पर खड़ी थी। जब पुलिस ने उसके घर को तोड़ने का प्रयास किया तो उसने विरोध किया। पुलिस ने सुशीला को पीट दिया। सुशीला के पास उसका छोटा बच्चा था। दोनों को तब तक धूप में खड़ा रखा गया जब तक घर को तोड़ने का काम चलता रहा। घर तोड़ने के बाद पुलिस ने अनाज को जला दिया। पुलिस बरतन और मवेशी भी साथ लेती गई। गुटुवा मुंडा की पत्नी सलोमो को दो बार टाँगी के हैंडल से पीटा गया। उसने भी पुलिस से अपना घर नहीं तोड़ने का आग्रह किया था। सराई कुई नामक एक बूढ़ी महिला का भी सामान पुलिस ले गई। सरकार से मिलनेवाली पेंशन से उसने फिर से बरतन-अनाज खरीदा। बिरुआ मुंडा की पत्नी को भी पुलिस ने लाठी से पीटा। जब उसका घर तोड़ा जा रहा था तो उसने इसका विरोध किया था। उसे धूप में खड़ा कर दिया गया था। 15 दिनों तक वह चल-फिर नहीं सकी। पुलिस ने जिस दिन छापेमारी की थी, उस दिन गाँव में एक व्यक्ति की मौत हो गई थी और पूरा गाँव शोक मना रहा था। जिस घर में शव पड़ा था, उस घर को भी पुलिस ने तोड़ दिया था।

16. रायोम : महिलाओं के कपड़े भी ले गई

27 अप्रैल, 1983 को पुलिस ने गोइलकेरा प्रखंड के रायोम गाँव में छापामारी की थी और तीन घरों को नष्ट कर दिया था। पुलिस पर महिलाओं के कपड़े को ले जाने का आरोप लगा था। अकाल के कारण पहले से ही लोगों के समक्ष भुखमरी की स्थिति थी। जो अनाज था भी, उसे भी पुलिस ने नष्ट कर दिया था।

17. हुट्टटुआ : जमीन के कागजात को नष्ट किया

1 मार्च, 1983 को गोइलकेरा प्रखंड के हुट्टटुआ गाँव में जोरगो मुंडा और सनिका मुंडा को गिरफ्तार करने के लिए पुलिस गई थी। इसका नेतृत्व डीएसपी कर रहे थे। सनिका ग्राम प्रधान थे। पुलिस ने पाँच घरों को नष्ट कर डाला था। इन घरों के कीमती सामान को वह साथ लेती गई थी। मुंडा के घर में जमीन के जो कागजात रखे थे, उसे नष्ट कर दिया गया।

18. गोटांबा : घर तोड़ा, सामान नष्ट किया

गोइलकेरा थाना के गोटांबा गाँव में अप्रैल 1982 में पुलिस ने छापेमारी की थी। एक ट्रक पर सवार होकर गई पुलिस ने गंगाराम कोड़ा के मकान को तोड़ दिया था। इस दौरान घर में जो सामान थे, पुलिस ने उन्हें भी नष्ट कर दिया था।

19. कंसोरा : इतना पीटा कि चल भी नहीं सका

बंदगाँव प्रखंड के कंसोरा गाँव को पुलिस ने 1981 से लगातार तीन साल तक निशाना बनाया। इन हमलों में पुलिस ने घरों में आग लगाई और लोगों को पीटा। पुलिस ने पांडू गागराई को लाठी से इतना पीटा कि वह चलने में असमर्थ हो गया। पुलिस ने उसे गिरफ्तार कर लिया था। तीन माह तक उसे जेल में रखा गया। 1983 में चारी हेंब्रम को भी पुलिस ने गिरफ्तार कर जेल भेज दिया था। उसके घर को नष्ट कर दिया गया था। 21 जून, 1982 को सुबह चार बजे कराइकेला के दारोगा के नेतृत्व में आई पुलिस की टीम ने गाँव में छापामारी की थी। बकरी, घर के बरतन को साथ ले गई थी। 23 मार्च, 1983 को एसपी रणधीर वर्मा बड़ी संख्या में पुलिसकर्मियों के साथ आए थे और आदिवासियों के तीन घरों को तोड़ दिया था। गाँव के लोगों ने एक परियोजना का विरोध किया था। इसी के विरोध में उन्हें यह सजा मिली थी। पुलिस ने चाड़ी गागराई, गोंडो गागराई, सलूका गागराई और बागुन गागराई पर फर्जी मामला दर्ज कराया था।

20. कुरजुली : भात फेंका, भूखा रहा परिवार

बंदगाँव प्रखंड के इस गाँव में पुलिस ने दो बार छापेमारी की। पहली बार 22 जून, 1982 को सोंगा चांपिया के घर को तोड़ दिया और सामान उठा कर ले गई। उस समय सोंगा और उसकी पत्नी बाजार गए थे। घर में सिर्फ बच्चे थे। इसके बाद पुलिस सेलाई जोंको के घर गई और वहाँ से भी सामान उठाकर ले गई। वहाँ रखे अलग-अलग किस्म के अनाज को आपस में मिला दिया, ताकि ख़ाने लायक नहीं रह सके। गाँववालों का कहना था कि ये लोग तो निर्दोष थे और कभी किसी आंदोलन में भाग नहीं लिया था। 23 मार्च, 1983 को पुलिस सोमा गागराई के घर पहुँच गई। दूसरी बार उसके घर गई थी। पुलिस रामसाइ सवैंया, चुंबरू पूर्ति और कुछ अन्य लोगों के घर भी गई। रामसाई के घर से फूस को पुलिस ने हटा दिया। वहाँ बना कर रखे गए भात को पुलिस ने फेंक दिया। परिवार को उस दिन भूखे रहना पड़ा। जब सोंगा के घर गई तो उसने घर तोड़ने का विरोध किया। उसे गिरफ्तार कर जेल भेज दिया गया।

21. इंद्रुआ : चार माह के बच्चे पर भी दया नहीं

बंदगाँव प्रखंड की नकटी पंचायत में स्थित है इंद्रुआ गाँव। इसी गाँव में रेगा डिग्गी के घर को पुलिस ने 1981, 1982 और 1983 में लगातार तोड़ा। एक बार तो उसकी साइकिल को चूर-चूर कर दिया गया था। घर के सारे सामानों को भी पुलिस ले गई थी। इससे पूरा परिवार परेशानी में पड़ गया था। 1982 की छापेमारी को रोकने के लिए रेगा की माँ ने चार माह के बच्चे को दरवाजे पर लिटा दिया, ताकि पुलिस घर में प्रवेश नहीं कर सके। पर इसका पुलिस पर कोई असर नहीं पड़ा।

22. बाईबेरा : सूला की पत्नी को पीटा था

बंदगाँव के इंद्रुआ गाँव का एक टोला है बाईबेरा। इस गाँव में सूला पूर्ति के घर पर पुलिस 1981, 1982 और 1983 में लगातार गई और तोड़फोड़ करती रही। हर बार पुलिस सूला के घर के खपरा (टाइल्स) को तोड़ देती और सामान उठाकर ले जाती। उसके परिवार के कपड़े को भी जब पुलिस ले गई तो दूसरे घरों से उधार में कपड़े लिए गए। 1983 की छापामारी में सूला की पत्नी को पुलिस ने पीटा था। एक पुलिसकर्मी ने उसकी पत्नी के हाथ को पकड़ा था और दूसरा लाठी से उसे पीट रहा था।

23. टिंडा : लाल सिंह का घर तोड़ा

बंदगाँव प्रखंड के टिंडा गाँव में नवंबर 1981 में पुलिस ने छापेमारी की थी। वह लाल सिंह मुंडा को खोजने गई थी। नहीं मिलने पर पुलिस ने घर को तोड़ दिया था और सामान साथ ले गई थी। लाल सिंह के खिलाफ कई फर्जी मामले भी दर्ज किए गए थे। इस गाँव में 21 साल से एक स्कूल चल रहा था जिसमें 30 बच्चे तो थे पर स्कूल का अपना भवन नहीं था। जब लाल सिंह मुंडा ने इस मामले को उठाया तो पुलिस ने उनके खिलाफ कार्रवाई कर दी।

24. कुटिपी : अंधी बुढ़िया को भी छला

अप्रैल, 1983 में सोनुवा प्रखंड के कुटिपी गाँव में पुलिस और वनरक्षकों ने हमला किया था। आदिवासियों के तीन घरों को नष्ट कर दिया था। पुलिस जब सेलाई बुदुमा के घर में छापेमारी कर रही थी तो उस घर में एक अंधी बूढ़ी महिला के अलावा कोई नहीं था। उसे एहसास हो गया था कि पुलिस कुछ ले जा रही है। उसने अपनी विवाहिता बेटी के लिए एक जोड़ी कान की बाली रखी थी, जिसे भी पुलिस लेती गई। पुलिस जब कोलाई बुदुमा के घर गई, वहाँ भी कोई नहीं था। मजदूरी करने के लिए सभी गए थे।

पुलिस ने वहाँ रखे सामान को तोड़-फोड़ दिया था।

25. उदलकोम : मुरगी और अंडे भी ले गए

सोनुवा प्रखंड के उदलकोम गाँव में चार घरों में पुलिस ने 1981 में छापेमारी की थी। घर की छत पर लगे खपड़ों को तोड़ दिया था। मुरगी और अंडे भी पुलिस ले गई थी।

26. खोरबो : 17 घरों को जलाया

बंदगाँव के खोरबो गाँव में पुलिस ने 1982 में 17 घरों को जला दिया था। इनमें लंबारा मुंडा, नाजू मुंडा, लेबा मुंडा, मुरमुर मुंडा, सनिका मुंडा (जिसे गिरफ्तार भी किया गया था), माइकल मुंडा, लाल सिंह मुंडा के घर भी शामिल थे।

27. रोंडोयाबेड़ा : सीएम को पत्र लिखने की सजा

यह बंदगाँव के खोरबो गाँव का एक टोला है। 1982 में इस गाँव में पुलिस ने कई घरों को जला दिया था। उसी समय गाँव के लोगों ने पुलिस अत्याचार के खिलाफ बिहार के मुख्यमंत्री को एक पत्र भी भेजा था, पर उसका कोई जवाब नहीं आया था।

28. तारोबेड़ा : बकरी ले गई थी पुलिस

1982 में बंदगाँव के तारोबेड़ा में पुलिस ने छापेमारी की थी। चार आदिवासियों के घरों को नष्ट कर दिया गया था। बकरी भी पुलिस ले गई थी। जिनके घरों में पुलिस ने छापेमारी की थी, वे थे—जान मुंडा, दाउद मुंडा, एक विधवा महिला।

29. मदगाँव-लेपा : वनग्राम में 50 घरों को जलाया

सोनुवा प्रखंड के अंतर्गत मदगाँव और लेपा वनग्राम हैं। 31 जनवरी, 1983 को पुलिस ने इस गाँव पर हमला कर आदिवासियों की 50 झोंपड़ियों को जला दिया था।

30. सिखुरा : 68 घरों में आग लगाई

सोनुआ प्रखंड के सिखुरा वनग्राम में पुलिस ने 30 जनवरी, 1983 को छापेमारी की थी और आदिवासियों के 68 घरों को जला दिया था। 15 क्विंटल धान, पाँच बकरी भी पुलिसवाले साथ ले गए थे।

31. कोरोडिया : खूँटकट्टी गाँव को भी नहीं छोड़ा

यह गाँव भी वनग्राम है, जो सोनुआ प्रखंड में है। 31 जनवरी, 1983 को पुलिस ने वनरक्षकों के साथ इस गाँव पर धावा बोला था और आदिवासियों की 58 झोंपड़ियों को जला दिया था। इस दौरान पुलिस ने दुकन बांकिरा और गोपीनाथ अंगरिया को गिरफ्तार कर लिया था। बिहार के तत्कालीन चीफ कंजरवेटर ऑफ फॉरेस्ट ने एक पत्र (नंबर 2743) जारी किया था, जिसमें कोर्ट के 5 सितंबर, 1980 के आदेश का हवाला देते हुए कहा गया था कि कोरोडिया स्थानीय वन अधिकारियों के अधीन नहीं बल्कि एक खूँटकट्टी गाँव है। इसके बावजूद पुलिस बल के साथ जाकर वन अधिकारी बीएन सिंह ने झोपड़ियों को जलवा दिया था।

32. सिरियप : घरों को जलाया

सोनुवा प्रखंड में ही सिरियप गाँव है। 1981 में पुलिस ने इस गाँव में छापेमारी की थी। कोई पकड़ा नहीं गया था। इसके बाद गुस्से में पुलिस ने कई घरों में आग लगा दी थी। कई घर जलकर राख हो गए थे।

33. बारा कुंडरीजोर : पेड़ काटने का लगाया आरोप

नोवामुंडी प्रखंड के इस गाँव में 6 नवंबर, 1981 को पुलिस गई थी और पेड़ काटने का आरोप लगाकर विजय सिंह बोपाई, सिंगराई बोपाई के घर को नष्ट कर दिया था। इस दौरान पुलिस ने जोना गोप और सुकराम पूर्ति की पिटाई भी कर दी थी।

34. बगनबेड़ा : डीएफओ ने लिया बदला

बंदगाँव के बगनबेड़ा में 16 मई, 1982 को पोड़ाहाट के डीएफओ वनरक्षकों के साथ गए और 3 जुलाई, 1982 को ग्रामीणों द्वारा मुख्यमंत्री को लिखे पत्र का बदला लेते हुए 95 आदिवासियों के घरों को जला दिया। भारी संख्या में उनके घर से सामान को (धान, छाता, टाँगी, टॉर्च, डेकची, कपड़े, मुरगी, हल) भी लूट लिया गया।

35. सोनापाई : घर भी जलाया, अभियुक्त भी बनाया

सोनुवा प्रखंड के सोनापाई में 29 जनवरी, 1983 को पुलिस ने छापेमारी कर आदिवासियों के छह घरों को जला दिया। अनाज भी लूट लिया। पुलिस ने घरों को जलाने के बाद आदिवासियों को ही इसका अभियुक्त भी बना दिया। जिन्हें पुलिस ने अभियुक्त बनाया था, वे थे—मोरा मुंडा, बिरसा हेरंग, पकलू नाग, दोसरा पूर्ति, मोहन सिंह

पूर्ति, सूला पूर्ति। पुलिस जब बिरसा हेरंग का घर जलाने पहुँची थी, उस समय वह बीमार था और बिस्तर पर था। पुलिस ने उसे घर से निकाला और घर को जला दिया। मोरा मुंडा घटना के दिन तो चाईबासा जेल में बंद थे।

ऐसी घटनाओं की संख्या बहुत ज्यादा है। पुलिस ने लिगिरकोचा (अप्रैल 1982, सोनुआ), जातेबेड़ा (अप्रैल 1982, सोनुआ), डिंडापाई और लामडर (2 फरवरी, 1983, सोनुआ), टुंडी (1 फरवरी, 1983, सोनुआ), रायगढ़ (सोनुआ), दिआइन (सोनुआ), कोमरोचा (सोनुआ), राजबेड़ा ऐंड लेंब्रा (मनोहरपुर), मसुरीगाढ़ा (15 मई, 1982, बंदगाँव) में छापेमारी के बाद तबाही मचाई थी। इन घटनाओं में घरों को जलाना/तोड़ना और वहाँ के सामान को जलाना/नष्ट करना/साथ ले जाना सामान्य बात बन गई थी। ये तो कुछ उदाहरण हैं। वह भी सिर्फ एक जिला का। झारखंड आंदोलन के दौरान लगभग सभी जिलों में पुलिस जुल्म की घटनाएँ घटीं। आंदोलनकारियों की शहादत और कुरबानियों का इतिहास न खत्म होने वाला अध्याय है।

□

संदर्भ

झारखंड : इतिहास एवं संस्कृति—डॉ. वी वीरोत्तम।

झारखंड आंदोलन के मसीहा—राजकिशोर महतो।

झारखंड के अमर शहीद : एकता प्रकाशन।

समाचार-पत्र : प्रभात खबर, राँची एक्सप्रेस, सिंहभूमि एकता, संडे, द टेलीग्राफ, द स्टेट्समैन, द इंडियन नेशन, जनसत्ता, टाइम्स ऑफ इंडिया।

पत्रिकाएँ : झारखंड दर्शन, माया, दिनमान, रविवार।

नक्सलबाड़ी के दौर में : वीर भारत तलवार।

झारखंड के आदिवासियों के बीच : वीर भारत तलवार।

झारखंड की समरगाथा : शैलेंद्र महतो।

ट्राइबल रिवोल्ट ऑफ 1949 इन मयूरभंज : डॉ. कल्पना दास।

मेमायर्स ऑफ अ बाइगोन एरा : पीके देव।

मास रेप इन संताल परगना (स्टडी) : स्त्री संघर्ष।

अबुव : राज-मैथ्यू अरीपरंपिल।

शहीद विशेषांक : बिहार जनजातीय कल्याण शोध संस्थान का बुलेटिन।

सिंहभूम में दमन : पीयूसीएल की रिपोर्ट।

झारखंड की उलगुलान (क्रांतिकारी) महिलाएँ : डॉ. फ्रांसिस्का कुजूर।

झारखंड, आजसू और मैं : सूरज सिंह बेसरा।

□□□